Ar Drywydd Cymry Lerpwl

Cyflwynedig i Ymddiriedolwyr Cymdeithas
Etifeddiaeth Cymry Glannau Mersi
am eu holl weithgarwch o 2000 i 2025

Ar Drywydd Cymry Lerpwl

D. Ben Rees

y Lolfa

Argraffiad cyntaf: 2026

Cynllun y clawr: Y Lolfa

Rhif Llyfr Rhyngwladol:
978 1 80099 716 5 (clawr meddal)
978 1 80099 844 5 (clawr caled)

Cyhoeddwyd, rhwymwyd ac argraffwyd yng Nghymru gan
Y Lolfa Cyf., Talybont, Ceredigion SY24 5HE
gwefan www.ylolfa.com
e-bost ylolfa@ylolfa.com
ffôn 01970 832 304

Cynnwys

Rhagair gan yr Athro Dylan Foster-Evans 8
Diolchiadau a Rhagymadrodd 11

Adran A: Hanes Lerpwl o 1217 i 2025
1 Y Canrifoedd Cynnar 15
2 Castell Lerpwl 19
3 Hudoliaeth Lerpwl i'r Ymfudwyr 30
4 Portread o Gymry Lerpwl 46
5 Cartrefu ar y Glannau 47
6 Bywyd y Capeli Cymraeg 48
7 Gweinidogion y Capeli 50
8 Cyfraniad y Cymry i'r Ddinas 53
9 Llwyddiant y Cymry 56
9 Cyfraniad Cymry Lerpwl i Gymru a'r Byd 57
10 Cerfluniaeth y Byd a Phrifysgol Lerpwl 58
11 Dylanwad a Brwdfrydedd Cymry Lerpwl 60
12 Nadoligau Lerpwl yn yr Ugeinfed Ganrif 70
13 Ysgol y Beirdd Cymraeg 74
14 Eisteddfodau Undeb y Ddraig Goch 75
15 Y Cymry ynghanol y Bomio Mai 1941 78
16 Y Weledigaeth am y Wladfa 78
17 Mimosa: Cofio'r Weledigaeth 87
18 Darlith *Tynged yr Iaith* Saunders Lewis 94
19 Chwalu Strydoedd y Cymry yn Lerpwl? 104

Adran B: Llenorion a Beirdd Lerpwl o Ddyddiau Goronwy Owen i Gweneth Lilly 107
1 William Rees (Gwilym Hiraethog) 118
2 John Roberts (Minimus) 126
3 Y Parchedig Robert Thomas (ap Vychan) 127
4 Gweithgarwch y llenor Dr Owen Thomas 130
5 Lewis William Lewis (Llew Llwyfo) 142
6 Y Parchedig John Owen Williams (Pedrog) 143

7 Moelwyn yr emynydd, bardd a llenor 149
8 Gweneth Lilly (1920-2004) 167

Adran C: Capeli Cymraeg yr Annibynwyr 185

Adran CH: Cofiannau Byr
1 Y Parchedig John Davies 190
2 Y Parchedig William Williams 191
3 David Davies 193
4 Walter Morris 194
5 John Edwards 196
6 Thomas Lloyd 197
7 Y Parchedig Ddr Owen Evans 198
8 William Jones, Lerpwl a Llangefni 199
9 Y Parchedig David Miles Jenkins 200
10 Y Prifathro Thomas Charles Edwards 201
11 William Williams, Toxteth 204
12 Mary Ann Eirios Jones 205
13 Evan Evans (Eta Môn) 206
14 Y Parchedig William Nicholson 207
15 Y Parchedig David Adams 208
16 Alfred Lewis Jones 210
17 Edward M Evans (Morfryn) 212
18 Hugh Edwards, Rhos-y-bol a Lerpwl 213
19 Robert Owen Roberts, Bootle 214
20 Y Parchedig John Hughes 215
21 Hugh Lloyd, Everton 216
22 Syr John Herbert Lewis (1858-1933) 217
23 Y Parchedig Edmund Griffiths 220
24 M Owen Roberts, West Kirby 221
25 Y Parchedig D D Williams 222
26 John Hughes (adeiladydd) 224
27 John William Jones (adeiladydd) 226
28 Y Parchedig John Hughes Morris 228
29 Robert Owen Jones 229
30 Annie Williams, Anfield 230

31 John Richard Morris 231
32 John Evan Roberts a'i briod Margaret 234
33 Y Parchedig W Llewelyn Evans, Edge Lane 238
34 Ronw Moelwyn Hughes 239
35 Richard James Jones, Allerton 240
36 Dr Robert Arthur Hughes 241
37 Y Parchedig Alun Williams 245
38 Y Parchedig David Glanville Rees 246
39 Harry Evans 249
40 Dr David Allan Price Evans 258
41 Elan Jones 260
42 John Jones (John Drinkwater) 262
43 Y Barchedig Catherine Mair Bowen 264
44 Lewis Jones, Hilbre 266
45 David John Lewis (pensaer) 267
46 Dr Emyr Wyn Jones 270
47 Mrs Marged S Jones, Penbedw gynt 274
48 Williams Williams (Gwilym Mathafarn) 275
49 Griffith Griffiths a Richard Prys Griffiths 276
50 Yr Arglwydd Gruffydd Evans 277
51 Dr Idris Owen 279
57 William Arthur Thomas (1937-2022) 281

Adran D: Cip ar Bêl-droed yn y Ddinas

52 Craig Bellamy 284
53 Harry Wilson 286
54 Joe Allen 286
55 Paul Jones 288
56 Ray Lambert 289
59 Blynyddoedd Cynnar Clwb Pêl-droed Everton 290
60 Ffarwelio gyda Chae Pêl–droed Parc Goodison 301

Atodiad 1: Cefnogwyr y Gyfrol 306

Atodiad 2: Yr Awdur yn Anfield 308

Atodiad 3: Llwyddiant Dafydd Rees 310

Rhagair

MAE LERPWL, FEL y tystia'r gyfrol gyfoethog hon, wedi chwarae rhan fawr yn hanes y Cymry. Cyn creu Cynulliad, Senedd a Llywodraeth, a phan nad oedd gan y Gymraeg yng Nghymru fawr o statws, nid oedd croesi Clawdd Offa yn golygu cymaint ag a wna heddiw. Gallai'r Cymry a'u sefydliadau ffynnu ym mha le bynnag yr oedd digon o boblogaeth i'w cynnal ac roedd hynny'n sicr yn wir yn achos Lerpwl. Er bod natur a maint cymuned Gymraeg y ddinas wedi newid yn sylweddol dros y degawdau diweddar, mae'n bwnc sy'n annog chwilfrydedd mawr.

Ac nid peth newydd mo hynny. Hyd yn oed yn ystod ei chyfnod euraidd yn ystod Oes Victoria roedd diddordeb mawr yn y gymuned ddinesig hon a gyfunai dlodi aruthrol a *bourgeoisie* ffyniannus mewn modd nad oedd i'w weld ar raddfa mor eang yng Nghymru ei hun. Un nodwedd ar hynny oedd obsesiwn ag ystadegau. 'Faint o Gymry sydd yn Lerpwl?' oedd un o hoff gwestiynau'r oes. Can mil, meddai ambell un. Nage wir, meddai eraill. 'Mae dweyd fod o 80,000 i 100,000, ac yn wir 50 o filoedd o Gymry yn Lerpwl a'r cyffiniau, yn ormod o ddweyd am y boblogaeth Gymreig yn y dref fawr hon, ac hefyd yn hollol ddisail', taranodd un gohebydd yn *Seren Cymru* ym 1877. Ond roedd rhaid iddo yntau, hyd yn oed, gydnabod bod 'dim llai na 23,318' o Gymry yn mynychu addoldai'r dref ar y Sul. Trwy gydol Oes Victoria, trigai degau o filoedd o Gymry Cymraeg yn y ddinas – ac nid pob un a fynychai'r gwasanaethau ar y Sul!

Casglwyd ystadegau am y Cymry y tu hwnt i'r addoldai

er mwyn cefnogi neu wrthod pob math o safbwyntiau gwleidyddol a chymdeithasol. Faint o Gymry Lerpwl a oedd yn droseddwyr, tybed? Dethlid unrhyw awgrym bod y ganran yn is na chanran y Cymry yn y boblogaeth ehangach. Faint o ymweliadau a fu mewn blwyddyn â'r Cymry a oedd mewn ysbytai? Dyna dyst i garedigrwydd y gymuned. Ar y pegwn arall, ceisiwyd rhifo faint o'r Cymry a oedd yn cyfranogi o ddiwydiannau anfoesol. Ac ym 1900 ystyriwyd a fyddai modd creu byddin o filwyr o blith Cymry Lerpwl yn null 'yr Ysgotiaid', gyda phob un 'yn Gymro o "waed coch cyfa"'.

Ond y tu hwnt i'r ystadegau y mae hanes unigolion, ac mae'r gyfrol hon yn llawn o hanesion o'r fath. A dyna hefyd un nodwedd amlwg ar fy nheulu innau – straeon unigolion yr oedd y daith o ogledd Cymru i Lerpwl a'r cyffiniau – ac yn ôl – yn un gyfarwydd iddynt. Dyna ichi fy hen daid yn mynd o'r gweithfeydd gwenithfaen i'r pyllau glo ger St Helens yn ystod y Rhyfel Byd Cyntaf. A brawd i hen daid arall yn listio yn y Ffiwsilwyr Cymreig, ac yntau yn gyn-chwarelwr llechi a enillai ei fara menyn ym maes glo Sir Gaerhirfryn.

Ac wedyn dyna ichi Lerpwl ei hun, lle y ganed a ac y maged fy nhad. Y dociau a oedd wedi denu ei dad yntau i'r ddinas, i osod a thrwsio sets gwenithfaen wedi iddo fagu'r gallu i'w trin yn chwareli ardal Llanaelhaearn. Gyda'm taid fe ddaeth fy nain, Saesnes o ran cefndir teuluol a genedigaeth, ond un a siaradai ac a goleddai'r Gymraeg ag arddeliad ar yr aelwyd yn Lerpwl. Daethai hithau i Lanaelhaearn pan symudodd ei thad a'i deulu o'r Black Country yng nghanolbarth Lloegr i weithio yn y chwareli gwenithfaen. Mor gryf oedd y Gymraeg yn y fro nes i'r plant ddysgu'r Gymraeg ac yn wir ei siarad ym mhlith ei gilydd, er nad oedd hynny, yn ôl pob sôn, wrth fodd eu tad o gwbl. Aeth brawd fy nain yntau i Lerpwl a dod yn rhan o'r gymuned Gymraeg, yn Blackcountryman balch Cymraeg ei iaith.

Roedd nifer o deuluoedd Cymraeg yn byw ar y stryd lle y magwyd fy nhad yn ardal y Dingle, a nifer o gapeli Cymraeg o fewn pellter cerdded. I gapel y Methodistiaid Calfinaidd ar Belvidere Road yr âi fy nhad, ac mae'r llyfrau a gafodd yn yr Ysgol Sul yno ganddo hyd heddiw. Profiad rhyfedd iddo fel aelod o gymuned Gymraeg Lerpwl oedd bod yn faciwî yn ystod yr Ail Ryfel Byd, a byw ar aelwyd Saesneg am y tro cyntaf – a hynny, yn eironig ddigon, yng Nghymru ei hun.

Mae'n siŵr y bydd gan lawer o ddarllenwyr y gyfrol hon gysylltiadau o'r fath. I eraill bydd yma ddeunydd cwbl newydd ac amheuthun am un o gymunedau mwyaf diddorol y diaspora Cymraeg. Hebddi hi, ni fyddwn innau'n siarad Cymraeg. Felly hyfryd yw cael cofnod mor gyfoethog ohoni.

Dylan Foster Evans

Diolchiadau a Rhagymadrodd

BU CEFNOGAETH DDA i'r cyfrolau niferus a luniais ar Gymry Lerpwl yn y deugain mlynedd diwethaf. Ym 1984 cawsom y cyfle cyntaf mewn partneriaeth gyda hanesydd arbennig iawn, Dr R. Merfyn Jones, i ddechrau gosod ar gof a chadw hanes difyr y Cymry a ddylifodd wrth y miloedd i Lannau Mersi, ac yn arbennig, i ddinas Lerpwl. Cafodd cymaint o'r Cymry hyn gyfle i ehangu'r ddinas gan iddynt ganolbwyntio ar fyd adeiladu a bod yn gyfrifol am faestrefi cyfan. Roeddynt yn barod i fentro i fyd busnes, diwydiant y morwyr, gwaith meddygol byd-eang, adeiladu canolfannau heirdd, creu llenyddiaeth amrywiol ac anfon cenhadon i bedwar ban y byd. Gydag ymddangosiad y ddwy gyfrol ddiwethaf, *Hanes Rhyfeddol Cymry Lerpwl* yn Gymraeg ac yn Saesneg, *The Liverpool Welsh*, yr oeddwn yn wir fodlon, ond wrth edrych ar fy ymchwil sylweddolwn fod yna agweddau y dylwn ailedrych arnynt, yn arbennig tyfiant porthladd Lerpwl i'r safle o fod yr ail borthladd pwysicaf ym Mhrydain. Dyna sydd yn gyfrifol am y ffaith y caiff y Cymry gyfrol arall ar faes mor gyfoethog o ran tystiolaeth a mynegiant. Dyna pam fy mod yn llawenhau yn yr holl ymholiadau a dderbyniaf o bob rhan o'r byd am Gymry Lerpwl. Agorwyd y drws a chaiff pobl ieuainc gyfle i wneud ymchwil ar agweddau o'r hanes a ddarganfyddwn o hyd ac o hyd am bobl na fu llawer o ysgrifennu arnynt ond a fu yn rhan o'r hanes. Pobl nad oes bron neb wedi clywed amdanynt. Pwy a glywodd am awdur a adnabyddid yn Ruth ac a anwyd yn Lerpwl ym 1858? Ei henw bedydd oedd Annie Catherine Prichard a ysgrifennai i gylchgronau Cymraeg Oes Fictoria fel *Y Gymraes*. Ni wn i am neb a luniodd astudiaeth ohoni. Yn wir, cawn yr argraff mai dynion oedd yn trafferthu i lenydda yn Lerpwl fel ag ym mhob maes arall. Nid yw hynny yn gywir o bell ffordd. Gellid dadlau bod Lerpwl wedi cefnogi merched yn y cymdeithasau llenyddol a berthynai i'r gwahanol gapeli anghydffurfiol. Meddylier am gyfaniad Elin Evans (1807-1876) a gyhoeddodd ei chasgliad barddonol *Telyn Egryn* yn Lerpwl ym 1850. Nid yn Llanegryn lle'i ganwyd y daeth yr awydd i gyhoeddi cyfrol o farddoniaeth ond ar ôl byw yn y ddinas a dod o dan gyfaredd y gweinidog dawnus, William Rees (Gwilym Hiraethog). Ef oedd yr un a'i cefnogodd hyd yr eithaf. Da oedd deall bod S. Maria Saunders (yn enedigol o Langeitho) wedi symud i Lerpwl am ddau reswm, er mwyn bod yn agos i'r Swyddfa Genhadol Gymreig yn Falkner Street ac er mwyn rhyddid i lenydda ymhlith llenorion eraill. Rhoddwyd lle amlwg y blynyddoedd diwethaf hyn i Sarah Jane Rees (Cranogwen), un o'r darlithwyr pennaf a welodd y Cymry. Er i'r Parchedig Henry Rees ddangos gwrthwynebiad cryf i ferched yn pregethu, fel arall oedd ymateb y Dr Owen Thomas yng Nghapel Princes Road. Dechreuasai Cranogwen ar y gwaith enfawr o ddarlithio ar hyd a lled Cymru ar ôl ennill un o'r prif wobrau yn yr Eisteddfod Genedlaethol a leolid yn Aberystwyth ym 1865, a dywed Owen Thomas amdani wrth ei ferch ar ôl ei hymweliad ym 1883:

> Miss Rees (Cranogwen) delivered a most excellent lecture. I hardly ever heard more good sense and without any ostentation. I had not heard her before, and she far exceeded all my expectations. She was so modest and unassuming and so commanding in intelligence and feeling, and the substance of

> what she said so admirably adapted to do good to those whom she addressed, that I should have been glad if all the Welsh young men and young women of Liverpool had been there to listen.

Ymddengys i'r ddarlith wneud lles i'r ferch arall, Ellen Elizabeth, a oedd yn brysurach nag arfer ac yn codi'n fore, yn ôl ei thad, 'er darlith Cranogwen yr wythnos diwethaf'.

Ac i glensio lle Cranogwen yn Lerpwl, cofier iddi dderbyn am ychydig fisoedd addysg yn Blackburne House yn Lerpwl. Sefydliad o dan nawdd yr Undodiaid ydoedd ac yn cynnig addysg uwch i ferched ar gyfer yr alwedigaeth o fod yn athrawon. Bu Cranogwen yno ym 1865 yn dilyn cwrs mewn llenyddiaeth. Daeth i berthynas agos gydag Elizabeth Nicholson, yr unig athrawes, a ddaeth yn y blynyddoedd o 1873-1888 yn Brifathrawes y sefydliad. Ysgrifennodd Elizabeth Nicholson am y Gymraes dalentog ar daith i ardaloedd y chwareli ac amdani yn darlithio yn ardal Caernarfon. Nid Cranogwen oedd yr unig un a fanteisiodd ar gyfleusterau o'r fath yn Lerpwl. Ac felly dyma finnau'n awr yn cyflwyno rhagor o hanes cymunedau pwysicaf y ddinas. Mae gennyf ddiolch cywir i nifer dda a fu'n gefnogol i'r fenter, fel y teipyddion, ac yn arbennig i'r Dr Pat Williams am y prawf-ddarllen, i David Fletcher a Dr John G Williams am gymorth gyda'r lluniau, ac i'r cysodydd a'r argraffwyr am yr holl garedigrwydd. Diolch hefyd i wasg y Lolfa a mawr fy nyled i Lefi Gruffudd a'r staff yng Ngheredigion. Bu y cefnogwyr Meinwen Rees, Dafydd Rees a Hefin Rees yn gefnogol ym mhob amgylchiad ynghyd â chefnogwyr eraill wrth gyhoeddi'r gyfrol swmpus. Buddiol ydyw diolch i'r Athro Dylan Foster Evans o Brifysgol Caerdydd am y rhagair. Daw ei deulu ef o Lerpwl a braf ei weld ar lwyfan y Brifwyl yn un o'r beirniaid ar y bryddest yn Eisteddfod Genedlaethol Rhondda Cynon Taf ym Mharc Ynysangharad ym Mhontypridd yn 2024. Diolch am gael cyfle eto i roddi ar gof a chadw hanes sydd yn dueddol o ddiflannu heb i haneswyr fel yr eiddoch yn gywir fynd ati i ymchwilio a chofnodi. Cofier mai llafur cariad yw'r cyfan, yn arbennig yn y Gymraeg.

D. Ben Rees

ADRAN A

Hanes Lerpwl o 1217 i 2025

Y Canrifoedd Cynnar

Y mae'n debyg mai yn y cyfnod rhwng 2000 a 1500 cyn Crist y cawn dystiolaeth bendant fod pobl ddigon tebyg i ni yn byw yn y diriogaeth a elwir ers canrifoedd lawer yn Lerpwl, o leiaf ers Oes y Pres. Y mae gennym dystiolaeth o hyn ym Mharc Calderstones yn Allerton, hanner dwsin o gerrig hynafol a safai ar y ffin rhwng Allerton, Wavertree a Woolton. Gosodwyd hwy mewn cylch ym 1845, ond cyn hynny rhan oeddent o siambr gladdu, ryw fath o fynwent a ddarganfuwyd yn Wavertree ym 1867. Gosodwyd dwy o'r pump wrn y daethpwyd o hyd iddynt yn Amgueddfa Lerpwl. Gwyddom fod trigolion y cyfnodau cynnar yn methu ysgrifennu na darllen, ac nid oes sgroliau na dim byd tebyg ar gael. Er hynny llwyddai rhai ohonynt i dynnu lluniau ar greigiau mewn ogofeydd.

Y mae gennym beth tystiolaeth fod y Rhufeiniaid wedi cerdded ar dir Lerpwl yn arbennig tua Oterspool ger yr afon, ond Caer (*Deva*) oedd y ganolfan iddynt hwy. Ceid ffordd Rufeinig o Gaer i Gaerhir (*Lancaster*) a groesai Afon Mersi yn Warrington, rhyw bymtheg milltir i'r dwyrain o Lerpwl. Yn y darn tir hwnnw ychydig o bobl a drigai yn eu cytiau cyntefig o fwd. Roedd Cymry yn trigo o amgylch Lerpwl a thu hwnt i Lerpwl cyn bod sôn am bentref Lerpwl. Ni cheir sôn am Lerpwl yn y Brawdlyfr (*Domesday Book*), y gofrestr fanwl o holl diroedd a phlwyfi a thrigolion Lloegr a wnaed ar orchymyn Gwilym Orchfygwr yn y flwyddym 1086.

Newidiodd y cyfan ym 1207 trwy i'r Brenin John, *Bad King John* fel y'i gelwid, gymryd diddordeb yn y dreflan fychan. Dyn drwg a chreulon yn ôl pob tystoliaeth oedd y Brenin John (1167-1216). Roedd yn amlwg yn ŵr hunanol, sbeitlyd, treisgar, a dyna pam i hanes ei alw wrth yr ymadrodd Y Brenin Drwg. Deallir ei fod mor drachwantus fel na ellid ymddiried unrhyw gyfrinach iddo o gwbl. Nid oedd modd iddo gadw y gyfrinach rhag ei dweud wrth rywun arall. Fel Herod Fawr yn Jeriwsalem, nid oedd parch ganddo i'w deulu ei hun. Lladdodd ei nai, Arthur o Lydaw, ar ôl ei gadw mewn carchar tywyll du am fisoedd ar ôl iddo yfed ormod o fedd a diod gadarn. Gosododd gerrig trwm o amgylch ei gorff a'i daflu i ganol yr afon i foddi.

Trwy gyhoeddi Siarter ym mis Awst 1207, fe greodd fwrdeistref o bentref Lerpwl, a hynny am ei fod am gadw llygad ar drigolion yr Ynys Werdd a'r Cymry nad oedd ganddo lawer o amynedd tuag atynt. Ym 1212, crogodd y Brenin ddau ddeg wyth o feibion Tywysogion ac Arglwyddi Cymru a gadawsai yn ei gasineb yn gaeth. Roedd y cnewyllyn hwn yn cynnwys 'bachgen nobl nad oedd yn saith mlwydd oed'. Gwelodd y Brenin botensial Lerpwl ar fyrder yn ei ddydd ef ac i'r dyfodol fel y gellid gwneud porthladd hwylus o'r ychydig dai a leolid ar lan y Mersi. Ei fwriad oedd defnyddio hyd eithaf ei allu yr hyn a gynigai Afon Mersi. Wedi'r cyfan, ceid pwll a roddodd i Lerpwl ei henw, a fedrai fod yn borthladd clyd rhag y gelynion. Gwelodd hefyd fod y fforest o goed ar gyrion y pentref, Fforest Toxteth, yn rhoddi iddo ddigon o ddeunydd crai i adeiladu cychod i hwylio i'r Ynys Werdd. Y mae'r siarter wreiddiol ar gael, yn wir dyma dystysgrif genedigaeth Lerpwl. Ceid y cyfan yn Lladin ac fe gyferchir pobl ffyddlon y Brenin a oedd am fod yn ddinasyddion Lerpwl. Cychwynna trwy ddweud yn Saesneg:

> Know you that we have granted to all the King's faithful people who would wish to have burgages at the town of Liverpool...

Y mae'r ddwy ferf yn y Lladin gwreiddiol, *voluerint* (would have wished) a *ceperint* (would have had) yn yr amser dyfodol perffaith, sydd yn awgrymu nad oedd dim wedi bod yno eto, ond a oedd i ddigwydd yn y man.

Felly, nid oedd y Brenin yn dyrchafu cymuned Lerpwl i fod yn fwrdeistref. Yr hyn a wnâi oedd gwahodd pobl o bob man, gan gynnwys Cymry, i ddod i Lerpwl a sefydlu bwrdeistref frenhinol yno, hynny yw, bod yn sefydlwyr y gymuned newydd a fyddai'n cychwyn fel bwrdeistref frenhinol.

Pam fod y Brenin John wedi cymryd cam nodedig fel y gwnaeth? Fedrwn ni ddim bod yn bendant ein hateb er bod haneswyr praff wedi awgrymu llawer i reswm. Ond ei ddyhead pennaf oedd cael porthladd yng ngogledd-orllewin Lloegr y medrai ef ei reoli a dibynnu arno. Nid oedd hynny'n wir am borthladd Caer gan fod Iarll Caer â'i safbwynt personol *ei hun* ac yn ŵr digon anodd cydweithio ag ef. Gwelai'r Brenin y perygl o gyfeiriad porthladd Caer.

Felly, ym 1207 cafodd Lerpwl gyfle newydd sbon, a derbyniwyd y sialens gan y pysgotwyr yn bennaf. Hwy a ddibynnai am eu bywoliaeth ar gynnyrch Afon Mersi. Dyma wahoddiad o eiddo'r Brenin iddynt. Rhoddodd y pwll yr enw i'r fangre, ond bu'n bwysig hefyd yn natblygiad y fwrdeistref newydd. Roedd y pwll yn arwain i'r afon ac yn casglu dŵr o'r tir uwchben yr hyn a elwir bellach yn Stryd Byrom. Arweinid y dŵr trwy'r tir lle ceir bellach strydoedd fel Whitechapel a Paradise Street gan droi i'r fangre a alwn yn Canning Street ac arllwys allan i'r Mersi. Pan fyddai'r llanw yn uchel, deuai'r dŵr yn ôl i geg y pwll, gan roddi i'r llongau bach yn yr harbwr le reit ddwfn a chysgodol. Dyma oedd porthladd gwreiddiol Lerpwl hyd ail hanner yr unfed ganrif ar bymtheg.

Roedd pentref cyntaf Lerpwl i'r dwyrain o'r pwll. Ceid yr ail Lerpwl, y fwrdeistref a sefydlwyd ym 1207, ar dir isel. Ar y tir hwn yr adeiladwyd strydoedd adnabyddus Castle

Street, Exchange Flags ac Old Hall Street. Yn yr hanner can mlynedd cyntaf o fodolaeth y fwrdeistref, aethpwyd ati i osod allan yn ychwaneg saith stryd. Yr enwau i ni ydyw Castle Street, High Street, Old Hall Street, ac allan o'r rhai hyn, Water Street a Duke Street, ac ychydig i'r gogledd, Chapel Street a Tithebarn Street. Arweinia Water Street a Chapel Street i lawr i ymyl yr afon. Diddorol yw sylwi beth oedd enwau gwreiddiol rhai o'r strydoedd hyn. Er enghraifft, Juggler Street a ddaeth yn High Street ac yn rhan bron o Exchange Flags, ac yn yr High Street y gwelir Neuadd hardd y Ddinas. Ailenwyd Mill Street yn Old Hall Street, Bank Street yn Water Street a Moor Street yn Tithebarn Street. Digwyddodd hyn yn yr unfed ganrif ar bymtheg.

Ar y fangre lle deuai'r strydoedd at ei gilydd, gosodwyd Croes lle y medrai'r rhai a werthai ŷd, a chig a physgod a danteithion eraill, ymgynnull ar ddiwrnod marchnad. Dyna sut y cafwyd High Cross yn y fan lle y deuai Castle, Juggler, Dale a Bank Street i gyffyrddiad â'i gilydd. Yna White Cross (y Groes Wen) oedd y fangre lle deuai Juggler, Mill, Moor a Chapel Street i uniad. Mae'n sicr i Juggler Street gael ei henwi am y diddanwyr a ddeuai i ennill ychydig o fywoliaeth ar ddiwrnod marchnad drwy neidio a dawnsio yn gelfydd, a pherswadio y gwylwyr i adael ychydig o bres at eu byw.

Yn y flwyddym 1216, bu farw'r Brenin John a hynny o'r clefyd rhydd, ac ni cheir tystiolaeth fod pobl yn Lerpwl nac unman arall wedi wylo ryw lawer pan glywsant y newydd, ond o leiaf fe erys un o'r gweithredoedd pwysicaf a gyflawnodd, sef gosod mewn bodolaeth fwrdeistref a ddaeth yn un o ddinasoedd pwysicaf, nid Prydain yn unig, ond y byd cyfan. Derbyniodd bwrgeisiaid Lerpwl oddi wrth y Brenin Henri'r Trydydd ym 1229 Siarter lle gosodir allan y breintiau y sonnir amdanynt yn y Siarter gyntaf. Yn ôl y breintiau hyn, ceid cyfeiriad at rwymedigaethau'r marsiandwyr a'u hawl i ofyn am swm teg am gael masnachu ar dir ac ar fôr. Meddwl am elw oedd y siarter hon, elw o'r farchnad, o'r ffair, o'r melinau a'r fferi. Bu'n rhaid aros rhai blynyddoedd cyn y sefydlwyd rhwydwaith i lywodraethu'r fwrdeistref. Erbyn 1352, fe geir tystiolaeth am fodolaeth Maer i'r dref, y pennaeth sifil a etholir gan y bwrgeisiaid yn lle y *mafar ballivus* a fu yn llywodraethu oddi ar 1207. Gelwid y *mafar ballivus* yn beili'r Arglwydd.

Heblaw ei siarter ym 1229, gosododd y Brenin Henri yr hyn a elwid yn 'farm lease' i ddynion gonest Lerpwl am dymor o bedair blynedd ar rent blynyddol o ddeg punt. Ond ychydig ar ôl hynny, rhoddodd ergyd ddiflas iddynt wrth roddi'r tir rhwng yr afonydd Ribble a Mersi, gan gynnwys Bwrdeistref Lerpwl, i Iarll Caer, Ranulf de Blundeville. Ni ellir cymryd yn ganiataol y byddai Ranulf yn ymddwyn yn deg nac yn garedig tuag at y dref a grëwyd i fod yn gystadleuydd i dref a phorthladd hanesyddol Caer. Bu i farwolaeth Ranulf de Blundeville ym 1232, heb etifedd, agor posibiliadau newydd a throsglwyddwyd y cyfrifoldeb pwysig i William de Ferrers, Iarll Derby. Ef a gafodd ym 1235 hawl brenhinol i ofyn am help i gryfhau ei gastell yn Lerpwl. Roedd castell ar gael yn West Derby ac mae'n debyg mai William de Ferrers a oedd felly yn gyfrifol am gastell Lerpwl. Ei ddyhead ef oedd cael castell godidocach na'r un a oedd ganddo yn West Derby.

Castell Lerpwl

Diflannodd Castell Lerpwl ers canrifoedd fel y gwnaeth Castell West Derby, ac nid oeddynt yn yr un byd â'r cestyll a adeiladwyd yng Nghonwy, Caernarfon a Harlech yng Nghymru. Castell cynnar Normanaidd oedd Castell Lerpwl, a gwelid ei dŵr mawr lle y saif cofgolofn Victoria heddiw yn Derby Square. O fewn y castell ceid ystafelloedd di-ri, neuadd a chapel ac adrannau eraill. Galwodd Leland ef pan ddaeth i Lerpwl tua 1540 yn 'castelet'. Bu Ferrers yng ngofal Lerpwl hyd 1266 pan fu rhaid i Rubert de Ferrers, dilynydd i Simon de Montfort, orfod trosglwyddo'r cyfan am ei frad. Cyn ei gwymp o'i awdurdod, rhoddodd siarter arall, er mwyn cael arian, gan gadarnhau bod y Frenhiniaeth yn cael y cyfan i'w dwylo. Gosododd y Brenin y cyfan i'w fab ieuengaf, Edmund Crouchback gyda'r teitl Iarll Caerhirfryn. Ac o hyn allan, bu arglwyddiaeth y Fwrdeistref gan Iarll a Dug Caerhirfryn.

Cadwodd Lerpwl ei hurddas fel bwrdeistref gan feddu'r hawl i anfon aelodau i'r Senedd ym 1295 ac eto ym 1307. Ymwelodd y Brenin Edward yr Ail ym 1323 ar ôl cwymp yr Iarll Thomas o awdurdod. Caniatawyd rhagor o Siartrau gan Edward y Trydydd ym 1333 a'r Brenin Richard yr Ail ym 1352. Atyniad pwysig oedd y farchnad a gynhelid bob dydd Sadwrn a'r Ffair Flynyddol a gynhelid am dri diwrnod. Mae'n sicr fod y trefniant hwn yn dirwyn yn ôl i ddyddiau'r siarter gwreiddiol. Efallai fod y ffair honno yn mynd yn ôl i'r dyddiau pan oedd West Derby yn hynod o bwysig. Nid oedd Lerpwl ond pentref bychan o'i gymharu â Chaer. Cawn restr o 86 o dai a oedd yn talu treth y pen ym 1379, a dywedir wrthym fod 26 o'r trigolion yn amaethu, 18 yn gweithio yn y bragdy, naw yn weision, naw yn trwsio esgidiau, pump yn gwerthu pysgod, tri theiliwr, dau of, pedwar yn gwerthu dillad, un bwtsiar, un saer coed, un pobydd, un yn gwau ac un yn creu blancedi. Y Maer oedd William de Liverpool. Mae'r rhestr yn anghyflawn ac felly mae'n rhaid bod yn ofalus wrth ddehongli. Ond mae'n amlwg nad pentref o bysgotwyr a geid, ond pentref o amaethwyr y tir. Roedd y marsiandwyr yn brin a'r crefftwyr, ac mae'n amlwg bod y *weaver* sef Raynald le Brabaner yn dod o gyfandir Ewrop. Nid canolfan ddiwydiannol mo Lerpwl na hyd yn oed yn bentref pysgotwyr. Pentref digon cyffredin, ac mae aml i awdur wedi ein camarwain wrth ddisgrifio'r dreflan. Rai blynyddoedd yn ddiweddarach ym 1383, gallwn ddarllen ewyllys William de Liverpool lle dywedir wrthym ei fod ef yn meddu ar geffylau, ych, moch, ŷd, a dodrefn yn ei gartref, ond ni sonnir ei fod ef yn berchen ar gaeau o geirch nac yn fasnachwr llwyddiannus. Tenant ydoedd yn gofalu ar ôl y felin a oedd yn malu ac yn derbyn pensiwn gan Ddug

Caerhirfryn fel cydnabyddiaeth am ei 'wasanaeth da a rhad'. Bu yn Faer ym 1352 pan sonnir yn gyson yn y dogfennau am y swydd ac am flynyddoedd ar ôl hynny. Ei ddymuniad oedd cael ei osod i orffwys ym mhridd y pentref o flaen delw'r Santes Fair yng nghapel y gymdogaeth.

Rhan o blwyf hynafol Walton, a oedd yn cynnwys West Derby a chymunedau eraill oedd Lerpwl. O'r cychwyn cyntaf fel bwrdeistref byddai Lerpwl yn meddu ar gapel a chryn dipyn o annibyniaeth; er hynny, disgwylid i'r brodorion gyfrannu yn rheolaidd i Eglwys y Plwyf yn Walton. Erbyn y bymthegfed ganrif, ceid dau gapel yn rhannu'r un fynwent ar lan yr afon ar waelod Chapel Street. Roedd yr un mwyaf wedi'i gysegru i Sant Nicholas ac yn cynnwys tŵr hardd. Gelwid y capel llai oedd yn llawer hynach yn *St. Mary del Quay* a safai ar gyrion dŵr yr afon ac roedd yn denu pererinion yn gyson. Ni wyddom pam fod y pererinion yn dod yno, ond o leiaf cyflwynodd y Pab Calixtus y Trydydd ym 1456 grantiau i bobl Lerpwl gan sôn am y gwyrthiau a gyflawnwyd ar lan yr afon Mersi. Pan ddaeth y Diwygiad Protestannaidd, peidiodd y tyrru a'r gwyrthiau ac fe dynnwyd yr allorau i lawr ym 1614. Nid yn unig ni cheid eglwys y plwyf yn Lerpwl, ni chafwyd ychwaith ddarpariaeth ar gyfer mynachod a lleianod fel y ceid mor gyson yn nhrefi'r canol oesoedd. Gwelir priordy Benedictaidd, a sylfaenwyd tua 1170, ar ochr arall i'r afon ym Mhenbedw. Trwy grant brenhinol, cafodd y priordy'r hawl i drefnu fferi o ochr Cilgwri i Lerpwl, ac o Lerpwl yn ôl i Benbedw. Darn gwledig oedd Cilgwri hyd y bedwaredd ganrif ar bymtheg, ond yn meddu ar ffordd o Gaer i Benbedw.

Yn ôl y ffynonellau, ceir dau deulu a oedd yn amlwg iawn ymhlith y bwrgeisiaid, sef teulu'r Moore a theulu'r Crosse. Roedd y Moore yn bodoli o'r canrifoedd cynnar, hwy a berchenogai Faenor Kirkdale yn y flwyddym 1400, ac roedd eu cartref yn Bank Hall. Rhoddodd cartref teulu Moore ei enw i Stryd Old Hall. Ymfudo o Wigan i Lerpwl a wnaeth teulu'r Crosses, a hwy a etifeddodd eiddo un o arweinwyr cynnar y pentref, William de Liverpool. Gwelid eu cartref hwy yn Crosshall i ffwrdd o Stryd Dale. Yn nechrau'r bymthegfed ganrif, gwelid sefydlu canolfan i deulu nodedig arall yn y dreflan. Cyfeirio a wnawn at Syr John Stanley, gŵr bonheddig a lwyddodd fel milwr a gweinyddwr yn Ffrainc ac Iwerddon, a thrwy briodas a etifeddodd diroedd lawer o eiddo teulu Lathom ar gyrion Ormskirk. Caniatawyd iddo ehangu'r tŷ ar waelod Water Street ym 1406. Yr enw arno oedd Y Tŵr, a bu yn ganolfan i deulu Stanley am ganrifoedd fel lle i ymgynnull cyn hwylio i Ynys Manaw. Hwy oedd arglwyddi Ynys Manaw oddi ar 1405 pan gawsant yr anrhydedd gan y Brenin Henri IV.

Daeth teulu Stanley (Iarll Derby o 1485) yn un o deuluoedd pwysicaf Lerpwl a'u canolfan yn Nhŷ Lathom, tua deunaw milltir o Lerpwl. Yn ddiweddarach, daeth y teulu i gael canolfan agosach fyth i Lerpwl ym Mharc Knowsley ger Prescot. Ni ellir deall Lerpwl heb y teulu hwn.

Teulu pwysig arall a ddeuai'n ddylanwadol dros ben oedd teulu'r Molyneux gyda'i bencadlys yn Sefton ac ar ôl hynny yn Croxteth. Oddi wrth y Brenin Henri VI derbyniodd Syr Richard Molyneux roddion niferus gan gynnwys bod yn Gwnstabl Castell Lerpwl. Roedd eiddigedd amlwg rhwng y ddau deulu a bu'r ddau yng ngyddfau ei gilydd yn gyson. Ym 1425 roedd brwydr ar y gorwel rhwng y ddau deulu gyda channoedd o ddilynwyr gan bob un yn barod i ymladd. Trwy weithred gall Siryf Caerhirfryn arbedwyd bywydau llu o filwyr.

Mae'n amlwg fod Lerpwl yn profi dyddiau anodd yn y cyfnod hwn gan fod y fasnach gydag Iwerddon wedi lleihau, ynghyd â'r camddefnydd a welid yn y cymunedau trwy aml i weithred ddrwg. Gwelid dirywiad hefyd ym mhorthladd Caer a methiant llongau i hwylio i fyny Afon Ddyfrdwy oherwydd bod y tywod wedi ei gwneud hi'n anodd i'r cychod gyrraedd pen y daith yn ddiogel. Ond o fewn llai na chan mlynedd, daeth tro ar fyd. Gwelodd y teithwr craff Leland ym 1540 fod y fasnach gydag Iwerddon wedi ailgydio a bod gobaith am ddyddiau gwell nid yn unig i'r porthladd, ond hefyd i Fanceinion. Gwelwyd newid mawr yn sgil y Diwygiad Protestannaidd gyda'r priordy ym Mhenbedw yn cau, a holl elfennau Pabyddiaeth yn cael eu gwthio o'r neilltu. Rhoddid pwys ar lwyddiant ac yn nyfodiad y ddiwinyddiaeth Galfinaidd, ceid pwyslais ar wella byd y bobl. Daeth cyfalafiaeth yn fwy grymus a phwysleisiwyd yr angen i weithio'n galed. Ailgychwynnwyd cynrychioli'r fwrdeistref yn y Senedd ym 1545 ar ôl cyfnod heb lais. Aethai 238 o flynyddoedd heibio.

Am rai blynyddoedd, byddai cynrychiolwyr Lerpwl yn San Steffan yn cael eu henwebu gan Ganghellor Dug Caerhirfryn ac Iarll Derby. Ond ym 1563 gwrthryfelodd y bwrgeisiaid trwy ethol un Aelod eu hunain, sef yr unigryw Ralph Sekerston, a fynnodd gymryd ei sedd ac annerch y Tŷ Cyffredin. Arbedwyd hwy rhag cynddaredd y Canghellor trwy ymyriad yr Arglwydd Derby, ffrind da i'r bwrgeisiaid ac i'r dref.

O 1550 ymlaen, cawn fwy o fanylion i'n cynorthwyo i ddeall Lerpwl. Gwelir bod llywodraeth leol yno o dan ofal Maer a dau feili gyda grŵp o henaduriaid, neu frodyr y Maer fel y'u gelwid, a phob un ohonynt wedi bod yn y gorffennol yn y swydd o Faer. Etholid y Maer ac un beili yn y gynhadledd o fwrgeisiaid a gynhelid ar Ddydd Sant Luc, sef 18fed Hydref a phenodid yr ail Feili gan y Maer. Rhai dyddiau yn ddiweddarach, eid ati yn ddi-feth i ddewis swyddogion eraill. Etholid pedwar i fesur a phwyso'r llwythi a ddeuai i'r porthladd gyda'r llongau er mwyn cynnig pris am y llwyth er budd i'r dref. Pe bai'r capten yn gwrthod, byddai'n ofynnol iddo dalu'r pris gorau, neu fynd i borthladd arall. Roedd llu o swyddi ar gael ar gyfer pob agwedd o fywyd y dreflan. Ceid person i ofalu am lanhau'r strydoedd, un arall i arolygu'r ddiod gadarn, a hwy hefyd yn Neuadd y Ddinas oedd yn apwyntio'r ysgolfeistr, y gweinidog crefyddol, warden yr eglwys, a'r rhan amlaf byddid yn ei ailethol o flwyddyn i flwyddyn. Roedd Clerc y Dref a'r Cofnodydd yn barhaol. Aeth un Clerc y Dref, Robert Dobson, ar ôl ei apwyntio ym 1623, mor bell â dweud na ellid cael gwared ohono ef gan ddweud 'Pwy bynnag fyddai'r Maer, ef fyddai'r Clerc'! Yn y diwedd, ar ôl hir ddadlau, cafwyd gwared â'r unben!

Roedd llywodraethu pobl Lerpwl yn magu grym a nerth yn hanes unigolion, a cheid arweinwyr yn galw am ddiwygio'r drefn, fel Edward Halsall, y cyntaf o'r diwygwyr y gwn i amdano ac un o'r ablaf ohonynt. Ef, yn y flwyddyn 1580, a berswadiodd y bwrgeisiaid i drosglwyddo bron y cyfan o'u pwerau i gyngor parhaus a fyddai'n medru llenwi'r bylchau trwy wahodd pobl abl i'r swyddi. Bu'n rhaid aros dipyn cyn gweithredu'r cyfan a awgrymwyd ac i ddod yn debyg i fwrdeistrefi eraill. Ond o'r diwedd, fe lwyddwyd i sefydlu'r hyn a elwid yn *Common Council* a chadwodd y cyngor hwnnw ei afael ar y sefyllfa hyd 1835.

Yn nechrau'r ail ganrif ar bymtheg, yr oedd Lerpwl yn dal yn gymuned fach gyda phoblogaeth o ryw ddwy fil, dipyn mwy na thref Y Bala yn ein dyddiau ni. Roedd hi wedi llwyddo i oresgyn llu o drafferthion o'r bymthegfed ganrif. Porthladd yw'r gair i ddisgrifio Lerpwl erbyn hyn. Roedd Cymro o'r enw William Ellis yn un o'r morwyr y dylid ei gofio. Hwyliai'n gyson o Lerpwl yn ystod teyrnasiad y Frenhines Anne, a bu yn filwr yn ystod teyrnasiad Brenin Siôr y Cyntaf. Ond nid amharodd bywyd morwr na milwr ar ei waith fel crydd, gan iddo fyw i fod ym 131 mlwydd oed! Roedd Lerpwl wedi ehangu ei masnach. Nid Iwerddon a Chymru yn unig oedd y gyrchfan i'r cychod, ond ceid llongau yn hwylio i Sbaen, Portiwgal a Ffrainc. Yn wir, marsiandïwr o Lerpwl, Humphrey Brooke, oedd y person a ddaeth â'r newydd syfrdanol fod yr Armada o Sbaen wedi dechrau teithio am dde Lloegr ym 1588. Bu'n rhaid aros bron am gan mlynedd arall cyn y cofnodir am long o'r Amerig yn cario llwyth o dybaco i'r porthladd. Meistr y llong oedd James Jenkinson a'r enw arni oedd *Friendship*. Roedd hi'n llong 30 tunnell ac fe gyrhaeddodd y Mersi ym 1648. Blwyddyn i'w chofio yn hanes y ddinas. Dyma ddechrau masnach o ddifrif a dyfodd yn aruthrol mewn dwy ganrif ar draws Môr yr Iwerydd.

Erbyn hyn, ceid pobl yn dymuno byw ac ennill bywoliaeth yn Lerpwl. Gwelwyd nifer o Biwritaniaid yn symud o gylch Bolton i amaethu yn y ffermydd bychain a sefydlwyd yn Toxteth a hefyd yn Otterspool. Heddiw, y mae Otterspool yn atyniad i drigolion de Lerpwl, a bu'r Cymry am flynyddoedd yn ail hanner yr ugeinfed ganrif yn cynnal mabolgampau yno ar y Sadwrn cyntaf ym mis Gorffennaf. Enw Otterspool yn y canrifoedd cynnar oedd *Oslebrok,* hynny yw yn nyddiau'r Llychlynwyr. Credir erbyn hyn bod y Rhufeiniaid wedi defnyddio adnoddau Otterspool ac Afon Mersi. Darganfuwyd gan arddwr ym 1863 nifer o ddarnau arian y Rhufeiniaid o'r cyfnod 268-324 o Oed Crist. Yn ddiweddarach y flwyddyn honno, deuthpwyd ar draws llu o ddarnau arian wrth ymyl pan oeddid yn adeiladu Rheilffordd Caer trwy Barc Otterspool. Gwelir olion y Piwritaniaid yn yr enwau a oresgynnodd o'u cyfnod hwy, sef Jericho Lane a dyna enw'r nant a red o Barc Sefton i'r Ferswy. Daeth y Piwritaniaid i'r rhan hon o Lerpwl ar wahoddiad Syr Richard Molyneux i arbed cael eu herlid yn Ormskirk, Canoldir Lloegr a Bolton. Rhaid rhoddi diolch i Syr Richard, Pabydd pybyr, am fod mor oddefgar tuag at bobl a oedd yn ddigon llawdrwm ar y Pab a'r Fatican. Creodd y Piwritaniaid gymuned grefyddol yn Otterspool a Pharc Sefton gan drin y tir i'w aredig a hau arno. Hwy a fedyddiodd *Oslebrok* yn Afon Iorddonen a rhoddi'r enw Jericho Lane ar y llwybr i'r afon. Yn fuan iawn, daeth yr ardal i'w galw yn dir sanctaidd, *the Holy Land*. Yn y fangre hon, mewn tŷ hela y ganwyd un o enwogion seryddiaeth yr ail ganrif ar bymtheg, Jeremiah Horrocks (1619-42). Ganwyd ef ym Mharc Otterspool a bu fyw yn y

Lerpwl o Duke Street

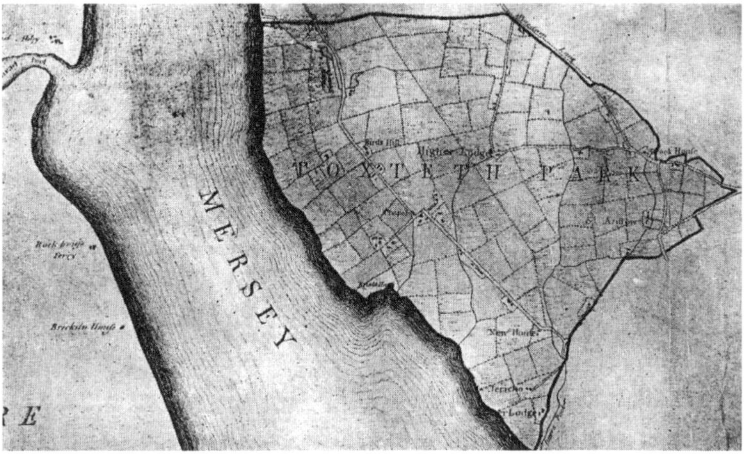

Map o Barc Toxteth

Lower Lodge. Ef oedd y cyntaf i sôn am y blaned Gwener, ac yn wir llwyddodd i amcangyfrif y pellter rhwng y Ddaear a'r haul. Bu farw yn ŵr ifanc, 23 oed, ac fe'i gosodwyd i orffwys ym mynwent y Capel hynafol, sef *Ancient Chapel of Toxteth*, yn y Dingle. Saif hwnnw yno o hyd a pherthyna i enwad yr Undodiaid bellach. Yn y Dingle ym 1611 yr adeiladwyd y tŷ cwrdd hwn ar gyfer ugain o deuluoedd a oedd yn awyddus am gyfle i gyfarfod, addoli a chymdeithasu. Roedd y gymuned hon yn uchelgeisiol wrth feddwl am eu plant a sefydlwyd ysgol. Adeiladwyd tŷ ysgol a gwahodd Piwritan ifanc o'r enw Richard Mather o Lawton, ger Warrington, i fod yn ysgolfeistr. Derbyniodd y gwahoddiad er mai dim ond pymtheg mlwydd oed ydoedd. Bu yn llwyddiant y tu hwnt i'r disgwyl. Penderfynodd adael am Goleg Brasenose ym Mhrifysgol Rhydychen. Ac ar ôl cwblhau ei addysg, pwyswyd arno i ddychwelyd fel eu Gweinidog. Cytunodd a thraddododd ei bregeth gyntaf yn y capel newydd a gafodd ei agor ar 30 Tachwedd 1618.

Arhosodd i ofalu am y ddiadell ymroddedig am nifer o flynyddoedd, ond fel Piwritan glân gloyw, ni allai ddygymod ag agwedd nac addoliad yr Eglwys Sefydledig. Pwysodd yr arweinydd Anglicanaidd arno i gymrodeddu a gweithredu eu gorchmynion. Gwrthododd yn bendant. Nid un i gymrodeddu oedd hwn. Bu'n rhaid iddo wrando. Fe'i diswyddwyd. I ddianc o'r tensiwn a gwrthwynebiad Eglwys Loegr, penderfynodd Richard Mather adael ei braidd hoff. Yn ei ddagrau, llwyddodd i gyrraedd Plymouth yn Ne Lloegr, ac oddi yno ym 1635 yr hwyliodd i'r byd newydd gyda'r Tadau, y *Pilgrim Fathers* fel y'u gelwid. Llong fechan oedd y *Mary and John* a môr yr Atlantig mor fawr. Cyrhaeddwyd pen y daith yn ddiogel, ac ar ei union gafaelodd Mather yn ei alwedigaeth gan bregethu yn Eglwys yr Annibynnwyr yn Dorchester, Massachusetts hyd ei farwolaeth ym 1669. Magodd deulu enwog o ddiwinyddion, a daeth ei fab a'i ŵyr yn Llywyddion Prifysgolion Havard ac Iâl.

Cyfrifir y Capel bellach fel y capel anghydffurfiol hynaf nid yn Lerpwl yn unig ond trwy Brydain i gyd. Mae'r Capel yn werth ymweld ag ef ac yn arbennig y fynwent lle ceir beddau nifer helaeth o gewri'r ddinas, nifer ohonynt yn gyfoethog dros ben. Gwelir aelodau o deuluoedd y Rathbone

Lerpwl yn yr unfed-ganrif-ar-bymtheg

Tŵr a Hen Eglwys Sant Nicolas o Ynys Mann

a'r Holt, a bu'r angladd olaf yno ym 1960. Gwelir beddau teulu'r Melly yn y fynwent, hynafiaid yr artist beiddgar a anwyd heb fod yn bell i ffwrdd, George Melly, a luniodd hunangofiant gwerth ei ddarllen. Roedd hen ewythr i'r canwr jazz, Charles Melly (1829-1888) yn hynod o haelionus i dlodion y ddinas, bob amser yn barod i dalu am de parti

London Road a Melinau gwynt

i blant tlodaidd enbyd. Cychwynnodd glybiau ar gyfer y cleifion a'r gweithwyr llwm eu byd ac yn chwedegau'r bedwaredd ganrif ar bymtheg, cydweithiodd gyda William Rathbone i godi cronfa i helpu gweithwyr diwydiant cotwm Sir Gaerhirfryn. Dywedodd heddlu Lerpwl wrtho ym 1852 fod mewnfudwyr tlawd o Iwerddon yn methu â dod o hyd i ddŵr glân i'w disychedu. Gyda'i arian ei hun aeth ati i osod tapiau dŵr yn ymyl Doc Princess, a deuddeg cylch – *drinking fountains* – yng ngorsafoedd rheilffordd Lerpwl, a deugain arall ar hyd a lled y ddinas. Gyferbyn â'r Capel y lleolid gynt orsaf yr hen reilffordd a redai o'r Dingle i Seaforth, sef yr *Overhead Railway,* a fyddai yn mynd heibio holl ddociau Lerpwl. Sonia'r awdur a'r dramodydd o blith Cymry Lerpwl, Alun Owen, am y rheilffordd hon a oedd mor ddefnyddiol hyd at y pumdegau pan ddaeth i ben ei rhawd. Y dyddiad trist o ffarwelio gyda hi oedd 1956.

Rhaid diolch am yr hyn sydd yn aros heddiw fel promenâd Otterspool. Haedda'r gŵr a fu'n gyfrifol am y prosiect, John Alexander Brodie (1858-1934), sef peiriannydd Dinas Lerpwl o 1898 i 1934 ein diolch pennaf. Ef a awgrymodd y cynllun ym 1919 fel adnodd pellach i'r trigolion, yn wir yr oedd yn llawn cynlluniau. Ef sydd yn gyfrifol am gynllunio'r ffordd a red ar draws y ddinas, y Queens Drive. Dechreua'r ffordd ger y bont haearn ym mharc Sefton a rhed trwy Allerton, Childwall, Broadgreen, West Derby a gorffenna yn Walton ar y Bryn.

Ef, John A Brodie, a ddyfeisiodd ym 1891 *goal-net* ar gyfer chwarae pêl-droed. Fe'i defnyddiwyd am y tro cyntaf nid yn Lerpwl ond ar gae pêl-droed Bolton Wanderers. Roedd Bolton yn cael rhodd yn ôl am anfon criw o bobl a fu'n bwysig yn hanes canrifoedd cynnar dinas Lerpwl. Galwyd ffordd yn Mossley Hill yn Brodie Avenue i goffáu cyfraniad John Brodie i fywyd Lerpwl, yn arbennig y drafnidiaeth a'r ffyrdd. Mae Queens Drive yn ffordd unigryw i lawer ohonom. Pan ddeuthum i Lerpwl ym 1968, nid oeddwn yn gyfarwydd o gwbl â daearyddiaeth y ddinas, a phenderfynais dreulio bob bore Sadwrn am dri mis yn crwydro'r maestrefi. Ar dro, byddwn ar goll yn llwyr. Ond deuai gobaith pan gofiwn fod Queens Drive fel stribyn hir o Barc Sefton i ardal Walton. Gofynnwn i hwn a'r llall sut oedd dod o hyd i Queens Drive. Buan y darganfûm fod y Sgowser yn greadur caredig ac yn barod i helpu gymaint fyth ag y medrai. O fewn tri mis, roedd gen i ddigon o hyder i ffeindio ffordd o Crosby a Bootle hyd at Anfield heb drafferth yn y byd. Roedd John Brodie yn haeddu fy nghymeradwyaeth.

Hudoliaeth Lerpwl i'r Ymfudwyr

Yr wyf yn sicr iawn erbyn hyn fod y Cymry wedi chwarae rhan amlwg yn hanes Lerpwl o leiaf o'r ddeuddegfed ganrif pan gyflwynodd y Brenin John Siarter iddi. Roedd trigolion de Cymru wedi cadw cymaint o sŵn byddarol fel y bu'n rhaid ceisio porthladd yn lle Aberdaugleddau a fu mor gyfleus i anfon y milwyr i gadw trefn ar y Gwyddelod. Ni allai'r Brenin ddefnyddio porthladd Caer am resymau daearyddol a gwleidyddol. Hawdd gweld y byddai 'r tywod yn cronni yng ngheg yr aber a'i gwneud hi'n anodd iddo fod yn bothladd o'r radd flaenaf. Dyna pam yr aed ati i ddatblygu Lerpwl fel y porthladd i groesawu llongau o ogledd Cymru ac o Iwerddon, ond bu hi'n andros o hir cyn inni weld y pentref bach hwn ar lan yr afon Mersi yn tyfu yn dref. Cofier mai bychan ydoedd am ganrifoedd, ac yr oedd y ddinas wedi cael arweiniad y Cymry lawer iawn cyn dyweder 1700. Y Cymro cyntaf a fu'n ddylanwadol oedd Dafydd ap Gruffydd. Un o gefnogwyr y Tuduriaid oedd ef, a derbyniodd y swydd amhoblogaidd o gadw golwg ar y trigolion, ac yn bennaf i ofalu eu bod yn talu tollau a threthi. Nid oedd hi'n swydd hawdd, ond enillai gyflog haelionus o 14 punt y flwyddyn. Gwnaed ef yn Faer y Fwrdeistref ar ddau gyfnod, y tro cyntaf ym 1503 a'r ail dro ym 1515. Wedi ei farw, rhoddwyd y brydles a'r cyfrifoldeb i'w weddw, Alis Gruffydd, ac i Henry Ackers, neu Accress, ei mab-yng-nghyfraith. Ym mhrydles Dafydd ap Gruffydd, sillefir enw'r dref yn Lyrpol, sydd yn ein hatgoffa o'r modd yr ysgrifennir y gair yn Gymraeg heddiw.

Daeth eraill lawer ar ei ôl ef ac erbyn y ddeunawfed ganrif, derbyniodd Lerpwl flas y Diwygiad Methodistaidd a ysgubodd drwy Gymru yng nghenhadaeth y brodyr Howell Harris, Daniel Rowland a William Williams, Pantycelyn. Ni fu neb o'r rhain ar gyfyl Lerpwl. Un o ysgogwyr y Diwygiad Methodistaidd oedd yr addysgwr Griffith Jones, Llanddowror a bu ef yn Lerpwl ar ei ffordd i'r Alban. Bu rhai o ddisgyblion y diwygwyr yn y dref a'r mwyaf nodedig ohonynt yw'r Parchedig John Thomas (1730-1804) a anwyd ym Myddfai, Sir Gaerfyrddin ar 25ain Mawrth, a daeth ef o'i blentyndod yn gyfarwydd â'r Ysgrythurau, yn arbennig pan oedd yn was bach ar ffermydd Myddfai. Yn ei oriau hamdden darllenai yn awchus y Beibl, *Cannwyll y Cymry* o waith y Ficer Prichard ac yna cyfrol *Taith y Pererin*. Diwrnod mawr ei fywyd cynnar oedd cael clywed Howell Harris yn pregethu yng nghartref Sieffre Dafydd, Llanddeusant a hynny ym 1745. Lloriwyd ef gan bwerau ysgubol yr Efengyl. Yn bymtheg oed, aeth yn was yn nhŷ'r offeiriad Griffith

Jones yn Llanddowror a bu yno am ddwy flynedd. Cymerodd Howell Harris ddiddordeb personol ynddo a threfnodd iddo gael addysg yn Nhrefeca, a datblygodd yn bregethwr a fyddai'n mynychu seiadau. Yn wir, derbyniwyd ef yn Gynghorwr rheolaidd mewn Sasiwn o dan awdurdod Daniel Rowland ym 1752. Cafodd Rowland sgwrs gydag ef ar ba ffurf eglwysig yr ymserchai ynddo, a gwelid ei fod ef o blaid trefn yr Annibynwyr. Cydsyniodd Rowland iddo dderbyn y drefn eglwysig honno. Ym 1767 daeth yn Weinidog Rhaeadr-Gwy, Caebach a'r Garn yn Sir Faesyfed a chyhoeddodd un o'i lyfrau yn Lerpwl. Yn wir, daeth i Lerpwl i weld y gwaith yn cael ei argraffu. Ymwelwyd â Lerpwl gydag eraill o'r Mudiad Methodistaidd, yn cynnwys John Wesley a George Whitefield. Teimlai Wesley iddo gael croeso da yn y dref, ond fel arall oedd profiad George Whitefield. Yn y dyddiau hynny, yr oedd Lerpwl yng nghanol y fasnach gaethweision, a gan fod y porthladd mor agos i Gymru elwodd amryw o Gymry o gaethwasiaeth. Felly y bu gyda phorthladd Bryste. Y llong gyntaf i gario caethweision oedd y *Liverpool Merchant*, a werthodd 220 ohonynt ar Ynys Barbados ym 1700. Erbyn 1737, buddsoddodd Lerpwl arian yn y fasnach, ac yn yr hyn a elwid yn *Triangular Trade*. Golygai hyn long o Lerpwl yn cario nwyddau i orllewin Affrig i'w gwerthu, yna yn y fan honno prynu caethweision i'w cludo i'r Caribî a'r Amerig i weithio yn y diwydiant cotwm, ac yno llenwi'r llongau gyda siwgr, cotwm a thybaco fel ag i gyrraedd porthladd Lerpwl fel y gellid gwerthu'r llwyth yn ninasoedd Lloegr, yn arbennig ym Manceinion. Gwnaeth masnachwyr Lerpwl arian mawr. Un o'r rhain oedd y Cymro o Sir y Fflint, Robert Pennant. Yn wir, erbyn 1771 yn unig, ceid 105 o longau yn hwylio o Lerpwl i orllewin Affrica, ac oddi yno yn cludo 28,200 o gaethweision i India'r Gorllewin. Rhaid cofio cyn i Lerpwl ymdrybaeddu yn y fasnach hon, ei bod yn anfon pobl o ogledd Cymru i lafurio yn y planhigfeydd cotwm yn yr Unol Daleithiau. Anfonid plant, ac yn arbennig dynion a merched, a fu o flaen ynadon, i'r planhigfeydd yn Ynysoedd India'r Gorllewin, neu i Virginia, Carolina a Georgia yn yr Unol Daleithiau. Gwyddom fod pump o Gymry yn nociau Lerpwl ym mis Hydref 1698, sef Humphrey Howell o Sir Feirionnydd, John Davies ac Edward Parry o Sir Ddinbych, John Wynn o Ruthun a'r unig ferch, Joyce Cooper o Sir Gaernarfon. Amrywia'r oedran o'r ieuengaf yn wyth oed i'r hynaf yn ddeg mlwydd ar hugain oed. Erbyn heddiw, ceir stori caethwasiaeth wedi ei chofnodi a gwelir arddangosfa yn yr Amgueddfa Forwrol yn Nociau Albert yn olrhain cysylltiad Lerpwl gyda'r fasnach echrydus. Roedd sefyllfa'r bobl a gludid ar draws y moroedd yn peri poen meddwl i aml un o gapteiniaid y llongau. Byddai'r caethweision yn gorfod cael eu clymu gyda'i gilydd, ac yn methu â symud cam ar droed pan fyddent yn sâl neu'n dioddef o'r clefyd rhydd. Ceid cyfartaledd ohonynt yn marw ar y daith, ac yn cael eu taflu i'r dyfroedd. Dywedir o ganol y bymthegfed ganrif i ddiwedd y bedwaredd ganrif ar bymtheg fod mwy na deuddeg miliwn o Affricanwyr wedi eu herwgipio o'u cartrefi. Yn y ddeunawfed ganrif, ceid o leiaf 6 miliwn o Affricanwyr ar y llongau hyn ar eu ffordd i'r planhigfeydd a oedd yn galw allan amdanynt. Lerpwl oedd y porthladd mwyaf llwyddiannus o'r holl borthladdoedd yn Lloegr a oedd yn rhan o'r fasnach. Cludwyd 13,600 o bobl Affrica yn llongau Lerpwl ar y teithiau hyn, dros bum mil o fordeithiau. Yn wir, roedd dros hanner y caethweision a werthwyd yn eiddo i fasnachwyr y dref. Erbyn diwedd y ddeunawfed ganrif, roedd y dref yn berchen ar 70% o fasnach caethweision Prydain. Nid oedd pobl grefyddol yn anwybyddu'r fasnach ddifrifol. Mynegodd y Crynwyr a'r Undodiaid a Chapel y Cymry yn Pall Mall eu gwrthwynebiad. Dyna a ddigwyddodd ym 1788 pan fynegodd Corfforaeth Dinas Lerpwl ei gwrthwynebiad i'r syniad o ddileu'r fasnach. Ni wrandawyd arnynt. Trefnodd nifer o ddiwygwyr cymdeithasol eu gwrthwynebiad llwyr, ac o dan arweiniad William Roscoe a'i gefnogwyr, gosodwyd mesur o flaen y Senedd i ddileu'r fasnach. Cariwyd y dydd ym 1807, ond bu'n rhaid aros hyd 1836 i weld diwedd ar gaethwasiaeth yn y trefedigaethau Prydeinig. Yr ofn mawr oedd y byddai Lerpwl yn mynd yn dlawd, ond ni welwyd hynny o gwbl, a thrwy ddycnwch llu o deuluoedd, tyfodd y fasnach llongau tu hwnt i bob disgwyliad. A gofalwyd trwy areithiau gwleidydd ifanc fel W E Gladstone o Lerpwl fod perchenogion y caethweision yn cael eu digolledu yn ariannol.

Wedi'r cyfan, o'r foment yr apwyntiwyd Thomas Steers ym 1708 i baratoi cynlluniau i droi'r pwll yn ddoc gwlyb, yr oedd Lerpwl yn wynebu ar ddyfodol llewyrchus. Sylweddolodd ef yn fuan fod angen cyflenwad o ddociau ar ôl iddo orffen y cyntaf ym 1715. Dyna oedd y doc gwlyb cyntaf yn y byd, ond buan y daeth yn annigonol ar gyfer y llongau a ddeuai i geg yr afon Mersi. Y nesaf i agor oedd Doc y De (South Dock) a hynny ym 1753, ychydig oddi wrth y Doc gwreiddiol a alwyd yn Hen Ddoc. Fel y cynyddai'r fasnach, agorwyd doc arall ym 1771 a'i enwi yn Doc Siôr ar ôl y Brenin George y Trydydd. Daeth hwn eto yn rhy fach i'r holl longau a gariai adnoddau i'r diwydiant adeiladu, ac ym 1825 bu'n rhaid ei ail-greu a'i ehangu. Ym 1788, agorwyd King's Dock ac i'w ddilyn gan Queen's Dock ym 1796. Yn wir, erbyn dechrau'r ganrif newydd datblygodd Lerpwl i fod yr ail borthladd pwysicaf ym Mhrydain. Llanwyd yr Hen Ddoc ym 1811 gan fynd ati i adeiladu doc enfawr i'r gogledd, a alwyd yn Prince's Dock a agorwyd ym 1821. Agorwyd Doc Clarence i groesawu llongau stêm ym 1830. Lleolid y doc hwn dipyn ymhellach allan i arbed rhag i'r hwyliau gael eu niweidio trwy dân neu ddamwain. Bellach, yr holl ffordd o'r Dingle i Seaforth yn y gogledd, ceid bron i wyth milltir o ddociau. Yr oedd rhwydwaith dociau Lerpwl ar fin dod yn un o'r mwyaf ei faint yn yr holl fyd. Gwelwyd yn oes aur porthladd Lerpwl 130 o ddociau unigol. Gwnaeth dociau Lerpwl y ddinas yn unigryw, yn bwysig, ymhlith y goreuon o'r porthladdoedd, yn wir, yn agoriad i holl diriogaeth Prydain, i'w hymerodraeth ac i weddill y byd.

Cam pwysig yn ariannol oedd sefydlu Banc Gogledd a De Cymru yn y flwyddym 1836 gyda'r bwriad i wasanaethu nid yn unig y Cymry oedd yn tyrru i Lerpwl i fyw a gweithio a masnachu ond ar gyfer Cymru gyfan. Ni ddigwyddodd y bwriad hwnnw. Ond erbyn 1877 yr oedd y Banc wedi llwyddo i sefydlu canghenau yng ngogledd a chanolbarth Cymru a hynny trwy gymryd banciau lleol drosodd, wyth ohonynt i gyd. Rhwng 1845 ac 1898 aeth y Banc Cymreig o nerth i nerth dan ddwylo un o arbenigwyr y fasnach arian, George Rae, un o fancwyr mwyaf blaenllaw oes Fictoria. Denai'r Banc yn Water Street gynilion ffermwyr a chwsmeriaid o gefn gwlad Cymru ac roedd yn ymelwa ar yr adeiladwyr Cymreig ac ar fwrlwm masnach Lerpwl. Ym 1908 llyncwyd Banc Cymru gan Fanc y Midland sydd erbyn hyn wedi ei gymryd drosodd gan fanc HSBC. Tyrrodd pobl o ddeugain o wledydd y byd i fyw a gweithio yn y ddinas ac aeth y Cymry yn bennaf ati i baratoi cartrefi clyd ar eu cyfer. I ddeall llwyddiant a llewyrch Lerpwl, mae'n ofynnol cofio:

- Y fasnach gyda'r Byd Newydd, sef America a Chanada yn bennaf.
- Masnach y caethweision.
- Yr holl ymfudwyr a dyrrai o gyfandir Ewrop i Lerpwl, ac yn arbennig o Iwerddon, fel canlyniad i fethiant y diwydiant tatws ym 1845 ac 1846. Dylid cofio am y Cymry a ymfudodd o ddiwedd y ddeunawfed ganrif wrth i'r boblogaeth gynyddu, yn manteisio ar ddatblygiad diwydiant ac wrth i'r dulliau teithio wella. Cynyddodd y llifeiriant o bobl i Loegr a disodlwyd Llundain gan Lerpwl fel cyrchfan i fwyafrif o bobl gogledd a chanoldir Cymru. Dywedwyd yn y Cyfrifiad ym 1901 fod 265,000 o bobl a aned yng Nghymru yn byw yn Lloegr gyda 35, 000 ohonynt yn byw yn Llundain a 78, 000 yn Swydd Gaer (Cilgwri yn arbennig) a Sir

Gaerhifryn gan gofio y nifer yn Lerpwl a'r cyffiniau.

- Dyma'r pencadlys ar gyfer y teithwyr oedd am adael eu bröydd am fyd newydd i Awstralia, i Dde Amerig (fel y *Mimosa* ym 1865 i'r Ariannin) ac eraill i'r Unol Daleithiau.

Daeth yr ymfudwyr i Lerpwl er mwyn cael llongau addas fel y medrid ymfudo ar draws yr Iwerydd, ond oherwydd rhesymau amrywiol, arhosodd llu ohonynt yn y ddinas. Bwriadai rhieni'r cerflunydd enwog, John Gibson, ymfudo o dref hynafol Conwy i'r Amerig ym 1799, ond pan welodd y fam gyflwr y cwch a fyddai yn ei chludo ar draws Môr yr Iwerydd, penderfynodd yn gall y byddai'n aros yn Lerpwl. Arhosodd miloedd o Wyddelod yn slymiau Lerpwl am eu bod yn rhy wan o gorff i wynebu ar daith o dair mil o filltiroedd. Roedd tlodi mawr felly ymhlith y Gwyddelod yn arbennig yn eu rhwystro rhag hwylio i Boston a Efrog Newydd, ond roedd hynny yn wir yn hanes carfan o'r Cymry difreintiedig a oedd wedi ymsefydlu yn Lerpwl. Yn wir, roedd hi'n amser cythryblus a chreulon a chyffrous. Yn negawd olaf y ddeunawfed ganrif, roedd y bobl gyffredin yn byw mewn ofn parhaus o'r ynfydion dialgar. Disgrifiodd un o'r Cymry, Daniel Jones o Eifionydd, noson dywyll ym mis Tachwedd 1793 fel hyn:

> Nos Fercher diweddaf, cafodd rhai o aelodau ddihangfa gyfyng wrth ddyfod o'r Seiat; llwyddasant i ddianc i ryw dŷ, a chael a chael i gau'r drws a'r 'gang' ar eu sodlau! Y fath achos sydd gan Gymry i ddiolch i Dduw am y rhyddid sydd ganddynt i fyned i foddion gras heb ofni gormod myned i fan y rhyfel neu i long 'Man of War'.

Roedd y *press gang* yn tra arglwyddiaethu o stryd i stryd a rhydd Daniel Jones yn ei ysgrif olwg ar y dioddefaint a'r ing a brofodd aml i deulu oherwydd creulondeb cyson aelodau'r gang.

> Neithiwr y bu byd dychrynllyd ymhob cwr o'r dref, pressio ofnadwy, llusgo ugeiniau o bobl i'r rhyfel, bodd neu anfodd. Rhyfedd fel y mae gwragedd yn wylo, a mamau a chwiorydd yn llefain: 'O fy ngŵr!', meddai un. 'O fy mab, fy mab', medd y llall. Nid oes ond y sŵn a'r crio drwy'r dref o ben bwy'i gilydd...

Adeg o ryfela cyson ydoedd y blynyddoedd hynny, yn wir, bu yna ymladd bron yn ddi-dor am hanner canrif hyd at frwydr Waterloo ym 1815. Dibynnid cymaint ar y llongau a ddeuai o bob rhan o Ewrop i Lerpwl. Roedd rhai o'r llongau yn ddigon cyffredin o ran gwead fel y fflat *Ann* (60 tunnell), hon oedd 'Fflat Huw Puw' y soniai J Glyn Davies amdani yn ei gerdd. Fflat o bren gyda hwyliau i'w gyrru, llong gadarn, nodweddiadol o Lerpwl. Y criw oedd capten, mêt, dau o forwyr a bachgen fel cogydd. Dechreuodd nifer fawr o forwyr eu gyrfaoedd ar fyrddau'r fflatiau hyn. Un o'r capteiniaid enwocaf oedd Hugh Pugh (1794/5-1865), a anwyd yn Lerpwl i deulu o Gymry. Daeth yn gapten llong *Ann* yn y tridegau o'r bedwaredd ganrif ar bymtheg a masnachai yn bennaf rhwng Runcorn, Lerpwl a Chaernarfon. Hawdd anghofio y morwyr a gollodd eu bywydau ar y llongau hyn. Un o'r damweiniau enbytaf yn hanes llongau Lerpwl y cyfnod hwn oedd yr hyn a ddigwyddodd i'r *Alert*, llong bost a drawodd ar graig Maen y Bugail oddi ar arfordir Ynys Môn a hynny ar 26 Mawrth 1823. Suddodd yn gyflymach na'r disgwyl gan foddi o leiaf 145 o forwyr oedd ar y bwrdd. Dyna'r rhif a gredir a ddaeth yn rhan o griw'r llong yn y porthladd. Llyncodd y dyfroedd hwy oll yn eu cynddaredd. Cyffyrddwyd ag enaid y Parchedig James Williams, rheithor Llanfair-yng-Nghornwy, gan ei fod ef yn llygad-dyst i'r digwyddiad. Bu yn byw gyda'r drychineb weddill ei ddyddiau. Ef a'i briod Frances. Aeth y ddau ati i sefydlu a hyrwyddo bad achub ar hyd a lled Cymru. Trwy ymdrechion y ddau ffurfiwyd yr *Anglesey Association for the Preservation of Life from Shipwreck*. Yr oeddent erbyn 1828 yn medru sefydlu gorsaf bad achub yng Nghemlyn ger

Cemais, Mon. Dyma'r orsaf bad achub weithredol gyntaf ar yr Ynys a gogledd Cymru i gyd.

Ond roedd y dref yn galw allan am arweiniad pobl fel James Williams, ac i raddau helaeth fe ddaeth hynny trwy unigolion o deuluoedd galluog, cyfoethog a mentrus. Ym 1835, pasiwyd yr hyn a enwyd yn *Municipal Reform Act,* a daeth i ben yr hen Gyngor a fu yn rheoli Lerpwl am ganrifoedd. Er nad oedd y Cyngor yn gweithredu trwy lwgrwobrwyo, cydnabyddid nad oedd y Cyngor yn addas i oes newydd a chyfalafol fentrus. Y prif wendid oedd bod ei orwelion yn blwyfol, a'r cynghorwyr yn ddigon hapus i weithredu yn ddigon anonest weithiau ar ran cyfartaledd bychan o ddynion rhydd. Oddi ar 1750, nid oeddynt yn awyddus i dderbyn gwaed newydd, ac fel y cynyddai'r boblogaeth, gwelid fod rhai o ddeallusion pennaf y dref yn cael eu hatal rhag eistedd yn y Cyngor. Enghraifft dda yw y brawd athrylithgar William Roscoe. Nid oedd ef yn cael yr hawl hyd yn oed i bleidleisio mewn etholiadau seneddol nac etholiadau ar gyfer cynrychiolwyr ar Gyngor y ddinas. Ac i waethygu'r sefyllfa, disgwylid i bobl nad oedd yn meddu ar y breintiau y dylent dalu trethi ar nwyddau o'r llongau. Pe baent yn ddinasyddion cyflawn, ni fyddai angen iddynt dalu ceiniog goch. Erbyn 1830, yr oedd yr arian a ddeuai o'r trethi hyn wedi cyrraedd hanner can mil o bunnoedd y flwyddyn. Pobl o gefndir cyffredin oedd y bobl rydd (*freemen*) a'r unig beth a dderbynnid oddi wrthynt oedd taliad am eu pleidlais ar gyfer yr etholiadau cyffredinol. Llwgrwobrwyo amlwg oedd yr hyn a welid yn digwydd a galwodd un gwleidydd dref Lerpwl fel "the biggest rotten borough in England". Rhaid cydnabod bod yr hen Gyngor wedi hyrwyddo llwyddiant porthladd Lerpwl, a medrent yn aml weithredu yn ardderchog fel y gwnaed ym 1793 i arbed argyfwng ariannol, trwy weithredu yn unigryw a pharatoi ei harian trwy argraffu papurau punt.

Y drafferth fawr oedd cyflwr y cartrefi a welid yn

rhannau o'r dref lle y tyrasai'r tlodion Celtaidd am loches gan nad oedd dewis ganddynt. Roedd gormod ohonynt o gefndir Gwyddelig a Chymreig yn byw mewn seleri a chyrtiau a drodd yn hofelau. Gadawodd y dosbarth canol a'r cyfoethogion ganol y ddinas mor fuan ag y medrent am faestrefi mwy cyfforddus fel Everton a Wavertree. Roedd nifer o bobl flaengar yn barod i fod yn feirniadol, ac un o'r rhain oedd y meddyg, William Henry Duncan. Ganwyd ef yn Lerpwl o deulu Albanaidd ac ni allai ddioddef gweld ardaloedd Vauxhall ac Exchange yn troi yn slymiau o flaen ei lygaid. Galwodd ef Lerpwl ym 1843 'the black spot on the Mersey', a dwy flynedd yn ddiweddarach, tyrrodd y Gwyddelod dros gyfnod o bum mlynedd yn eu miloedd yn eu tlodi a'u gwaeledd. Roedd newyn mawr ymhlith gwerin Iwerddon. Aeth y Gorfforaeth newydd a ysbrydolwyd gan William Rathbone IV ati i wella'r sefyllfa, ac ar ôl cael yr hawliau angenrheidiol, aethpwyd ati i apwyntio Dr W H Duncan fel Swyddog Meddygol cyntaf Lerpwl, ac yn wir, Prydain i gyd, a hynny ym 1846. Ei waith pennaf ef mewn partneriaeth gyda James Newlands, peiriannydd y fwrdeistref, oedd wynebu problem enfawr carthffosiaeth a chyflwr y tai nad oedd yn deilwng i fod yn gartrefi. Erbyn y pumdegau, llwyddodd Dr Duncan i osod ar waith y system garthffosiaeth gyntaf yn y byd gwareiddiedig. Wedi'r cyfan, yr oedd yr angen yn enfawr. Anodd oedd byw yn hirach nag ugain oed os oeddech chi'n trigo yn Vauxhall. Roedd cyrraedd deg ar hugain mlwydd oed fel cyraedd 'oedran yr addewid'.

Roedd pobl ddewr a mentrus yn barod i wynebu ar y problemau enfawr a welwyd o dro i dro yn y porthladd a chanol y ddinas. Dangosodd merch o Ogledd Iwerddon yn wreiddiol, Catherine Seward a ddaeth i gael ei galw yn Kitty Wilkinson (1785-1860), fod modd helpu'r anffodus. Yng nghanol pandemig y geri (*cholera*) marwol ym 1832, dangosodd Kitty fod glanweithdra yn anhepgorol. Aeth ati i olchi dillad gwely'r cleifion ac agorodd ei chartref yn Denison Street i dderbyn plant oedd yn gweld eu byd yn darfod a'u rhieni yn marw o flaen eu llygaid o'r clefydau poenus. Bob wythnos deuai tua chant o deuluoedd i ddibynnu ar garedigrwydd Kitty Wilkinson, ac o'i hymdrech hi fe blannwyd y syniad o gael tai golchi i'w gweinyddu gan y Gorfforaeth. Pan sefydlodd Corfforaeth flaengar Lerpwl y Baddondy Cyhoeddus cyntaf ym Mhrydain yn Upper Frederick Street, gwahoddwyd Tom a Kitty Wilkinson i ofalu am y tŷ golchi a'r pwll nofio. Gwraig unigryw oedd Kitty. Cymerodd blant bach amddifad a theuluoedd galar i'w haelwyd a'u cofleidio fel ei bechgyn ei hun. Gwyddai hi beth oedd galar. Ar ei ffordd o Belfast i Lerpwl, boddwyd ei thad a'i brawd. Cyrhaeddodd ei mam a hithau gan ddechrau byw o ddifrif yn eu galar. Gwelid fod angen gofal a chafodd bob cymorth gan wraig oedd yn byw yn ei hymyl, sef Mrs Lightbody. Yn ddeuddeg oed anfonwyd hi a'i brawd am waith ac addysg at berthynas pell a drigai ym mhentref Caton ger Caerhirfryn (Lancaster). Ceid melin flawd yno lle gallai'r ddau ennill pres a mynychu ysgol a berthynai i'r felin. Dychwelodd i Lerpwl i ofalu ar ôl ei mam pan oedd hi yn ddeunaw mlwydd oed. Roedd ei mam wedi dirywio yn feddyliol a chorfforol. Bu'n llaw drom iddi. Dioddefai'r fam o ddementia. Cynysgaeddwyd Kitty gyda nwyd efengylu ac wrth rannu newyddion da ar lan y Ferswy, y cyfarfu â morwr o Ffrainc, De Monte, ac o'r cyfarfyddiad hwnnw, datblygodd perthynas dda. Priodwyd hwy yn Lerpwl a ganwyd dau fab iddynt. Ond ar un o'i deithiau fel llongwr, collodd ef ei fywyd a'i gadael hi yn weddw ifanc gyda dau fab, un yn fethedig a'r llall yn afreolus. Ond daeth gobaith o'r storm. Clywodd Tom Wilkinson, un a fu yn yr un ysgol â hi yn Caton tu allan i Gaerhirfryn, ei llais hi yn canu un noson yn y seler yn Denison Street gân boblogaidd gwerin Sir Gaerhifryn ac yntau ar ei ffordd i'w lety ar ôl diwrnod o waith yn y stordy cotwm a berthynai i deulu y Rathbone.

Cnociodd ar ei drws, ac adnabu yn syth y ferch y bu ef yn rhannu dyddiau ysgol â hi. Roedd Tom Wilkinson yn ŵr caredig a gofalus a bu'r berthynas briodasol yn un hapus iawn. Cyflawnodd y ferch hon o Ogledd Iwerddon gryn lawer o waith cymdeithasol, fel y cofir amdani bellach yn ffenestr y gwragedd enwog yn yr Eglwys Gadeiriol Anglicanaidd. Y teulu a fu yn ofalus o Kitty Wilkinson oedd teulu cwbl arbennig y Rathbones. Bu naw cenhedlaeth yn dwyn yr enw William Rathbone. Gellid tystio bod pob un ohonynt wedi cyfrannu yn helaeth iawn i lwyddiant Lerpwl fel dinas. Yn fy meddwl i, mae dau ohonynt ar y brig, sef William Rathbone y Pedwerydd a William Rathbone y Chweched. Rhoddodd William Rathbone y Pedwerydd ei stamp ar y Gorfforaeth pan aethpwyd ati i weddnewid y dref. Dywedodd y nyrs enwog Florence Nightingale ar arwyl William Rathbone VI (1819-1902), "One of God's best and greatest sons." Bu ef yn sôn wrth Florence Nightingale am anghenion Ysbyty a Wyrcws fawr Brownlow Hill, y wyrcws enwog ar gyfer pum mil o ddeiliaid anghenus a safai lle gwelir heddiw Eglwys Gadeiriol y Pabyddion yn Lerpwl. Apeliodd am ei chymorth i ailstrwythuo'r sefydliad, ac ef a dalodd am y cyfan gan fod llywodraethwyr y wyrcws heb lawer o glem sut oedd gweithredu.

Cafodd William Rathbone VI ei ysbrydoli gan ei dad, William Rathbone V, yr Undodwr a ddadleuodd dros addysg deilwng i'r Pabyddion ac i bobl o bob enwad a chrefydd, a bu yn un o gefnogwyr pennaf Kitty Wilkinson. Dysgodd ei dad iddo fod yn haelionus. A dyna fu ei hanes. Byddai'n ymateb i bob achos da. Gwelir dros 900 o lythyrau yn erfyn am help yn ei gasgliad o bapurau yn Archif Prifysgol Lerpwl. Ym mlynyddoedd cynnar ei bodolaeth welodd Prifysgol Lerpwl neb tebyg iddo. Gofalodd am y sefydliad hwnnw o'i gychwyniad. Perswadiodd bobl busnes i gyfrannu yn haelionus fel y gellid sefydlu Adrannau a Chadeiriau i'r ysgolheigion a apwyntiwyd i roi'r addysg orau posibl. Ef oedd y cyntaf i hybu gwaith nyrsys y gymuned a sefydlodd Ysgol Hyfforddi yng ngwaelod Princes Road. Pan oedd ei wraig gyntaf, Lucretia, ar ei gwely angau, gwahoddwyd merch o'r enw Mary Robinson i ofalu fel nyrs amdani, a phan fu farw ei anwylyd, gofynnodd William Rathbone i'r ferch a fu mor ofalus i fynd allan i weld a oedd eraill yn yr un sefyllfa ag yr oedd ef a'i deulu. Daeth hi yn ôl a dweud bod ugeiniau lawer ag angen cymorth yng nglyn cysgod angau. Plannwyd yr adeg honno hedyn y mudiad Nyrsio Cymunedol. Ysgrifennodd yr haelionus Rathbone lythyr at Florence Nightingale am gyfarwyddyd. Gofynnodd hi iddo anfon dwsin o ferched ifainc o Lerpwl i Lundain a gofalai hi eu hyfforddi hwy i fod yn weinyddesau proffesiynol. Ymhlith y rhain oedd Agnes Jones (1832-1868) a gyflawnodd waith gorchestol yn ei bywyd byr. Roedd hi yn un o'r merched a gafodd ei hyfforddi gan Florence Nightingale. Daeth hi yn wreiddiol o gefndir Presbyteraidd yng Ngogledd Iwerddon, a dysgodd sut oedd nyrsio wrth ofalu am ei mam weddw yn Donegal. Erbyn 1862, yr oedd hi'n barod i arwain y deuddeg nyrs a fu o dan hyfforddiant Florence Nightingale i wynebu'r sialens i weddnewid y sefyllfa enbydus a welid yn yr wyrcws ar Brownlow Hill. Yn ei hadroddiad am Ysbyty'r Wyrcws dywedodd Florence Nightingale:

> Filth was universal. The patients wore the same shirts for seven weeks; bedding was only changed and washed once a month; food was at starvation level; spirits entered the Infirmary freely. The number of patients was very large, 1,350 rising at times to 1,500.

Er gwaethaf y sefyllfa enbydus gyda thri chlaf yn aml yn yr un gwely, trwy arweiniad Agnes Jones newidiodd yr awyrgylch a'r sefyllfa yn fuan iawn. Nid yn raddol ond dros gyfnod byr. Erbyn ei bod hi yn 36 mlwydd oed, gwelid newid sylfaenol ym mhob rhan o'r Ysbyty fawr. Pwysleisiodd hi mai'r dasg i bob nyrs oedd bod yn broffesiynol, ond yn anffodus nid oedd hi ei hun yn medru arbed ei hun rhag y bacteiria a'r feirws. Ni fu yn ofalus o'i symudiadau. Pan ddaeth *typhus* i Lerpwl ym 1868, daliodd hi'r clefyd a bu farw ym mlodau ei dyddiau, a hithau ond yn 36 mlwydd oed. Cofir amdani heddiw gan y galwyd hen Ysbyty'r Merched yn Catharine Street yn Agnes Jones Hostel ar gyfer myfyrwyr a ddaw i'r Brifysgol. Merch a fu'n gysylltiedig â'r Ysbyty lle y bu Agnes Jones yn arweinydd cydwybodol oedd Josephine Butler (1828-1906), un o ddiwygwyr amlycaf oes Fictoria. Cafodd hi ei geni ar aelwyd gysurus o gyfoethog yn Swydd Northumberland, lle yr oedd ei thad yn gofalu ar ôl y rhai a weithiai yn ei blasty, a deuai gwleidyddion o'r Blaid Ryddfrydol am gyngor ato ac i aros ar yr aelwyd. Magwyd hi yng nghanol moethusrwydd, ond bu ei thröedigaeth ysbrydol yn foddion i'w gwneud hi yn frwd dros yr Efengyl Gristnogol. Priododd gyda gŵr ordeiniedig yn yr Eglwys Anglicanaidd, George Butler. Cyfarfu'r ddau yn Rhydychen. Nid oedd snobyddiaeth y dref yn dygymod â hi a symudodd hi a'i theulu i Cheltenham, tref foethus arall, pan gafodd ef swydd athro yn y coleg preifat. Yn y dref honno collodd un o'i phlant trwy ddamwain, a phan ddaeth swydd prifathro Coleg Lerpwl (Liverpool College) yn Shaw Street yn wag, gwnaeth ei gwr gais yn syth amdani, er mwyn i'r ddau ddianc o brofiadau torcalonnus Cheltenham. Penodwyd ef i'r swydd bwysig a symudodd y teulu i'r ddinas ym 1866. Trwy Gaplan Ysbyty'r Wyrcws, fe'i perswadiwyd i fod yn ymwelydd â'r merched a oedd wedi byw fel puteiniaid o amgylch Lime Street a Paradise Street. Cymerodd rai o'r merched a oedd yn marw o glefydau rhywiol i'w chartref i ofalu amdanynt gyda'i morynion yn niwedd eu bywydau. Pan lanwyd ei chartref gan y rhain, rhentodd adeilad arall i gysgodi y merched anffodus eu byd gan dderbyn cefnogaeth meddyg lleol.

Yr un adeg aeth ati i wrthwynebu'r *Contagious Act* a hynny ar dir moesol a chyfansoddiadol. Pasiodd y Senedd y ddeddf hon ar gyfer porthladdoedd fel Lerpwl a threfydd arbennig fel Aldershot lle ceid gwersylloedd milwyr. Tueddai'r milwyr a'r morwyr i ddefnyddio'r puteiniaid yn rhy aml o lawer, a byddai nifer dda ohonynt yn dioddef o glefydau rhyw yn gyson. Rhoddai'r ddeddf yr hawl i'r heddlu arestio unrhyw ferch a welid ar y strydoedd yn Lerpwl neu Fryste neu Lundain. Gan nad oedd unrhyw ferch yr adeg honno yn meddu'r bleidlais nac yn aelod o'r Senedd yr oedd hi'n anodd ennill y ddadl. Roedd y ddeddf yn amlwg wedi canolbwyntio yn unig ar ferched ac nid ar y cwsmeriaid o blith y dynion. Trwy ei chrwsâd, llwyddodd Josephine Butler ar ôl bron i ugain mlynedd o ymgyrchu caled i ddileu'r ddeddf yn gyfan gwbl. Llwyddodd i gael llond dwrn o ddynion grymus, rhai yn wleidyddion ac eraill yn ymgyrchwyr o'i phlaid yn ogystal â'r papur pwysig yn ei dydd, *Pall Mall Gazette*. Cyflawnodd hi bron y cyfan o'i chrwsâd yn ystod y blynyddoedd y bu'n byw yn Lerpwl. Ar ôl ymddeoliad ei gŵr fel Prifathro, symudodd y teulu i dde Lloegr, ond ni fu hi'n dawel yno ychwaith. Roedd angen agor llygaid gwledydd y Cyfandir i'r un problemau. Gellid ei chyfrif hi fel un o'r ffeministiaid cynharaf, un a gafodd help gan ferched Cymreig o Lerpwl, fel Jemima Ann Clough.

Yn oes Josephine Butler, yr oedd arloeswyr o blaid moes a dirwest i'w canfod ym mhob cymuned. Tueddai'r Cymry i gadw i'w cymdeithasau niferus a'u capeli, ond ceid aml un a fedrai gyflawni gwaith o fewn y capel Cymraeg ac ar gyfer anghenion y ddinas. Un felly oedd John Hughes (1835-1903), Elm Bank, Anfield. Bonheddwr trwyadl oedd ef, ac o natur dirion a siriol fel unigolyn. Adnabyddid ef yn y cylchoedd Cymraeg a Saesneg yn arbennig fel dirwestwr. Bu'n weithgar iawn ac yn siaradwr cyhoeddus o'r radd flaenaf yn y ddwy iaith. Gosododd Gapel Cymraeg Anfield Road ar y map ymysg y Saeson oherwydd ei waith cymdeithasol.

Gwasanaethwyd y ddinas yn helaeth yn y bedwaredd ganrif ar bymtheg gan Gymry y delfrydau, a saif adeilad

Capel Pall Mall yn y bedwaredd ganrif ar bymtheg.

Pall Mall Heddiw

y Sefydliad Meddygol ym Mount Pleasant i'n hatgoffa ni o'r hyn a gyflawnwyd gan yr ysbytai a'r meddygon a'r gweinyddesau. Y pensaer Clark Rampling ym 1836 a fu yn gyfrifol am gynllunio'r Sefydliad Meddygol, a llwyddodd i greu adeilad hwylus sydd yn cynnwys ystafell ddarlithio, neuadd, llyfrgell, amgueddfa ac ystafelloedd ar gyfer pwyllgorau. Ceir ystafell ar gyfer y meddyg esgyrn o blith y Cymry, Hugh Owen Thomas, ac fe ddaw Cymdeithas William Duncan i gynnal cyfarfodydd yn yr ystafelloedd darlithio. Mae'n bosibl ymweld â'r sefydliad, ond rhaid trefnu hynny ymlaen llaw gydag un o'r ysgrifenyddion. Y bobl hyn y soniais amdanynt oedd rhai o'r diwygwyr cymdeithasol a ofalodd i greu hudoliaeth yn mywyd cymaint o Gymry a phobl Lepwl o bob traddodiad hyd ddiwedd oes Fictoria.

Portread o Gymry Lerpwl

Y mae gan y Cymry fwy o hawl ar Lerpwl ac yn wir ar ogledd-orllewin Lloegr nag unrhyw genedl arall, oherwydd fe fu'r Gymraeg ar wefusau'r hynafiaid o'r canrifoedd cynnar. Rwy'n cofio sgwrsio gyda Dr Emyr Wyn Jones, awdurdod ar y galon, yng nghoridor yr hen Ysbyty Frenhinol yn saithdegau'r ugeinfed ganrif, ac yn naturiol yn sgwrsio yn Gymraeg, a daeth meddyg arall atom, a'n ceryddu ni ein dau am siarad yn y Gymraeg ac yntau yn bresennol. A chofiaf ddweud wrtho: "Beg your pardon. We were here long before you Sir!" Cafodd sioc ei fywyd fod Caplan Ysbyty yn llefaru mor hyglyw wrth feddyg pwysig fel ef ynghylch ei gefndir.

Roedd Rheged yn enw yn yr ardal a elwir yn Cumbria heddiw, ac fe gofiwn am leoliad Catraeth ac am frwydr fawr Caer lle y collodd y Cymry y dydd a hynny yn y flwyddyn 615. Roedd Cymry yn byw o amgylch Lerpwl cyn bod sôn am bentref pysgota Lerpwl, cyn iddo gael ei greu hyd yn oed. Y Brenin John a welodd botensial Lerpwl fel lleoliad i gadw golwg ar y Gwyddelod yn bennaf ac yna ar y Cymry. Erbyn y drydedd ganrif ar ddeg roedd Lerpwl yn cyfnewid bwyd a phobl gyda phorthladdoedd gogledd Cymru, fel Conwy a Biwmares. O'r cychwyn cymuned yn cynnwys Cymry a Saeson a Gwyddelod oedd Lerpwl. Y dasg fwyaf oedd gofalu bod pob un yn cael tegwch. Erbyn y ddeunawfed ganrif, roedd y Cymry yn dylifo i Lerpwl oherwydd yr erledigaeth ar y Methodistiaid Calfinaidd gan y sgweier a'r offeriaid Anglicanaidd yng nghefn gwlad gogledd Cymru ac i chwilio am waith a byd gwell, llai llafurus o lawer nag ar y tir neu ar donnau'r môr. Yr atyniad oedd gwaith i adeiladu y dociau a'r storfeydd cotwm a gwlân ar lan yr afon Mersi. Cymry oedd rhan helaeth o'r chwarelwyr yn chwarel Sant Iago, y drws nesaf bellach i'r Eglwys Gadeiriol Anglicanaidd sydd yn agos i dir y fynwent hynafol. Cyflogid llawer o Gymry yn ffatri Gotwm Ffordd Vauxhall a adwaenid fel Ffatri'r Cymry.

Cartrefu ar y Glannau

Buan y dyrchafwyd y Cymry i swyddi pwysig, fel prif arolygwr Cwmni Dŵr Bootle, prif arolygwr Cwmni'r Hen Chwarel a'r goruchwyliwr ar Prince's Dock. Ymddangosodd y drefedigaeth Gymreig gyntaf yn ardal Vauxhall, ac yno yr adeiladwyd y capel cyntaf o eiddo'r Methodistiaid Calfinaidd Cymreig ym 1787, sef y cyntaf o 94 o ganolfannau crefyddol a diwylliannol yn gysylltiedig â Lerpwl a'r Glannau a sefydlwyd fel rhan o'r awydd cenhadol. Dyma waddol amlycaf Lerpwl a'r cyffiniau. Ym 1800, cafwyd yr Annibynwyr Cymraeg yn gwneud eu cartref yn y dref yn hytrach nag yn yr Unol Daleithiau, a'r Bedyddwyr a'r Wesleaid yn fuan yn canlyn y Sentars. Bu'r Anglicaniaid yn gwarchod y Cymry o ddiwedd y ddeunawfed ganrif, ac Esgob Caer yn barod iawn ei gymwynasau.

Ymgartrefodd y Cymry puraf o ran y ffydd o amgylch y capeli, yn debyg iawn i'r Iddewon a'u synagogau. Roedd y capeli'n ganolfannau hwylus, a cheid clwstwr ohonynt yng nghanol Lerpwl – nid yn unig yn Pall Mall, ond yn Jamaica Street, Bedford Street, Edmund Street, Crosshall Street ac yna erbyn pedwardegau'r bedwaredd ganrif ar bymtheg yn sefydlu tystiolaeth allan yn y maestrefi, i'r cyrion megis, i ganol St Domingo, Everton ac yna Anfield, Kirkdale a Bootle. Yr un fu'r stori yn yr ugeinfed ganrif. Erbyn 1851 yr oedd 63 y cant o'r Cymry a breswyliai yn Lerpwl yn dod o bedair sir – Môn, Caernarfon, Dinbych a Meirionnydd, a hynny'n bennaf oherwydd hwylustod teithio gyda'r llongau, ac mai Lerpwl oedd yr atyniad mawr. Ond yn fuan gwelwn Gymry o bob sir yng Nghymru yn cyfrannu i dwf y bywyd Cymreig.

Bywyd y Capeli Cymraeg

Gellir nodi fod y capeli Cymraeg a ddibynnai ar y Tadau Methodistaidd o'r cychwyn cyntaf wedi coleddu diwinyddiaeth Galfinaidd, a bod y gweinidogion cynnar yn arddel Calfiniaeth. Er hynny cofier fod Arminiaeth yn denu rhai o'r Anghydffurfwyr eraill ac yn arbennig dilynwyr John a Charles Wesley. Y gred Galfinaidd oedd y tu ôl i'r ddisgyblaeth a ddisgwylid oddi wrth yr aelodau. Daeth dirwest yn bwysig ryfeddol. Yn Lerpwl y cychwynnodd y mudiad dirwest ymhlith y Cymry, a hynny'n bennaf trwy ymdrechion siopwr braf ei fyd o'r enw Robert Herbert Williams (Corfanydd) a drigai ynghanol y bwrlwm o 1800 hyd 1876. Cefnogwyd ef gan filoedd o Gymry Lerpwl ac yn Nghymru. Yn gynnar iawn, daeth cerddoriaeth gynulleidfaol yn rhan bwysig o fywyd Cymry'r capeli. Yn Lerpwl ym 1795 y cyhoeddwyd un o'r llyfrau emynau cyntaf o dan y teitl *Grawnsypiau Canaan* a olygwyd gan Robert Jones, Rhos-lan. Roedd ei fab, Daniel Jones yn weithgar yng nghapel Pall Mall ac ef a fu'n goruchwylio'r dasg. Ym 1850, daeth John Ambrose Lloyd o'r Wyddgrug yn fachgen 15 oed i Lerpwl. Roedd ei gefnder, Emrys (yn ddiweddarach, y Parchedig William Ambrose) eisoes yn aelod yng Nghapel Tabernacl, Heol Fawr, Crosshall. Roedd J Ambrose Lloyd eisoes wedi cyfansoddi tôn ardderchog, a hynny ym 1831, a galwyd hi ar ôl y dref lle y ganwyd ef, yr Wyddgrug. Ac o dan weithgarwch Ambrose Lloyd tyfodd Cymdeithas Gorawl Gymreig Lerpwl. Dyma ddechrau traddodiad cerddorol Cymry Lerpwl. Gellir enwi cymaint o gerddorion eraill o ddyddiau John Amrose Lloyd hyd Eddie Evans, awdur y dôn 'Pantyfedwen' yn chwedegau yr ugeinfed ganrif. Daeth cerddoriaeth y llyfr emynau a'r cymanfaoedd canu yn fwyd a diod i gymaint o'r lleisiau oddi fewn i'n capeli, a sefydlwyd corau niferus i ddysgu y *Meseia* a chynnal cyngherddau, yn arbennig adeg y Nadolig. Yn wir, erbyn yr ugeinfed ganrif, yr oedd capel hardd o safon pensaernïol yn denu cewri'r pulpud fel Dr David Saunders o dde Cymru a Dr Owen Thomas yn weinidogion grymus mewn cymuned gyfoethog fel Capel Princes Road yn Toxteth. Roeddent hwy yn medru talu am organydd ac arweinydd y gân llawn amser. Yr oedd organydd llawn amser hefyd yng Nghapel Chatham Street. Gwnaeth John Edwards ac Eleazar Roberts gyfraniad i gapeli Cymru trwy ledaenu'r system tonic sol-ffa o gapeli Lerpwl.

Ond uwchlaw pawb, yr un a sefydlodd draddodiad cerddorol yn myd y corau oedd Harry Evans (1873-1914) o Ddowlais, arweinydd cyntaf Undeb Gorawl Cymry Lerpwl o 1902 hyd ei farwolaeth gynnar ym 1914. Roedd yn gôr-feistr hefyd ar Gymdeithas Ffilharmonig Lerpwl. Rhyfeddai dau o brif arweinwyr corawl Lloegr, Syr Henry Wood a Syr Edward Elgar, at ei allu, a daeth yr Undeb Gorawl Gymreig yn adnabyddus trwy ogledd Lloegr. Dilynwyd ef gan T Hopkin Evans, cerddor anghyffredin arall, a deil yr Undeb Gorawl yn ffynnianus yn ein dyddiau ni yn 2024.

Allan o fywyd y capeli y tyfodd yr awydd am genhadu yn yr India a Llydaw, a gellir cyfrif y symudiad hwnnw fel un o gyfraniadau pennaf cenedl y Cymry. Y cenhadwr cyntaf o blith Cymry Lerpwl oedd Josiah Hughes (1804-1840) a anfonwyd gan Gymdeithas Genhadol Llundain i Malacca yn hytrach nag i'r India. Dyna oedd ei ddymuniad mawr – yr India eang fras. Yn y degawd a ddilynodd, dangosodd

Cymdeithas Genhadol Llundain gryn ystyfnigrwydd. Pan ddaeth Thomas Jones (1810-1849) – un a fagwyd yn Lerpwl, ond a anwyd yn Beriw, Sir Drefaldwyn – i ddymuno yn daer gyda dau arall fynd i'r India, fe'u gwrthodwyd hwy eto yn Llundain. Thomas Jones oedd y pedwerydd i gael ei wrthod. Penderfynodd John Roberts (Minimus) gyda'r Parchedig Richard Williams, John Hughes, Mansfield Street (tad Joseia Hughes a fu farw o'r geri – *cholera* – ym Malacca ym 1840) a'r ymgeisydd Thomas Jones i drefnu cyfarfod cyhoeddus yn ddiymdroi yn festri Capel Rose Place ar Nos Wener, 31 Ionawr, 1840 i wyntyllu'r sefyllfa o dan gadeiryddiaeth y seraff-bregethwr, y Parchedig Henry Rees, brawd William Rees (Gwilym Hiraethog) y cawr a'r cyfathrebwr a gofir o hyd. Yn y cyfnod hanesyddol hwn, derbyniodd Henry Rees gynnig i greu ac i gorffori cymdeithas genhadol ar gyfer enwad y Methodistiaid Calfinaidd. Bu Minimus yn bwysig, gan iddo wirfoddoli i fod yn ysgrifennydd di-dâl i'r gymdeithas genhadol newydd-anedig. Bu Cymry Lerpwl yn gatalyst i'r holl fenter arwrol. Magwyd llawer i genhadwr yn y ddinas, fel J W Roberts (mab tŷ Capel Chatham Street), Edward Hugh Williams (1865-1962) a fu yn genhadwr yn yr India am 55 mlynedd; a meddyg cenhadol, Dr John Williams, mab y Parchedig R J Williams, y trydydd Ysgrifennydd Cenhadol; Dr H Gordon Roberts (1885-1961) a adeiladodd Ysbyty Shillong ym 1922 a'i olynydd, Dr R Arthur Hughes a fu yno o 1939 i 1969. Dychwelodd o'r India a chartrefu yn y ddinas, fel y gwnaeth Lilly Thomas, Dr D E Jones (arloesydd Mizoram) a John Meirion Lloyd, Aizawl.

Gweinidogion y Capeli

Ar ôl i'r capeli niferus a sefydlwyd ymhlith Cymry Lerpwl gael eu sefydlu a thyfu, fe gafodd y Glannau do ar ôl to o weinidogion cwbl arbennig, a llu ohonynt yn bobl ddawnus a diwylliedig a deallus. Y pregethwr mwyaf nodedig cyntaf, heb amheuaeth, oedd William Williams o'r Wern. Disgrifiodd Dr R Tudur Jones ef fel:

> Dim rafio, dim dyrnu'r pulpud, dim llabyddio'i hunan. Dim ond llefaru, eithriadol rymus yn ei uniongrededd, wrth galonnau a meddyliau dynion.

Y gweinidog a'i dilynodd oedd William Rees (Gwilym Hiraethog), y polymath gwleidyddol, newyddiadurwr, bardd a llenor, heddychwr, arloesydd y nofel, tad y ddarlith, seryddwr ac emynydd. Y mae ei gynnyrch fel llenor, *Llythyrau 'Rhen Ffermwr* a *Helyntion Bywyd Hen Deiliwr* yn hynod o ddarllenadwy. Y mae peth o'i farddoniaeth hefyd yn odidog a'i emynau yn fytholwyrdd fel 'Dyma gariad fel y moroedd'. Ymhlith y Methodistiaid Calfinaidd rhaid enwi ei frawd, Henry Rees a John Hughes y Mownt a ddaeth i Lerpwl ym 1835 ac arhosodd y ddau hyd ddiwedd eu dyddiau. Cyfrifid Henry Rees yn Dywysog y Pulpud a chyn ei farwolaeth, symudodd gweinidog tebyg iawn iddo i Lerpwl o Lundain, y Dr Owen Thomas. Yn wir, cyflawnodd Owen Thomas a'i dri brawd gryn waith yn y dref. Y tri arall oedd Dr John Thomas, gŵr tebyg iawn i Hiraethog, yna Josiah Thomas a ddilynodd Minimus yn y Swyddfa Genhadol, ac William Thomas, Ysgrifennydd Mudiad Dirwest Lerpwl. Roedd y pedwar brawd yn ddirwestwyr i'r carn.

Yn niwedd y ganrif, cafwyd pregethwyr o fawredd yn Eglwys Gadeiriol Princes Road, sef Dr John Williams, yn Fitzclarence Street, dau John Hughes ac yn Douglas Road, Dr Hugh Jones; dyma oedd cewri'r pulpud. Yr oedd pob un o'r rhain yn ymwneud â'r wasg fel golygyddion gan amlaf. Gwilym Hiraethog oedd golygydd y papur cyntaf, *Yr Amserau,* gyda John Thomas ynglŷn ag *Y Tyst* a'r *Dydd*. Cafwyd llu o argraffwyr a chyhoeddwyr yn Lerpwl: Gwasg John Jones Castle Street, Gwasg Isaac Foulkes a'i galwai ei hun yn Llyfrbryf, Gwasg y Brython Hugh Evans a Cyhoeddiadau Modern Cymreig o dan gyfarwyddyd y Doethor D Ben Rees.

Cyhoeddwyd cannoedd ar gannoedd o lyfrau Cymraeg gan y gweisg hyn. Daeth John Jones â'r *Amserau* i werin Cymru a Lerpwl ym 1843; Isaac Foukes â'r papur wythnosol *Y Cymro* ym 1890 a Hugh Evans ym 1906 yn cyflwyno *Y Brython* a ddaeth yn fuan yn bapur cenedlaethol.

Daeth John Roberts (Ieuan Gwyllt) i helpu Gwilym Hiraethog gyda'r *Amserau* er iddynt ei chael hi'n anodd cydweithio â'i gilydd, a daeth llu o bobl ddawnus i helpu Isaac Foulkes yn ei swyddfa gyda'r cyhoeddiadau niferus. Gellir enwi y bardd T Gwynn Jones, O Caerwyn Roberts, Llew Llwyfo ac R J Rowlands (Meuryn). Cyhoeddwyd *Y Cymro* o 1890 i 1909 yn Lerpwl gan Isaac Ffoulkes ac er mai ar gyfer Cymry'r ddinas y sefydlwyd ef, roedd iddo gylchrediad eang yng Nghymru. Yn Bootle ger Lerpwl hefyd y cyhoeddodd Hugh Evans yr wythnosolyn *Brython* (1906-39) a than olygyddiaeth John Herbert Jones (Je Aitsh) ac ar ei ôl ef, Gwilym R Jones, a enillodd y Goron yn Eisteddfod Genedlaethol 1935 ar y testun 'Enlli' a'r Gadair yn Eisteddfod Genedlaethol 1938 am yr awdl 'Rwy'n edrych dros y bryniau pell'. Bu y papur hwn yn bwysig dros ben yn hanes llenyddiaeth Cymru rhwng y ddau Ryfel Byd. Llwyddodd Isaac Ffoulkes a Je Aitsh a Gwilym R Jones i ddenu llenorion amlycaf Cymru i gyfrannau i'r *Cymro* a'r *Brython*. Roedd *Y Brython* yn rhoddi cyfle i'r beirdd lleol, fel Richard Hughes, William Thomas Edwards (Gwilym Deudraeth), Gwaenfab, Owen Parry (Gwnus), Robert Parry (Madryn), R Lloyd Jones (Llwydno), Robat Wyn Edwards (perthynas i Hedd Wyn) a J R Morris. Un o'r bobl eithriadol o ddawnus oedd Eleazar Roberts (1825-1912). Yn ei nofel Saesneg *Owen Rees*, a gyhoeddwyd ym 1894, mae'n darlunio bywyd Cymraeg Lerpwl yn well na neb. Arloesodd yn y dull tonic sol-ffa o ddysgu cerddoriaeth. Daeth *Y Brython* i ben ei rawd ym 1939, ond ni fu Cymry'r Glannau heb eu cylchgronau, a chafwyd o dan ysgogiad Aelwydydd Urdd Gobaith Cymru gylchlythyr *Y Glannau* o dan olygyddiaeth y Parchedigion Llewelyn Jones, Douglas Road ac R Emrys Evans gyda chynhorthwy adrannau Aelwydydd Urdd Gobaith Cymru, ac *Y Bont* a'i disodlodd ym 1959 o dan olygyddiaeth y Parchedig R Maurice Williams, Waterloo; a'r bwrdd golygyddol yn cynnwys dau lenor a gipiodd y Fedal Ryddiaith, O E Roberts (ddwywaith) a Gwilym Meredydd Jones. Rhoddwyd cyfle i'r beirdd lleol, R J Roberts, O Trevor Roberts (Llanowain), T R Williams, John Roberts, a llenor o faintioli Tegla (roedd ei ferch ef Gwen yn byw yn Allerton) ac R E Griffith, un o weithwyr dygn Urdd Gobaith Cymru. Bu Cyhoeddiadau Modern Cymreig a'i swyddfa yn Allerton yn gyfrifol am gyhoeddi gwaith enfawr nifer o lenorion y Glannau yn niwedd yr ugeinfed ganrif a dechrau yr ugeinfed ganrif ar hugain. Cyhoeddwyd ugeiniau o gyfrolau yr hanesydd D Ben Rees ei hun, cyfrolau gan Emyr Wyn Jones y meddyg, y beirdd Trevor O Roberts, (Llanowain), Bootle; Gwilym Jones, Wallasey, y meistr cwis Derick Jones a'r ysgolhaig Dr Patricia Williams. Pan ddaeth terfyn ar rawd *Y Bont,* daeth *Yr Angor* i fodolaeth ym 1979 gyda Dr D Ben Rees yr unig olygydd ers hynny ac y mae'n dal i gael ei gyhoeddi'n fisol ers Mehefin 1979.

Cyfraniad y Cymry i'r Ddinas

Y mae cyfraniad Cymry Lerpwl i fywyd y ddinas wedi bod yn aruthrol, yn arbennig ym myd adeiladu. Un o'r arloeswyr cynnar oedd William Jones (1788-1876) Catharine Street, a anwyd yn Nhy'n y Groes, Cerrigydrudion, a symudodd i Lerpwl ym 1815, lle y treuliodd dros chwe deg o flynyddoedd. Ef oedd yn gyfrifol am adeiladu rai o strydoedd pwysicaf Lerpwl.

Adeiladodd dai a siopau yn Parliament Street, Upper Parliament Street, Duke Street ac Upper Duke Street. Mae'n debyg mai'r stryd odidocaf a adeiladodd oedd Catharine Street. Yno y gwnaeth ei gartref, yn rhif 35, ac aeth Dr Owen Thomas i fyw yn rhif 46. Gweithiai chwe deg o bobl iddo, ac yr oedd yn ofalus iawn pwy a gâi ymuno â'r cwmni. Gwrthodwyd un Cymro ifanc, John Morris, a ddaeth ei hun yn adeiladydd pwysig ym 1870, a byw i'r oedran teg o 101. Cyfraniad mawr o eiddo William Jones oedd adeiladu'r gorsafoedd rheilffyrdd o Lerpwl i Fanceinion ar gyfer George Stephenson, pan osododd ef un o'r rheilffyrdd cyntaf ar gyfer y *Rocket* ym 1830. Dylanwadodd y Cymry yn helaeth ar gynllun y strydoedd a'r tai teras. Y pedwardegau oedd y degawd a newidiodd dref Lerpwl er gwell yn hanes adeiladau, strydoedd ac amgylchedd. Gwelodd nifer o adeiladwyr eu cyfle yn sgil y ddeddfwriaeth. Datblygodd y Cymry yr hyn a ddaeth i gael ei adnabod yn *Welsh Streets* a thai a elwid yn *Welsh Houses.* Dyma dai a gynllunwyd gan y Cymry ag iddynt bedair ystafell a dau lawr. Roeddent wedi eu hadeiladu yn dda gan ddefnyddio deunydd crai o Gymru – llechi a gludwyd o borthladdoedd fel Porthmadog, Caernarfon a'r Felinheli. Roedd angen miloedd ar filoedd o lechi i roi to ar dai Lerpwl. Ceid digon o gerrig, tywod a chalch o ardal Sir y Fflint ar y ffin â Sir Gaer. Cyfrifid Mynydd Parys yn bwysig gan y llwyddid i gael plwm, sinc a chopr yno. Wrth osod y cyfan gyda'i gilydd, yn llechi, graean, bric, a cherrig o Drefor a Phenmaenmawr, roedd adeiladwyr Cymry Lerpwl yn meddu ar yr adnoddau crai gorau. Un o'r cynllunwyr a'r penseiri pennaf oedd Richard Owen (1831-1891) a gynlluniodd filoedd o dai am dros ugain mlynedd i gwmni David Roberts, Hope Street, marsiandïwyr coed ac adeiladwyr tai, ac i eraill, bron yr un mor llwyddiannus.

Yr hyn sy'n hynod o ddiddorol yw bod y Cymry wedi sefydlu diwydiant cwbl hunangynhaliol. Cofiaf gael sgwrs gydag un o'r adeiladwyr, Howell Vaughan Jones, mab J W Jones, y gŵr a adeiladodd y stryd lle rydw i'n byw, y stryd Gymreig Garth Drive; a chan fod ei briod yn dod o Lanrhaeadr-ym-Mochnant, galwodd y stryd sydd yn rhedeg allan o Garth Drive yn Tanat Drive. Ran amlaf, byddai Cymry a ddeuai i chwilio gwaith yn Lerpwl wedi cael prentisiaeth fel seiri coed a seiri maen yng Nghymru. I ddod i Lerpwl, y peth pwysig oedd dod â thocyn aelodaeth o'r capel yng Nghymru gyda hwy. Fore Sul, byddai disgwyl i'r unigolyn fynd i un o'r capeli, ac ar ddiwedd yr oedfa, fynd ymlaen i'r sêt fawr a gofyn i un o'r blaenoriaid a fyddai modd cael ei gyflwyno i adeiladydd oedd yn aelod yn y capel er mwyn cael gwaith. Felly roedd y capel yn lle i addoli ynddo ond yn lle hefyd i wneud cysylltiadau o ran swyddi. Byddai llawer o'r bechgyn yn cael hyfforddiant da gan y cwmni. Fel yna y digwyddodd yn hanes J W Jones a ddaeth o Gyffylliog a chael gwaith gan David Roberts (bachgen o Lanrwst) oedd yn adeiladydd ac yn farsiandïwr gwerthu coed ac yn meddu ar dir. Bu iddo ef a'i fab, John Roberts, brynu Caeau'r Senedd (Parliament Fields) yn Toxteth oddi wrth yr Arglwydd Sefton.

Mentrai'r bechgyn uchelgeisiol ar eu liwt eu hunain ar ôl ychydig o flynyddoedd o hyfforddiant. Byddid yn prynu tir, dyweder oddi wrth David Roberts, ac yn cael coed ar gyfer tŷ o'i iard goed yn Stryd Fontenoy neu Fox Street. Ond roedd digon o iardiau coed ar draws y ddinas. Prynid y brics o Riwabon neu gan un o'r Cymry oedd wedi agor ffatri gwneud brics. Nid oedd angen iddynt boeni am gyfalaf. Roedd Banc Gogledd a De Cymru, a gynlluniwyd gan Richard Owen, ar gael iddynt ac yn ogystal gymdeithasau adeiladau. Buasai'r broblem o gyfalaf yn enfawr yn niwedd pumdegau'r bedwaredd ganrif ar bymtheg, pan ddyblwyd nifer y tai a adeiladwyd yn Lerpwl i 66 o filoedd. Ac yn yr argyfwng hwn, daeth Cymdeithasau Adeiladau i fodolaeth. Cafwyd Cymdeithas Adeiladau Clarence Street, Chatham Street, Crown Street, Working Men's Calvinistic Methodist Trust a Cambrian. Llwyddwyd i berswadio'r cynghorydd William Williams (1813-86) i ymuno yng nghwmni Cambrian. Doedd dim diwedd ar ei egni ef, er pan ddaeth o Lanfachraeth i Lerpwl. Ef oedd y Cymro cyntaf i adeiladu'r tai warws. Ehangodd faestref Waterloo. Adeiladodd bontydd ar reilffordd Penbedw a Chaer. Agorodd sianel trwy greigiau yng nghulfor Menai. Gyda'i gyfaill, R W Rowlands, bwriadai adeiladu twnel o Dover i Calais yn Ffrainc. Arweiniodd yn ddewr ym mywyd y ddinas fel cynghorydd dros Scotland Road, a rhoddodd wasanaeth enfawr i gapeli Rose Place, Whitefield Road, Newsham Park a Fitzclarence Street.

Sefydlwyd hefyd gwmnïau gwerthu tai yn sgil yr adeiladu, a gwelir rhai o hyd. Y mae cwmni Venmore yn dal mewn bodolaeth. Cychwynnwyd gan ddau frawd, William Venmore (1849-1920) a James Venmore (1850-1920) yn Llannerch-y-medd. Y mae storïau anhygoel ym myd yr adeiladwyr, fel John Jones (1853-1936) a lysenwid yn 'John Drinkwater'; Brenin Everton, sef Owen Elias, a'i frodyr a'i blant; David Hughes, Waterdyne, mega o adeiladydd a John Lewis (1875-1944) o Ddarowen. a adeiladodd Orsaf Dân Allerton.

Llwyddiant y Cymry

Llwyddasant i weddnewid Lerpwl o fod yn bentref i fod yn dref ac yna'n ddinas. Y Cymry oedd y prif adeiladwyr yn Oes Fictoria, a theyrnasiad y Brenin Iorwerth a Siôr y Pumed. Roeddent yn gwbl hanfodol i dyfiant Lerpwl – o ganol y ddinas i'r maestrefi fel Islington, Kensington, Everton, Anfield, West Derby, Bootle, Childwall, Allerton, Speke, Mossley Hill a Huyton. Ni cheir un faestref yn Lerpwl na fu'r Cymry yn adeiladu yno ar raddfa eang.

Cyfraniad mawr arall Cymry Lerpwl yw i fyd meddygaeth, yn arbennig y meddyg esgyrn, Evan Thomas a'i fab, Hugh Owen Thomas, a nai ei briod, Syr Robert Jones, a'r rhai a ddaeth i'w ddilyn, fel Tom Price (1914-67) Goronwy Thomas (o Gyffylliog), Dr Robert Owen a Dr Hugh Osborne Williams. Bu galw mawr am wasanaeth yr olaf hwn fel llawfeddyg ymgynghorol a'r holl lawfeddygon eraill. Cymry yn ogystal oedd nifer o Athrawon Adran Feddygaeth Prifysgol Lerpwl, yr Athro Owen Herbert Williams, Dr D A Price Evans, yr Athro Richard Edwards, a'r Athro Mari Lloyd Williams a Dr

Rhys Davies, y niwrolegydd. Lluniodd Meirion Roberts yr englyn hwn i ffrind y beirdd, Dr Emyr Wyn Jones:

Nyddaf fy englyn iddo – ŵr â dawn,
Ŵr o dyner ddwylo;
Llai yw y boen; och lle bo,
Llai y dolur lle delo.

Diolchir am waddol Syr Alfred Lewis Jones, y marsïandwr llongau yn gofalu am ariannu er mwyn i Lerpwl gael Ysgol Feddygaeth y Trofannau.

Cyfraniad Cymry Lerpwl i Gymru a'r Byd

Y mae Cymru'n fawr ei dyled i Gymry Lerpwl am warchod diwylliant ac iaith a'r mudiad eisteddfodol. Yn wir, bu'r Eisteddfod Genedlaethol ar y Glannau ym Mhenbedw ym 1878 a 1917, ac yn Lerpwl ym 1884, 1900 a 1929. Cefnogwyd y sefydliadau Cymreig fel Undeb Cymru Fydd a ddaeth yn bwerus yn Lerpwl a Bootle ym 1893 a chanolfan yn Upper Parliament Street. Bu J Glyn Davies ynghlwm â Llyfrgell Genedlaethol Cymru, Plaid Cymru (onid Saunders Lewis oedd un o'r sylfaenwyr ac arweinydd y blaid o 1926 i 1939), Urdd Gobaith Cymru (un o blant Cymry Lerpwl oedd y Fonesig Eirys Edwards, priod Syr Ifan ab Owen Edwards) a'r cyfarwyddwr, R E Griffith, wedi treulio ei flynyddoedd cynnar yn Wavertree, cyflwynwyr a chyfarwyddwyr y BBC ac S4C (fel Sian Pari Huws, Dafydd Ll Rees, Lowri Williams, Ellis Roberts a'i efell Gwennan Roberts) a gwaith anhygoel y bargyfreithwr Hefin a Dr Bethan Rees yn arwain *Spotlight on a Friend* i adeiladu Ysbyty Fawr yn Uganda. Yna'r enwadau crefyddol, yr Annibynwyr Cymreig (teulu Erastus Jones, Iorwerth Jones awdur y gyfrol ddifyr, *Dyddiau Lobsgows yn Lerpwl*), y Presbyteriaid Cymraeg (yr Athro Harri Williams, Dr John Tudno Williams, a'r Parchedig Trefor Davies Jones), y Wesleaid a'r Eglwys Esgobol. Mae hanesyddiaeth Gymraeg yn ddyledus dros ben i rai a anwyd yn Lerpwl neu a ddaeth i fyw a gweithio yn y ddinas. Ni ellir astudio hanes Cymru heb ystyried campwaith Syr John Edward Lloyd ar yr Oesoedd Cynnar a'r Oesoedd Canol, cyfrolau John Hughes, Y Mownt, erthyglau'r Athro T Jones Pierce a'r Athro Garmon Jones ar y Tuduriaid, ac ni ellir ystyried Cymru fodern heb ddarllen cyfrolau R T Jenkins a anwyd yn Toxteth, a'r Athro Merfyn Jones o Brifysgol Lerpwl. Byddai hanes crefydd yn llawer tlotach heb ymdrechion Pedr Faedd, Owen Thomas, John Thomas, J Hughes Morris, D D Williams Belvidere Road, Joseph Davies, John Roberts, David Street, Dr Arthur Thomas a Dr D Ben Rees.

Cerfluniaeth y Byd a Phrifysgol Lerpwl

Yn Lerpwl y gosodwyd seiliau gwaith gorchestol y tri brawd o gerflunwyr, sef John Gibson, Solomon Gibson a Benjamin Gibson, er mai yn Rhufain y gwnaeth John ei waith gorau; ond fe gofiodd y ddau arall gryn dipyn am Lerpwl. Treuliodd yr artist enwog o Ddinbych y Pysgod Augustus John rai blynyddoedd ar staff Coleg Prifysgol Lerpwl yn nechrau yr ugeinfed ganrif ac yn byw yn agos iawn i gapel hardd y Cymry yn Chatham Street. Cawsom Gymry amlwg yn y Brifysgol, yr Adran Gelteg, gyda'r athrawon o Gymry, John Glyn Davies, Syr Idris Foster, Melville Richards, D Simon Evans, ac eraill. Caradog Jones, Arthur Thomas, Deryn Jones a Dr Gordon Roderick, hanesydd addysg oedolion. Yr ysgolhaig a osododd y sylfeini i'r Adran Gelteg oedd Dr Kuno Meyer, rhugl yn y Gymraeg a'r Wyddeleg, Romani y sipsiwn ac o blith y Gymry a'r Saeson, ac ef a berswadiodd yr awdurdodau i roddi y swydd o lyfrgellydd i Gelt arall, Dr John Sampson, ffrind mawr Cymry'r ddinas ac yn arbennig J Glyn Davies pan oedd ef ar staff cwmni llongau Rathbone. Byddai'r ddau yn cyfarfod yng nghartref Sampson yn Maryland Street.Ym myd gwyddoniaeth, y Prifathro H Humphreys Jones (Ysgol Fferylliaeth yn Blackburne Place), yr Athro R A Morton, yr

Athro Huw Rees, y ddau yn myd biocemeg, yr Athro Seaborne Davies yn Adran y Gyfraith, ac yn yr Adran Bensaernïaeth Dewi Prys Thomas a Richard Hughes, a gynlluniodd driban Plaid Cymru. Ni fyddai'r fath sefydliad mewn bodolaeth â'r Wladfa Gymreig ym 1865 gyda'r llong *Mimosa* oni bai am fewnbwn Cymry Lerpwl.

Dyna bortread o Gymry Lerpwl yn yr Oes Aur a'r degawdau a ddilynodd ond ar ôl yr Ail Ryfel Byd, fe fu newid aruthrol. Stori dadfeilio mawr ac adeiladau'r Cymry'n diflannu o un i un; ond eto y mae'r Cymry sy'n byw yn Lerpwl heddiw yr un mor deyrngar i'r bywyd Cymraeg, crefyddol, llyfryddol a diwylliannol â'r cenedlaethau a gafodd well cyfleusterau, ond ein bod ni bellach yn llai o ran rhif. Rhyfeddwn fod o leiaf hanner dwsin o ddarlithwyr mwyaf difyr yn yr iaith Gymraeg yn dal i fyw yn Lerpwl, neu wedi eu magu yn Lerpwl. Roedd hi yn anhygoel gwrando ar un ohonynt, Dafydd Ll Rees, bellach yn byw yn Llundain, yn darlithio yn Gymraeg ar Augustus John yng Ngŵyl Cymdeithas Etifeddiaeth Cymry Lerpwl ar fore Sadwrn, 17 Mehefin 2023 yng nghapel Bethel, Heathfield Road. Roedd ei rieni yn bresennol y bore hwnnw yn y cyflwyniad ac yn falch ei fod ef, eu mab fel ei frawd Hefin, yn mwynhau yr un etifeddiaeth. Dosbarth Canol ydym bellach fel Cymry; yn wir dyna fu hi o ran penaethiaid y cwmnïau o ddyddiau yr ail genhedlaeth o Gymry, hynny yw o oes Owen Elias, ond rhaid cofio bod yna Gymry tlawd wedi bod ar yr un adeg yn Lerpwl, ac y mae gennyf bennod arnynt. Rwyf yn ddigon balch ohonynt yn *Hanes Rhyfeddol Cymry Lerpwl* (tt. 57-67). Gwelodd rhai o dlodion enwocaf Cymru fel Dic Aberdaron a'i gathod gefnogaeth un o wŷr amlycaf Lerpwl, William Roscoe, yn ogystal ag eraill fel John Gibson. Felly hefyd Betsi Cadwaladr, y nyrs a ddihangodd o'i chartref yn y Bala a daeth hi i dderbyn cyfeillgarwch Cymry Pall Mall a gwleidyddion pwysig y dydd fel Syr George Drinkwater.

Bu Roscoe yn help mawr ynghyd â naw o deulu William

Rathbone (un ar ôl y llall) i Gymry cynnar yr ymfudo. Mae pobl o hyd yn Lerpwl yn parchu a chefnogi'r Cymry, fel y gwyddom o brofiad yng Nghymdeithas Etifeddiaeth Glannau Mersi. Pan ddeuthum i Lerpwl ym 1968 i fyw yn ardal y Beatles, a hwythau yn dechrau cael llond bol o'i gilydd ac felly bu'n rhaid byw hebddynt. Daliai eraill lawer i'n swyno a neb yn fwy na'r Spinners – pedwarawd a Chymro o Childwall, Hugh Jones yn rhan bwysig o'r grŵp. Canllath o'n cartref newydd deuthom ar draws Jackie a Bridie, a daliaf i glywed hwy wrthi yn ein hatgoffa fod dinas Lerpwl yn gwbl arbennig am iddynt adeiladu dwy Eglwys Gadeiriol mewn oes mor anghristnogol. Gwrandawn ar y geiriau hyn:

One is old and one is new,
A street called Hope between the two,
Each one leading to the other,
When every man can call you brother.
Let two cathedrals prove it's right
That hope is not to divide but to unite.

Braf clywed hynny a gwir y dywedodd y pennill am gyfraniad y ddwy Eglwys fel ei gilydd.

Dylanwad a Brwdfrydedd Cymry Lerpwl

Dyma destun godidog oherwydd y mae Cymry Lerpwl wedi dylanwadu a chyfrannu yn helaeth i Gymru ein gwlad ac i Lerpwl y ddinas. Ac erbyn canol y bedwaredd ganrif ar bymtheg yr oedd mwy o Gymry yn Lerpwl nag oedd yn un o'r dinasoedd eraill yng Nghymru a Lloegr ac eithrio Llundain. Nid rhyfedd felly mor gynnar â 1815 gelwid y rhan ohono o Lerpwl o amgylch Pall Mall yn *Welsh town*. Amcangyfrifid fod pymtheg y cant o'r trigolion yn Lerpwl yn Gymry Cymraeg. Erbyn 1891 yr oedd y cyfrifiad yn sôn bod pedwar ugain mil yn Sir Gaerhifryn a Sir Gaer yn Gymry a'r mwyafrif o'r rhain yn byw yn Lerpwl a Phenbedw.

Deuai'r Cymry o bob sir yng Nghymru, ond y mwyafrif

o bum sir y gogledd. Rwyf am bwysleisio nifer o benawdau sydd yn cyfeirio at y testun gan ddechrau gyda'r llythyren A am Adeiladwyr. Pennaf ddiwydiant y Cymry oedd adeiladu tai, hynny yw pob agwedd o'r gwaith, y saer maen, y saer coed, y labrwr, y cynllunio gan y penseiri a hyd at werthu'r tai. Mewn geiriau eraill sefydlodd y Cymry ddiwydiant cwbl hunangynhaliol. Nid oedd angen iddynt fynd ar ofyn y Sais am ddim byd. Erbyn oes aur yr adeiladu yr oedd y rhwydwaith yn gyflawn. Deunydd crai, cerrig, brics, llechi yn medru dod yn hwylus gyda'r llongau o borthladdoedd Arfon a Môn, naill ai i borthladd Eastham neu ar draws y Mersi i Lerpwl. Ceid coed o'r melinau coed, a lleolid 60 ohonynt yn Lerpwl yn unig yn yr oes aur. Perchenogai'r Cymry dir fel y gellid adeilau arno.

Prynodd David Roberts, y llanc o Lanrwst, ddarn sylweddol o dir o Princes Road mor bell â Penny Lane. Angen pwysig arall oedd arian i brynu a thalu i'r crefftwyr a'r gweithwyr. Felly nid oedd problem yn y byd i ddod o hyd i gyfalaf ar fenthyg o'r Banc Cymreig a'r Cymdeithasau Adeiladau a gysylltid â'r capeli, fel Cymdeithas Adeiladau Chatham Street, Clarence a Cambrian. Cafwyd penseiri godidog, y pennaf ohonynt, mae'n amlwg, oedd Richard Owen a gynlluniodd 250 o gapeli Cymraeg ar hyd a lled y Glannau, gogledd a chanolbarth Cymru, ynghyd â miloedd ar filoedd o dai. Hawdd i'r adeiladwyr oedd dod o hyd i'r gweithwyr; gellid dod o hyd i'r rhain yn y capeli. Ceid digon o asiantaethau i werthu'r tai fel cwmniau J R Jones (Cintra), y brodyr Venmore, a chwmni Roberts ac Edwards. Y Cymry, wedi'r cwbl, oedd y prif adeiladwyr o 1840 i 1950. Cymerer Owen Elias a'i dri brawd a'r ail genhedlaeth a'r drydedd genhedlaeth; yna Hugh Jones a phedair cenhedlaeth yn ei ddilyn ef gyda sylw arbennig i David Hughes, Waterdyne, pob un o'r rhain yn wreiddiol o Fôn. Hwy oedd y bobl gyfoethocaf ymhlith y Cymry Cymraeg ac yn hynod o haelionus tuag at adeiladu capeli. Codwyd maestrefi gan y rhain. Everton oedd cynnyrch Owen Elias. Dyna pam y gelwid ef yn Frenin Everton, ond adeiladodd faestrefi eraill, fel Kirkdale, Anfield a Walton. Codwyd yn Walton ddeg ar hugain o strydoedd a'u henwau'n cychwyn yn eu tro â'r llythrennau Owen a William Owen Elias ac yna E Alford, ei fab hynaf. Adeiladodd Hugh Jones yn helaeth yn Toxteth, Dingle ac Aigburth a'i fab R E Jones yr un mor fentrus. Yn Bootle cafwyd dau adeiladydd a enwid yn William Jones. Bu William Jones (Klondyke Jones) yn gyfrifol am faestref o'r enw Orrell a'r llall yn gyfrifol am Bootle ei hun gydag eraill yn ymuno yn y gwaith enfawr a wnaed. O fewn de Lerpwl bu J W Jones a'i feibion yn fawr iawn eu cynnyrch, yn arbennig yn Allerton, Springwood, Speke, Childwall. Mewn geiriau eraill, roedd dwy ran o dair o ddinas Lerpwl erbyn 1975 wedi eu hadeiladu gan Gymry Cymraeg.

Yn ail, Addysg. Dyna elfen bwysig iawn o waith y capeli a'r eglwysi, cyfle euraid i ddiwyllio yr aelodau mewn gwybodaeth o'r Ysgrythurau ac o lenyddiaeth Gymraeg. Bu Cymry Lerpwl yn ffodus fod tri o wŷr mawr diwedd y ddeunawfed ganrif wedi cymryd diddordeb mawr yng Nghymry'r ddinas. Y cyntaf oedd yr athrylith Thomas Charles o'r Bala, arloeswr yr Ysgol Sul a'r Feibl Gymdeithas a bu'r ddau fudiad hwnnw â rhan bwysig iawn yng ngweuthuriad y gymdeithas y soniaf andani.

Deuai ef yn gyson i oruchwylio'r Methodistiaid Calfinaidd Cymreig. Yr ail weinidog oedd y Parchedig John Elias o Fon, Calfinydd cadarn ond pregethwr heb ei ail. Deuai'n gyson i 'r porthladd gyda'i neges eirias. Cynhaliai oedfa hanner dydd i'r clercod a phobl busnes. Yn Lerpwl y bu ei ail briodas. Yn drydydd yr Annibynnwr o athro, y Parchedig John Roberts, Llanbryn-mair, a swcrodd y criw cynharaf o Annibynwyr. Roedd pob un o'r tri am weld Cymry Lerpwl yn cael eu haddysgu. Pe bai John Elias wedi cael ei ffordd, yn Lerpwl y sefydlid y coleg i hyfforddi myfyrwyr am y weinidogaeth ac yr oedd John Roberts ymhlith yr Annibynwyr a hoffai weld

Academi Wrecsam yn dod i Lerpwl yn hytrach na mynd fel y gwnaeth i Lanfyllin. Trwy'r rhain ac eraill, sefydlwyd ysgolion i hyfforddi'r plant llwm eu byd a dawnus eu cyraeddiadau, fel Ysgol yr Eglwys Anglicanaidd yn Russell street, Ysgol Gymraeg yng nghapel Pall Mall, lle y bu Pedr Fardd yn athro am 23 o flynyddoedd ac Ysgol Owen Brown yn Rose Place lle y bu y cerddor a'r llenor Eleazar Roberts yn derbyn ei addysg. Felly o 1806 hyd 1870 cafodd cannoedd o Gymry hyfforddiant yn y y tair R – sef rhifyddeg, darllen ac ysgrifennu – naill yn yr ysgolion hyn neu yn yr ysgolion Sul. Ac mae'n rhaid cofio cyfraniad y Cymry i addysg y ddinas o 1870 i 2024, fel prifathrawon, athrawon, darlithwyr ar bob lefel, yn yr ysgolion cynradd, ysgolion uwchradd, colegau technegol, prifysgolion Lerpwl, Hope a John Moores ac i addysg yr oedolion trwy Gymdeithas y Gweithwyr ac Efrydiau Allanol Prifysgol Lerpwl gyda darlithwyr o safon yr ystadegydd Caradog Jones yn y tridegau a Dr R Merfyn Jones yn y saithdegau. Yn hanes y WEA bu un a anwyd ymhlith Cymry Lerpwl, Thomas Lloyd Jones (Aigburth) yn hynod o weithgar ac fe dderbyniodd radd MA er anrhydedd gan Brifysgol Lerpwl am ei gyfraniad.

Yn drydydd, Cenhadaeth Gartref a Chenhadaeth Dramor yr Eglwys Bresbyteraidd. O'r cychwyn cyntaf fe welid y nwyd genhadol ymhlith Cymry Lerpwl eu hunain a dyna fu'r cymhelliad i sefydlu neuaddau ysgolion Sul a neuaddau cenhadol yn bennaf, yna i ddarparu ar gyfer y Cymry tlawd oedd yn methu cartrefu yn y cymdeithasau dosbarth canol a geid yn y capeli crand. Teimlid hefyd yr angen nid yn unig i anfon Beibl i bawb o bobl y byd ond i ennill pobl anllythrennog, byr eu breintiau addysgol, crefyddol a meddygol i gorlan y Crist.

Y cenhadwr cyntaf a fagwyd ymhlith y Cymry hyn oedd Josiah Hughes, Mansfield Street. Gadawodd ef Lerpwl ym 1830 am Malacca. Bu ei dad yn un o flaenoriaid amlwg Capel Rose Place, yn gyfrifol am dorri eu cysylltiad gyda

Chymdeithas Genhadol Llundain ac aeth Thomas Jones allan i Fryniau Khasia ym 1840 gan mai hynny oedd ei ddymuniad. Dyma saga fawr Cymry Lerpwl ac un o'r gweithredodd mwyaf llwyddiannus o eiddo cenedl y Cymry ac enwad y Methodistiaid Calfinaidd. Cofnodais gryn dipyn o'r hanes a dylem fod yn falch o'r hyn a wnaed gan bobl fel y Parchedigion Richard Williams a John Roberts (Minimus) a llu o rai eraill i hybu y gwaith. Syrthiodd y baich trymaf ar Gymry Lerpwl. Yn Lerpwl ceid y Swyddfa o 1840 i 1971 a chyflwynodd y miliwnydd Eliezer Pugh ei dŷ yn 16 Falkner Street fel Canolfan yn niwedd ei oes ym 1899.

Bu'r tŷ hwn yn swyddfa y Genhadaeth i ogledd-ddwyrain yr India a Llydaw hyd 1971. Lluniais gofnod ar y cenhadon a fu mewn cysylltiad â Lerpwl a dod o hyd i 36 ohonynt; a bu rhai yn fawr iawn eu cyfraniad, fel y ddau oedd yn gysylltiedig ag Ysbyty Shillong, sef y Dr H Gordon Roberts a'i olynydd Dr R Arthur Hughes. Bu'r Genhadaeth Gartref yn Lerpwl â hanes clodwiw gyda phobl fel R Ceinwenydd Owen, Kate Evans (o Lanberis), Eleri Edwards, Rachel Godding a Non Wyn Powell Davies, ac enwi ond ychydig ohonynt. Darparwyd hostelau ar gyfer merched a âi ar ddisberod a gwelwyd Cymry yn gweithredu trwy enwadau eraill, fel Thomas Lloyd Jones gyda Chenhadaeth Saesneg Mill Strret o dan enwad yr Undodiaid. Yn ein dyddiau ni buom yn cenhadu trwy gaplaniaeth (1984 i 2010) ac ym 1918-20 bu y Parch Robert Parry yn gynorthwyydd bugeiliol i awdur y gyfrol hon. Buom ar flaen y gad yn ymchwilio i'r Genhadaeth a sefydlu Ymddiriedolaeth Gogledd-Ddwyrain India – Cymru, ac yna elusen o'r enw Gobaith mewn Gweithrediad a gyflawnodd waith enfawr yng Nghenia ac ar gyfandir Affrig.

Yn bedwerydd, Dirwest. Yn Lerpwl ym 1830 y cychwynnwyd y dystiolaeth ddirwestol a seflydodd y Cymry ym 1835, mudiad a dyfodd yn ei faint a'i ddylanwad, yn wir yn ymgyrch rymus. Ychwanegwyd pob math o gymdeithasau o dan ymbarél Dirwest ynghyd â Gwyliau Dirwestol, tystoliaeth y Temlwyr Da, ymgyrchoedd i gau y tafarnau yng Nghymru fel ag yr oedd wedi digwydd yn Iwerddon a'r Alban. Un o Gymry Lerpwl, John Roberts, AS Bwrdeisdref Fflint, oedd y catalyst gyda help y Blaid Ryddfrydol a phwysau y Prif Weinidog W E Gladstone a arweiniodd o 1881 at weld Deddf Cau Tafarnau ar y Sul yn gweithredu a chafwyd ymysg gweinidogion Lerpwl ymgyrchwyr cadarn dros Ddirwest fel Owen Owens, Anfield, Dr John Thomas, yr Annibynwyr, a chyfreithwyr fel Syr Henry Lewis a Syr Alfred Thomas yn trafod mater oriau agor a chau y tafarnau. Cynhelid y Band of Hope yn wythnosol ar gyfer y plant a'r ifanc ac ymhlith y rhain magwyd bechgyn a merched a fu yn llwyrymwrthodwyr ar hyd eu hoes. Enghraifft dda o hyn oedd y Barnwr John Edward Jones (1913-99). Mynnai ef wydryn o oren yn hytrach na gwydryn o *sherry* yn y dathlu cyson yn Neuadd y Ddinas ond erbyn heddiw yn lle bod yn y lleiafrif y mae y rhai sydd yn gofyn am oren wedi cynyddu am eu bod am ddreifio car. Newidiodd yr hinsawdd; ni fu Cymry dirwestol Lerpwl gyda'u hymgyrchwyr niferus heb ddylanwad pellgyrhaeddol.

Yn bumed, cyfraniad Cymry Lerpwl i'r weledigaeth gyffrous a wireddwyd ym 1865 pan hwyliodd y llong hwyliau *Mimosa* yr holl ffordd i Borth Madryn yng ngwlad yr Ariannin. Symudodd y prif ddeiliaid oedd y tu ôl i'r weledigaeth i fyw i Lerpwl rhwng 1858 a 1862, fel yr argraffydd Lewis Jones o Gaergybi a'r saer coed Hughes Cadfan o Gaernarfon, ac o Wisconsin i Wigan daeth Edwin Cynrig Roberts. Y tri hyn a Michael D Jones oedd y cnewllyn ynghyd ag aelodau Pwyllgor Lerpwl o'r Wladfa Gymreig. Y gobaith oedd sefydlu gwladfa lle y bydden nhw yn fwy llwyddiannus nag a fu'r Cymry yn Lerpwl ac yn sicr ymhlith Cymry America. Yn y fan honno byddai'r Gymraeg yn diflannu dros nos ond yn Lerpwl ceid mwy o ruddin er bod cymaint o Gymry yn eu ffyrdd snobyddlyd yn mynychu capeli Cymraeg ond yn siarad Saesneg â'u plant. Roedd Brad y Llyfrau Gleision wedi sodro i'w pennau fod yn rhaid anwesu Saesneg fel iaith busnes a llywodraeth tra teimlai pobl y *Mimosa* y deuai byd gwahanol iddyn nhw yn yr Ariannin. Byd a fyddai'n annibynnol ar y Saesneg. Methwyd yn y fan honno hefyd gan i'r Sbaeneg ddod yn iaith y cymunedau.

Cadwodd y capeli Cymraeg y fflam yn fyw. Dathlodd Cymry Lerpwl gyda graen ddathliadau pwysig y Wladfa ym 1965, 2005 a 2015. Unwyd disgynyddion Cymry Lerpwl a Chymry'r Wladfa gyda'i gilydd mewn sbloet na fu mo'i gwell, gyda'r Cymro o Lundain, Dr Huw Edwards, yn rhoddi stamp proffesiynol ar y cyfan. Gwelwyd disgynyddion Lewis Jones ac Edwin Cynrig Roberts wedi dod ynghyd ger Prince's Dock (trwy ganiatâd Peel Holdings) i lawenhau yn y weithred gwbl unigryw a ddechreuodd yn Lerpwl ym Mai 1865 ac a wireddwyd rai misoedd yn ddiweddarach yn nyffryn Chubut.

Yn chweched, cyfraniad Cymry Lerpwl i'r Blaid Ryddfrydol. Cafwyd dau wleidydd o weinidogion, sef William Rees (Gwilym Hiraethog) a John Thomas yn flaenllaw dros ben gyda'r radicaliaeth ryddfrydol. Gwilym Hiraethog oedd tad y ddarlith Gymraeg, tad y wasg Gymraeg gydag ymddangosiad yr *Amserau* ym 1843, a nofelydd gorau y gymuned. Bu cyhoeddi yr *Amserau* yn adfywiad i gnewllyn o ddeallusion o blith yr annibynwyr Cymraeg, fel David Rees, Llanelli, ac SR Llanbrynmair, Hugh Pugh, Mostyn, Caledfryn, Ieuan Gwynedd ac eraill lawer.

Ond Hiraethog oedd yr eicon a oleuodd y werin ar bynciau'r dydd ac a ddangosodd i arweinwyr gwerinoedd Hwngari a'r Eidal fod y Cymry ers dyddiau Dewi Sant yn Ewropeaid. Ac ni chafodd Dewi Sant ei gofio yn well na chan Geidwadwyr o'r eglwys Anglicanaidd a Rhyddfrydwyr o'r Capeli Ymneilltuol.

Y Rhyddfrydwr Gladstonaidd arall oedd Dr John Thomas. Dywedir bod Hiraethog wedi rhoddi rhuddin yn asgwrn cefn tenantiaid Cymru yn etholiad 1868 a bod John Thomas yn gyfrifol am ennill chwe sedd i'r Rhyddfrydwyr yn ei ymgyrch yn Etholiad Cyffredinol 1880. Nid rhyfedd fod y mudiad Young Wales, sef Cymru Fydd wedi cychwyn ymhlith alltudion yn Llundain ac wedi cael tir da yn Lerpwl mewn canolfannau yn Bootle, Anfield a Toxteth. Bu'r Ceidwadwyr yn llywodraethu Lerpwl am gan mlynedd ond magwyd o blith y gymuned arweinwyr oedd yn falch o'u cefndir ac o arweinyddion fel W E Gladstone a David Lloyd George. Dr Thomas oedd yr un a ddarganfu botensial Lloyd George pan oedd ef yn dangos diddordeb ym mhwnc y tir.

Yn seithfed, y Môr gyda'r porthladd prysur, yr ail bwysicaf yn y byd, porthladd i gyfandir Ewrop ac ar draws Môr yr Iwerydd. Bu'r Cymry yn hwylio i'r porthladd o'r ddeuddegfed ganrif, a mentrodd Cymry fel capentiaid llongau y cwmnïau. Daeth y llongau hyn â'r cyfoeth a'r gofid. Chwaraeodd nifer o Gymry ran mewn caethwasiaeth yn ogystal â gwrthwynebu y fasnach ddrwg. O holl berchenogion y llongau rhaid nodi enw Syr Alfred Lewis Jones a chwmni Elder Dempster fel y mwyaf Cymreig. Byddai ef yn medru troi y gwleidyddion o amgylch ei fys bach a bu ei weithredoedd yn lleng, fel cyflwyno y banana fel ffrwyth i werin y dinasoedd, prynu pyllau glo yn ardal Maesteg, agor Banc i Orllewin Affrica a gofalu bod Ysbyty i drin clefydau fel y *malaria* yn cael ei sefydlu yn Lerpwl. Nid rhyfedd mai ef yw'r unig Gymro o fyd y môr a gafodd gofgolofn ar Pier Head.

Yn wythfed, cyfraniad meddygaeth ac yn arbennig ym myd orthopaedeg, trwy ddyfodiad Evan Thomas (1804-1889) o Ynys Môn, a hynny tua 1835. Bu'n feddyg esgyrn llwyddiannus dros ben, gan greu eiddigedd na fu mo'i fath ymhlith meddygon y dref. Wedi'r cyfan nid oedd ganddo gymwysterau meddygol. Bu'n rhaid iddo amddiffyn ei hun gerbron y llysoedd ond llwyddodd, gan fod cymaint o ewyllys da tuag ato. Gofalodd ef fod pob un o'i bum mab yn cael hyfforddiant meddygol mewn prifysgolion, a'r hynaf ohonynt oedd y mwyaf eithriadol o'r pump, sef Hugh Owen Thomas (1834-1891). Gosododd ef y seiliau a gwnaeth 11 Nelson Street yn ganolfan hwylus gydag ysbyty bychan lle y medrai gyflawni llawfeddyginiaethau ar y cleifion. Gweithiai o'r bore bach hyd hwyr y nos a dyfeisiodd Thomas *splint* a arbedodd fywydau miloedd o filwyr yn y Rhyfel Byd Cyntaf. Yr oedd mor wahanol i'r rhelyw o feddygon adnabyddus ei gyfnod fel Dr Robert Gee. Yr oedd hwnnw yn flaenor yng nghapel Chatham Street tra cynhaliai Hugh O Thomas syrjeri yn rhad ac am ddim ar fore Sul ar gyfer gweithwyr y dociau. Roedd o blaid paffio; ni fagodd Cymry Lerpwl un bocsiwr o werth. Rhaid oedd mynd i Gwm Rhondda am focswyr ac nid i blith Cymry Lerpwl. Roedd Thomas yn ffrind i'r rhesymolwr Charles Bradlaugh, rhywbeth dieithr i'w gyd-Gymry. Bu'n ffodus yn ei briod Elizabeth a gyfarfu mewn noson gymdeithasol yn festri Chatham Street. Ni allai yr anffyddiwr gadw draw o gymdeithas y capel a bu llu o weinidogion fel Dr Abel Parry yn ffrindiau da iddo. Trosglwyddodd ei adeiladau a'i waith i nai ei briod, Syr Robert Jones (1857-1933), meddyg esgyrn gorau'r byd yn ei oes. Ef yw'r unig Gymro i gael ei weddillion wedi eu gosod o fewn Eglwys Gadeiriol Anglicanaidd Lerpwl. Bu cyfraniad meddygon orthopaedig eraill yn eithriadol yn arbennig Goronwy Thomas, Tom Price, Osborne Williams a Robert Owen, a'r athro L Mason ac enwi ond ychydig. Bu ysbytai Lerpwl yn croesawu cleifion o Gymru i dderbyn triniaeth gan y cewri Cymraeg fel Thelwall Thomas, J Howell Hughes, Wil Lloyd Jones, Edgar Parry, Dr Emyr Wyn Jones, Dr John G Williams yn Ysbyty Halton a heddiw Dr Rhys Davies yn Ysbyty Aintree. Ni allwn anghofio cyfraniad Adran Meddygaeth Prifysgol Lerpwl a'r athrawon a fu yno o ddyddiau Owen Herbert Williams, David Alan Price Evans, R T Edwards a'r Athro Mari Lloyd Williams. Cafwyd nyrsus a roddodd fri ar enw da y Cymry a dringodd rhai i lywodraethu ysbytai fel metron Hilda Jones o Trefor yn Ysbyty Broadgreen.

Yn nawfed, cyfraniad y Cymry i ysgolheictod a hanes a gwyddoniaeth, cymaint o amrywiol feysydd. Meddylier am gyfraniad penaethiaid yr Adran Gelteg, fel yr Almaenwr Kuno Meyer a ddysgodd Gymraeg yn rhugl, John Glyn Davies, Syr Idris Foster, Melville Richards a D Simon Evans, y myfyrwyr a ddaeth trwy eu dwylo a'r bobl a baratodd draethodau ymchwil yno fel R L Griffith, Hooson Owen (un o blant Lerpwl), Bryan Martin Davies a llu o rai eraill. Bu nifer fawr o fyfyrwyr talentog o un ddegawd i' r llall yn y Brifysgol, yn negawd gyntaf yr ugeinfed ganrif, yr arlunydd Augustus John, yr hanesydd W Garmon Jones a'r gwyddonydd Gwilym Owen, arloesydd ysgrifennu am wyddoniaeth yn y Gymraeg; yna yn y dauddegau J Saunders Lewis, Jennie Thomas, awdur *Llyfr Mawr y Plant*, y cymdeithasegydd Peredur Jones, Richard Morton o Garston a gysegrodd ei holl fywyd i biocemeg ac i Lerpwl. Yn y tridegau yr hanesydd T Jones Pierce, y llenorion Gweneth Lilly a Namora Williams.

Yn ddegfed, cyfraniad i lenyddiaeth a barddoniaeth Gymraeg a Saesneg. Y bardd cyntaf o bwys a fu yn Lerpwl oedd Goronwy Owen. Daeth i gyrion y ddinas i bentref Walton lle y bu yn gurad ac yn athro'r clasuron yn yr ysgol ramadeg. Lluniodd rai o'i weithiau gorau yn Walton yn y ddwy flynedd (1753-1755) a dreuliodd yn ei hiraeth mawr am Fôn. Hiraeth yr alltud ydoedd. Hiraeth sy'n creu llenyddiaeth fawr. Byr yr arhosodd y beirdd gorau yn Lerpwl. Dyna i chwi T Gwynn Jones yn swyddfa y *Cymro* a Dewi Emrys yn Bootle yn Weinidog ar Eglwys Rydd y Cymry ac S B Jones yn weinidog Capel yr Annibynwyr yn Kirkdale. Cofir am Hedd Wyn yng ngwersyll milwrol Litherland. Arhosodd rhai beirdd da am flynyddoedd lawer fel Pedr Fardd, Eleazar Roberts, Hawen, Pedr Hir a Llanowain.

Ymysg y llenorion ceir Gwilym Hiraethog, Griffith Ellis (mae cofiannau ganddo ef i W E Gladstone a'r Frenhines Fictoria), Harri Williams, Owen Elias Roberts a Gwilym Meredydd Jones. Prifeirdd o blith Cymry Lerpwl oedd T

Gwynn Jones, Pedrog, Hedd Wyn, Dewi Emrys, Cadvan, Gwilym R Jones, Emrys Roberts a Meuryn. Ceid beirdd ymhlith yr adeiladwyr hefyd, fel Trisant, Gwilym Mathafarn ac Isaac Roberts (ap Carog) ac o'r warws gotwm clywid y gynghanedd o enau Robert Parry, Monallt a'r englynwr mwyaf diddorol o bawb, Gwilym Deudraeth. Cofir ei englynion ar dafod leferydd hyd heddiw. Llwyddodd Owen Parry (Gwnus), T E Roberts (ap Heli), R Lloyd Jones, (Llwydno), J Glyn Davies, William Morgan (Collwyn), R J Roberts, Rolant Wyn, J R Morris, Foulk Roberts, Trebor, Meirion Roberts, O Trevor Roberts, John Roberts a'r Parch R Maurice Williams i lunio englynion cofiadwy yn haeddu lle ymhlith unrhyw flodeugerdd. Yn Saesneg cafwyd beirdd a llenorion pwysig fel R S Thomas, Margaret Cole, Alun Owen, ffrind y Beatles, a heddiw yr Athro Deryn Jones. Cyfraniad arbennig iawn Cymry Lerpwl.

Nadoligau Lerpwl yn yr Ugeinfed Ganrif

Yn y cyfnod 1870 i 1940, adeg penllanw'r Cymry Cymraeg yn Lerpwl, byddai'r Nadolig yn ŵyl hynod o bwysig, fel y cawn weld. Bu'n ŵyl y gweithgareddau mawr, diwylliant Cymraeg ar ei orau, cychwyniad y cardiau Cymraeg a bwrlwm y croesawu a'r anrhegu. Gofalai siopau mawr y Cymry fel T J Hughes yn London Road a Siop Owen Owen yn Clayton Square ddarparu yn helaeth heb anghofio siop Lewis a gaeodd ei drysau er gofid i laweroedd ohonom yn y ganrif hon. Tybiaf mai haf 2010 oedd hi. Siop yr Iddewon oedd Siop Lewis ond penderfynodd sylfaenydd y siop David Levy newid ei enw i David Lewis er mwyn rhoddi hwb i'r Cymry Cymraeg feddwl mai un o'u siopau nhw oedd hi!

Byddai tymor y Nadolig yn Lerpwl yn dechrau ar ôl Gŵyl Ddiolchgarwch yr Hydref, yn arbennig ym myd llyfrau Cymraeg. Wedi'r cyfan yn oes Fictoria bu gwasg Isaac Foulkes (Llyfrbryf, 1836-1904) yn darparu llyfrau hardd ar gyfer y Nadolig ac yn hysbysebu yn y papur wythnosol, *Y*

Cymro, a gyhoeddid yn Paradise Street. Ar ôl Gwasg Foulkes daeth gwasg fentrus arall, Gwasg y Brython. Dyna ddwy wasg a fu yn flaengar am dros gan mlynedd wrth baratoi llyfrau i'r Cymry adeg y Nadolig.

Yn Lerpwl yr ymddangosodd y cardiau Cymraeg cyntaf erioed, a hynny ar gyfer Nadolig 1909. Gelwid hwy yn gyfres y Cambrian a chynlluniwyd hwy yn arbennig ar gyfer y Cymry Cymraeg gan roddi sylw neilltuol i'r arwyddluniau cenedlaethol – y Ddraig Goch, Cenhinen Pedr a'r Cennin. Penderfynodd Hugh Evans, pennaeth Gwasg y Brython ac awdur y clasur *Cwm Eithin*, ym 1912 gyhoeddi ar raddfa helaethach fyth gardiau Nadolig Cymraeg gyda gwell diwyg na chynt a phob un cerdyn yn unigryw a hardd.

Penderfynwyd hefyd mentro a pharatoi cardiau Nadolig preifat am brisiau derbyniol i'r teuluoedd cyfoethog, sef rhwng 1/9 a chwe swllt y dwsin. Roedd dosbarth canol y gymuned Gymraeg a phlant y dosbarth hwnnw fel J Saunders Lewis wrth eu bodd. Argraffwyd y cyfarchion yn ddwyieithog gan fod y drydedd genhedlaeth o blant yr adeiladwyr yn raddol golli eu gafael ar yr iaith a oedd yn ffynnu yn y capeli a'r cymdeithasau. Byddai cerdyn dwyieithog yn addas iawn i'w anfon at eu ffrindiau a'u cydweithwyr yn y siopau a'r swyddfeydd. Darparwyd gan Wasg y Brython nifer fawr o flychau swllt yr un ac ynddynt gyfarchion Nadolig Cymraeg ar bapur arbennig wedi ei greu ym melin bapur enwog Afonwen, a saif ar y ffin rhwng Sir Ddinbych a Sir y Fflint.

Teimlai Hugh Evans a'i feibion nad oedd gan unrhyw Gymro na Chymraes esgus o gwbl dros beidio anfon cardiau Nadolig i unrhyw ran o'r byd. Yn wir, darparai'r wasg *fountain pen* o'r gwneuthuriad gorau am dri swllt a chwpon o'r papur wythnosol, *Y Brython*, dyfais y *Daily Mail* ein dyddiau ni, er mwyn denu cwsmeriaid i brynu'r cardiau.

Lluniodd y bardd telynegol R H Jones, Wallasey (a brodor

o Uwchaled) bennill ar weithred newydd a phwysig Gwasg y Brython i werin Cymru:

Dydd da, lythyrgludydd,
Mi dy welais o draw.
Oes cardiau Nadolig
I mi yn dy law?
Wel, Saesneg yw'r rhain,
Cyn amled â'r gwlith,
O na, dyma gerdyn
Cymraeg yn eu plith.

Ac yr oedd y diolch am hynny i'r tad Hugh Evans a'r meibion Meirion a Howell a Bernard Evans a hysbysai ar hyd y degawdau yn niwedd Tachwedd gyda'r pennawd mewn llythrennau bras, 'Prynwch Lyfr Cymraeg yn Anrheg Eleni'. Roedd ganddynt ddwy siop yn gwerthu llyfrau a chardiau Nadolig. Un yn Commerce Court (ger Lord Street) yng nghanol y ddinas a'r llall ger yr argraffdy yn 350-360 Stanley Road, Bootle. Yn y ffenestri hyn ceid cyflenwad o galendrau Cymraeg (dyfais arall o'u heiddo), cardiau a llyfrau o bob math, yn arbennig nofelau Daniel Owen (a oedd yn gwerthu'n dda fel anrheg Nadolig) a llyfrau Meuryn ac E G Breeze a John Pierce ar gyfer y to ifanc oedd yn dal i siarad Cymraeg, y rhai oedd yn llythrennol berthyn i ddau fyd. Yr oeddent hwy wedi eu magu yn y bwrlwm Cymraeg a phenllanw'r flwyddyn iddynt fel plant oedd Parti Nadolig y Capeli a dyfodiad Siôn Corn. Ni ddiflannodd y disgwyliadau hyn yn llwyr. Ond rhoddid bri mawr hefyd ar gerddoriaeth yn yr wythnosau o flaen yr ŵyl. Deil Undeb Gorawl Cymry Lerpwl i gynnal Noson o Garolau sydd yn llenwi Neuadd y Philharmonig (deil ddwy fil o bobl) ar drothwy Nadolig 2010. Ond yn gynharach yn yr ugeinfed ganrif ceid llu o gyngherddau (o leiaf ugain ohonynt ar gyfartaledd) a pherfformiadau gan y corau a geid ar y Glannau, gyda'r uchafbwynt ar nos Nadolig yn un o neuaddau neu gapeli helaethaf Cymry Lerpwl. Ceid cyfle i wrando ar yr anfarwol denor o Gwm Tawe, Ben Davies, Annie Davies-Wynne, y gontralto o Benrhyndeudraeth, Evan Lewis, y tenor a'i wraig, Josephine, contralto o Fangor, Mary King Sarah, soprano o Lanrug, Harri Lewis, tenor, a David Chubb, bas; a llawer o gantorion gwych eraill y gwelais eu henwau yn yr hysbysebion. Hwy oedd yn cynnal y Nadolig i Gymry Lerpwl a'r adeilad a ddaliai gannoedd yn orlawn. Y bore hwnnw, sef bore'r ŵyl, byddai oedfaon wedi eu cynnal yn y mwyafrif o'r capeli a'r eglwysi (o leiaf 90 o ganolfannau ar y Glannau) a'r mân drefi o amgylch, fel Runcorn ac Ellesmere Port.

Ond i lawer un, uchafbwynt y Nadolig oedd Eisteddfod *Boxing Day* yng Nghapel (MC) Woodchurch Road, Penbedw. Deuai'r tyrfaoedd o bob ochr i'r afon Mersi nes gorlenwi'r capeli, a'r cystadleuwyr o Fôn i Faldwyn. Gorlenwid yr adeilad nes bod y muriau yn llifo o afonydd chwys y gynulleidfa! Eisteddfod oedd hon oedd yn parhau am bump i chwe awr solet, a phlant yr alltudion, yn rhyfeddu bob blwyddyn at leisiau cyfoethog y cantorion a chof anhygoel yr adroddwyr o'r 'hen wlad'. Sonia Jennie Thomas, a wnaeth gymwynas fawr â phlant Cymru, amdani hi a'i chwaer Megan, yn rhyfeddu at y wledd. Dyma'i geiriau:

> Dyna i chi ddoniau a ddeuai yno i gystadlu. Griff Owen, y tenor, yn canu'r 'Hen Gerddor' nes gwefreiddio'r dyrfa, a D R Jones, y bariton, yn herio pobl Môn yn yr 'Ornest', a'r mymryn papur hwnnw rhwng ei fysedd, a'r ddau wedyn yn sgubo popeth o'u blaenau gyda'r ddeuawd.

Atyniad mawr yr Eisteddfod i bawb oedd yr arweinydd 'Creigfab', sef y Parch T J Williams, Rock Ferry. Adroddodd Trevor Jones (ewythr Marion Eames) lawer stori wrthyf amdano, ac yn arbennig pan ofynnodd unawdydd am ganiatâd i ganu ynghynt am ei fod eisiau mynd adref hefo'r 'mail'. Wrth gyflwyno ei achos i'r gynulleidfa, dyma Creigfab yn gwneud y sylw gwreiddiol: "Felly y mae o hyd: rhai eisiau mynd adre, efo'r 'mail' ac eraill efo'r 'fe-male'!" Banllefau o gymeradwyaeth haeddiannol iddo gan ei edmygwyr. Dyma'r hiwmor oedd yn plesio yn y dyddiau hynny ynghanol miri a diniweidrwydd Cymry glân gloyw mewn oes lawer mwy hamddenol na'n hoes ni! Ysgrifennodd un a fu ynghanol miri'r Nadolig yn Lerpwl bennill sy'n costrelu llawenydd yr ŵyl i bob plentyn, ddoe a heddiw:

Ar ganol bwrdd y parlwr
Fe dyf y goeden hardd,
Ac arni ffrwyth nas gwelwyd
Ar un o brennau'r ardd;
Mae yno farch a modur,
A chi, a llong, a thrên,
A doli fawr las-lygad,
Balŵn ac eroplên.

Ysgol y Beirdd Cymraeg

Erbyn dechrau'r ugeinfed ganrif, ceid nyth o feirdd Cymraeg yn trigo yn Lerpwl a'r cyffiniau, asgwrn cefn yr eisteddfodau a gynhelid ym mhob rhan o'r ddinas, ac a gefnogai'r darlithiau mynych a gynhelid. Yn y cyfnod 1908 i 1910, gwahoddodd Cymdeithas Gymraeg Lerpwl ddarlithwyr o safon uchel. Bu'r canlynol yn y ddinas yn traddodi darlithiau:

- T Gwynn Jones
- Yr Athro John Morris-Jones
- Yr Athro John Edward Lloyd, cynnyrch Cymry Lerpwl
- Y Parchedig J C Morris
- Ifano Jones, Caerdydd

Symudiad pwysig arall oedd sefydlu Ysgol Beirdd Lerpwl. Byddai aelodau o'r ysgol hon yn cyfarfod yn negawd gyntaf y ganrif unwaith bob wythnos yn Ystafell Mudiad Cymru Fydd yn Belmont Road, Newsham ac Anfield. Yn yr ysgol hon, ceid cyfle i drafod cerddi, dysgu mwy am y cynganeddion a threfnu cystadlaethau yn eu plith. Aelod amlwg yn Ysgol y Beirdd Cymraeg oedd yr adeiladydd, Gwilym Mathafarn. Un arall oedd David Mason (Grugog). Roedd ef yn y fasnach laeth a gwelid ef yn ddyddiol yn gyrru gwartheg trwy strydoedd Anfield. Ysgrifennai i'r cylchgrawn Cymraeg *Y Genhinen*. Gwelid Trefor (sef John Jones yn eu plith) yn ogystal â Gwilym Deudraeth, Tanadog, Ceinydd a Llanerchfab. Un o uchafbwyntiau'r flwyddyn oedd trefnu trip iddynt hwy a'u teuluoedd, gan amlaf i Gilgwri. Un o'r canolfannau poblogaidd oedd Eastham. Gwyddom iddynt deithio yno ar 15 Mehefin 1907 i fwynhau'r amgylchedd a'r picnic a drefnwyd a'r cystadlaethau barddol. Lluniodd y bardd Trefor yr englyn hwn ar ôl yr ymweliad ym 1907:

Daw Eastham i gyd-dystio – na fu gŵyl
Fwy ei gwerth i'r Cymro;
Hwyl gwerin yn blaguro
Iraidd frig yn feirdd y fro.

Byddai'n dda cael rhestr gyflawn o'r beirdd a fynychai'r Ysgol. Enwyd saith, ond deallaf fod dros ugain a mwy o feirdd yn mynychu'r ysgol wythnosol.

Eisteddfodau Undeb y Ddraig Goch yn Lerpwl o 1921 i 1926

Sefydlwyd Undeb y Ddraig Goch ar ddiwedd y Rhyfel Byd Cyntaf fel ymgais i adfeddiannu ysbryd brwdfrydig o blaid y diwylliant Cymraeg yn ninas Lerpwl. Felly'r flwyddym 1918 oedd blwyddyn cychwyniad y mudiad hwn, rhagredegydd y Blaid Genedlaethol a ddaeth i fodolaeth ym 1925. Roedd ysgogydd sefydlu'r Blaid honno, Saunders Lewis, wedi dychwelyd o faes y gad i gwblhau ei astudiaethau ym Mhrifysgol Lerpwl ac yn barod iawn i roddi cefnogaeth i Undeb y Ddraig Goch. Ceid cryn lawer o weithgarwch o dan nawdd yr Undeb, sef Cinio Gŵyl Ddewi blynyddol, cynnal cyngherddau a threfnu dosbarthiadau dysgu'r

Gymraeg a'r gynghanedd. Cynhelid Cyfarfod Pregethu gan yr Undeb, ac ym 1921, sefydlwyd yr Eisteddfod gyntaf o dan ei faner. Diddorol nodi iddynt fel Undeb wahodd beirniaid cenedlaethol yn y dauddegau i dafoli'r cystadlaethau. Ym myd adrodd, gwahoddwyd y Parchedig D S Owen, Llundain, Dan Matthews, Pontarddulais a Llew Tegid, Bangor. Yng nghystadlaethau barddoniaeth, gwelir enwau'r telynegwr Eifion Wyn o Borthmadog, yr Athro T Gwynn Jones, Aberystwyth, Meuryn, Caernarfon (un o arloeswyr yr Undeb ym 1918, a symudodd ym 1921 i dref Caernarfon), Berw yr offeiriad ac R Williams Parry. Ym myd rhyddiaith, penodwyd beirniaid fel Dyfnallt Owen, Caerfyrddin, Thomas Shankland, Bangor, Tegla Davies a Tecwyn Evans, dau weinidog y Wesleaid, Saunders Lewis, Kate Roberts, J Puleston Jones, D D Williams, Lerpwl ac Awen Mona. A'r beirniaid ym myd cerddoriaeth a alwyd i gostrelu'r cystadlaethau oedd Dr David Evans, Caerdydd, Dr Caradog Roberts, Rhos, Dr Vaughan Thomas, Dr David de Lloyd a T Osborne Roberts. Gwahoddwyd Jacob Davies a T Miles Jones i ofalu am y cystadlaethau Cerdd Dant. Rhestr odidog iawn yw'r rhestr uchod.

Cymraeg yn unig oedd iaith Eisteddfodau Undeb y Ddraig a gynhelid yn adeiladau Cymdeithas Cymru Fydd yn Upper Parliament Street. Yno y cynhaliwyd yr Eisteddfod gyntaf. D R Jones oedd Llywydd yr Undeb a'r newyddiadurwr, Meuryn yn Ysgrifennydd. Ef oedd y prif symbylydd. Bu'n golled fawr i Gymry Lerpwl pan benodwyd ef yn olygydd yr *Herald Cymraeg* ym mis Hydref 1921. Roedd Swyddfa gan Meuryn yn Lerpwl a bu'n ysgrifennu colofn o hanes Cymry'r Glannau bob wythnos i'r *Herald Cymraeg*. Ysgrifennai hefyd i'r *Darian*. Cydweithwyr eraill yn yr Undeb oedd Rolant Wyn Edwards, Cledwyn Hughes, J R Morris, Dan Thomas, Collwyn, ap Heli, R T Williams a W R Hughes. Roedd y Pwyllgor Cyffredinol yn rhifo 65 o Gymry brwd.

Tybiai rhai o Gymry amlwg Lerpwl fod Undeb y Ddraig

Goch yn ffordd barchus o ymosod ar Seisnigrwydd y Gymdeithas Genedlaethol Gymreig a oedd yn cynnal ei darlithiau yn adeilad Colquitt Street, ac yr oedd y dybiaeth yn agos ati. Ymosododd y Parchedig W A Lewis, a oedd yn eisteddfodwr amlwg, ar J R Morris a'r Pwyllgor Gwaith am ddewis y darn 'Ple mae'r dewrion?' fel darn adrodd Eisteddfod y Ddraig Goch. Un arall a feirniadai'r Undeb oedd R Vaughan Jones, gŵr medrus anghyffredin a bywiog, cyfaill i gymaint o'r Cymry amlwg, ac un a fu yn brif Ysgrifennydd Eisteddfod Genedlaethol Lerpwl ym 1929. Bu ffrwgwd rhyngddo ef a T E Roberts (ap Heli), Seaforth ond go brin y gellid cael y gair olaf ar R Vaughan Jones.

Arweinydd Eisteddfodau'r Ddraig Goch oedd O Caerwyn Roberts, a fu ei hun yn byw yn Lerpwl pan weithiai ar bapur *Y Cymro*. Roedd ef yn feistr yn ei waith. Trefnid i gael benthyg tri phiano o Siop Van Gruisen yn Bold Street ar gyfer yr Eisteddfod a'r cyngerdd i gloi'r gweithrediadau. Edrychid ymlaen yn y cyngherddau i glywed cantorion amlycaf Cymru, ac yn arbennig Leila Megane, gyda T Osborne Roberts yn cyfeilio.

Enillwyd Cadeiriau gan y Parchedig William Morris, Bryfdir, Dryfanwy, a J M Edwards, un o feirdd y Mynydd Bach. Enillodd Evans Jenkins o Ffair Rhos yng Ngheredigion y wobr gyntaf am englyn i Galedfwlch. Dyma'r englyn:

Arf Arthur fawr, uthr o fin – a ba lyw
Y bu laif mor iesin,
A drawai ef yn y drin
Nid âi'r eildro i heldrin.

Campwaith o englyn. Bu bri ar ddosbarthiadau'r iaith Gymraeg yng nghanolfan Cymru Fydd o dan ofal J R Morris, a Collwyn yn gyfrifol am ddosbarth y cynganeddion, a J Saunders Lewis yn weithgar yn Ystafell Hackins Hey yn cyflwyno darlithiau ar lenyddiaeth Gymraeg, maes y daeth ef yn awdurdod ynddo.

Y Cymry ynghanol y Bomio Mai 1941

Dioddefodd llawer iawn o Gymry golledion a phoenau personol adeg yr Ail Ryfel Byd, ac yn arbennig adeg y bomio didrugaredd a fu ym mis Mai 1941. Cafodd 57 o longau eu suddo yn y dociau a'r afon Mersi. Bu'r difrod mwyaf yn noc Huskinson fore Sul, 4 Mai pan ffrwydrodd 300 tunnell o ffrwydron at fwrdd llong yr *SS Malakand*, un o longau cwmni Brocklebank. Chwythwyd darnau o'r llong am o leiaf ddwy filltir o bellter.

Yn ystod y rhyfel cynhaliwyd Cymanfa Ganu answyddogol ar nos Sul yng nghanolfan y Cymry ifainc yn Parliament Street o dan arweiniad Hugh John Jones o Lanaelhaearn. Y cyfeilydd oedd Miss Lena Thomas, 'Refail, Llanbedrog, hi yn nyrs â chyfrifoldeb mawr ganddi yn Ysbyty Smithdown Road. Yn ddiweddarach, priododd y ddau a symud i fyw i Gredington Street yn y Dingle lle y ganwyd eu mab Alun Vaughan Jones, (Childwall erbyn hyn). Buont yn hapus iawn yn y Dingle cyn symud i Allerton i 23 Centreville Road. Cefais groeso mawr ganddynt ar eu haelwyd, ac nid anghofiaf alar Hughie, Alun a'i deulu annwyl pan fu farw Lena mor ddisymwth yn ei chartref. Roeddem ni, fy mhriod a minnau, wedi bod o leiaf i dair Eisteddfod Genedlaethol yn aros yn yr un llety â hwy ac yn cynorthwyo ein gilydd. A balch oeddwn pan ddewiswyd Hugh John Jones yn flaenor yng Nghapel Bethel lle y bu yn arwain y canu. Rhoddodd ymhell dros hanner can mlynedd o wasanaeth i Ganiadaeth y Cysegr yn eglwys y Drindod ac eglwys Heathfield Road. Saer coed ydoedd o ran ei alwedigaeth a pharatôdd nifer o gadeiriau hardd ar gyfer Eisteddfod Gadeiriol Glannau Mersi.

Y Wledigaeth am y Wladfa Gymreig

Nid yw'r Cymry yn wahanol i bobl o unrhyw genedl arall yn gweld man gwyn man draw, ac yn credu fod yr hyn sydd i'w gael yn Ne Affrica neu Awstralia, Seland Newydd neu Ogledd

America yn well na'r bywyd a'r byd Cymreig yng nghesail yr Wyddfa neu yn swbwrbia Lerpwl neu Gaerdydd neu yng nghymoedd y De. A dyna'r ffenomenon a fu yn rhan o'n hanes am ganrifoedd lawer.

Gogledd America oedd yr abwyd mwyaf a gwyddom i Gymry fentro o borthladdoedd Cymru ac o Lerpwl i Efrog Newydd yn nechrau'r ail ganrif ar bymtheg. Erbyn hynny yr oedd elfen wahanol iawn yn y sefyllfa, sef y bywyd crefyddol a ddeilliodd o'r mudiad anghydffurfiol, yn arbennig yn hanes y Crynwyr ac yn ddiweddarach rhai o'r mudiadau esoterig o fewn Anghydffurfiaeth. Ystyrier hanes Eglwys Iesu Grist o Saint y Dyddiau Diwethaf a alwn ar lafar gwlad y Mormoniaid. Yng Nghymru cafwyd arweinydd penderfynol iawn ym mherson y Capten Dan Jones (1810-1861) o Helygain, Sir y Fflint, a fu yn blasu bywyd dinas Lerpwl. Nid oedd pall ar ei frwdfrydedd fel y gwelwn wrth fodio tudalennau y cylchgronau Cymraeg o eiddo'r Mormoniaid: *Prophwyd y Jubili* (1846-48) ac *Udgorn Seion* (1849-62). Ond ei gyfraniad pennaf oedd argyhoeddi 249 o Formoniaid Cymreig i fentro i Wlad yr Addewid yn Utah, y gyntaf o sawl mintai o'r fath. Ei ddelfryd ef oedd cael penrhyddid yn eangderau Utah i addoli yn ddilyffethair ac yn seiliedig ar y Beibl ond heb anghofio *The Book of Mormon*, cyfrol a roddwyd yn llaw y sylfaenydd Joseph Smith (1805-44) gan angel o'r enw Moroni.

Ond nid Dan Jones oedd y breuddwydiwr cyntaf o blith y Cymry o blaid gwladfa Gymreig dros y dyfroedd. Y Radical gwleidyddol o Gwm Rhymni, Morgan John Rhys (1760-1804) sy'n teilyngu ei osod ar ben y rhestr o'r breuddwydwyr am wladfa i'r Cymry. Brwydrodd ef yn ei oes fer yn ddygn dros ryddid dynol, heddwch, ac am ddileu caethwasiaeth. Yr oedd yn nhraddodiad Tom Paine a'r Chwyldro Ffrengig, ond â'i draed ar y ddaear ac yn barod i eistedd i lawr i lunio pamffledi, cefnogi Gwasg Trefeca, a lansio *Y Cylchgrawn Cymraeg* ym 1793, sydd yn haeddu'r teitl 'y cyfnodolyn gwleidyddol cyntaf yn Gymraeg'. Ymddangosodd pum rhifyn yn unig o'r *Cylch-grawn Cymraeg* (1793-94) ond mae'n glod iddo. Gweler yn y cylchgrawn hwn ei frwdfrydedd anhygoel o blaid y bywyd da, yn arbennig addysg, gan gynnwys addysg yr Ysgol Sul, rhyddid cydwybod, yr iaith Gymraeg a diwygiadau cymdeithasol.

Ym 1794 trodd ei gefn ar ei gefnogwyr ym Mhont-y-pŵl a man ei eni, Llanbradach, am y Byd Newydd, gan gerdded yr holl ffordd i borthladd Lerpwl i hwylio i'r Unol Daleithiau. Ei uchelgais oedd uchelgais y Cymry gwladgarol, gwladfa lle y byddai yr iaith yn ddiogel a'r ffordd o fyw ar batrwm Teyrnas Dduw. Ar ôl teithio'n galed dros y moroedd a'r tir anodd, sefydlodd Eglwys Fedyddiedig i bobl ddirmygedig du eu croen yn Savannah, Georgia, ac yna ym 1795, y weithred sydd yn ei osod fel arloeswr y freuddwyd iwtopaidd, pan drawodd fargen ar ddarn helaeth o dir yn Swydd Cambria, Pensylfania. Yn y fan honno y dymunai osod y Wladfa Gymreig gan sefydlu tref Beula. Hi oedd prif dref y Wladfa Gymreig. Os yw'r darllenydd am ragor o hanes chwilier am gyfrol fy hen athro difyr o ddysgedig, Dr Gwyn A Williams (1925-95), *The Search for Beulah Land* (1980).

Yr oedd Morgan John Rhys wedi braenaru'r tir. Sosialydd a diwydiannwr o Gymro a fynegodd yr un dyheadau oedd Robert Owen (1771-1858) a hanai o'r Drenewydd. Gadawodd ef Ddyffryn Hafren yn llencyn i Loegr ac yna i'r Alban, ac ym 1799 prynodd felinau cotwm New Lanark. Yn y chwarter canrif nesaf daeth yn hynod o lwyddiannus, yn arloesol yn ei ddull o gynhyrchu ac yn trin y gweithwyr gyda pharch. Tyfodd ei fusnes nyddu cotwm y tu hwnt i bob disgwyliad, y mwyaf o'i faint ym Mhrydain. Deuai yn gyson i borthladd Lerpwl. Yn Lerpwl ceid John Frost, un o'i gefnogwyr pennaf. Meddiannwyd yntau gan y weledigaeth iwtopaidd o greu gwladfa. Mentrodd ar draws yr Iwerydd ym 1824, a buddsoddodd gyfran helaeth o'i gyfalaf mewn stad helaeth yn Indiana. Dyma'r lle y gwireddwyd ei weledigaeth o wladfa gydweithredol. Gelwid y wladfa yn New Harmony ond methiant fu'r arbrawf iddo ef. Erbyn 1827 yr oedd Owen ar ei ffordd yn ôl i Lerpwl ac oddi yno i Fanceinion, gan ddal ati, heb ddigalonni, i hybu y mudiad cydweithredol a'r mudiad undebaeth lafur, er na fu hwnnw yn llwyddiant chwaith, o dan ei arweiniad. Er ei fawredd fel diwydiannwr, nid oedd ei wladfa yn llewyrchus o gwbl.

Ond ni phylodd yr awydd am wladfa. Hyd yn oed yn Awstralia bell ceid enghreifftiau o Gymry yn breuddwydio am wladfa Gymreig. Tyfodd cymunedau Cymreig yn arbennig yn ardaloedd Ballarat-Sebastopol a gwyddom fod E P Jones a William Benjamin, ac enwi dim ond dau o Gymry Awstralia, yn breuddwydio ddydd a nos wrth gerdded strydoedd Fforest Creek am y wladfa ddelfrydol. Ond nid oedd gan yr un o'r ddau syniad lle y dylid lleoli'r wladfa. Un oedd yn ddigon pendant ei farn am hynny oedd John Mills (1812-1873), gweinidog gyda'r Methodistiaid Calfinaidd, ac a adnabyddid wrth ei enw barddol, Ieuan Glan Alarch.

Penodwyd ef ym 1846 yn genhadwr ymysg yr Iddewon yn Llundain a difyr dros ben yw darllen ei ysgrifau yn *Y Drysorfa* am ei waith. Dyma ŵr sy'n haeddu astudiaeth arno gan iddo lunio cyfrolau di-ri, yn ddarlithydd ar gerddoriaeth, ac yn llawn ynni dros ei genhadaeth. Cyfeiriaf at dair cyfrol wahanol, sef *Iddewon Prydain* (1852), *British Jews* (1853) a *Palestina* (1858). Ymwelodd â Phalestina ym 1850 a dod i'r casgliad y byddai ef yn hoffi gweld gwladfa Gymreig o fewn cyrraedd i Lyn Galilea. Syniad campus ar lawer ystyr ond nid oedd ganddo lawer o bobl eraill i'w gefnogi.

Yr oedd hynny mor wahanol ymhlith Cymry Manceinion, lle y ceid y gŵr ifanc o Dregaron, Thomas Benbow Phillips (1829-1915). Symudodd ef o Ddyffryn Teifi i Fanceinion ym 1848, ond yr oedd awydd mawr fel Cymro ganddo i roddi gwell cyfle i'w gyd-Cymry nag yn awyrgylch Seisnig a thlodaidd Manceinion. Ni allai neb ei ddarbwyllo fel arall, er i nifer o weinidogion yr Efengyl geisio eu gorau glas. Brasil oedd ei ddewis ef. Yno gellid sefydlu gwladfa Gymreig. Ar ôl trafodaethau, llwyddodd i brynu tir ffrwythlon, deunaw milltir o dref Pelotas a chofnododd y Cardi y drefedigaeth yn *Cambro-Brazilian Amalgamated Trades Emigration Society*.

Adeiladodd Phillips dŷ iddo'i hun gyda'r enw Pen-y-Groes, adeiladodd gapel a thyddynnod a rhoddi enwau persain Cymraeg ar bob un, fel Tŷ'r Meibion, Tŷ Gwyn, Glandŵr a Phen-y-Twyn. Aeth ati i berswadio'r Cymry i fynd i'r wladfa arfaethedig. Mentrodd 41 ohonynt ar y llong gyntaf a hwyliodd o Lerpwl i Brasil, a'r ail long *Naid* gwelid rhagor o Gymry â'u llygaid ar Wladfa Gymreig Brasil!

Daeth mwy o Gymry y flwyddyn honno ar long o'r enw *Irene* o Lerpwl yn Awst 1851, a rhieni T Benbow Phillips o Dregaron yn eu plith; ac yna yn Nhachwedd 1851 cafodd rhagor o Gymry gyfle i deithio ar y llong *Madonna*. Erbyn Nadolig 1851 yr oedd Gwladfa Brasil yn cynnwys 80 o Gymry, y mwyafrif helaeth ohonynt o ardaloedd Blaenau Gwent, fel Nant-y-glo a Brynmawr, Tregaron (bro mebyd y sylfaenydd) ac o siroedd Trefaldwyn, Dinbych a Môn. Yr oedd yr arweinydd, gŵr ifanc 24 oed, yn llawn asbri. Ond ni lwyddodd am mai glowyr o gymoedd y De oedd y sefydlwyr bron i gyd, ac eithrio hanner dwsin. A dyna reswm amlwg am fethiant Gwladfa Brasil, ond yr oedd rhesymau eraill. Un ohonynt oedd ideoleg. Methodd T Benbow Phillips â chael digon o gefnogwyr tebyg iddo ef ei hun. Ond rhaid cydnabod fod ei arbrawf ef wedi paratoi'r ffordd i'r llong hwyliau *Mimosa* adael porthladd Lerpwl ym 1865. Dywed hanesydd pennaf y Wladfa yn Gymraeg, y Parchedig R Bryn Williams, y geiriau hyn yn ei glasur *Y Wladfa* (Caerdydd, 1962):

> Gresyn oedd i'r Cymry ymadael a phetai'r minteioedd a aeth i'r Wladfa wedi mynd i Brasil, ni fuasent wedi dioddef cymaint, a'r tebyg yw y byddai yno dalaith Gymreig erbyn hyn. Anfantais o fynd yno a fuasai cael osgoi'r llafur o ddyfrhau'r tir.

Ond yr oedd breuddwydwyr yr un mor benderfynol

â Benbow Phillips yn dal i hiraethu am wladfa Gymreig. Rhaid eu henwi i lenwi'r darlun. Dyna Samuel Roberts ('SR' Llanbryn-mair, 1800-1885), y mwyaf ecsentrig ohonynt i gyd. Cyfannai ef bob agwedd o fywyd y Cymro, fel un o brif ddiwygwyr radicalaidd ei oes. Traethodd yn erbyn caethwasiaeth, enillodd Henry Richard i'r Mudiad Heddwch, cychwynnodd gylchgrawn *Y Cronicl* ym 1843, ac roedd yn gefnogydd brwd i'r *Anti Corn League* ac yn amddiffynnydd tyddynwyr y tir uchel. Dirwestwr pybyr, pregethwr diflino a chefnogydd y Gymdeithas Genhadol. Yr oedd ei fysedd ym mhob brywes ond ni allai ddygymod â landlordiaeth ormesol, fel y profodd ei dad a'i deulu yn y Diosg. Ei ateb ef oedd perswadio ei aelodau i ymfudo i'r Amerig. Hwyliodd am ei wladfa, Bryntirion yn nwyrain Tennessee, ar 6 Mai 1857, at ei frawd Gruffydd Rhisiart Roberts a aethai yno flwyddyn ynghynt. Ond nid oedd modd iddo lwyddo. Cafodd ei hun mewn trybini am fod y goruchwylwyr tir wedi ei lwyr dwyllo. Dirywiodd y cyfan pan ddaeth Rhyfel Cartref America 1861-65 i stepen ei ddrws. Gan ei fod yn heddychwr mor absoliwt, ni allai gefnogi na chyfiawnhau y rhyfel. Bu hynny yn gyfle i'w elynion ei ddrwgdybio a'i bardduo a'i alw yn bob enw o dan haul y nen. Arweiniodd y papur *Y Drych* ymgyrch yn ei erbyn. Caewyd drysau'r pulpud yn ei wyneb. Diflannodd y weledigaeth o'r wladfa o dan ragfarn fileinig, a dihangodd yntau yn ôl i Gymru fach yn falch o fod yn fyw. Croesawyd ef â breichiau agored gan Gymry Lerpwl, lle yr oedd yn hynod o boblogaidd. Hwy oedd y tu ôl i'r dysteb o £1,245 a gafodd ym Mawrth 1868.

Ond yr oedd gweinidog Annibynwyr arall yn fwy sicr fyth o'i bethau ar fater y Wladfa Gymreig a hwnnw oedd Michael Daniel Jones (1822-98), a rhoddi iddo ei enw bedydd, ond Michael D Jones i Gymry gwladgarol. Dyma dad deffroad cenedlaethol Cymreig y bedwaredd ganrif ar bymtheg. Yr oedd y freuddwyd o fyw a gweithredu yn yr Amerig wedi llenwi ei holl fywyd pan astudiai yng Ngholeg Highbury yn Llundain. Ni feddyliodd am dderbyn galwad yr Eglwys Gymraeg yn yr hen wlad pan orffennodd ei astudiaethau diwinyddol ond aeth ar ei union ym 1837 i'r Unol Daleithiau. Urddwyd ef yn weinidog ar Eglwys Gymraeg yn Cincinnati, Ohio. Yr oedd yn frwd dros weld Cymry yn ymfudo i'r byd newydd, i ddianc rhag gormes tirfeddianwyr Torïaidd Cymru. Ffurfiodd Gymdeithas y Brython i hwyluso'r ymfudo a gweithredodd fel Ysgrifennydd. Ond buan y sylweddolodd Michael D Jones fod yr iaith yn dioddef yn yr Unol Daleithiau a'r Cymry yn ei chael hi'n anodd i'w throsglwyddo hi i'w plant a phlant eu plant. Pan ddychwelodd ef i Gymru yr oedd yn cwbl gredu fod angen crynhoi y Cymry i ddarn penodol o dir er mwyn gwarchod iaith crefydd a diwylliant. 'O grynhoi,' meddai ar drothwy gadael Cincinnati 'byddem yn llawer dedwyddach nag yn wasgaredig fel yn awr, a chaem well gweinidogaeth a chedwid ein cenedl gan ddifodiad.' Bu gan Michael D Jones aml i gynllun i sefydlu gwladfeydd. Cytunai gyda T B Rees, Camptonville, California, am sefydlu gwladfa yn Oregon a gyda John Rhys o Efrog Newydd oedd yn frwd dros wladfa ar Ynys Vancouver. Soniodd am wladfa yn Wisconsin ac yr oedd yn barod i amenio cynllun Ieuan Glan Alarch ym Mhalesteina.

Mae sôn am Wisconsin yn ein hatgoffa am un o arloeswyr pennaf y Wladfa sef Edwyn Cynric Roberts. Da y dywedodd W M Hughes, awdur *Ar Lannau'r Camwy* (Lerpwl 1927) amdano ef:

> Edwyn Cynric Roberts, frwdfrydig, yn byw mewn caban coed yn fforestydd deri Wisconsin (yn breuddwydio) am Wladfa yn rhywle, rhywle, ond ei chael.

Dyna'r gwir. Ceisiodd ef berswadio ffermwyr o Gymry yn Wisconsin i werthu'r stoc a'r tir a mentro gydag ef i Batagonia. Galwodd yn Efrog Newydd ar yr un perwyl, ond nid oedd llawer o Gymry y ddinas honno yn gweld eu tynged, o gael eu llyncu yn gyfan gwbl gan y llif Americanaidd.

Mae cyflwr Cymry'r Unol Daleithiau yn drist o'i gymharu â Chymry Patagonia yn 2024. Yn wleidyddol y mae carfan uchel o Gymry'r Unol Daleithiau ddoe a heddiw ymhell iawn o radicaliaeth Michael D Jones, Edwyn Cynrig Roberts ac SR, heb sôn am gyfoeswyr o Gymry yng Nghymru. Erbyn 1856 yr oedd sôn am Batagonia wedi dod yn dôn gron. Daeth y freuddwyd o'r wladfa i glustiau Richard Jones Berwyn (1836-1917) ymysg ei lyfrau yn Efrog Newydd. Un o blant Glyndyfrdwy ydoedd ef a ymfudodd yn ei ieuenctid i Efrog Newydd. Ond clywodd gri Michael D Jones. Atebodd fel Eseia, 'Dyma fi. Anfon fi.' Daeth drosodd i Gymru ac aeth i'r Wladfa Gymreig gyda'r fintai gyntaf o Lerpwl ym Mai 1865. Bu'n gaffaeliad arbennig i'r Wladfa, yn arweinydd grymus a dewr a dawnus.

Cyffyrddodd y weledigaeth am y wladfa â phobl o argyhoeddiad cryf yn meddu ar ddoniau angenrheidiol i wireddu'r freuddwyd. Pan ddychwelodd Michael D Jones i'r Amerig ym 1858 i drafod y syniad o sefydlu Gwladfa Gymreig ym Mhatagonia dylai synnwyr cyffredin fod wedi dweud wrtho mai siwrnai seithug fyddai hi. Dyna fu'r ymateb; nid oedd Cymry'r Unol Daleithiau ar wahân i R J Berwyn ac Edwyn Cynrig Roberts â'r un cydymdeimlad gyda'r wladfa arfaethedig. Ond yr oedd criw bach o Gymry Lerpwl yn frwdfrydig, ac erbyn 1860, yr oedd y syniad wedi ei wyntyllu a'i saernïo gan ddau werinwr, y cysodydd a'r argraffydd Lewis Jones (1836-1904) a'r saer maen Hugh Hughes (Cadfan Gwynedd neu Hughes Cadfan, 1824-98). Symudodd Lewis Jones i Lerpwl o Gaergybi a hefyd Hugh Hughes ym 1857 o Gaernarfon, a daeth y ddau yn geffylau blaen y mudiad gwladfaol yn y ddinas. Lluniodd Hughes Cadfan *Llawlyfr y Wladfa Gymreig* ym 1861 a sefydlodd Lewis Jones argraffdy yn Hanover Street i gyhoeddi cylchgronau fel *Y Ddraig Goch* i hyrwyddo'r weledigaeth. Yr oedd Cadfan ar y *Mimosa* a Lewis Jones wedi mynd gydag Edwyn Cynrig Roberts i groesawu y fintai gyntaf.

Mae un peth yn sicr: oni bai am Michael D Jones a'i wraig gyffyrddus ei byd a Phwyllgor Lerpwl, ni fyddai'r Wladfa wedi ei sefydlu. Yr oedd gelynion di-ri i'r fenter. Yn yr Unol Daleithiau taranai J W Jones, golygydd *Y Drych* yn erbyn y cynllun gorffwyll ac yng Nghymru tanlinellai'r *Herald Gymraeg* y gwir plaen fod Patagonia yn anaddas iawn os oeddech am wneud bywoliaeth a chynnal teulu. Yr oedd hi yn gyfyng iawn, ac er huodledd Lewis a Cynrig, clustfyddar oedd y Gymru wledig i'r alwad o ymuno â'r anturiaeth na fu mo'i thebyg. Dychrynwyd aml un oedd wedi meddwl mentro. Oni bai am Michael D Jones a dycnwch Pwyllgor Lerpwl byddai hi wedi bod ar ben. Yn y pwyllgor hwnnw ceid pobl o ruddin. Credai Cadfan yn ei bropoganda. Felly hefyd Lewis Jones a'r Trysorydd o Basnett Street, John Edwards. Yr oedd ei frawd Owen yr un mor gefnogol. Wedyn dyna Watcyn ap Mair Gwilym mor frwdfrydig â'i frawd, Morris Humphreys dirion, a William Davies yr un mor ddi-ildio â phob un a enwyd.

Trwy aml i weddi daer a gair call, pwyllog, cafwyd 163 yn barod i'r daith bell, o ddynion, gwragedd a phlant. Ond buan y cafwyd y newydd fod yr hwyl-long, *Halton Castle*, yn niwedd Ebrill yn analluog i gadw'r cytundeb a wnaed. Erbyn dechrau Mai yr oedd y teithwyr wedi cyrraedd Lerpwl. Bu'r Pwyllgor a Mrs Michael D Jones a myfyrwyr Coleg y Bala ar eu gorau yn cadw morâl y teithwyr. Bu'n straen arnynt, a daeth eraill i'r adwy fel y Parchedig Abraham Mathews, Lewis P Humphreys, D Lloyd Jones a David Rhys yn tywallt olew ar y tonnau llidiog, fel y disgrifwyd y sefyllfa enbydus. Yr oedd Michael D Jones a'i briod haelionus yn mynd yn ddyfnach, ddyfnach i'w pocedi gan fod y mwyafrif o'r teithwyr yn brin o bres i na thalu am lety na phwrcasu tocyn i'r daith.

Daeth rhyddhad i'r ddau a'u cefnogwyr a enwyd pan lwyddwyd i gael yr ymfudwyr llwm eu byd ar fwrdd y *Mimosa* ar fore Iau, 25 Mai 1865. Methwyd â hwylio y diwrnod hwnnw. Bu'n rhaid aros bron i dridiau. Codwyd yr angor a hwylio o'r afon Mersi ar bnawn Sul 28 Mai a hwythau am gynnal oedfa y noson honno yng nghyffiniau Bagillt. Yr oedd balchder yn eu calonnau wrth weld y Ddraig Goch yn chwifio yn yr awel, a chlywed tyrfa o Gymry Lerpwl yn cydlefaru gyda chymeradwyaeth, 'Duw yn Rhwydd'. Hwythau, y Cymry dewr ar fwrdd y *Mimosa* yn canu yn hiraethus 'Duw Gadwo'r Frenhines', dewis od, o gofio eu bod yn ffoi, yn ôl Cadfan, o afael imperialaeth y Frenhines Fictoria. Beth a âi trwy feddwl y Parchedig Henry Rees, gweinidog enwog Capel Chatham Street, wrth weld y *Mimosa* yn gadael Lerpwl ar daith bell o saith mil o filltiroedd? Ai emyn Ieuan Glan Geirionydd (1795-1845):

> Ar fôr tymhestlog teithio rwyf
> i fyd sydd well i fyw,
> gan wenu ar ei stormydd oll:
> fy Nhad sydd wrth y llyw.

Bu hi yn fôr tymhestlog. I lawer un gellir dweud fod y Wladfa wedi bod yn 'fyd sydd well i fyw'. A bu'r anturiaeth yn dipyn o lwyddiant, ac i fwyafrif o'r fintai gyntaf yr oedd 'fy Nhad sydd wrth y llyw' yn wir ar y daith ac yn y paith, ym Morth Madryn a dyffryn y Camwy. O leiaf dyma'r Wladfa Gymreig fwyaf llwyddiannus o bell ffordd. Felly y mae mesur yr hanes, debygwn i, ymhlith y Cymry yn y ddwy ganrif ddiwethaf.

Llong enwocaf ein treftadaeth, y *Mimosa*.

Cofio'r Weledigaeth

Cynhaliwyd yn ninas Lerpwl ddigwyddiadau am ddau ddiwrnod yn 2015 i gofio am yr arloeswyr a adawodd y porthladd gan mlynedd a hanner cyn hynny am yr Ariannin. Cynhaliwyd dathliad arall ym 1965 i ddathlu canmlwyddiant sefydlu y Wladfa a champ y llong *Mimosa* yn cario'r teithwyr dros y moroedd. Dathlwyd yr adeg honno trwy logi llong, *Royal Daffodil II*, i hwylio ar yr afon Mersi ar nos Sadwrn 29 Mai 1965 am dair awr (6.15 i 9.15 o'r gloch). Un o uchelbwyntiau'r daith honno oedd y gwasanaeth crefyddol a gynhaliwyd o dan ofal un a fagwyd yn y Wladfa ac a wasanaethodd Eglwys Bresbyteraidd Cymru gydag ymroddiad, y Parchedig Nefydd Cadfan. Cost y tocyn am gludiant y llong oedd 5 swllt (25c) a phlant am 2/6 (12½c) a deil nifer fawr oedd yn blant yr adeg honno i gofio'r digwyddiad.

Trefnais, fel Cadeirydd Cymdeithas Etifeddiaeth Glannau Mersi, ddathliad arall yn 2005 a chyhoeddwyd llyfryn yn Hydref 2005, *Stori'r Mimosa* gan bwyllgor y papur bro, *Yr Angor.* Yn y llyfryn (24 tudalen) ceir erthyglau yn Gymraeg gan Dr Iolo Wyn Williams, y diweddar Eirionedd Baskerville, Elvey Macdonald, Walter Ariel Brooks, D Ben Rees, Cathrin Williams a Sara Williams; yn Saesneg gan Susan Wilkinson (awdurdod ar hanes y llong) a Fred O'Brien, ac yn Sbaeneg gan David Williams. Pris y gyfrol oedd £3. Gwerthwyd y gyfrol mewn byr amser. Y Wladfa yw'r testun sydd yn golygu cymaint, gan fod gennym gymaint o edmygedd o'r arloeswyr am eu ffydd Gristnogol a'r modd y cafodd y mwyafrif ohonynt eu hysbrydoli gan Ymneilltuaeth Gymraeg i ystyried sefydlu Gwladfa Gymreig ym mhellafoedd y ddaear.

Yn y bedwaredd ganrif ar bymtheg yr oedd sefyllfa Cymru yn enbydus o ran tlodi, gorthrwm y landlordiaid, agwedd drahaus cymaint o'r offeiriaid Anglicanaidd, diffyg addysg, cyfleusterau byw, tywydd arswydus, cynaeafau gwael. Canlyniad hyn i gyd oedd gyrru pobl i ymfudo, yn arbennig i'r Unol Daleithiau. Yn ôl R J Berwyn a Michael D Jones, amcangyfrifid fod tua 50,000 o Gymry yn gadael porthladd Lerpwl bob blwyddyn am yr Unol Daleithiau ym mhumdegau'r bedwaredd ganrif ar bymtheg. Yno llwyddai'r Cymry i sefydlu capeli yn Utica a Phensylfania, cylchgronau a newyddiaduron, ond erbyn yr ail genhedlaeth yr oedd hi'n anodd cynnal y traddodiadau trwy gyfrwng y Gymraeg.

Breuddwyd Michael D Jones, Edwin Cynrig Roberts a Samuel Roberts, Llanbryn-mair, oedd Gwladfa Gymreig yn Wisconsin, Oregon neu Tennessee. Buan y deallwyd y dylid ystyried mangre y tu allan i UDA a daeth Patagonia i'r darlun ac o fewn deng mlynedd gwireddwyd y freuddwyd, a hynny yn bennaf pan sefydlwyd Cymdeithas Ymfudo yn Lerpwl ym 1861, ac o fewn dwy flynedd daeth dynion carismatig i fyw yn y ddinas, sef Hugh Hughes a Lewis Jones, ac ym 1860 symudasai Edwyn Cynrig Roberts o Winsconsin i Wigan. Rhwng y tri hyn a Michael D Jones fel tad yn y ffydd, yr oedd hi'n grwsâd grefyddol a chenedlaethol a gafodd ddyfnder daear. Canlyniad hyn oedd yr ymfudiad pwysicaf yn hanes cenedl y Cymry ym 1865. Llwyddwyd i berswadio tua dau gant i ystyried hwylio o Lerpwl ar 25 Ebrill 1865.

Tref ar ei thyfiant oedd Lerpwl, a phorthladd prysur rhyfeddol. Hwyliai tua deng mil o longau o Lerpwl bob deuddeg mis erbyn 1865. Llongau hwyliau oedd carfan dda ohonynt, ond yr oedd llongau stêm yn cario'r dydd. Lerpwl oedd porthladd yr ymfudo, ac yr oedd dociau Albert, creadigaeth wyrthiol Jesse Hartley, yn denu'r llygad, fel y gwna o hyd. Yr oedd digon o Gymry yn cadw gwely a brecwast ar gyfer yr ymfudwyr. Cymerer un stryd yn unig, Union Street, sydd yn eithaf agos i Prince's Dock, lle y gwelir y gofadail i deithwyr y *Mimosa* a ddadorchuddiwyd ar 30 Mai 2015 gan or-wyres Edwyn Cynrig Roberts, Elan Jones o Lerpwl. Yn Union Street ym 1865 ceid tŷ lodjin David Richards (brawd-yng-nghyfraith Hugh Hughes) yn rhif 35. Roedd tafarn y *Welsh Harp* yn 28 Union Street yn atyniad arall i Gymry yn disgwyl ymfudo. Medrai John Lewis groesawu cant o ymwelwyr i aros yn y *Welsh Harp* a cheid cynhesrwydd a charedigrwydd mawr yno. Y drws nesaf ceid tafarn y *Grapes* (Rhif 29 Union Street), lle yr oedd Evan Davies yn parablu yn Gymraeg.

Yr oedd y Cymry Cymraeg yn y ddinas yn niferus ym 1865, tua 60,000 mae'n debyg, mwy nag a welwyd erioed gyda'i gilydd yn unman yn y byd. Yr oedd y Cymry yn llawer mwy niferus yn y ddinas na'r Albanwyr, yr Almaenwyr, y Rwsiaid, yr Iddewon, ond ddim cymaint â'r Gwyddelod. Y Cymry oedd masnachwyr ac adeiladwyr mawr y ddinas. Llywodraethai dau Galfinydd cyfoethog, Owen Elias (Brenin Everton) a David Roberts, Bedford Street, y maestrefi newydd fel adeiladwyr. Ni welwyd gweinidogion mwy amryddawn yn gweinidogaethu ym 1865 yn unman na Gwilym Hiraethog a'i frawd Henry Rees, Owen Thomas a'i frodyr John Thomas a Josiah Thomas, pob un yn utgorn arian, yn farwniaid y pulpud a'u dylanwad yn cyrraedd pob cilfach a glan yn yr hen wlad.

Yn bersonol credaf mai dyfodiad Edwin Cynrig Roberts o Oshkosh, Wisconsin trwy Efrog Newydd ym 1860, oedd y catalyst i gryfhau os nad cychwyn yr holl fenter a chynnal, o hyn allan, gyfarfodydd yn selar Capel MC Bedford Street, lle y gweinidogaethai Dr David Saunders, ac yn achlysurol, Hope Hall (heddiw lleoliad Theatr Everyman) ac yn y Concert Hall, Lord Nelson Street. Sefydlwyd Pwyllgor Lerpwl i Ymfudo i Batagonia i godi arian, trefnu ymgyrchoedd, anfon dirprwyaeth allan i Batagonia, trefnu trafododaethau gyda Llywodraeth Ariannin, cyhoeddi cylchgronau fel *Y Ddraig Goch* a llyfrynnau fel *Llawlyfr y Wladfa* o sgrifbin Hugh Hughes (Cadfan Gwynedd). Meddai'r Pwyllgor Gwaith ar lond dwrn o bobl hynod o frwdfrydig gyda Hugh Hughes yn Ysgrifennydd, Lewis Jones ac Edwin Cynrig Roberts fel y prif hyrddwyr, ac yna ar y Pwyllgor Gwaith y ddau frawd John ac Owen Edwards (ef yn Drysorydd), Eliezer Pugh, un o bobl fwyaf cyfoethog y ddinas, *cotton broker* ar raddfa fawr yng nghwmni Rushton a Johnston, Watkin W P Williams, John Roberts (Minimus) a'i dad (dau a fu'n hyrwyddo'r Genhadaeth Dramor i fryniau Casia yn yr India chwarter canrif ynghynt), Robert James, Peter Williams (brodor o Brymbo) a elwid yn 'Apolos y Sêt Fawr' yng Nghapel Bedford Street ac ar ôl hynny yng Nghapel Princes Road, ac Owen

Williams, marsiandwr llwyddiannus arall. Hwy oedd y bobl bwerus oedd yn gefnogol i'r ymfudo i Ariannin.

Yr oedd gan bob un o'r rhain gyfrifoldeb am yr ymfudwyr a chawsant gryn lawer o siom pan glywsant nad oedd yr *Halton Castle* wedi cyrraedd yn ôl o Chile i gario'r Cymry i Ariannin. Y gobaith gorau oedd ganddynt oedd perswadio cwmni llongau Black Ball Line i gymryd drosodd. Ond nid oedd y perchnogion yn ystyried bod y daith yn werth yr ymdrech ac yn y pen draw breuddwyd ffôl oedd hi. Yr oedd un perchennog llongau, Robert Viney, fodd bynnag, yn barod i addasu ei long hwyliau, y *Mimosa,* i'r anturiaeth. Llong hwyliau, *tea clipper* fel y gelwid hi, oedd hon a adeiladwyd yn Aberdeen ym 1853. Yr oedd hi'n gorffwys yn Doc Clarence; y flwyddyn cynt fe fu ar daith i Shanghai yn Tsieina, hefyd i Halifax yn Nova Scotia. Yr oedd hi'n argyfwng ar Bwyllgor Lerpwl. Aeth Robert Viney a'i weithwyr ati i addasu'r llong fregus. Gosod meinciau, bocsys i gadw eiddo, dillad, bwydydd, a chreu ysgol i gynorthwyo'r teithwyr i ddringo i'r dec o grombil y llong. Costiodd y dodrefn a'r coed, y bwyd a llogi'r llong y swm enfawr o £2,500. Diolch bod Michael D Jones ac Eliezer Pugh wrth law, ac yn arbennig gwraig Michael D Jones, Mrs Ann Jones, a'i mam, gan iddynt hwy wario symiau cyson i gefnogi'r daith. Yr oedd llawer o'r Cymry a ddaeth i Lerpwl ar gyfer yr anturiaeth ar ddechrau Ebrill wedi troi am adref erbyn canol Mai. Nid oedd hi'n hawdd, gan fod Edwin Cynrig Roberts a Lewis Jones wedi gadael Lerpwl yn niwedd Mawrth ar y llong stêm, *Cordoba,* i Buenos Aires ac yna i lawr tuag at fae Madryn a phellach byth i geg Afon Camwy. Yr oeddent wedi mynd yn benodol er mwyn bod yno i groesawu'r *Mimosa,* pan ddeuai hi i ben y daith.

Erbyn Sadwrn 27 Mai, yr oedd y cychod bach wedi bod yn cario'r teithwyr o'r *landing stage* i'r *Mimosa* a oedd ar yr afon Mersi yn eu disgwyl. Problem pob hanesydd yw dod o hyd i'r nifer oedd ar y llong erbyn nos Sadwrn, ond yn ôl dyddiadur Michael D Jones, yr oedd lle i 135 ar y dec a 17 yn y cabin. Ond daeth mwy na hynny i'r *Mimosa*. Caniateid i chwe chi gael bod ar y Mimosa, nifer o ieir, hwyaid a gwyddau. Sgowser oedd Capten y llong. Ei enw oedd Capten George Pepperell. Yr oedd yn gwbl ddibrofiad, yn ifanc, a heb sgiliau i drafod teithwyr a siaradai iaith wahanol iddo. Gwyddel oedd y meddyg, Dr Thomas Green, ac y mae gor-gor-wyres iddo, Mrs Susan Wilkinson, Toronto, wedi llunio cyfrol bwysig, *Mimosa: The Ship that Sailed into History*, a gyhoeddwyd gan y Lolfa. Sgowsers oedd bron pob un o'r criw, er y ceid help dau o'r Cymry ifanc ar adegau. Felly gwelwyd 163 o ddynion, gwragedd a phlant ar fwrdd y llong a'r mwyafrif ohonynt yn falch o gael dianc o'u tlodi a'r problemau cynyddol gan obeithio bod byd gwell ar y gorwel. Nid oedd bron neb ohonynt mewn gwaed oer yn sylweddoli bod ganddynt saith mil o filltiroedd i hwylio ac ar fore Sul gyda'r gwynt o'u plaid yr oeddent o leiaf yn wynebu y môr mawr. Yr oedd tyrfa o Gymry Lerpwl wedi dod i ddymuno'n dda iddynt gan gynnwys Michael D Jones a'i briod ar bnawn Sadwrn ond gadawsant hwy Lerpwl cyn i'r llong hwylio yn gynnar ar fore Sul 28 Mai. Nid oeddent am sarhau sancteiddrwydd Dydd yr Arglwydd. Mae'n sicr fod Michael D Jones a'i deulu yn ychwanegol yn teimlo iddynt wneud mwy na digon, yn sicr yn ariannol ac yn foesol dros yr ymfudwyr, gyda help rhai o fyfyrwyr Coleg Annibynwyr Cymraeg y Bala. Bugeiliwyd y pererinion yn ofalus rhag temtasiynau'r porthladd gan nifer o ffyddloniaid y capeli o bob enwad yng nghanol dinas Lerpwl.

Ni fu'r daith yn un bleserus o bell ffordd, er bod tuedd gan yr haneswyr cefnogol i'r anturiaeth i ddweud ei bod hi wedi bod yn 'fordaith gysurus'. Dyna eiriau R Bryn Williams ac aml un arall! Ond nid oedd modd iddi fod yn fordaith gysurus. Cawsant ddwy storm enbyd. Y storm gyntaf, y diwrnod ar ôl gadael Lerpwl, pan fu bron i Pepperell a'i griw landio yn deilchion ar greigiau Ynys Môn. Gyrrwyd pawb i'r cabanau gan ei bod hi'n argyfyngus o anodd, a daeth bywydfad o Fôn i'w gwarchod. Gwrthododd y Capten penstiff unrhyw gynhorthwy ac awgrymodd yr awdurdod ar yr hanes, y Parchedig R Bryn Williams, mai'r rheswm am hynny oedd ei fod ef yn cario nwyddau anghyfreithlon. Gostegodd y gwynt ac arbedwyd y teithwyr. Cymerodd y daith ddau fis, ac yr oedd y bwyd yn ddiflas gan nad oedd modd cadw'r bwyd rhag suro. Rhoddid dŵr i yfed yn gyson i bawb a sudd lemon er mwyn cadw'r teithwyr yn iach. Deuai aroglau melltigedig o grombil y llong ac yr oedd amodau cysgu yn elfennol dros ben. Cysgai'r gwragedd a'r plant ar feinciau yng nghrombil y llong. Nid oedd modd dianc rhag haul y cyhydedd ar y dec yn y dydd, ac ni cheid sbectol haul gan neb i gadw'r gwres o'r llygaid. Ni chaniateid alcohol i leddfu'r poenau ac i ymlid y bwganod. Gofalai'r Parchedig Abraham Mathews a'i ddau gydweinidog nad oedd diod fain yn agos at y teithwyr. Gofalai ef am y Cyfarfod Gweddi bob nos. Ar 9 Mehefin bu farw geneth ddwy flwydd oed, a chyflwynwyd hi i'r eigion drannoeth gan Abraham Matthews a'r noson honno hefyd bu farw John, mab Robert a Catherine Davies o Landrillo. Taflwyd ei gorff bychan yntau i'r dyfroedd.

Digwyddodd ffrae fawr arall rhwng y Capten a'i deithwyr. Ceisiai ef osod trefn ar y merched gan fod llau yng ngwallt ambell un o'r plant. Gorchmynnodd y Capten fod yn rhaid torri gwallt y genethod. Gan amlaf mae gair y Capten yn Ddeddf y Mediaid a'r Persiaid, ond nid y tro hwn! Gwrthwynebwyd ef gan nifer o dan arweiniad Rhydderch Hughes. Ffromodd y Capten a gwrthododd ddarllen y gwasanaeth crefyddol y Suliau wedyn fel y gwnaeth y Sul cyntaf a'r Suliau dilynol. Wynebwyd ar storm gythryblus arall a ddychrynodd pob copa walltog. Hyrddiwyd y llong o leiaf 300 milltir o'i llwybr penodol y bwriadai fynd arno. Ar 27 Mehefin bu farw plentyn arall, diwrnod cyn croesi'r Cyhydedd. Ar 9 Gorffennaf gwelwyd penrhyn Brasil. Ganwyd dau faban a'u bedyddio, ond bu farw plentyn arall. Ar 26 Gorffennaf gwelwyd Gorynys Valdez, ac ar hanner dydd daeth Lewis Jones mewn llong fach i gwrdd â'r *Mimosa*. Chafodd neb erioed well croeso. Yr oedd hi'n hwrê fawr, a'r chwiorydd yn ei gusanu, a Cadfan yn ei gofleidio ac "yn wylo o lawenydd". Ychwanega fod "y magnelau o'r lan ac ar y bwrdd yn taranu, a'r bechgyn yn gwaeddi hwrê nes llwyr dagu". Soniodd wrthynt am y cyflenwad o anifeiliaid a bwyd oedd ar eu cyfer (er enghraifft, tri chant o sachau o wenith), ac i ddod, hanner can mil o ddefaid!

Hwyliodd y *Mimosa* i mewn i'r bae sydd ddeugain milltir o hyd ac ugain milltir o led, a'r agoriad iddo yn wyth milltir. Gwelwyd yr ail arweinydd, Edwin Cynrig Roberts yn sefyll yn dalog yno a'r gweision wrth y creigiau ger y traeth yn codi baner y Ddraig Goch i'r polyn, ac yntau'n saethu ergydiau gan ei fod yn giamstar gyda'i wn. Rhwyfodd yn egnïol yn y cwch i'w croesawu. Cafodd yntau yr un croeso ar fwrdd y llong, mwy efallai, gan un oedd wedi syrthio mewn cariad ag ef, ac o fewn ychydig fisoedd yr oeddent yn briod. Landiodd pawb y diwrnod canlynol, 28 Gorffennaf, yn y fangre a fedyddiwyd yn Borth Madryn. Heddiw y mae hi'n dref fawr hardd ond ym 1865 nid oedd dim byd yno. Arhosodd y *Mimosa* am chwe wythnos yn y bae; yr oedd y pererinion yng nghanol yr anialwch, a gwaith mawr o'u blaen i droi y paith yn ardd a chreu gwladfa a ddaeth yn destun edmygedd i ni'r Cymry am gan mlynedd a hanner.

Darlith *Tynged yr Iaith* gan Saunders Lewis. Un o blant yr alltudion

Cychwynnodd y BBC yng Nghymru gyfres o ddarlithiau yn Gymraeg a Saesneg o 1938 i'r saithdegau, gan wahodd ysgolheigion a phobl amlwg i draddodi'r darlithiau. Ni chynhaliwyd hwy yn flynyddol. Traddodwyd y gyntaf yn Saesneg gan Dr Thomas Jones ym 1938 ar *Prime Ministers and Cabinets*. Yr oedd ef wedi bod yn Ysgrifennydd i bedwar

Prif Weinidog. Y flwyddyn ddilynol gwahoddwyd yr Athro W J Gruffydd i ddarlithio ar y bardd Ceiriog. Daeth y Rhyfel a bu bwlch o 1946 i 1951 pan ofynwyd i Syr J Frederick Rees draddodi darlith ar y teitl *Of Welsh Nationality and Historians*. Cafwyd darlithiau diddorol trwy'r pumdegau hyd at y ddarlith ffrwydrol *Tynged yr Iaith* ym 1962 a draddodwyd gan Saunders Lewis, un o genedlaetholwyr amlycaf ei ddydd ac un a fagwyd, nid yng Nghymru ond ar lannau Mersi i deulu nodedig ymhlith Cymry Lerpwl. Gallai ef ymffrostio ei fod o'r drydedd genhedlaeth o Gymry Lerpwl. Ganed a maged ei fam yn Lerpwl, ac yr oedd ei daid, y cofiannydd a phregethwr y bobl, Dr Owen Thomas, ymysg Cymry pennaf y ddinas fel Gweinidog Capel hardd Princes Road.

Llenor a beirniad llenyddol a bardd oedd Saunders Lewis, a gwleidydd a oedd yn meddwl fel aelod o leiafrif ethnig. Yr oedd wedi creu syndod ar ôl syndod yn ei astudiaethau a'i ddarlithiau ers 1922. Ei ddarlith enwog gyntaf oedd un a draddododd ym Machynlleth ym 1926 yn Ysgol Haf y Blaid Genedlaethol, a ffurfiasid ganddo ef a phump arall ym 1925 ym Mhwllheli. Cyhoeddwyd y ddarlith honno maes o law yn bamffledyn *Egwyddorion Cenedlaetholdeb* ac yn honno iaith oedd yn ei boeni, yr iaith yr oedd ef wedi ei hetifeddu oddi wrth ei rieni, ei fam a'i dad, y Parchedig Lodwig Lewis, a'i fodryb a'r morynion o Fôn a ofalai amdano ef a'i frodyr yn Wallasey. Er iddo raddio yn Saesneg, erbyn iddo symud i fyw i Abertawe ym 1923 yr oedd yr iaith Gymraeg yn ei feddiannu'n llwyr; wedi'r cyfan enillai ei fara beunyddiol fel darlithydd yn y Gymraeg yng Ngholeg Prifysgol Cymru, Abertawe. Y cwestiwn oedd yn ei boeni ef ym 1926 oedd sut i ddarbwyllo mewnfudwyr, yn arbennig o Fanceinion a Lerpwl (lle y treuliodd chwarter canrif o'i fywyd) i feistroli'r Gymraeg. Pwysleisiai fod hynny yn angenrheidiol er mwyn i'r iaith ethnig a siaredid gan y Cymry ethnig yn unig, ar 'aelwydydd y Cymry Cymreig' gael ei dyrchafu yn iaith sifig, ac yn eiddo i bobl o bob cefndir a hil. Fel y dywed Simon

Brooks: "O aros yn iaith ethnig, arhosai'r Gymraeg yn iaith leiafrif a byddai ei thranc yn anorfod."

> Canys fe ddaw estroniaid fwyfwy i Gymru, i'r wlad yn y Gogledd ac i'r trefi a'r pentrefi poblog yn y De, a thrwy eu hymwthio hwy a'u lluosogrwydd yr ydym yn gyflym yn troi llif bywyd Cymru yn Seisnig. Mudiad politicaidd yn unig a'n hachubai.

Yr oedd Saunders wedi trafod y ddadl hon yn y *Faner* ym 1925 yn ei ysgrif *Cymreigio Cymru* gan ddadlau nad oedd ganddo ef unrhyw broblem i weld y Sais, yr Albanwr na'r Ffrancwr yn symud i Gymru a dod yn brifathro ysgol, yn faer a henadur neu glerc tref ond ar yr amod hanfodol hwnnw ei fod ef neu hi yn defnyddio'r iaith Gymraeg yn iaith ei swydd gan mai dyna'r iaith a fu'n bwysig yng Nghymru. Ac ar hyd y blynyddoedd ni chollodd Saunders olwg ar ei flaenoriaeth. A phan dderbyniodd y comisiwn gan y BBC i ddarlledu darlith ar y radio dros 60 mlynedd yn ôl, ar 13 Chwefror 1962, gwyddai yn dda beth oedd am ei gyflwyno, neges wleidyddol a rhywbeth nad oedd wedi digwydd o gwbl yn y gyfres. Pynciau fel *Y Clasuron yng Nghymru*, *Diwinyddiaeth Heddiw a Phregethu*, *Cyfraniad Cymru i Feddygaeth a Cherddoriaeth* oedd y testunau arferol, ond yn awr galwad i weithredu dros yr iaith Gymraeg ac i frwydro'n boliticaidd o'i phlaid. Dyna oedd cymhelliad yr athrylith.

Yr oedd fy nghenhedlaeth i yn gwrando ar y ddarlith gan wybod mai neges arbennig i'r Blaid y bu ef yn ei harwain am bedair blynedd ar ddeg oedd y neges mewn gwirionedd, ie, ymgais i newid ei chyfeiriad rhag ymladd etholiadau a chanolbwyntio os y gallai yn gyfan gwbl ar yr iaith. Gofalodd beidio ag enwi Plaid Cymru na'r arweinydd a oedd ganddi ers sawl blwyddyn, sef Gwynfor Evans, gan nad oedd yn meddwl rhyw lawer ohono am ei fod yn fwy o heddychwr nag ydoedd o genedlaetholwr. Craidd ei ddadl oedd bod y sefydliad Seisnig trwy'r Frenhiniaeth a'r Llywodraeth wedi bod wrthi er Deddf Uno Cymru a Lloegr ym 1536 yn "diddymu'r iaith Gymraeg". Rhoddodd fonclust go iawn i'r BBC am ofalu nad oedd y Siarter a gorfforwyd ym 1952 yn gofalu enwi'r iaith Gymraeg "yn gynneddf anhepgor ar reolwr a chadeirydd i Gymru".

Aeth ati wedyn i ddangos fel yr oedd Matthew Arnold ym 1852 yn bleidiol i Saesneg ar draul y Gymraeg ac am ymdrech y Llyfrau Gleision ym 1847 "i ddifrodi'r Gymraeg". Aeth y darlithydd ati i ddangos fel y bu Cymry amlwg, fel ei hen ewythr Dr John Thomas, Lerpwl, a Richard Morris o'r Cymmrodorion yn simsanu ar le'r iaith a'r genedl. Cawn wers hanes ganddo gan ddilyn yr Athro Brinley Thomas i weld y Gymraeg yn dal yn fyw am fod cymaint o'r Cymry cefn gwlad wedi ymfudo i gymoedd y De ac nid i Loegr. Meddai:

> Heb gymoedd glo a gweithiau'r deheudir, troesai'r dylifiad pobl o Gymru wledig yn dranc i'r Gymraeg, megis y bu'r newyn yn Iwerddon yn dranc i'r Wyddeleg.

Daw i'r casgliad fod y Llyfrau Gleision wedi gorchfygu meddylfryd y Cymry, ac er y protestio gan Ieuan Gwynedd, R J Derfel ac eraill, fe fabwysiadodd Anghydffurfiaeth Cymru holl bolisïau'r adroddiad yn y pen draw. Cytuna'r haneswyr ag ef. Caiff Prifysgol Cymru, a fu mor ddialgar arno ef gan ei amddifadu o'i swydd ar ôl llosgi Penyberth, ei beirniadu yn llym, gan danlinellu mai polisi Prifysgol Cymru yw "polisi Deddf Uno 1536 a pholisi Matthew Arnold a'r Llyfrau Gleision". Gofynna'r cwestiwn a oes o gwbl draddodiad o amddiffyn politicaidd i'r iaith Gymraeg? A'r ateb yw nad oes. Gellir maddau unrhyw beth i unigolyn yn y sefydliad Cymreig ond iddo am eiliad beidio â phoeni am yr iaith.

Wrth edrych o'i amgylch y mae Saunders Lewis yn tristáu bod y clwyf marwol hwn ymhlith y Cymry. Yr awdurdodau lleol sydd yn ystyfnig ac nid y gweision sifil yn Whitehall. Yna cwyd gwestiwn Trywryn a Chapel Celyn, a dangos fel yr aeth mesur Corfforaeth Lerpwl trwy'r Senedd yn llawer rhy hawdd. A gofidiai ein bod ni wedi rhoddi'r bai ar wleidydd o Sais, Henry Brooks, gan mai ni y Cymry oedd i ofalu am ein bröydd ac nid ef. Dyma ei frawddeg gofiadwy: "Ein mater ni, ein cyfrifoldeb ni, ni'n unig, oedd Tryweryn."

Gwêl hwyrfrydigrwydd yr awdurdodau lleol i helpu'r Eisteddfod Genedlaethol yn ariannol yn enghraifft arall o fethiant y Cymry. Ac yna fe rydd sylw arbennig i Eileen a Trefor Beasley o Langennech. Ym 1952, symudodd y ddau i fwthyn yn Llangennech gan ofyn am bapur hawlio'r dreth gan Gyngor Gwledig Llanelli yn ddwyieithog. Gwrthodwyd. Gwysiwyd hwy dros ddwsin o weithiau ger bron y llys cyn i'r Cyngor wrando. Ni sonia am ymgyrch arall gan gynghorydd yn ardal Betws i gael papur dwyieithog ar gyfer sefyll etholiad. Enillodd Gwynfor S Evans y frwydr yn yr Uchel Lys. Esiampl Eileen a Trefor Beasley yw ei esiampl ef, a gofidiai nad oedd neb arall yn barod i ofyn am yr un hawl â hwy. Ofni pechu. Pobl barchus yw'r Cymry Cymraeg!

Dyma ei raglen. Trefnu ymgyrch i hawlio'r trwyddedau a phob peth swyddogol yn y ddwy iaith. Ac yna daw i'r perorasiwn, yn wir diweddglo'r ddarlith, gan ddweud:

> Nid dim llai na chwyldroad yw adfer yr iaith Gymraeg yng Nghymru. Trwy ddulliau chwyldro yn unig y mae llwyddo. Efallai y dygai'r iaith hunan-lywodraeth yn ei sgil: wn i ddim. Mae'r iaith yn bwysicach na hunan-lywodraeth. Yn fy marn i, pe ceid unrhyw fath o lywodraeth i Gymru cyn arddel ac arfer yr iaith Gymraeg yn iaith swyddogol yn holl weinyddiad yr awdurdodau lleol a gwladol yn y rhanbarthau Cymraeg o'n gwlad, ni cheid mohoni'n iaith swyddogol o gwbl, a byddai tranc yr iaith yn gynt nag y bydd ei thranc hi dan Lywodraeth Loegr.

Beth fu'r ymateb gan Blaid Cymru i ddarlith lle'r oedd 'brad Tryweryn' yn ganolog iddi? Y Cymry sydd ar fai, yn ôl Saunders Lewis. Methodd y Cymry â dilyn y Gwyddelod. Ni allai'r darlithydd fod yn fwy gonest nag y bu, ac o fewn wythnos darlledwyd ei ddrama ddychanol *Excelsior*. Ceid yn y ddrama ymosodiad ffyrnig ar wleidyddiaeth y dydd a ffwlbri'r sawl a oedd yn dyheu am ennill sedd i San Steffan yn enw Plaid Cymru. Ysgrifennwyd y ddrama yn Hydref 1961 ar ôl cynhadledd Llangollen ac yntau'n gwbl flin gyda Gwynfor a'i ddilynwyr. Dywedodd wrth y bardd Eingl-Gymreig David Jones:

> It (*Excelsior*) is a satircal farce on Welsh MPs and the Welsh Nationalist Party and on Welsh Socialists – the pent-up anger of twenty years.

Gwyddom o gofiant Rhys Evans i Gwynfor Evans beth fu'r ymateb. I'r Prifathro R Tudur Jones 'ffolineb' oedd gosod hunanlywodraeth a thynged yr iaith gyferbyn â'i gilydd. Nid oedd J E Jones a oedd ar fin ymddeol ar ôl 30 mlynedd o lafur diflino yn hapus o gwbl â'r ddarlith. I'r Cynghorydd Dafydd Orwig, Bethesda, yr oedd Saunders Lewis yn 'siarad drwy ei het os yw am i'r Blaid fod yn fudiad iaith'.

Ysgrifennodd Gwynfor tua'r un pryd erthyglau i'r *Tyst* ar gyflwr enbydus y Gymraeg yn Sir Gaerfyrddin, a chawsant hwy eu cyhoeddi yn bamffled, *Y Cyfle Olaf i'r Iaith Gymraeg*. Ymosododd Saunders Lewis ar y pamffledyn gan ddweud nad oedd gobaith i'r iaith pe dilynid y llwybr capelyddol, rispectabl a pharchus a gâi ei argymell gan Gwynfor. Yr oedd Plaid Cymru yng nghanol ei gofidiau ond bu'r ffraeo rhwng Saunders a Gwynfor yn sbardun i Gwynfor weithio'n galetach dros lwyddiant mewn etholiad seneddol. Fel arall y bu. Mewn isetholiad ym Maldwyn ym Mai 1962, collodd ymgeisydd Plaid Cymru, Islwyn Ffowc Elis, yn drwm i'r Rhyddfrydwr Emlyn Hooson. Yn wir, yr oedd un o gewri'r Blaid Lafur, Jim Griffiths, yn cytuno gyda Saunders yn hytrach na gyda Gwynfor. Ddeuddydd cyn i Saunders Lewis draddodi ei ddarlith ar 13 Chwefror, yr oedd Jim Griffiths wedi llefaru'r un neges wrth Aneirin Talfan Davies yn y gyfres deledu *Dylanwadau*. Fe'i recordiwyd ar 11 Chwefror, ond ni chafodd ei darlledu tan 21 Mawrth, ac ni allai Aelod

Seneddol Llanelli fod wedi clywed *Tynged yr Iaith* ar y radio. Gofynnodd Aneirin Talfan Davies y cwestiwn: 'Beth yw prif broblem Cymru heddiw?' A'r ateb:

> Prif broblem Cymru heddiw yw achub yr iaith – rwy'n credu mai dyna'r brif broblem dros y deg i'r ugain mlynedd nesaf.

Ateb cwbl chwyldroadol gan brif arweinydd y Blaid Lafur ar ddaear Cymru, a bu ei ateb yn gefn ac yn ysbrydoliaeth i nifer dda o Gymry amlwg oddi mewn i'r Blaid honno. Yr oeddem ni yn Aberystwyth oedd yn cynnal y cylchgrawn *Aneurin* wrth ein bodd gyda galwad Saunders Lewis a Jim Griffiths ar yr un pwnc, ein hiaith bob dydd fel Cymry.

Daeth i fodolaeth fudiad newydd, gyda'r cnewyllyn yn fyfyrwyr ym Mhrifysgol Cymru ym Mangor ac Aberystwyth, a oedd yn barod i wrando ar y *guru* Saunders. Sefydlwyd Cymdeithas yr Iaith Gymraeg adeg Ysgol Haf Plaid Cymru ym Mhontarddulais ym 1962. Erbyn Chwefror 1963, yr oedd y Gymdeithas yn barod i ddilyn llwybr y chwyldro di-drais. Ym mis Medi 1962 ac wedyn ym mis Chwefror 1963, cafwyd ymgais i rwystro cynllun Corfforaeth Lerpwl i gwblhau argae Tryweryn trwy ddifrodi eiddo. Mae'n sicr fod y ddarlith yn ysbrydoliaeth i'r rhai a garcharwyd am y weithred yn Nhryweryn. Ond nid oedd y gweithredu yn Nhreweryn yn gydnaws o gwbl ag agwedd Cymdeithas yr Iaith. Agorwyd yn swyddogol ei hymdrechion ar Bont Trefechan yn Aberystwyth ar 2 Chwefror 1963 i orfodi'r awdurdodau i ddarparu gwysion Cymraeg. Placardiwyd adeiladau cyhoeddus yn y dref fel y Llythyrdy a gwelsom luniau o Gymry ifanc disglair fel Aled Gwyn, Meic Stephens, Cynog Dafis, John Davies a Tedi Millward, y ddau Ysgrifennydd cyntaf, yn protestio.

Canolbwyntiodd y Gymdeithas ar fynnu pob math o ffurflenni swyddogol yn y Gymraeg, megis ffurflenni treth, cerbyd a thystysgrifau geni plant. Y rheswm am hyn oedd tanlinellu brwydr y Beasleys, diffyg statws i'r iaith, y modd y trinid yr iaith gan yr awdurdodau. Credai'r arweinwyr fod yr argyfwng yn gofyn am aberth carchar a dulliau di-drais. Hwn oedd y dull gorau a chofier fod nifer dda o'r arweinwyr cynnar wedi bod yn amlwg yn y CND, sef mudiad gwrth-niwclear. Trefnwyd gorymdeithiau, gwrthodwyd ufuddhau i dalu trethi a thrwyddedau, ac achoswyd cryn lawer o boendod i'r heddlu a'r llysoedd a'r carchardai. Yn wir, carcharwyd ymron i 200 o aelodau, a heb amheuaeth denodd y Gymdeithas bobl alluog yn swyddogion, a'r rheiny yn ifanc o ran oedran. Ni fu'r Gymdeithas erioed yn niferus, dim mwy na rhyw ddwy fil o aelodau, ond denodd gefnogaeth eang y deallusion i'w cefnogi fel y Dr Meredydd Evans, Gwilym Prys Davies a Robyn Lewis. Trwy'r briodas hon, fe allai Saunders Lewis a Chymdeithas yr Iaith hawlio rhan ganolog ym mrwydr yr iaith yn ail hanner yr ugeinfed ganrif yn hanes Cymru. Trwy'r ymdrechion hyn, pwyswyd ar lywodraeth San Steffan i gynyddu addysg ddwyieithog, defnydd cynyddol o'r Gymraeg ym myd yr awdurdodau lleol, cwmnïau preifat a chwmnïau cyhoeddus a wladolwyd.

Ond ni fyddai'r cyfan hyn wedi digwydd heb gyfraniad San Steffan ac ar ôl 1999 y Cynulliad a'r Senedd. Cyhoeddwyd yn Ebrill 1963 adroddiad Cyngor Cymru, o dan gadeiryddiaeth yr Athro R A Aaron, yn gosod argymhellion i'r Llywodraeth ar gyfer cryfhau safle'r iaith Gymraeg. Ar 30 Gorffennaf 1963, cyhoeddodd y Gweinidog Materion Cymreig, Syr Keith Joseph, ei fod yn penodi pwyllgor bychan i ystyried statws cyffredinol yr iaith Gymraeg. Tri gŵr doeth oedd i drafod hyn, sef Syr David Hughes Parry, yr Athro Glanmor Williams a K Williams Jones, Clerc Cyngor Sir Feirionnydd.

Ar 25 Hydref 1965, cyflwynwyd yr adroddiad, sef *Statws Cyfreithiol yr Iaith Gymraeg* i ddwylo Ysgrifennydd Gwladol Cymru, Jim Griffiths. Argymhellodd yr adroddiad ddeddf newydd yn pwysleisio dilysrwydd cyfartal y Gymraeg a'r Saesneg. Corfforwyd fersiwn o hyn yn Neddf yr Iaith Gymraeg 1967 ond nid oedd y ddeddf honno yn gweithredu'r egwyddor newydd a awgrymwyd gan Bwyllgor Syr David Hughes Parry. Gweithiodd Jim Griffiths a Cledwyn Hughes a'r Ysgrifennydd Parhaol, Syr Goronwy Daniel i gael y Ddeddf i weithredu ac yn gyfrwng i gryfhau statws cyfreithiol yr iaith Gymraeg, ond nid oedd mor effeithiol ag y dylai fod gan na ellid gorfodi awdurdodau cyhoeddus i weithredu egwyddor dilysrwydd cyfartal. Gweithiodd mudiadau'r iaith, gwleidyddion fel Gwilym Prys Davies a Dafydd Wigley, ac o du'r Llywodraeth, gweinidogion fel Wyn Roberts, i osod ar y llyfr statud Ddeddf yr Iaith Gymraeg ym 1993. Sefydlwyd Bwrdd yr Iaith Gymraeg a'r cynlluniau iaith gan roddi hawliau i unigolion, y cyfan yn gam ymlaen yn y broses o sicrhau bod yr iaith Gymraeg yn gydradd â'r Saesneg ym mywyd cyhoeddus Cymru. Nid yw'r Ddeddf yn plesio pawb o hyd gan nad yw'n datgan bod yr iaith yn iaith swyddogol yng Nghymru ond gellir dweud nad oes sôn am y Saesneg fel iaith swyddogol chwaith.

Gofalodd Cymdeithas yr Iaith Gymraeg argraffu'r ddarlith *Tynged yr Iaith* yn gyson; daeth ail argraffiad allan ym 1972, y trydydd ym 1985 a'r pedwerydd ym 1997 a'r pumed gan Wasg Gomer yn 2012 gyda rhagymadrodd gwerthfawr gan Ned Thomas. Lluniodd Saunders Lewis ragair i'r ail argraffiad ym 1972, lle y mae'n canmol Cymdeithas yr Iaith a hefyd yr Athro J R Jones. Iddo ef, llyfrau a phamffledau J R Jones yw clasuron cenedlaetholdeb Cymru gan gynnwys *Gwaedd yng Nghymru,* y bûm i yn gyhoeddwr iddo, lle y ceir gwrthwynebiad ffyrnig i'r Arwisgo yng Nghaernarfon ym 1969. Nid oes sôn yn y rhagair am fuddugoliaeth ysgubol Gwynfor Evans yn isetholiad Caerfyrddin ym 1966. Bu cyfweliad ar BBC Cymru ar 15 Hydref 1968 rhwng Saunders Lewis a'r holwr Meirion Edwards ar y rhaglen *Drych*. Yn y cyfweliad, gwêl Saunders y bleidlais i Blaid Cymru yn isetholiadau Caerfyrddin, y Rhondda a Chaerffili fel pleidlais brotest yn erbyn llywodraeth y Blaid Lafur a dyma ei eiriau am Gwynfor:

> Mae'n dda iawn gen i am lwyddiant Mr Gwynfor Evans, yn arbennig dda gen i. Ond cofiwch, pethau bychan ydyn nhw hyd yn hyn.

Ei neges yn syml oedd hyn:

> Treisiwr sydd yn ei chipio hi. Mae Llywodraeth Lloegr yn deall iaith trais. Dydy hi'n deall dim iaith arall mewn gwleidyddiaeth.

Ac eto meddai Saunders Lewis:

> Ond, wyddoch chi, mewn lleiafrifoedd y mae gobaith pob oes – mewn lleiafrifoedd, ac y mae 'na leiafrif ymysg pobl ifanc Cymru heddiw sydd yn rhoi gwerthoedd ysbrydol o flaen eu lles economaidd.

Yn *Barn*, Chwefror 1971 ceir adolygiad godidog ganddo ar *Gwaedd yng Nghymru* lle y mae yn cymell i bobl ieuainc ddarllen cyfrolau J R Jones, yr athrylith a amddiffynnodd Gymdeithas yr Iaith Gymraeg yn ei dyddiau mwyaf amhoblogaidd. Mater o achub enaid ydoedd hi. Ac i Saunders Lewis fel J R Jones nid "oes ond un frwydr sy'n werth ei hymladd y dwthwn hwn yng Nghymru, a brwydr yr iaith yw honno, y frwydr i'w chael hi'n ôl i holl fywyd Cymru." Mae hynny o hyd yn frwydr, ond bellach, yn fy marn i, mae angen dod â chrefydd Brotestannaidd yn ôl i fywyd Cymru a gwarchod y bröydd Cymraeg sydd mewn perygl eu colli i'r mewnfudwyr sydd yn amharod i ddysgu'r iaith a mwynhau'r diwylliant. Mae cadw'r iaith yn iaith sgwrs a chymdeithasu yn hollbwysig, yn iaith masnach ac ysgolheictod, iaith crefydd a chân, iaith ysgol a chae chwarae, ac mae'r Senedd yng Nghaerdydd yn hollbwysig i gyflawni hynny a'r Brifddinas ei hun lle y mae'r iaith ar gynnydd. Ond yng nghefn gwlad y Fro Gymraeg honedig mae'n stori arall, a dyna pam fod darlith *Tynged yr Iaith* yn dal yr un mor berthnasol yn ei hanfod yn 2025 ag ydoedd hi ym 1962.

Chwalu Strydoedd y Cymry yn Lerpwl?

Cofiwch amdanom yn Lerpwl ar 14 Hydref 2010. Pam? Wel, dyma'r diwrnod tyngedfennol. Bwriedid y diwrnod hwnnw ddechrau chwalu cymdogaeth gyfan, ie 12 stryd, 400 o dai teras a adeiladwyd gan y Cymry yn oes Fictoria, Nid oedd neb yn debyg i'r Cymry am adeiladu tai. Tai oedd y tai hyn ar gyfer gweithwyr cyffredin o gefn gwlad Cymry oedd yn chwilio am fyd gwell o dlodi a chlefydau y bythynnod, fel diciâu, Cawsant eu castelli yn Toxteth ac Anfield ac Everton. A gan fod yr adeiladwyr â'r fraint o roddi yr enwau ar y strydoedd cafwyd mewn aml i gymdogaeth lu o enwau Cymraeg. Ac yn Toxteth y cafwyd yr enghraifft orau o'r cyfan, enwau swynol fel Madryn ac Elwy a Teilo. O'r strydoedd hyn y gellir gweld ar y gorwel Eglwys Gadeiriol ysblennydd yr Anglicaniaid ond yn agosach fyth saif yn ei charpiau bellach eglwys Gadeiriol y Cymry – eglwys Dr John Williams, Brynsiencyn, a Griffith Rees. Addawodd y Gorfforaeth adnewyddu yr adeilad hwn ar gyfer y gymuned leol ond ers blynyddoedd lawer saif yn symbol o fethiant arweinwyr gwleidyddol i gadw addewid. Gwell ganddynt ddinistrio nag adnewyddu. Dyna'r neges. Nid y Cymry oedd yn gofidio ar ddyfod 14 Hydref ond cefnogwyr y Beatles gan mai yn stryd Madryn y ganwyd y canwr Ringo Star. Rwy'n gwbl grediniol na fyddai neb yn dychmygu chwalu cartrefi y tri chanwr arall. Ni fyddai hynny yn digwydd o gwbl i gartref George Harrison yn Wavertree nac i Mendips, cartref John Lennon yn ardal foethus swbwrbia Woolton nac i gartref Syr Paul McCartney yn ardal ffynniannus Allerton. Ond am Ringo Star – fe'i ganwyd ef yn Madryn, Toxteth, mewn cyfnod pan oedd y Cymry wedi symud eu hunain i diriogaeth Harrison a Lennon a McCartney.

Adeiladwyd y strydoedd y bwriedid eu chwalu, meddai'r

stori, ar 14 Hydref ar gyfer gweithwyr o Gymru – seiri maen a seiri coed yn bennaf – gan adeiladwyr o gryn weledigaeth. Y pennaf ohonynt oedd John Williams (1817-1906), Moss Bank. Bu ei fab yn ŵr pwysig yn strydoedd y Cymry. Ef oedd yn eu cynrychioli yn neuadd y ddinas. Daeth yn Arglwydd Faer y Ddinas ym 1909-10. Chwifiodd William Henry Williams y Ddraig Goch yn effeithiol, ac yn wir bu pum cenhedlaeth o'r teulu hwn yn Gymry Cymraeg o'r iawn ryw, hynny yw 104 mlynedd o Gymreictod un teulu yn ninas Lerpwl. Ac ym mynwent Toxteth yn Smithdown Road, y bedd sydd uwch o ran taldra na bedd neb arall yw bedd John Williams a'i ffrind Peter Williams o Brymbo, dau o bobl gefnog sêt fawr Princes Road. Rhaid nodi dau adeiladydd arall. Y cyntaf, John S Jones (1842-98), Fernhill Street. Cardi o'r iawn ryw, twymgalon, cadarn ei argyhoeddiadau, Rhyddfrydwr a dirwestwr huawdl. Daeth i Lerpwl ym 1870 ac o fewn deng mlynedd yr oedd wedi adeiladu strydoedd Gwydir, Kinmel ac Elwy. Dywedid amdano, "boneddwr mewn gwisg gweithiwr". Cyfoeswr ag ef oedd Evan Evans (1854-1924), Borrowdale Road. Adeiladodd ef strydoedd Madryn a Theilo. Ganwyd ef ym Mwlchtocyn ar dyddyn Berth Ddu, ac ef hefyd a adeiladodd Gredington Street, Dingle, lle y lluniodd Gwilym R Jones yr awdl a enillodd iddo Gadair Eisteddfod Genedlaethol Caerdydd ym 1938.

Ond mae'n rhaid cofio y medrwn ddweud na chollwyd 400 o dai. Pe bai hynny wedi digwydd nid hwnnw fyddai'r tro cyntaf i strydoedd y Cymry ddiflannu yn Lerpwl. Gwnaeth Hitler a'i beilotiaid job dda arni ym Mai 1941. Dinistrwyd strydoedd lawer yn ardal Bootle a adeiladasai Thomas Williams (1857-1931), gŵr o'r Felinheli. Ac yn nherfysg Toxteth 1981 dinistrwyd adeiladau o eiddo un o'r arloeswyr pennaf, William Jones (1788-1876), a anfarwolodd ei fam o Gerrig-y-drudion trwy alw Stryd Catharine ar ei hôl hi. Llosgwyd yn ulw rai o'r adeiladau y bu ef yn gyfrifol amdanynt yn Upper Parliament Street. Chwalwyd a chliriwyd gan y Jac Codi Baw strydoedd lawer yn Edge Hill ac Edge Lane i adeiladu ffordd newydd a thai newydd. Ond hyd yn oed wedyn saif strydoedd y Cymry ar hyd a lled y ddinas. Ceir enwau Cymraeg yn Anfield yn strydoedd y Bala a'r Wylfa a Dulas, yn Walton yn strydoedd Burwen a Trisant, yn ardal Calderstones ceir Gwydrin ac yn stad newydd Otterspool ceir stryd Moel Famau. Ac yr wyf innau yn byw, coeliwch neu beidio, yn Garth Drive, Allerton, stryd a adeiladwyd ym 1910 gan J W Jones o Gyffylliog. Daeth i fyw i'r stryd ei hun a galw'r stryd nesaf ar ôl bro mebyd ei briod, Tanat. Yr oedd hi yn un o ferched Llanrhaeadr-ym-Mochnant. Ni allodd Hitler na'r terfysgwyr na llywiadwyr y ddinas yn 2010 ddileu cyfraniad aruthriol adeiladwyr o Gymry i'r ddinas.

Llenorion a Beirdd Lerpwl o Ddyddiau Goronwy Owen i Gweneth Lilly

Hi glywir ar enau tirion – eu naws,
Mewn dinasoedd estron,
Fil a aeth o afael hon
Yn dorf dan rwd o Arfon.

Dyna fel yr englynodd un o feirdd y Glannau, D T Williams, Wallasey (a weithiai yn adeilad y Liverpool Post) am iaith y beirdd a'r llenorion dawnus a gofiwn. Pentref bychan oedd Lerpwl am ganrifoedd. Gwelwyd ei botensial yn gynnar, yn y flwyddym 1207 pan gafodd ei Siarter gan y Brenin John fel lle da i gadw llygad ar y Gwyddelod a'r Cymry, a bu'r Cymry fel y Gwyddelod yn fawr eu dylanwad ar dyfiant a hynt a helynt y ddinas. Ond yn y ddeunawfed ganrif y daeth y Cymry yn lluoedd i fyw i Lerpwl a hynny am ddau reswm: i ddianc rhag gormes y tirfeddianwyr, y sgweier a'r offeiriaid oedd mor felltigedig o gas i'r Methodistiaid Calfinaidd, ac yn ail oherwydd fod Lerpwl yn datblygu fel tref a phorthladd ag angen pobl i weithio. Y bardd cyntaf i symud i fyw am gyfnod byr i Lerpwl oedd Goronwy Ddu o Fôn (1723-69), gŵr a gafodd addysg dda, ei drwytho mewn Lladin yn Ysgol y Friars, Bangor, a chyfnod wedyn yng Ngholeg yr Iesu Rhydychen. Ordeiniwyd ef yn ddiacon ym 1746 a bu'n gwasanaethu am bythefnos ym mhlwyf ei eni, Llanfair Mathafarn Eithaf. Ond gorfu iddo adael yn sydyn ac alltud fu Goronwy Owen ar hyd ei oes wedyn. Cyrhaeddodd Walton ar ddydd Sul 29 Ebrill 1753 ac ysgrifennodd fore trannoeth yn cwyno am ei gymdogion o amgylch Eglwys y Santes Fair, Walton, lle y disgwylid iddo fugeilio ac i ddysgu y Clasuron yn yr Ysgol Ramadeg.

Dyma ddywedodd am y sgwrs yr adeg honno mewn llythyr at William Morris.

> Nid yw'r bobl y ffordd yma, hyd y gwelaf, ond un radd uwchlaw'r Hottentots: rhyw greaduriaid anfoesol a didoriad. Pan gyfarfyddir â hwy, ni wnânt ond llygadrythu'n llechwrus, heb ddywedyd bwmp mwy na buwch; eto rwy'n clywed mai llwynogod henffel, cyfrwys-ddrwg, dicellgar ydynt.

Ac yng nghanol yr awyrgylch yna fe ysgogwyd y bardd mawr i ganu ei gywydd 'Hiraeth am Fôn', cywydd sydd yn tanlinellu sefyllfa y Cymro y tu allan i'w wlad yn ei hiraeth dirdynnol.

> Dieithryn, adyn ydwyf
> Gwae fi o'r sud! Alltud wyf;
> Pell wyf o wlad fy nhadau,
> Och sôn! ac o Fôn gu fau,
> Y lle bûm yn gware gynt
> Mae dynion na'm hadwaenynt;
> Cyfaill neu ddau a'm cofiant
> Prin ddau lle'r oedd gynnau gant;
> Dyn didol dinod ydwyf,
> Ac i dir Môn estron wyf;
> Dieithr i'm hiaith hydraith hen,
> Dieithr i berwawd awen
> Gofidus, gwae fi! ydwyf
> Wrth sôn, a hiraethus wyf.

Ac y mae'r hiraeth yma i'w ganfod o hyd ac o hyd. Ceir ef mewn aml i englyn, y gorau ohonynt, yn fy nhyb i, o eiddo William Thomas Edwards (Gwilym Deudraeth) i'w gynefin, Penrhyndeudraeth, er mai yng Nghaernarfon y ganwyd o.

Dof yn well, nid af yn waeth – awyr iach
A rydd feddyginiaeth.
Carwn ar blwc o hiraeth – fynd o'r lle
Rŵan hyd adre i Benrhyndeudraeth.

A sôn am hiraeth, cafodd Goronwy Owen a'i briod brofedigaeth fawr yn ystod eu harhosiad yn Lerpwl, colli eu merch Elin. Gosododd ei chorff brau, bychan yn naear mynwent yr eglwys a chafodd ddigon o nerth i wasanaethu yn ei chynhebrwng, a llunio un o englynion mawr yr iaith ar ei hôl hi – 'Hiraeth ar ôl ei Ferch'.

Mae cystudd rhy brudd i'm bron – 'rhyd f'wyneb
Rhed afonydd heilltion;
Collais Elin, liw hinon,
Fy ngeneth oleubleth lon.

Yr oedd Goronwy Owen yn unig yn Walton yn ystod y ddwy flynedd y bu yn byw yno. Yr oedd yn rhaid iddo fynd i lawr i'r porthladd i glywed y Gymraeg o enau morwyr Caergybi, Biwmares a Chonwy, ac i weld un o ddynion pwysig y ddinas, yr Henadur Owen Pritchard, a fu'n Faer y Dref. Yr oedd yr iaith yn bwysig i Goronwy Owen. Poenai nad oedd ef yn medru trosglwyddo'r iaith i'w fechgyn, ac yn wir poenai am y Dic-Siôn-Dafydd o Gymro oedd fel yntau yn gurad. Yn Crosby y ceid yr Owen arall cyn iddo symud yn brifathro i Warrington. Yn wreiddiol deuai'r Parchedig Owen, curad Crosby o Sir Drefaldwyn. Ond y gwir oedd fod y brawd hwn yn pedlera y dybiaeth nad oedd dim byd o werth yn cael ei sgrifennu yn Gymraeg, ac ymhen dau gan mlynedd ar ôl ei ddyddiau ef, yr oedd yr iaith Gymraeg yn dal i fodoli yn Crosby. Yr oedd yn bell ar ei hôl hi. Ond fe gwyd Goronwy Owen bwynt pwysig, sef bod yn rhaid i lenor a bardd Cymraeg gael cefnogaeth i farddoni. Ni all farddoni heb gefnogaeth o ryw fath. Ac mewn llythyr i un arall o frodyr y Morysiaid, Richard Morris, dywedodd:

> Rych yn golygu pam yr wyf yn gadael i'r awen rydu (yn Walton). Rhof a Duw, pe cawn bris gweddol amdani, mi a'i gwerthwn hi. Beth a dal Amen, lle bo dyn mewn llymdra a thlodi? A phwy gaiff hamdden i fyfyrio tra bo o'r naill Wasgfa i'r llall mewn blinder ysbrydol a chorfforol.

Yr oedd gan Goronwy Owen bwynt hollbwysig. I gynhyrchu unrhyw fath o lenyddiaeth mewn awyrgylch Seisnig, cosmopolitan fel y tyfodd dinas Lerpwl, gyda'r cymunedau o Wyddelod, Albanwyr, Iddewon, Almaenwyr, Sgandinafiaid, Rwsiaid a Tsieineaid, mae'n rhaid cael cefnogaeth, canllawiau, cystadleuaeth, sefydliadau. A bu beirdd a llenorion Lerpwl yn ffodus yn y cyfryngau hyn. Ac yr wyf am nodi pedwar cyfrwng. Y cyfrwng cyntaf: y Capeli Anghydffurfiol a chyn diwedd y ddeunawfed ganrif yr adeiladwyd y cyntaf ohonynt, sef Capel Pall Mall, a hynny ym 1787. A'r bardd cyntaf sy'n gysylltiedig â'r capel hwn oedd Peter Jones (Pedr Fardd 1775-1845). Genedigol o Garndolbenmaen ydoedd ond treuliodd y rhan fwyaf o'i oes yn Lerpwl. Ar gychwyn ei yrfa bu'n deiliwr wrth ei grefft, ond bu hefyd yn athro Cymraeg yn Ysgol Gymraeg Pall Mall am flynyddoedd. Dyma emynydd mawr olaf y Diwygiad Methodistaidd, a chyhoeddwyd yn Lerpwl sawl casgliad o'i emynau, fel *Crynoad o Hymnau* (1830). Yr oedd yn feistr ar y gynghanedd, fel y gwelir yn y gyfrol *Mel Awen* (1823) fel ei ferch Eluned Jones, ond ysgrifennodd o leiaf dri o emynau gorau'r iaith. Ceir chwech o'i emynau yn *Caneuon Ffydd* (2001). Un o'i emynau gwirioneddol glasurol yw hwn:

> Daeth ffrydiau melys iawn
> yn llawn fel lli
> o ffrwyth yr arfaeth fawr
> yn awr i ni;
> hen iachawdwriaeth glir
> aeth dros y crinder cas;
> bendithion amod hedd:
> O ryfedd ras!

Cymerodd Iesu pur
  ein natur ni,
enillodd ef i'w saint
  bob braint a bri;
fe ddaeth o'r nef o'i fodd,
cymerodd agwedd gwas;
ffrwyth y cyfamod hedd;
  O ryfedd ras!

Yn rawnwin ar y groes
  fe droes y drain,
caed balm o archoll ddofn
  y bicell fain:
dechreuwn fawl cyn hir;
na flinir ar ei flas
am Iesu'r aberth hedd:
  O ryfedd ras!

Ac yna y clasur hwn o emyn Calfinaidd arall ar thema yr Arfaeth:

Trysorwyd gras, ryw annherfynol stôr,
yn Iesu Grist cyn rhoddi deddf i'r môr
a rhedeg wnaeth bendithion arfaeth ddrud
fel afon gref, liferiol dros y byd.

A'r pennill olaf:

Mae'r utgorn mawr yn seinio nawr i ni
ollyngdod llawn drwy'r Iawn ar Galfari;
mawl ymhob iaith drwy'r ddaear faith a fydd
am angau'r Groes a'r gwaed a'n rhoes yn rhydd.

Emyn campus arall yw'r un sydd â'r pennill agoriadol:

Dywedwyd ganwaith na chawn fyw
gan anghrediniaeth hy,
ond ymddiriedaf yn fy Nuw:
mae'r afael sicraf fry.

Ond erbyn canol y bedwaredd ganrif ar bymtheg yr oedd yna eglwysi Cymraeg eu hiaith gan bob enwad yn Lerpwl gan gynnwys yr Eglwys Anglicanaidd, ac yr oedd y capeli hyn yn medru denu cewri'r pulpud yn weindigoion, a bron pob un ohonynt yn amryddawn, naill ai yn feirdd ac emynwyr, neu yn llenorion pwysig yn hanes llenyddiaeth Gymraeg.

Un o'r amlycaf ohonynt oedd William Rees (Gwilym Hiraethog, 1802-83). Polymath Cymraeg fel gweinidog, pregethwr a bugail o ran ei alwedigaeth ond hefyd yn newyddiadurwr, bardd, llenor ac arloeswr y nofel Gymraeg, a symudodd i Lerpwl at yr Annibynwyr Cymraeg ym 1843 o Fostyn ac aros hyd ei ymddeoliad ym 1875. Fel bardd y mae ei gyfrol swmpus *Gweithiau Barddonol Gwilym Hiraethog* (1855) a'i arwrgerdd anferthol *Emmanuel* (1867) sydd dros ddwy fil ar hugain o linellau yn rhyfeddod yn ein llenyddiaeth. Yn rhan gyntaf yr arwrgerdd mae deuddeg rhaniad yn ymdrin â Duwdod ac Annuwiaeth, yna y Greadigaeth, Gwrthryfel Satan a Chwymp Dyn, ac yn yr ail, deuddeg rhaniad arall yn adrodd nifer o weledigaethau damhegol. Ymgais i greu Arwrgerdd Gristnogol yn null John Milton ydoedd, un o freuddwydion beirdd Cymraeg y ddeunawfed ganrif. Yn ôl Syr Thomas Parry, "nid oes yn holl feithder anial y gwaith odid un rhinwedd lenyddol." Dipyn yn ormodol o feirniadaeth. Bod yn fardd oedd dyhead mawr Hiraethog ond llenor yw ef i ni erbyn hyn. Yr oedd safon barddoniaeth Gymraeg mor isel yn ei gyfnod fel na allai Hiraethog ddysgu mewn gwirionedd geinder a phrydferthwch y gynghanedd fel y dymunasai.

Fe fu'n ddigon llawdrwm yn ei ddarlith enwog ar William Williams o Bantycelyn. Byddai'n well pe bai e wedi bod yn fwy llawdrwm arno ef ei hun. Heddiw ei ryddiaith gyhyrog yw ei brif gyfraniad, ar wahân i'w emynau ac ambell englyn a chywydd i'r gof o'i awdl 'Heddwch'. Ar ôl cyrraedd Lerpwl daeth i gysylltiad â'r argraffydd John Jones, Castle Street a dechrau'r papur newydd *Yr Amserau* bob pythefnos.

Brwydrodd o blaid Anghydffurfiaeth a Radicaliaeth gyda'r *Amserau* o'r flwyddym 1843 hyd 1859. Pan oedd yr *Amserau* mewn tipyn o helynt, trawodd Hiraethog ar gynllun o gyhoeddi *Llythyrau 'Rhen Ffarmwr* rhwng 1846 i 1851. Sonnir yn y llythyrau am helyntion y cyfnod: rhenti uchel, hawliau creulon y landlordiaid, y degwm, Deddf y Tlodion, ymfudo i America a'r bleidlais. Y mae 'Rhen Ffarmwr yn wladgarwr Cymraeg brwdfrydig ac ysgrifennwyd y llythyrau yn nhafodiaith Bro Hiraethog yn orgraff fwriadol y siaradwr bob dydd. Y mae'r rhyddiaith yn gwbl gampus – digon o idiomau lliwgar mynydd-dir Uwchaled, ac yn ei arddull y sigl a'r cydbwysedd a glywid yn ei leferydd o'r pulpud. Cyhoeddwyd y gwaith yn gyfrol ym 1878 ar ôl symud i fyw i Gaer lle yr oedd ei fab yn weinidog. Ei waith storïol nesaf yn *Yr Amserau* ym 1852 oedd *Aelwyd F'Ewythr Robert,* addasiad o waith Harriet Beecher Stowe, *Uncle Tom's Cabin* (1851), a daeth cyflwr a sefyllfa'r caethion yn America yn fyw iawn i ddarllenwyr Cymraeg. Yr oedd Hiraethog yn ŵr â gorwelion rhyngwladol ganddo, ei ffrindiau mawr oedd Mazzini, Kossuth a Garibaldi a W E Gladstone. Yr oedd yn gefnogol i fudiadau cenedlaethol Hwngari, Awstria a'r Eidal. Cyfarfu â Garibaldi a chefnogodd hyd ei eithaf Kossath yn Hwngari. Aeth ati i ysgrifennu nofel, *Helyntion Bywyd Hen Deiliwr* (1877) ac ymddangosodd hon yn newyddiadur *Y Tyst.* Prin y gellir ei galw yn nofel. Y mae'r Hen Deiliwr yn dechrau trwy adrodd atgofion pan oedd yn llanc, ac yna cawn ef yn canlyn ei feistr o dŷ i dŷ i deilwra. Braf yw'r disgrifiadau o wahanol deuluoedd. Ond try'r hanes yn stori am dröedigaeth teulu'r Hafod Uchaf at grefydd a throeon tair carwriaeth. Ond y mae cymeriad gŵr yr Hafod Uchaf a bywyd cymdeithasol a chrefyddol y wlad wedi eu cyfleu'n rhagorol a'r ddeialog yn nhafodiaith liwgar bro'r awdur yn gampus. Dywedodd Syr Thomas Parry amdano, y tro hwn, "ei fod ef, ar ei orau, cystal lluniwr ymgom bob dipyn â Daniel Owen ei hun ..." Y mae'r llythyrau'n waith dyn a allai gynhyrchu nofelau go dda.

Gweinidog athrylithgar arall gyda'r Annibynwyr oedd y Dr John Thomas (1812-92), a gellir edrych arno ef fel arloeswr y nofel Gymraeg, trwy drafod y nofel a gyhoeddodd yn y *Tyst a'r Dydd* ym 1879 yn dwyn y teitl *Arthur Llwyd, y Felin,* ac a gyhoeddwyd yn gyfrol ym 1893. Roedd John Thomas yn edmygydd mawr o Charles Dickens, gŵr a ddeuai'n gyson i'r Adelphi, Lerpwl i ddarllen ei waith a byddai John Thomas yn cael cyfle i'w glywed. Ceisiodd yn aflwyddiannus efelychu Dickens, ond fe wnaeth gyfiawnder mawr fel hanesydd ac yn arbennig fel gweinidog Tabernacl, Great Crosshall Street ac ar ôl hynny Netherfield Road. Yn Lerpwl yr arhosodd o 1854 hyd 1892, sef 38 o flynyddoedd. Y mae ei fedd ym mynwent Anfield. Cyhoeddodd wyth o gyfrolau yn cynnwys nofel, cofiannau, pregethau a hanes y Diwygiad Dirwestol. Ef oedd un o gefnogwyr cynharaf David Lloyd George fel gwleidydd. Yr oedd ei frawd Owen Thomas (1812-91) yn weinidog Netherfield Road, Lerpwl a Princes Road, Toxteth a'i orchest fawr ef fel llenor yw *Cofiant y Parchedig John Jones, Talsarn* a gyhoeddwyd ym 1874. Dyma'r cofiant hwyaf yn yr iaith Gymraeg ac y mae'n garreg filltir yn hanes y cofiant Cymraeg. Ysgrifennodd gofiant arall i Henry Rees (brawd Gwilym Hiraethog) a weinidogaethai yn Lepwl o 1836 ymlaen ac yn benodol yn Chatham Street o 1860 i 1869. Nid yw cystal cofiant â'r un i John Jones ond mae'n werth ei ddarllen, gan fod Henry Rees yn un o'r pregethwyr mwyaf nodedig a welwyd yn y bedwaredd ganrif ar bymtheg. Edmygydd mawr o Owen Thomas oedd y Parchedig Griffith Ellis (1844-1913), gweinidog Capel Stanley Road, Bootle a llenor prysur. Mae'n sicr mai ei waith mwyaf poblogaidd oedd ei gofiant i W E Gladstone a gyhoeddwyd ym 1898. Lluniodd gofiant i'r Frenhines Fictoria a gyhoeddwyd ym 1901. Y mae portread Dr Tom Richards, hanesydd a fu'n athro yn Bootle o 1905 hyd 1911, o Griffith Ellis a'i gof eliffantaidd yn gameo gwerthfawr yn *Y Bywgraffiadur Cymreig.* Gŵr arall a gafodd ei anfarwoli gan y Dr Tom Richards oedd ei weinidog ei hun, sef y Parchedig Peter Williams (Pedr Hir, 1847-1922) o Gapel Balliol Road, Bootle o 1897 hyd ei farwolaeth ym 1922. Yn un o brif eisteddfodwyr ei oes, ef a Pedrog oedd y prif gynheiliaid yng Ngorsedd y Beirdd. Cofir am Pedr Hir erbyn hyn oherwydd ei emyn y bu canu mawr arno yn angladdau'r Cymry:

Bydd canu yn y nefoedd
  Pan ddelo'r plant ynghyd,
Y rhai fu oddi cartref
  O dŷ eu Tad cyhyd;

Dechreuir y gynghanedd,
  Ac ni bydd ŵylo mwy,
A Duw a sych bob deigryn
  Oddi wrth eu llygaid hwy.

Cyfoeswr yn Lerpwl oedd Pedrog, y Parchedig J O Williams (Islington). Ordeiniwyd ef ym 1884. Enillodd y gadair deirgwaith yn yr Eisteddfod Genedlaethol: yn Aberteifi ym 1891, yna Llanelli ym 1895 a Lerpwl ym 1900. Bu'n feirniad ac yn archdderwydd o 1928, hyd 1932. Enillodd gymaint o gadeiriau eisteddfodol â neb ac fe luniodd ddau englyn o leiaf, sef y bytholwyrdd 'Y Rhosyn a'r Grug':

I'r teg ros rhoir tŷ grisial – i fagu
    Pendefigaeth feddal;
  I'r grug dewr y graig a dâl,
  Noeth weriniaeth yr anial.

Ac eto 'Coed Nanhoron':

Yma'r awn ym more oed – yn llawen
    A lliaws o'm cyfoed,
  Fy hun yn oedfa henoed
  Mor unig im yw'r hen goed.

Ac y mae cryn ganu o hyd ar ei emyn ar y dôn 'Maes-gwyn':

O fendigaid Geidwad,
clyw fy egwan gri,
crea ddelw'r cariad
yn fy enaid i:
carwn Dy gymundeb
nefol, heb wahân,
gwelwn wedd dy ŵyneb,
ond cael calon lân.

O fendigaid Arglwydd,
ar fy nhaith trwy'r byd
gwynned dy sancteiddrwydd
ddyddiau' f'oes i gyd;
angau dry'n dangnefedd,
try y Farn yn gân;
nefoedd wen ddiddiwedd
fydd i'r galon lân.

Bu Pedrog yn ŵr pwysig a chanodd un o feirdd Lerpwl englyn i'w gofio. Robert Owen Hughes oedd y bardd hwnnw:

Pedrog, goronog arweinydd – a llwyr
    Ym myd llên a chrefydd;
  Iraidd deyrn i feirdd y dydd
  a thra hynaws athronydd.

Magodd y capeli hyn feirdd, emynwyr a llenorion arbennig iawn a da eu cofio.

Y cyntaf ohonynt yw John Roberts (Minimus, 1808-80) sydd yn awdur emynau crefftus, fel rhifau 243 a 588 yn *Caneuon Ffydd*. Yr oedd yn fachgen hynod o grefyddol ac fe'i hetholwyd yn un o'r blaenoriaid ieuengaf yn holl hanes capeli Lerpwl. Dim ond 19 oed ydoedd yn derbyn y cyfrifoldeb hwn yng nghapel Bedford Street. Y mae ei emyn mwyaf adnabyddus yn dal i gael ei ganu:

Bywha dy waith, O Arglwydd mawr,
dros holl derfynau'r ddaear lawr
drwy roi tywalltiad nerthol iawn
o'r Ysbryd Glân a'i ddwyfol ddawn.

A hefyd

O! disgynned yma nawr
Ysbryd Crist o'r nef i lawr;
boed ei ddylanwadau ef
yn ein plith fel awel gref:
a gorffwysed ef a'i ddawn
ar eneidiau lawer iawn.

Yr ail fardd amryddawn yw J Glyn Davies, bardd ac ysgolhaig a anwyd yn Lerpwl yn ŵyr i John Jones, Tal-y-sarn, yn frawd i George Maitland Lloyd Davies (1870-1953) a'i rieni yn selogion Capel Princes Road. Byddai yntau a'r gweddill o'r plant yn gorfod mynychu oedfaon y capel hardd. Ar ôl crwydro gryn dipyn ar Gymru a'r Unol Daleithiau daeth, trwy ei gyfeillgarwch gyda Dr Kuno Meyer, i ddarlithio yn Adran Geltaidd Prifysgol Lerpwl ym 1907 ac yn Bennaeth yr Adran o 1920 hyd 1936, pryd yr olynwyd ef gan un o fechgyn tref Bethesda, y Dr Idris Foster, ac yna Melville Richards a'r ysgolhaig annwyl a gwybodus D Simon Evans. Cyfieithodd J Glyn Davies ddrama Ibsen *Yr Ymhonwyr* (1922), a hefyd astudiaeth o hanes y sipsiwn, ond cofir ef yn bennaf fel bardd – awdur *Cerddi Huw Puw* (1923), *Cerddi Robin Goch* (1935), *Cerddi Portinllaen* (1936) a *Cerddi Edern* (1955). Plentyn y ddinas ydoedd ond cafodd y fraint o fynd i'r wlad i bentref Ederrn pan oedd yn blentyn ysgol a thrwy hynny, cadw'i Gymraeg yn fyw yn ei galon ac ar ei wefusau. Dyma ei brofiad yn Edern:

> Yr oedd cyfaredd ym mhob carreg, ym mhob blewyn glas, a chlochdar yr ieir fel sŵn telynau'r nefoedd, a sŵn afon yn fwy swynol fyth. A chlywed Cymraeg o enau pawb. Yr oeddwn yn gwrioni! Mae'r swyn yn dal o hyd wrth gofio'n ôl.

Ac ef a luniodd fel y dywedodd Bedwyr Lewis Jones yr englyn gorau erioed i wlad Llŷn:

> Heulwen ar hyd y glennydd – a haul hwyr
> A'i liw ar y mynydd;
> Felly Llŷn ar derfyn dydd,
> Lle i enaid gael llonydd.

William Rees (Gwilym Hiraethog) 1802-83

Ni all hanesydd Cymry Lerpwl nac eisteddfodwr Cymraeg anghofio'r Parchedig William Rees, Gwilym Hiraethog. Yr oedd yn ymgorfforiad o'r gymdeithas Gymraeg ar Lannau Mersi yn y bedwaredd ganrif ar bymtheg. Yr oedd yn ddyn prysur, llawn ynni, di-dderbyn-wyneb a diofal ohono'i hun. Mae llun ohono ar gael yn weinidog ifanc yn Brownlow Hill, ei wallt yn ddu fel y frân a'i wyneb crwn yn mynegi'r awdurdod oedd yn perthyn iddo. Nid hwn yw'r llun cyfarwydd ohono. Yn hwnnw, gwelwn ef wedi colli'i wallt, a'i farf wen laes batriarchaidd yn ein hatgoffa ni o'r darluniau lliwgar yn rhai o hen argraffiadau Beibl Pitar Williams. Erbyn hynny, yr oedd wedi magu barf, ac eto, nid oedd ei weithgarwch ronyn llai na phan ddaeth o Ddinbych i Lerpwl ym mis Mai 1843 yn ŵr deugain ac un mlwydd oed.

Fel cannoedd o'i flaen ac ar ei ôl, galwad i waith oedd yr alwad i Lerpwl ac yn y ddinas brysur gosmopolitan y cyflawnodd waith mawr ei fywyd fel gweinidog, golygydd, darlithydd, llenor a bardd. Dyma'r cylch a roddodd fanteision iddo ddatblygu'i ddoniau niferus, doniau a oedd cyn hynny i raddau mawr yn guddiedig, ond fe'i meithrinwyd yn y gymdeithas Gymraeg lewyrchus a welid ar y Glannau. Rhoddwyd iddo bob cyfle i ddatblygu'n areithiwr hynod ar

lwyfan y Blaid Ryddfrydol. Meddylir amdano ymhlith prif areithwyr ei gyfnod yng Nghymru a Lloegr ond er hyn i gyd nid oedd yn well yn unman nag ymhlith ei gynulleidfaoedd ei hun ar y Glannau. Soniai llawer un am y profiadau a gawsent pan gymerai oedfa noson waith, ran amlaf ar nos Iau, pan fyddai'n annerch ar destun cyfarwydd o'r Efengylau neu'n wir ar un o gymeriadau'r Beibl. Bryd hynny, deuai'n agos iawn at ei bobl gan eu swcro a'u denu ac weithiau'n eu rhybuddio rhag peryglon y ddinas. Fel ei frawd, Henry Rees a weinidogaethai ond tafliad carreg oddi wrtho yn Mulberry Street ac o 1860 i 1869 yn Chatham Street, yr oedd yn ŵr cwbl arbennig wrth Fwrdd yr Arglwydd. Fe ddarluniodd un o'i hen aelodau y bardd bregethwr wrth y Bwrdd yn y brawddegau hyn:

> Yr oedd y tir y sangem arno yn ddaear sanctaidd. Deuai Aberth mawr y groes yn sylwedd byw i ni, a llenwid y lle â distawrwydd dwfn, a'n heneidiau â'r fath ddifrifoldeb nes y teimlem ein bod ym mhorth y nefoedd, ac yn cael ein hymgylchynu gan lu y gogoniant.

Gwir y dywedodd yr aelod dienw hwnnw:

> Ofer ceisio disgrifio'r swperau sanctaidd hynny; nid oes neb ond a fu yn bresennol ar yr adegau hynny a fedrai amgyffred unrhyw ddarlun a ellid tynnu ohonynt.

Ac eto, y bwriad yn yr ysgrif bortread hon ydy tynnu darlun ohono fel y gŵr amryddawn a fu'n gyfrifol am lawer i agwedd o'n bywyd fel cenedl y Cymry, a'i weld fel artist athrylithgar yn lliwio'r cyfan yn batrwm ysblennydd. Os llwyddwn, yna cawn ein hargyhoeddi o arbenigrwydd mawr Gwilym Hiraethog a'i ddylanwad ar y bedwaredd ganrif ar bymtheg.

Mae darlun ohono'n newyddiadurwr yn un cyfarwydd. Ef oedd un o'r arloeswyr trwy gyfrwng yr iaith Gymraeg. Am un mlynedd ar bymtheg, bu'r *Amserau*, a gyhoeddwyd o 1843 hyd 1859, yn gwbl ddiogel fel rhan o'i weithgarwch creadigol. Bu yn cyflawni pob math o gyfrifoldebau, golygydd ac is-olygydd ond yn bennaf fel llenor i'r papur. Deuai'r *Amserau* allan bob pythefnos ar y dechrau a gweithiodd Gwilym Hiraethog yn egnïol; yn wir, fe arbedodd y cylchgrawn fwy nag unwaith rhag mynd i'r gwellt. Yr oedd yr argraffydd, John Jones, Castle Street (ffrind mawr iddo), yn colli arian ar y cyhoeddi nes i Gwilym Hiraethog daro ar y syniad gwreiddiol o ysgrifennu Llythyrau 'Rhen Ffarmwr. Llythyron syml oedden nhw, heb eu gwisgo mewn arddull lenyddol, yn gyforiog o iaith lafar bro Hiraethog. Anghymeradwyodd David Rees, Llanelli, y fath arddull ond fe groesawyd y llythyron gan y werin ddarllengar. Yr oedd y llythyrau'n agor eu meddyliau a'u calonnau i sylweddoli eu cyflwr, i wynebu'r angen am newid, ac i gydymdeimlo â'r rhai gorthrymedig. Mae'n ddiddorol darllen y llythyron hyn heddiw. Dyma enghraifft o lythyr a ysgrifennwyd ym 1849 am yr arferiad o osod tyddyn at dyddyn a fferm at fferm.

> Y mae gwahaniaeth mawr iawn yn hwn ers pan ydw i'n cofio – mi wn am lawer, tair, pedair, a chwech o ffermydd lle roedd pobl yn gwneyd bywoliaeth dwt ystalwm, chwedi i gneyd yn un ffarm fawr rŵan … Dyma bobl ifenc yn priodi … ond tous dim lle iddyn nhw i'w gaul – dim posibl bron gaul cornel i odro dwy neu dair o fuchod a chadw deuben o gyffyle y rŵan am fod y ffermydd mawr chwedi lluncud y ffermydd bychin fel gwartheg Pharo, a dim modd gin i bobl ifenc i gymud ffarm fawr tae

> un i'w chael, a tene nhw'n chwalud u ceiniog, ag yn munud yn dlodion ar y plwy.

Byddai'n trin pob math o byncïau yn yr un arddull, pynciau fel perthynas crefydd â'r Wladwriaeth, Deddfau'r Ŷd, Pabyddiaeth, Kossuth, Mazzini, Garbaldi, rhyddid caethion yr Unol Daleithiau. Trwy gynnwys yr ysgrifau hyn, symbylodd Gwilym Hiraethog ei ddarllenwyr i fod yn gwbl flaengar ac i bledio am ryddid i werinoedd Hwngari a'r Eidal. Galwodd Mazzini i'w weld yn ogystal â dirprwyaeth oddi wrth Kossuth. Pwy arall a gafodd y fath driniaeth? Canlyniad naturiol i'r llwyddiant oedd y cynnydd yn rhif y darllenwyr fesul degau bob rhifyn. Ychydig cyn rhyfel y Crimea, cyrhaeddodd cylchrediad yr *Amserau* wyth mil ond wedi i'r papur ochri gyda Rwsia yn y rhyfel waedlyd honno, gostyngodd ei gylchrediad a bu'n rhaid i'r *Amserau* uno â'r *Faner.* Daliai Gwilym Hiraethog i ysgrifennu fel cynt i *Faner* Thomas Gee yn Ninbych, a maes o law cyhoeddwyd casgliad o'r llythyron ym 1878 dan y teitl *Llythyrau 'Rhen Ffarmwr.*

Prif orchest Gwilym Hiraethog yn yr *Amserau* oedd cael y cyhoedd Cymraeg i edrych ar gwestiynau gwleidyddol o safbwynt syniadau ac nid o safbwynt personau'n unig. Gwnaeth Ymneilltuwyr Cymru yn garfan i'w pharchu yn y Blaid Ryddfrydol. Mawr oedd y galw arno i annerch ar lwyfannau'r Blaid Ryddfrydol yng ngogledd Cymru, a rhan amlaf, ef oedd y prif siaradwr.

Felly, deuwn at ddarlun arall ohono fel Tad y Ddarlith Gymraeg ac fe ddaeth y ddarlith yn gyfrwng arall iddo drosglwyddo'i syniadau. Nid Gwilym Hiraethog gychwynnodd yr arferiad ond ef a fu'n gyfrwng i dorri tir newydd a gwneud y ddarlith yn atyniad poblogaidd. Yn Lerpwl y traddodwyd y ddarlith gyntaf ar nos Fercher, 25 Tachwedd 1846 yn y Concert Hall, Lord Nelson Street. Dewiswyd David Davies, Paradise Street, gŵr amlwg o blith y Cymry, fel Cadeirydd a gwerthwyd y tocynnau ymlaen llaw gan farsiandwyr yn Stanhope Street, Mill Street, Brownlow Hill a Tithebarn Street. Cyhoeddwyd rhaglen a phosteri i hysbysebu'r amgylchiad a thyrrodd y Cymry yn eu cannoedd i lenwi'r neuadd. Am ddwy awr, darlithiodd Gwilym Hiraethog ar y Pêr Ganiedydd. Mae hon yn batrwm o ddarlith ac fe'i cyhoeddwyd ar ôl ei farw. Mentrodd ar lawer testun a hwyrach ei fenter fwyaf oedd darlithio ar Chwyldroadau 1848. Dyma ddarlith sy'n gyforiog o wybodaeth, yn gosod y testun ar ei gynfas, ac yn hynod o lawdrwm ar dywysogion a brenhinoedd. Yr oedd ganddo adnabyddiaeth drylwyr o'r gwahanol wledydd ac yr oedd ei ddull dramatig yn gorfodi'r gynulleidfa i wrando'n astud. Yr oedd yn feistr ar ei gyfrwng a gwyddai'r gynulleidfa ei fod mor hyddysg yn hanes Ewrop ag yr oedd yn hanes yr emynydd o Bantycelyn. Gwyddai hanes Martin Luther fel y gwyddai hynt a helynt Garibaldi. Cyfrwng y ddarlith fawr o ddwy awr o amser oedd ei wasanaeth a'i ddylanwad yn diddori ac yn diwyllio'r werin bobl.

Ei gymhelliad mawr oedd gwasanaethu'i gyd-Gymry a chyflwyno iddynt ddarlun o Gristnogaeth a anghofiwyd ac a ddiystyrwyd mor aml, y Gristnogaeth Galfinaidd ymosodol, gadarn herfeiddiol. Pregethai Gristnogaeth oedd yn ddigon parod i herio'r byd a'i lywiawdwyr. Gwnaeth hynny yn ei ysgrifau, ei ddarlithiau ac i raddau hefyd yn ei farddoniaeth.

Pan drown at y darlun ohono fel bardd gwelwn ei fod yn perthyn i dyrfa fawr o feirdd oedd yn weinidogion yn enwad yr Annibynwyr, beirdd fel Emrys, Evan Jones (Ieuan Gwynedd), Dewi Ogwen, Gwalchmai ac ap Vychan. Ac o'r rhai hyn erys gwaith Gwilym Hiraethog yn aneirif. Ychydig o'i gerddi sy'n haeddu lle ymysg barddoniaeth orau'r genedl ond mae ambell i em yn ei awdl i 'Heddwch', yn arbennig rhai llinellau o'r cywydd i'r gof.

Chwythu'i dân dan chwibanu
Ei fyw dôn wna y gof du;
Un llaw fegina a'r llall
Faluria'r glo fel arall.

Rhed ei fawd ar hyd ei fin,
Dewrfodd i brofi'r durfin.
Ffugia'r gŵr yn filwr fod,
Neu yn hen gadben hynod.

Fe'i cura nes â yn swch
Gywrain ei gwasanaethgarwch
I aru'r ddaear iraidd,
A thy' o hon wenith a haidd.

Beth bynnag ddyfarna'r beirniaid llenyddol, i'r Cymry heddiw, dyn yr emynau ydy Gwilym Hiraethog. Ac fe fydd ei enw'n byw byth tra cenir emyn Diwygiad 1904-6 yn Lerpwl a Chymru:

Dyma gariad fel y moroedd,
Tosturiaethau fel y lli;
Twysog Bywyd pur yn marw –
Marw i brynu'n bywyd ni.
Pwy all beidio â chofio amdano?
Pwy all beidio â thraethu'i glod?
Dyma gariad nad â'n angof
Tra fo nefoedd wen yn bod.

Diflannodd llawer o waith creadigol Gwilym Hiraethog i silffoedd siopau llyfrau ail-law. Yno ambell dro cawn gipolwg ar ei *Nodiadau ar yr Epistol at yr Hebreaid*, ond go brin fod neb yn darllen ei ddwy gyfrol o bregethau gyda'r teitl Hebraeg *Koheleth*. Cyfrolau oedd y rhain ar gyfer gwneud tipyn o arian arnynt erbyn ei ymddeoliad. Nid oedd ganddo unrhyw ddarpariaeth o bensiwn henoed oddi wrth ddiaconiaid Capel Grove Street, a gwaeth na hynny mor isel oedd eu golwg ar ei bregethau fel na chafwyd ymdrech fawr ganddynt i werthu cyfrolau *Koheleth* o gwbl ymhlith Cymry ei enwad yn y ddinas. Dim ond pedair cyfrol ar hugain o'r cyfrolau pregethau a brynwyd yn Lerpwl. Wedi'r cyfan yr oedd y mwyafrif ohonynt yn gwybod ei fod ef, yr Hybarch William Rees, yn dibynnu i raddau helaeth ar y gwerthiant er mwyn mwynhau ei ymddeoliad. Roedd yr hen wron wedi meddwl y byddai gwell gwerthiant wedi bod arnynt. Eto i gyd, mae'r holl lyfrau o'i waith yn llefaru'n huawdl dros y nerth a'r ynni a'r ysbryd mentrus a berthynai i William Rees. Hyd y gwelaf, ar ôl ei farw ar 8 Tachwedd 1883, y dechreuwyd ei alw'n gyson yn ôl ei enw barddol.

I ni sy'n byw heddiw, dros ganrif a deugain mlynedd yn ddiweddarach, gallwn weld gwerth hollbwysig y portread hwnnw ohono fel heddychwr. Ni chafodd hi'n hawdd adeg Rhyfel y Crimea. Daliodd trwy'r cyfan i gyd i bledio efengyl tangnefedd. Yr oedd mwy nag un o'i braidd ei hun yn ddig wrtho am ei heddychiaeth. Yr oedd ei frawd ei hun, Henry Rees, yn gweld bai arno am ei safiad, oherwydd yn ei olwg ef yr oedd hi'n rhyfel 'gyfiawn'. Ond i William Rees dim ond un safiad oedd yn bosibl. Yr oedd yn llawn argyhoeddiad a mentrodd draddodi darlith wefreiddiol yn y Concert Hall, Lerpwl, a'i theitl oedd 'Y Rhyfel – ar bwy y mae'r bai?' Rhoddodd y ddarlith hon hwb mawr i fudiad heddwch a theimlai Henry Richard, Apostol Heddwch, yn hapus iawn pan glywodd fod un o brif arweinwyr y Cymry heb ei lyncu gan y propaganda jingoistaidd. Fe olygodd y cwbl ddewrder anghyffredin i William Rees. Ond dyn felly ydoedd, yn ddewr ac yn barod i gyhoeddi ei argyhoeddiadau.

Un agwedd anghyffredin arall i gymeriad amlochrog William Rees oedd ei ddiddordeb mewn seryddiaeth. Lluniodd ysgrifau hynod o afaelgar a difyr i'r *Traethodydd* ar y pwnc hwn. Dywedodd fwy nag unwaith pe bai'n cael ail-fyw ei fywyd y byddai'n rhoi mwy o'i amser i astudio seryddiaeth. Mae hanes amdano'n cerdded fwy nag unwaith i gartref Eleazar Roberts er mwyn cael edrych trwy'r sbienddrych drudfawr oedd ganddo yno. Dyn o flaen ei oes ydoedd yn hyn o beth, fel llawer peth arall.

Mae'r hanes amdano yn dadlennu prysurdeb a gweithgarwch y dyn cyhoeddus. Yr oedd yr un mor gydwybodol ei gonsárn dros ei deulu. Mae'r dystiolaeth yn un sicr ei fod yn dad tyner. Pan fu farw David, ei ail fab athrylithgar, yn un ar hugain mlwydd oed, cyfaddefodd Gwilym Hiraethog ei fod yn teimlo fel Job yn ei brofedigaeth. Profodd aml i brofedigaeth ar lwybr y daith. Bu marwolaeth ei gyfaill Joseph Jones, Price Street, yn ergyd arall iddo. Gŵr talentog oedd hwnnw ac fe fu farw cyn ei hanner cant oed. Mae hanes am ei weinidog, Gwilym Hiraethog, yn hiraethu ar ôl ei gyfaill. Yr oedd ganddo gylch ffyddlon o ffrindiau. Denai Hugh Pugh, gweinidog ym Mostyn, i Lerpwl o leiaf unwaith yr wythnos er mwyn cael treulio peth amser yn ei gwmni. Ffrind arall iddo oedd Thomas Pierce, gweinidog gyda'r Annibynwyr ym Methel, Park Road yn ninas Lerpwl, ac fe arferai Gwilym Hiraethog ddweud iddo ddod i Lerpwl er mwyn cael mwy o gwmni'i frawd Henry Rees a Thomas Pierce.

Er ei holl weithgarwch a'i feistrolaeth ar gymaint o wahanol feysydd ni chollodd ei symlrwydd calon na'i awydd i wasanaethu'i gyd-Gymry. Llafurodd heb laesu dwylo. Mae hyn yn rhyfeddol. Yr oedd yn ŵr o gorffolaeth fawr, ac eto, nid ymddangosai fel pe bai'n blino o gwbl. Teithiodd yn helaeth o Lerpwl i bob rhan o Gymru, i bregethu a darlithio ar hyd y blynyddoedd, ac ysgrifennodd yn helaethach na bron neb o'i gyfoeswyr. Er iddo ddweud y drefn yn erbyn Torïaid Lerpwl, eto cadwodd ei barch ar hyd y blynyddoedd ymhlith Cymry'r ddinas. Fel y cydnebydd Dyfed, yn ei englyn cryno:

Yn ben ar y llwyfan bu, trylwythog
    Dad darlithwyr Cymru;
  Huawdledd yn cenhedlu
  Bywyd hael i bawb o'i du.

John Roberts (Minimus) 1808-1880

Ail fab Richard Roberts, masnachydd nwyddau llong yn Lerpwl, oedd John Roberts, ac yn Lerpwl y ganwyd ef ym 1808. Daeth yn emynydd pwysig dros ben, ac yn ŵr defnyddiol ym mywyd y Cymry Cymraeg. Etholwyd ef yn flaenor yng nghapel Bedford Street pan nad oedd ond yn bedair ar bymtheg mlwydd oed, yr ieuengaf y gwn i amdano. Yr oedd mewn cwmni o fechgyn Cymraeg athrylithgar, un ohonynt oedd Josiah Hughes a dreuliodd ei oes fer ym Malacca, Malaysia, fel cenhadwr. Hynodrwydd arall a berthyn i'w hanes yw'r ffaith ei fod ef yn un o sylfaenwyr cyntaf Cenhadaeth Dramor y Methodistaidd Calfinaidd ym 1840. Ef a drefnodd y fordaith i Thomas Jones a'i briod Anne ar eu taith gyntaf i'r maes cenhadol yn Assam, gogledd-ddwyrain yr India ym mis Tachwedd 1840. Wrth barhau i weithio i gwmni llongau daeth yn ysgrifennydd cydwybodol di-dâl i'r gymdeithas genhadol. Bu'n garedig iawn tuag at y cenhadon yn cynnig llety iddynt tra buont yn disgwyl llong i'w cludo o borthladd Lerpwl i ddinas Kolkata (a elwid Calcutta bryd hynny) ac wrth eu croesawu yn ôl ar seibiant. Meddai ar ddiddordeb mawr yn y byd llenyddol Cymraeg, ac fel Pedr Fardd, yr oedd yntau yn emynydd graenus. Un o'i emynau sydd yn fythol newydd ydyw 'Bywha dy Waith' a welir yn y llyfrau Emynau Cymraeg. Deisyfu ar i'r Duw Anfeidrol fywhau y dystiolaeth ar hyd a lled y cyfandiroedd trwy gyflwno yr Ysbryd Glân iddo yw'r thema.

Gweddïa Minimus am yr un adnewyddiad yn Lerpwl a Chymru, o "fewn ein tir", meddai. Dymunai weld y capeli yn profi y nerthoedd o'r iachawdwriaeth a ddaw yng Nghrist Iesu. Yn ei drydydd pennill y mae yn gweddïo am adfywiad yn ei gapel ei hun, sef Capel Bedford Street, lle y bu'r hanesydd, y Parchedig John Hughes, yn gweinidogaethu. Pennill cofiadwy arall yw hwn:

Bywha dy waith o fewn dy dŷ,
A gwna dy weision oll yn hy:
Gwisg hwynt â nerth yr Ysbryd Glân
A'th air o'u mewn fo megis tân.

Campus yw'r unig air am ei ddawn barddol. Gwelodd a chlywodd ef weision grymus yn cyhoeddi'r efengyl i wrandawyr niferus. Mae Minimus yn cloi ei emyn gwerthfawr gyda dyhead am i'r Arglwydd fywhau unigolyn fel ef ei hun. Dyna'r dasg iddo ef, sef tystio i orfoledd yr Efengyl gan ddifa ein gwendidau personol a chynyddu gras Duw yn ein bywyd ysbrydol. Tra bydd moliant yn y Gymraeg, bydd lle i emynau mawr John Roberts, fel yr un a drafodwyd. Nid yw ei emynau yn amherthnasol. Dyna ei fawredd: mae'n emynydd sydd yn gyfoes yn ein dyddiau ni. Bu ef a'i briod Elizabeth Milnes o Groesoswallt yn hynod groesawus, a chariwyd y traddodiad ymlaen gan ei unig ferch, Miss M Roberts, Hope Street. Bu farw ei briod ym 1865, blwyddyn cyn iddo symud o Lerpwl i fyw yng Nghaeredin. Cyhoeddodd gyfrol goffa iddi sef *Lizzi Milnes: a memoir of a beloved wife* (Caeredin, 1875). Bu Minimus farw yng Nghaeredin ar 6 Ionawr 1880 a hebryngwyd ef gan gannoedd o Albanwyr o'i gartref i orsaf rheilffordd Caeredin ar ei daith yn ôl i Lerpwl. Claddwyd ef ar fore Gwener, 9 Ionawr gyda gwasanaeth yn eglwys hardd Princes Road ac yna ym mynwent y teulu yn eglwys Sant Iago, pryd y traddododd y Parchedig Ddr Owen Thomas, ei arwr, deyrnged haeddiannol i goffadwriaeth ysgogydd y Genhadaeth Dramor ac amddiffynnydd Cymdeithas Cadwraeth Sabath yr Alban am bedair blynedd ar ddeg.

Y Parchedig Robert Thomas (ap Vychan) (1809-80)

Go brin fod llawer o bobl yn cysylltu'r pregethwr a'r athro ap Vychan gyda dinas Lerpwl. Mab ydoedd i werinwr diwylliedig, Dafydd Thomas (1782-1863) o Langywer ger y Bala. Adnabyddid ef wrth ei enw barddol Dewi ap Didymus. Ef a ddysgodd ei holl blant, tri ar ddeg ohonynt, i ysgrifennu ac i ddeall y gynghanedd. Gwelwyd awydd angerddol yn Robert i wasanaethu fel gweinidog yr efengyl gydag enwad yr Annibynwyr. Urddwyd ef ym 1840 yn Ninas Mawddwy ond o fewn dwy flynedd, derbyniodd alwad gan Eglwys Salem, Brownlow Hill, Lerpwl. Cychwynnodd yno ym Medi 1842. Bu wrthi'n ddyfal yn y ddinas a blwyddyn ar ôl iddo gyrraedd cafodd gwmnïaeth Gwilym Hiraethog yn y Tabernacl. Symudodd o Lerpwl chwe blynedd yn ddiweddarach i ofalu am eglwysi Rhosllannerchrugog, Rhiwabon a Rhosymedre ar gyrion Wrecsam yn Sir Ddinbych.

Yr oedd ap Vychan yn ffefryn mawr yn Lerpwl ar sail ei bersonoliaeth a'i gorff cydnerth. Dywedodd y diacon adnabyddus o Lerpwl, Josiah Thomas, amdano,

> Safai fel derwen gref ger bron tyrfa fawr, a chyrhaeddai ei lais y pellaf ynddi, a llefai oddi wrtho ffrwd gref, loyw, risialaidd o ymadroddion coeth a chyfan, a gariai yn esmwyth bawb a phob peth o'u blaen.

Cafodd fagwraeth galed. Profodd dlodi mawr fel plentyn. Disgrifiodd yn ei hunangofiant y blynyddoedd cynnar yn Llanuwchllyn. Dysgwyd ef gan ei dad oherwydd nid oedd modd iddo dalu am addysg mewn urhyw fath o ysgol gynradd. Ond goresgynnodd yr anawsterau i gyd. Un o arwyr crefyddol oes Fictoria ydoedd heb amheuaeth. Enillodd y gadair yn Eisteddfod Genedlaethol y Rhyl ym 1864 pan oedd yn weinidog yn nhref Bangor. Ddwy flynedd yn ddiweddarach cyflawnodd yr un gamp yn Eisteddfod Genedlaethol Caer. Ysgrifennodd gryn lawer o ryddiaith a bu'n golygu y misolyn *Y Dysgedydd* o 1865 i 1880. Ei gyfrol boblogaidd oedd ei Gofiant i Cadwaladr Jones, Dolgellau, a oedd yn gydfyfyriwr gyda Williams o'r Wern. Treuliodd ddegawd olaf ei oes yn bennaeth Coleg yr Annibynwyr yn y

Bala, a daeth i gydweithio gydag un o fawrion Lerpwl, y Parchedig John Thomas, er iddo ofalu nad anghofiodd y Parchedig Michael D Jones. Safodd yn gefn iddo heb bechu Dr John Thomas a oedd yn coleddu safbwynt tra gwahanol. Stori anhygoel ydoedd wedi'r cyfan. Y bachgen tlawd, tlawd heb freintiau addysg yn dod yn athro Coleg y Bala. Bu farw ar 23 Ebrill 1880 a chladdwyd ef yn mro ei febyd yn Llanuwchllyn. Stori werth ei hadrodd ydyw stori bywyd Ap Vychan. Gofalodd gadw ei enw da trwy dlodi a byd brafiach. Nid anghofiodd aberth ei fam yn magu'r teulu mawr ar y nesaf peth i ddim o ran adnoddau. Lluniodd englyn hyfryd iddi gan gynganeddu fel hyn:

Llon oedd, llawen o hyd – eon wenai
Yn wyneb caledfyd:
Canai hi heb ofni'r byd
Yn oedfa gerwin adfyd.

Diddorol sylwi ar ddetholiad o'i ryddiaith yn y gyfrol *Hunangofiant ac Ysgrifau Ap Fychan* a olygwyd gan weinidog amryddawn a gofiaf yn blentyn – y Parchedig W Lliedi Williams – ac a gyhoeddwyd gan Wasg Prifysgol Cymru ym 1948. Troswyd rhai o'i ysgrifau i'r Llydaweg gan yr ysgolhaig Roparz Hemon yn y cylchgrawn *Ar Bed Keltiek*, Rhif 91, Gorffennaf 1966.

Gweithgarwch y llenor Dr Owen Thomas, Lerpwl (1812-1891)

Er mai un o blant Caergybi, Môn, oedd Owen Thomas (yn un o chwech, pedwar bachgen a dwy ferch mewn teulu athrylithgar iawn) eto ni ellir meddwl amdano heb ychwanegu 'Lerpwl' ar ôl ei enw. Dyna wnaeth ei ddau gofiannydd, y Parchedig J J Roberts (Iolo Caernarfon) a minnau, a phawb y gwn i amdano a luniodd ysgrif neu bortread am yr athrylithgar ŵr. Yr oedd ef a'i dri brawd yn annatod gysylltiedig â'r ddinas. Yn ei arddegau cynnar daeth ei frawd iau John Thomas i gysylltiad ag un o gymeriadau mwyaf lliwgar Lerpwl, y teiliwr barfog Robert Herbert Williams (Corfanydd), a chafodd docyn ganddo yn arwyddo ei fod wedi ei argyhoeddi mewn Cyfarfod Dirwest yng Nghapel Tabernacl, Bangor. Daeth felly yn bedair ar ddeg oed yn aelod o Gymdeithas Llwyrymataliad Capel Rose Place, Lerpwl. Daeth Owen Thomas a'i frodyr yn areithwyr dros ddirwest. Parhaodd ei frawd John Thomas yn areithiwr grymus dros ddirwest ar hyd ei oes yn ne Cymru a Lerpwl, a daeth y brawd arall, William (blaenor yng nghapel Holt Road) yn gynrychiolydd yr *Alliance* am lawer blwyddyn yn ninas Lerpwl. Daeth y tri ohonynt yn areithwyr grymus dros ddirwest pan drigai'r teulu ym Mangor. Dyna ddechrau da i yrfa tri o'r brodyr

Bu Lerpwl byth oddi ar hynny ar y map, ac yn arbennig pan gafodd ei frawd, y Parch Josiah Thomas ei apwyntio yn ysgrifennydd cyflogedig llawn amser cyntaf y Genhadaeth Dramor a bu wrth y dasg am bron i ddeugain mlynedd, o 1865 i 1900. Gwahoddid Owen Thomas yn gyson i gyhoeddi'r Efengyl yn yr uchelwyliau ac i agor capeli ar lannau Mersi. Ym 1863 aethpwyd ati o ddifrif i'w berswadio i adael un ddinas fawr am un arall, i ddod o Gapel Jewin Crescent, Llundain i Gapel Netherfield Road yn Lerpwl. Caled fu'r perswadio gan fod Manceinion yn awyddus amdano hefyd, a'i athro diwylliedig Dr Lewis Edwards y Bala yn awgrymu y dylai aros yn Llundain er mwyn bod yn agos i 10 Downing

Owen Thomas ar ei ffordd i fugeilio ei braidd yn Lerpwl.

Street, fel cynrychiolydd grymus i Gyfundeb y Methodistiaid Calfinaidd! Ildio i Lerpwl a wnaeth yn y diwedd, a hynny ar ôl i un o Fethodistiaid y ddinas honno ddweud wrtho'n garedig mewn llythyr, "Lerpwl sydd yn eich ffitio chwi oreu."

Gwir y dywedodd y brawd hwnnw am ei rym fel dadleuydd. Daeth bywyd dinas Lerpwl i'w ffitio i'r dim. Nid oedd ganddo brofiad o fyw a gweinidogaethu mewn gwirionedd yng nghefn gwlad. Fe'i ganwyd mewn tref fechan a phorthladd, a hynny yn Heol y Felin, Caergybi ar 16 Rhagfyr 1812, yr hynaf o wyth o blant i Owen a Mary Thomas. Tref yn tyfu oedd Caergybi y dyddiau hynny. Datblygwyd y porthladd rhwng Caergybi a Dulyn ac adeiladwyd yn helaeth yn nyddiau ei blentyndod. A phan symudodd y teulu a chartrefu ym Mangor yn Arfon ym 1827 dyna pryd y gwelwyd cynnydd mawr ym maintioli'r dref honno. Dywedir wrthym fod Bangor yn ferw gwyllt ym 1827 gyda'r newydd-ddyfodiaid yn tyrru yno i chwilio am fywoliaeth. A gweinidogaethu mewn awyrgylch trefol a wnaeth Owen Thomas fel y gwelwn. Bu ym Mhwllheli, tref farchnad, am gyfnod byr (1844-46) ond hynod o werthfawr am fod y pregethwr tanllyd Michael Roberts yn ei gynulleidfa. Treuliodd gyfnod o bum mlynedd yn y Drenewydd. Yr oedd y ddwy dref yn ganolfannau, un i wlad Llŷn a'r llall i Faldwyn, ond eto trefydd bychain pwysig oeddent iddo, ac yntau yn un o fugeiliaid cynnar llawn amser y Methodistiaid Calfinaidd cyn symud i Lundain i eglwys enwog Jewin Crescent.

Methodd y rhan fwyaf o'i gyfoeswyr fel David Griffiths, Bethel, Arfon, ddeall yr agwedd hon i'w gymeriad, yr angen am fywyd trefol a manteision llyfrgelloedd a siopau llyfrau. Ond bu llawer gweinidog ar ei ôl yn byw yr un fath yn Llundain a Lerpwl, fel Griffith Ellis a Walter P John ac Ifor Oswy Davies. Cyfareddwyd hwy'n llwyr gan fywyd y ddinas. Dyna brofiad y Parchedigion D Ben Rees a Robert Parry y dyddiau hyn. Yr oedd sawl rheswm i'w nodi dros afael dinas ar fywyd a diddordebau yr ysgolhaig a'r hanesydd trylwyr, y Dr Owen Thomas. Yr oedd cyfran dda o'i wrandawyr, fel yntau'n bobl oedd yn ymddiddori mewn trafod hanes cyfoes a dyfnion bethau'r ffydd. Ceid hyn yng nghefn gwlad hefyd ar dro ond eithriadau oedd yr enghreifftiau hynny. Mwy na hynny, câi gyfle i drafod gyda'i gyd-weinidogion o enwadau eraill yn ogystal â'i frodyr o'i enwad ei hun. Fe honnir bod y Frawdoliaeth yn Lerpwl yr adeg hynny'n un o'r brawdoliaethau mwyaf dysgedig a welodd Ymneilltuaeth Gymraeg. Yr oedd y ddau frawd Owen a John Thomas yno a'r brodyr William Rees (Gwilym Hiraethog) a Henry Rees, y pedwar yn athrylithgar y tu hwnt i eiriau. Pwysig hefyd i Owen Thomas oedd cael y cyfleusterau i brynu llyfrau a'u trafod mewn seiat a chartrefi ei flaenoriaid fel David Roberts, Hope Street, a benthyg y cyfrolau o'r llyfrgelloedd, os oedd rhaid. Wedi'r cyfan, ei lyfyrgell ef, ar ôl iddo farw, oedd cnewllyn helaethaf Llyfrgell enwog Coleg y Bala a gafodd ei gwerthu yn afradlon o rad yn chwedegau'r ugeinfed ganrif. Gwelir mai llyfrau oedd yn ei flino yn y llythyr cyntaf a ysgrifennodd at ei fam o Lundain, ac yntau newydd gyrraedd yno ar ôl teithio trwy'r nos o orsaf reilffordd Crewe:

> Y mae fy moxes a'm llyfrau wedi dyfod yma o'r Drefnewydd. Ni thelais ond dwy bunt am eu cario. Y mae gennyf amryw lyfrau a phethau eraill eto yna … Y mae gennyf gyda mi eto dros

> ddeugain punt, ac y mae yn ddyledus i mi am lyfrau a werthais yn y Drefnewydd dros gan punt – ond rhaid i mi brynu y rhan fwyaf o'r llyfrau hynny eto.

Nid rhyfedd i ryw eneth o Saesnes, pan ddaeth hi'n forwyn i dŷ Griffith Davies y mathemategwr, lle lletyai Owen Thomas gyntaf yn Llundain, gredu mai llyfrwerthwr oedd gweinidog Jewin Crescent!

Yr un fu'r stori yn Lerpwl. Byddai'n chwilio'r siopau am y llyfrau newydd ac yn wir, hyd y diwedd hiraethai am gael ei ddwylo ar y llyfrau diweddaraf. Sonia Griffith Ellis, gweinidog Stanley Road, Bootle, amdano'i hun yn galw i weld Owen Thomas yn ystod ei waeledd olaf yn ardal Abercromby. Yr oedd yn anfodlon iawn am nad oedd cyfrol Dean Church wedi cyrraedd ei gartref, ac yntau wedi'i harchebu oddi wrth lyfrwerthwr yn Church Street, Lerpwl. Pan alwodd Griffith Ellis drachefn ymhen rhyw ddeng niwrnod a phan holodd ynghylch hynt a helynt y gyfrol gwelodd fod Owen Thomas yn hapusach ei fyd. Yr oedd y gyfrol wedi cyrraedd ac yntau wedi'i darllen. "Ac yr ydw i yn myned i'w darllen drosodd eto hefyd."[1] Doedd dim terfyn ar ei awch am lyfrau a'r rheiny ar bynciau amrywiol fel hanes yr Eglwys, Protestaniaeth, diwinyddiaeth, esboniadaeth, ac wrth gwrs, llenyddiaeth. Yr oedd yn amlwg fod ganddo'r adnoddau i wario'n helaeth ar ei lyfrgell.

Yn Lerpwl, fel yn Llundain, manteisiodd ar y cyfle mawr a gafodd i wrando ar ddoniau eraill, hwyrach er mwyn perffeithio ar ei ddawn ei hun fel pregethwr. Yn ystod cyfnod Jewin bu'n wrandäwr cyson ar Thomas Binney, gweinidog gyda'r Annibynwyr Saesneg, ar James Hamilton ac ar Henry Melville. Fel hyn y soniodd am bregethau Henry Melville, ficer Eglwys St Margaret, Lothbury:

---

1 Griffith Ellis, 'Adgofion am yr Hybarch Ddoctor Owen Thomas', *Y Drysorfa*, 1910, 5.

> Yr wyf wedi bod yn gwrando arno amryw weithiau. Y mae yn pregethu yn ardderchog. Rhaid fod ei bregethau yn costio iddo lafur dirfawr: y maent i gyd yn *elaborate* anghyffredin.

Ac fe dystiodd ei gyfoeswyr i Owen Thomas berffeithio'i ddawn ei hun wedi iddo wneud ei gartref ar lannau'r Mersi. Ni ellir tynnu'r gorau allan o bregethwr heb gynulleidfa, medden nhw. Yn wir, cafodd Owen Thomas y fraint o fod yn perthyn i oes aur y cynulleidfaoedd. Yn ôl yr ystadegau, yn ystod ei gyfnod yn Eglwys y Methodistiaid Calfinaidd, Princes Road, Lerpwl rhwng 1871 a 1891 y gwelwyd cynulleidfa oedd bron y fwyaf ei rhif yn holl hanes crefydd a phregethu Cymru. Yr oedd un fil a chant o aelodau'n perthyn i'r eglwys honno. Yn eu plith gwelwyd y gorau o ddau fyd, hen ŷd y wlad ymhell o gartref a'r Cymry a oedd wedi'u magu ar y Glannau. Mae'n siŵr fod hyn yn asiad diddorol i Owen Thomas.

Yn Lerpwl y cyrhaeddodd ei anterth. Yn ystod y cyfnod hwn yr enillodd yr enw ei fod yn Bregethwr y Bobl. Mae'n anodd iawn inni heddiw yn 2025 ddirnad cyfrinach ei lwyddiant. Gallwn ddarllen ei bregethau, ond eto i gyd mae gwahaniaeth rhwng darllen pregeth a'i chlywed hi'n cael ei thraddodi gan ŵr o ddawn ymadrodd Owen Thomas. Cyfaddefodd y Parchedig J J Roberts (Iolo Caernarfon) ei fod yn ymwybodol o'r fath anhawster ac eto yr oedd ef yn ei gofio'n pregethu. Ond yn ei gofiant i Owen Thomas mae Iolo Caernarfon yn egluro mai rhan o gyfrinach ei lwyddiant oedd fod ei wrandwawyr yn teimlo, pan wrandawent arno, nad oedd hi'n "bosibl byth ddywedyd y peth yn well". Dyna ganmoliaeth yn wir iddo.

Fel Pregethwr y Bobl gwnaeth ei orau i adnabod ac i ddeall ei gynulleidfa gymysg. Yn eu plith gwelwyd rhai o gyfoethogion mawr y ddinas, a "nifer luosog o ieuenctid" yn ôl tystiolaeth llygad-dyst ym 1883, y gweithwyr cyffredin a'r merched a ddaeth i weini yn y cartrefi moethus, a "phobl yr ymylon" a eisteddai yng ngaleri'r pechaduriaid, fel y'i gelwid. I bob un ohonynt, cyfoethog a thlawd, athrylithgar a chyffredin eu gallu pregethodd Owen Thomas bob amser gyda'r argyhoeddiad mai Iesu Grist oedd gobaith mawr dynolryw. Daeth i lawenhau a gorfoleddu ym mywyd a gwaith ei Waredwr,

> Iesu Grist ydyw Alpha ac Omega, dechrau a diwedd, 'cyntaf a diwedda', geiriau Duw. Efe ydyw canolbwynt yr holl Ysgrythyrau.

Os oedd pregethu'n bwysig iawn iddo, felly hefyd yr oedd bugeilio. Yn hynny o beth yr oedd yn llawer mwy o fugail yn Lerpwl na'i ragflaenydd, y Parchedig David Saunders. Cyfrifid David Saunders yn fugail digon diog gan rai o'i gyd-weinidogion. Gofalai Owen Thomas ar y llaw arall am ei 'bobl', yn arbennig y llesg, y galarus a'r tlodion. Bu'n gefnogol iawn i waith cymdeithasol yr eglwys, yn arbennig i weithgareddau Cymdeithas Dilladu Capel Princes Road a sefydlwyd ym 1876. Trefnodd gyfarfodydd darllen ar gyfer y bobl ieuainc oedd yn gweini yn y tai crand yn Devonshire Road ac yn Catharine Street a Canning Street, lle yr oedd ef ei hun yn mwynhau'r bywyd trefol ar ei orau. Nid pregethwr a bugail yn unig mohono, oherwydd profodd ei hun fel ysgolhaig ac fel llenor. Ysgrifennodd ddau gofiant nodedig, *Cofiant y Parchedig John Jones, Talsarn* a chofiant Henry Rees, yn ogystal â llu o erthyglau ac adolygiadau, heb anghofio'r olygyddiaeth o'r *Traethodydd* am gyfnod. Fe ddeil *Cofiant y Parchedig John Jones Talsarn* i ryfeddu'r beirniaid llenyddol a phwy bynnag a'i darlleno.

Dewisodd wrthrychau diddorol i'w hastudio ac yn y cofiant i John Jones fe geir rhai o'r darnau disgrifiadol godidocaf yn y cofiant Cymraeg. Fel cofiannydd yr oedd gan Owen Thomas y ddawn i droi popeth a gyffyrddai yn aur pur, yn ddiddorol ac yn raenus. Er hynny, mewn ysgrif fel hon, cam gwag fyddai anghofio bod gan Owen Thomas hefyd ei ffaeleddau fel llenor. Weithiau fe fedrai fod yn rhodresgar ac yn chwyddedig ei arddull ac fel y sylwais, fe adawodd allan rai ffeithiau y dylai fod wedi eu croniclo. Ond mae'n hawdd iawn inni heddiw feirniadu fel hyn gyda'n hastudiaeth gymdeithasegol oleuedig! Fe ddeil yn ffaith na lwyddodd neb mewn llenyddiaeth Gymraeg i wella ar y meistr. Efallai fod ei ŵyr, Saunders Lewis, yn iawn i ddweud bod cyfnod arbennig y cofiant Cymraeg wedi dod i ben ym 1874 gyda'r campwaith am John Jones, gyda'i fil a deugain ac un o dudalennau.

Rhyfedd meddwl, er hynny, fod ychydig o olion Saesneg oes Fictoria ar ei waith llenyddol gorau, ac yntau mor bleidiol i'r iaith Gymraeg. Cvmeraf, er hynny, fod Syr Thomas Parry wedi gorliwio dylanwad y Saesneg ar ei arddull. At ei gilydd mae ei arddull yn hynod o Gymreigaidd. Ysgogodd ei eglwys yn Lerpwl i roi pob cefnogaeth i'w ymdrechion a wnaed o blaid diogelu'r iaith Gymraeg. Siaradodd yn huawdl ar y mater ar lawr y Sasiwn a'r Gymanfa Gyffredinol a phan groesodd gleddyfau ag Emrys ap Iwan ar fater yr Achosion Saesneg, allai neb amau Cymreictod y cawr o Lerpwl. Bu Owen Thomas yn Gymro alltud am ddeugain mlynedd. Ai hyn oedd yn gyfrifol am feio ar ei arddull i goffáu John Jones, pregethwr uniaith Gymraeg? Ai Lewis Edwards oedd â'r allwedd i ddatgloi'r dirgelwch, pan ddywedodd "Ni fu neb erioed yn fwy Seisnigaidd na John Elias"? Fe ddylanwadwyd ar Owen Thomas, y pregethwr, gan John Elias ond nid fel llenor. Ac yr oedd Owen Thomas fel y cyfeiriais yn fwy o lenor nag y tystiodd Syr Thomas Parry yn ei astudiaeth o lenyddiaeth Gymraeg. Fel y dywedodd Saunders Lewis, y mae ei bortreadau o gewri pulpud Arfon yn ennill i Owen Thomas hawl i'r enw o fod yn Saint Simon llenyddiaeth Gymraeg. Bu yn hynod o gynhyrchiol fel llenor. Ysgrifennodd yn helaeth i'r *Drysorfa*, i'r *Traethodydd*, a cheir cyfraniadau ganddo yn y *Llenor, Cronicl yr Ysgol Sabbothol, Baner ac Amserau Cymru*, y *Goleuad*, y *Gwyddoniadur Cymraeg*, yn ogystal â'i esboniadaeth ar y Galatiaid, yr Effesiaid, y Philipiaid, rhannau o'r Colosiaid a'r Thesaloniaid, y Corinthiaid a'r ymdriniaeth fanwl ar yr Epistol at yr Hebreaid. Hwn oedd ei gampwaith, yr Epistol at yr Hebreaid, ym maes esboniadaeth Feiblaidd.

Beth oedd ei gyfrinach? Sut y llwyddodd Owen Thomas i gyflawni hyn i gyd? Gwaith gofalus oedd casglu'r deunydd a llafur enfawr oedd rhoi trefn ar ei nodiadau a'i ymchwil, ac ar yr un pryd crwydrodd y wlad i gyhoeddi'r Efengyl. Mae'n rhaid bod sawl rheswm i egluro'i lwyddiant fel llenor, fel pregethwr ac fel cyfathrebwr.

Gallwn ddechrau gyda'i fagwraeth yn niwylliant y Beibl ar yr aelwyd yn nyddiau cynnar ei fywyd. O ran gallu, dawn a duwioldeb, yr oedd ei dad, a arddelai yr un enw, Owen, yn werinwr fel y mwyafrif o'i gyfoeswyr. Bu'r fam yr un mor benderfynol o drosglwyddo diwylliant y Diwygiad Methodistaidd i'w theulu. Llwyddodd i gadw'r addoliad teuluaidd ar yr aelwyd ac, yn ôl un disgrifiad, dysgodd ei rhai bach i ddarllen y Gair a'i drysori ar eu cof. Gymaint oedd y dylanwad hwn arno yn ei blentyndod fel yr oedd hi'n ffaith mai ei hoff waith oedd dysgu ac adrodd penodau o'r Beibl. Felly, gallai adrodd ar ei gof y Testament Newydd i gyd, y cyfan o Lyfr Job, y Salmau, Eseia, Daniel, Hosea, Joel, Meica a Sechareia. Fe ddysgodd Epistol Iago bob gair un noson pan oedd ei rieni yng nghapel Hyfrydle, Caergybi. Gwelwn fel yr oedd profiadau a dylanwadau cyfnod ei dyfiant wedi profi'n gynhaliaeth iddo weddill ei oes.

Yr oedd y seiliau'n sicr iddo fel myfyriwr. Gyda'i alluoedd meddyliol ac ysbrydol, drachtiai wybodaeth o bob ffynnon. Cafodd bob cefnogaeth gan y Dr Lewis Edwards yng ngholeg y Bala. Fe'i galwodd yn "athraw perffaith" ac fe fu cyfeillgarwch agos rhyngddynt ym myd y meddwl a'r deall. Wedyn aeth Owen Thomas i Brifysgol Caeredin lle bu'n astudio wrth draed Syr William Hamilton, gŵr a fu'n ddylanwad mawr arno, fel y bu Thomas Chalmers, athro Diwinyddiaeth a Hebraeg. Agorodd y rhain ei feddwl i ddiwinyddiaeth gwledydd Ewrop, yn arbennig yr Almaen, a'i osod ar lwybr yr ysgolheictod a fu'n gymaint rhan o'i fywyd.

Felly, portread o ŵr cydwybodol, cwbl ymroddedig i'w waith fel Gweinidog y Gair sydd gennym. Clywn amdano'n dechrau ar ei waith bob dydd am saith bob bore. Yr oedd ei lyfrgell yn seintwar iddo a doedd dim i ddod i'w rwystro rhag ei dasg. Pe byddai rhywun yn galw'n ddirybudd, byddai'n dal i ysgrifennu wrth ei ddesg yn ogystal â sgwrsio. Credai y dylai gweinidog ddangos esiampl i weddill y gymdeithas mewn diwydrwydd a gwaith ac fe'i hedmygwyd ef am hyn gan bawb yn ddiwahân.

Ond mae rhan o'r gyfrinach a'r clod yn perthyn i chwaer ieuengaf ei ddiweddar briod, Sarah, oherwydd y gefnogaeth a gafodd ganddi. Ar ôl marwolaeth ei wraig annwyl Ellen yn 35 mlwydd oed, daeth ei chwaer Sarah o Fangor ym 1867 i gadw'r cartref iddo ac i ofalu ar ôl y plant bach oedd yn amddifad o fam. Bu hyn yn fantais fawr i'w waith cyhoeddus ac i'r plant oedd ag angen gofal mam. Gofalai Sarah ei fod yn cael pob rhyddid i lenydda, pan fyddai gartref ac i grwydro Cymru benbaladr fel un o sipsiwn Crist.

Ar ei grwydriadau a'i deithiau mynych daeth pobl i'w adnabod fel gŵr yn meddu ar lawer o rinweddau. Perthynai caredigrwydd mawr iddo ac yr oedd wrth ei fodd yn hybu dynion ieuainc oedd yn cychwyn i'r Weinidogaeth. Yn Lerpwl, cefnogodd waith y cenhadon a lafuriai ymhlith y tlodion yno. Fel un a wybu dlodi ei hun yn ystod ei gyfnod cynnar, ni anghofiodd drybini'r Cymry tlawd. Bu farw ei gariad Bathseba Rowlands ar ddiwedd ei gyfnod yn y Drenewydd. Yr oedd y ddau wedi trefnu i briodi ac fe'i hysigwyd ef yn fawr iawn gan y profiad. Ar 19 Hydref 1850 ysgrifennodd at ei fam:

> Fy annwyl fam, gweddïwch drosof. Ni chefais gymaint profedigaeth erioed. Yr wyf yn cael fy hun yn weddw cyn bod yn briod. Ymddengys y byd i mi ar ryw gyfrif yn hanner gwag hebddi hi.

Ni bu yn ffodus yn ei briodas o gwbl gan iddo golli ei briod, Ellen, ychydig wythnosau ar ôl geni merch fechan. Diwrnod du arall felly oedd Sul 24 Mawrth 1867, pan fu farw Ellen, merch y seraff bregethwr y Parchedig William Roberts, Amlwch, ym mlodau'i dyddiau a gadael pump o blant i alaru ar ei hôl. Cawn ddisgrifiad trist iawn o Owen Thomas mewn cyfarfod plant yn nghapel Netherfield Road gan ei gyfaill a'r arloeswr tonic sol-ffa, Eleazar Roberts:

> Yr wyf yn ei weled, y funud yma, pan oedd y plant yn canu rhyw gân fechan o gwynfan plant amddifaid ar ôl claddu eu mam, yn wylo dagrau hidl, nes creu cydymdeimlad dwfn ym mynwesau y rhai bychain wrth gofio am blant y Cadeirydd oedd mewn amgylchiadau cyffelyb.

Yn ôl Eleazar Roberts, y tynerwch a'i nodweddai fel personoliaeth a'i gwnaeth yn "gysurwr cynhaliol" mor anghyffredin yn awr y brofedigaeth i bobl glyn cysgod galar. Gwelodd lawer o afiechyd ar ei aelwyd ei hun a phrofedigaethau enbyd o golli ei ddyweddi ac yna ei briod, y ddwy ynghanol eu dyddiau. Bu farw ei eneth fechan yn niwedd 1869 a bu farw ei fab John Owen yn dair ar ddeg oed ym Mehefin 1879. Bu yn ddiolchgar droeon i'w chwaer yng nghyfraith am ddyfod o Fangor i gadw cartref iddo yn Lerpwl a gofalu am y plant amddifad, gan ei alluogi ef i dderbyn gwahoddiadau i Gyfarfodydd Pregethu a Sasiynau ar hyd a lled Cymru.

Gŵr hynod o boblogaidd ymysg Cymry Lerpwl a gweddill Cymru oedd Owen Thomas. Meddai ar bersonoliaeth hardd, llais awdurdodol, cof gafaelgar a chorff lluniaidd, a safai fel brenin yn y pulpud. Mae'r portread olew ohono'n dyst o'i ymddangosiad urddasol, patriarchaidd. Byddai pobl yn hoffi ei wahodd ar eu haelwydydd, yn arbennig y cyfoethogion o'r dosbarth canol. Cartref felly oedd cartref yr heddychwr George M Ll Davies a'r bardd J Glyn Davies yn Devonshire Road, Toxteth. Âi Owen Thomas yno'n aml ar

ôl colli ei briod am ginio a the ar y Sul. Ef fyddai'n llywio'r sgwrs hyd yn oed pan oedd cewri eraill yn bresennol, fel Edward Mathews, Ewenni, a melys oedd sôn am yr hen ddyddiau yng nghwmni'r blaenor John Davies a'i briod Gwen (merch John Jones, Tal-y-sarn). Mae gan yr Athro J Glyn Davies, brawd George M Ll Davies, ddisgrifiad byw o Owen Thomas fel gŵr *"sunny and serene"*.

Dyma, efallai, un o wendidau Owen Thomas, yn ei flynyddoedd diwethaf. Tyfodd yn dipyn o uchel fonheddwr. Mynnai deithio yn y dosbarth cyntaf ar y trên er mwyn cael cyfle i ddarllen neu ysgrifennu, ac ofnai na châi lety cysurus yn y tai teras yng nghymoedd Morgannwg ymhlith y dosbarth gweithfaol yno. Ond fe'i harbedwyd rhag hynny yn gyson a chafodd groeso tywysogaidd gan un o berchnogion y glofeydd, Thomas Joseph, Tŷ Draw, Treherbert. Does dim rhyfedd ei fod yn canmol teuluoedd y byddygions; teulu Treborth, ger Bangor, teulu Bryngwenallt, Abergele, a theulu Gwaelod-y-Garth House, Merthyr Tudful. Ym moethusrwydd cartrefi'r cyfoethogion hyn, y masnachwyr Calfinaidd, y rhoddwyd iddo gyfle i ymlacio. Yn wir, yr oedd angen llawer o gysur ar ŵr a yrrai ei hun yn ddiarbed o fore tan nos. Oherwydd drwy gydol y blynyddoedd doedd dim pall ar ei weithgarwch dros bobl ei eglwys, ei Gyfundeb a thros lenyddiaeth ei wlad. Yr oedd pawb yn cydnabod hyn.

Heddiw, fe erys y dystiolaeth i hyn i gyd mewn anerchiad disgrifiadol a gyflwynwyd i'r Dr Owen Thomas ym mis Mai

1888 ynghyd â thysteb am bedwar cant ar ddeg o bunnoedd fel arwydd o werthfawrogiad cenedl y Cymry ac yn enwedig Cyfundeb y Methodistiaid Calfinaidd, yn ninas Lerpwl am ei wasanaeth am hanner ei gyfnod fel gweinidog, a threuliodd fwy na hanner can mlynedd fel bugail ar y praidd. Ryw ddeugain mlynedd yn ôl digwyddodd hen ffrind inni, Menai Ashcroft-Dick, oedd yn byw o fewn y filltir sgwâr i Princes Road, gyfeirio at yr anerchiad disgrifiadol arbennig hwn. Trwy ryw ryfedd hynt, yr oedd yr anerchiad wedi dod i'w meddiant fel teulu ac fe'i cyflwynodd i mi fel Gweinidog olaf llawn amser yr Hen Gorff yn y ddinas. Mae'r anrheg yn cael parch yn ein cartref. Y fath drysor. Mae'r dysteb a'r anerchiad yn cydnabod bod Owen Thomas, drwy ei ysgrifeniadau, wedi bod yn llwyddiannus i "gynhyrchu a meithrin yn y Genedl Gymreig hoffter at ddarllen a chymerasoch ran bwysig yn nygiad i mewn cyfnod newydd yn hanes ein llenyddiaeth."

Ym 1888 teimlent yn Eglwys Princes Road fod yn rhaid cymeradwyo a gwerthfawrogi un a oedd,

> ers hanner can mlynedd wedi sefyll yn gyson yn y lleoliad pwysig yn uchelwyliau y Methodistiaid ac wedi cymryd rhan fel arweinydd yn holl symudiadau y Cyfundeb am dymor meithach nag a ganiatawyd i ond ychydig o weinidogion. Ac anrhydeddwyd chwi gan Dduw trwy eich gwneuthur yn offeryn i droi llawer at gyfiawnder.

Ar ôl y Pasg 1891 bu Owen Thomas yn llesg ac yn methu llenwi ei bulpud. Nid oedd trafferth i'w lenwi gan y daeth gweinidogion o dde a gogledd Cymru i'r adwy, pobl fel David Lewis (1830-1896), Llansteffan (tad Griffith Thomas Lewis, prifathro cyntaf Ysgol Uwchradd Tregaron) i enwi ond un o'r rhai pellaf o Lerpwl. Mynegodd ei hen gyfaill, Daniel Davies (brodor o Dregaron ond yn byw yn Nhon Pentre, Cwm Rhondda) deimlad y werin a'r cyfoethog, y deallus a'r diwyd, pan ysgrifennodd at ei gyfaill, pan oedd yn dioddef yn gorfforol: "O Frenin, bydd byw byth" a dyna oedd llais miloedd o Gymry.

Amhosibl yw hynny yn hyn o fyd ac yn gynnar ar fore Sul, 2 Awst 1891 bu farw Owen Thomas yn ei gartref yn 46 Catharine Street, tafliad carreg o gapel Princes Road, ac yn y cysegr hwnnw ar brynhawn Gwener 7 Awst y bu'r gwasanaeth angladdol, o dan ofal y Parchedig Griffith Ellis, Bootle ac yn dilyn ym mynwent Anfield. Aeth nifer o flynyddoedd heibio cyn i'r bedd gael cofgolofn hardd. Mynegodd y Parchedig J D Symons, Abergwaun, ei ofid ym 1898 am y diffyg yn ei bennill digon carbwl ond didwyll:

O broffwyd Duw, a dim ond rhifyn nod
Wrth ben angel wely sydd i fod?
Prif seraff Cymru mewn dienw fedd!
Rwy'n mynd yn fud; dowch, ddagrau lon'd fy ngwedd.

Daeth Saunders Lewis â'i dad ei hun, y Parchedig Lodwig Lewis, yn ôl yr holl ffordd o Gastell-nedd ym 1933 i fynwent Anfield, a'i osod ym medd ei briod a'i dad yng nghyfraith, y Dr Owen Thomas. Yr oedd hynny mor addas ar lawer ystyr. Yn oes y rhyngrwyd cawn ni gyfle fel cenedl y Cymry i gadw'r cof amdano yn fyw am gyfnod pellach.

Lewis William Lewis (Llew Llwyfo) (1831-1901)

Cymro amryddawn iawn oedd Lewis William Lewis, sef enw bedydd Llew Llwyfo, a anwyd ar 31 Mawrth 1831 ym mhentref Pen-y-sarn, Llanwenllwyfo, Ynys Môn. Gellir gweld o ble y cafodd ef yr enw Llwyfo. Bu'n greadur anesmwyth ar hyd ei oes. Ni chredai mewn aros yn hir yn unman. Daeth i Lerpwl ym 1855 o Dreffynnon i olygu'r papur wythnosol, yr *Amserau* gan nad oedd Gwilym Hiraethog am i John Roberts (Ieuan Gwyllt) yr is-olygydd gael ei ddyrchafu'n olygydd. O fewn tair blynedd yr oedd Llwyfo wedi derbyn y sialens o Aberdâr i olygu'r *Gwladgarwr* a'r *Glorian*. Yr oedd wrth ei fodd fel newyddiadurwr ac aeth oddi yno i Ddinbych i swyddfa Thomas Gee a'r *Faner*, yna i Gaernarfon i swyddfa'r *Herald Gymraeg* cyn croesi Môr yr Iwerydd ym 1870 i Utica a'r Unol Daleithiau. Cafodd gyfle i olygu'r cylchgrawn a enwid *Y Wasg*. Dychwelodd ar ôl pedair blynedd i gystadlu yn eisteddfodau Cymru; cofier iddo ennill fel bardd yn gyson ym mhob Eisteddfod Genedlaethol trwy chwedegau'r bedwaredd ganrif ar bymtheg

Ond daliai i alw yn Lerpwl, fel y tystiodd Lewis Jones, Hilbre. Yr oedd ei briod a Llew Llwyfo yn perthyn, yn gyfnither a chefnder. Geiriau Lewis Jones am hyn oedd: "Costiodd y berthynas honno lawer swllt imi yn ystod ei drigiad ef yn Lerpwl." Meddai Llew Llwyfo ar lais arbennig fel canwr, a galwodd Gwenallt y bardd ef yn "ganwr ysgubol". Gelwid arno'n gyson i arwain eisteddfodau mawr a bach. Cyhoeddwyd ei nofel *Llewelyn Parri, neu y Meddwyn Diwygiedig* yn ystod ei gyfnod yn Lerpwl, un o'r nofelau cynharaf. Llwyddodd cyn diwedd ei oes i lunio pedair nofel arall. Bu farw 23 Mawrth 1901 yn y Rhyl, a chladdwyd ef ym mynwent Llanbeblig, ger Caernarfon.

Ffynhonnell:

D. Gwenallt Jones. 'Lewis William Lewis (Llew Llwyfo) 1831-1901' yn *Y Bywgraffiadur Cymreig Hyd 1940*, (Llundain, 1953), tt. 322-3.

Y Parchedig John Owen Williams (Pedrog), 1853-1932

Un o fechgyn gwlad Llŷn oedd Pedrog a adawodd ysgol y Llan yn Llanbedrog yn ddeuddeg oed. Garddwr fu ef wedyn cyn symud ym 1876 i Lerpwl lle y cafodd gyfleoedd gwych i ddatblygu ei ddoniau fel bardd, darlithydd, llenor a phregethwr. Ym 1884 ordeiniwyd ef yn weinidog ar gapel yr Annibynwyr Cymraeg Kensington, Lerpwl, a bu yno hyd iddo

Pedrog yn eistedd yn ei gadair eisteddfodol

ymddiswyddo oherwydd afiechyd ym 1930 – cyfnod o 46 blynedd.

Enillodd y gadair yn yr Eisteddfod Genedlaethol dair gwaith a'r tro olaf yn Lerpwl ei hun ym 1900. Gwnaed ef yn Archdderwydd o 1928 hyd 1932 a phan ddaeth yr Eisteddfod Genedlaethol i Barc Sefton ym 1929 ef oedd wrth y llyw. Bu'n briod (collodd ei wraig, Rose Ellen Williams, ym 1916) a ganwyd iddynt ddau fab a thair merch. Chwith meddwl na chyhoeddwyd casgliad o'i farddoniaeth gan y bu mor doreithiog ond lluniodd hunangofiant difyr iawn o dan y teitl *Stori Mywyd* a'i gyhoeddi yn y flwyddyn y bu farw. Claddwyd ef yn Lerpwl.

Pedrog yr Emynydd

Fel cymaint o feirdd a fu'n byw ar lannau Mersi yr oedd y Parchedig J O Williams (Pedrog) yn emynydd swynol. Gallwn enwi o'r toreth o emynwyr sydd â'u gwaith ar gof a chadw, emynwyr o safon Peter Jones (Pedr Fardd), William Rees (Gwilym Hiraethog), John Roberts (Minimus), John Roberts (Ieuan Gwyllt), Peter Williams (Pedr Hir), Eleazar Roberts, David Adams (Hawen), J G Moelwyn Hughes (Moelwyn) a Gwilym R Jones. A daw Pedrog i'r dosbarth hwn. Bu Pedrog yn weinidog ordeiniedig gyda'r Annibynwyr Cymraeg ac yn fawr ei barch, bu'n eisteddfodwr o'r eisteddfodwyr ac yn olygydd diwyd Colofn Farddol y *Brython*. Lluniodd englynion crefftus ei hun ond i lawer ohonom ei gyfraniad fel emynydd sydd yn bwysig erbyn hyn.

Wrth drafod Pedrog yr emynydd, yr wyf am ganolbwyntio ar dri emyn yn unig. Ymdrech ysbrydol yw thema'r emyn cyntaf a ddaw o dan ystyriaeth, ac y mae'n amlwg fod y bardd-bregethwr yn cydnabod bod bywyd y Cristion yn un sy'n golygu cryn dipyn o ddisgyblaeth ac ymroddiad beunyddiol. Dywed:

Y mae'r ymdrech yn parhau,
Y mae ngobaith bron llesgáu;
Caled ydyw brwydro cyd
Â'r ddrwg galon ac â'r byd;
Ti fu gynt ar Galfari,
Gwrando, gwrando ar fy nghri;
Hollalluog fraich fy Nuw
Gadwo eiddil un yn fyw.

Dyna'r pennill cyntaf sy'n tanlinellu'r gwirionedd am fywyd y Cristion. Clywir y geiriau yn diasbedain fel ymdrech, brwydro a gwrando ar fy nghri. Mae'r pererin yn teimlo'n wan ac mewn adfyd. "Caled ydyw brwydro cyd." Mae'n anodd goresgyn yr anawsterau a choncro ein gwendidau a goresgyn ein llesgedd ysbrydol. Y dasg yw brwydro, fel y tystiodd John Bunyan, ar lwybr bywyd gan ein bod yn gorfod ymaflyd â'r "ddrwg galon ac â'r byd". Mae ein calonnau, ein hemosiynau wedi eu llurgunio gan bechod, ac y mae'n ofynnol inni dystio o fewn cymdeithas a byd sydd yn anwybyddu yn gyson werthoedd y Ffydd Gristnogol. Y waredigaeth sydd gennym fel credinwyr yw credu yng Ngwaredwr y Byd a ddioddefodd ar Groes Calfaria; pledia ar Waredwr y Byd i wrando ar ei gri ac fe ofelir am y crediniwr gofidus gan y Duw Anfeidrol.

Yn yr ail bennill fe eilw Pedrog ar y cwmwl tystion sydd wedi gorchfygu y blinderau i gyd yn yr angau trwy Groes ein Harglwydd Iesu Grist. Hwy yw'r gorchfygwyr yn yr ymdrech ysbrydol.

Brodyr imi, fyrdd a mwy,
Yn yr ymdrech buont hwy:
Ond yn wyneb pob rhyw loes,
Gorchfygasant trwy y Groes...

Caiff y pererin ei nerthu gan y caiff rannu ym muddugoliaeth yr Iesu.

Minnau hefyd caf wrth raid
Eu harweinydd hwy yn blaid;
Buddugoliaeth fydd fy nghân,
Gyda saint y nefoedd lân.

Y mae'r ail emyn a ystryriwn gan Pedrog ar thema sy'n ddigon tebyg i'r emyn cyntaf a drafodwyd. Emyn y Pererin ar y dôn 'Stephanos' yw'r emyn hwn. Cawn bum pennill, ac fe gawn ein cyflyru gan yr un gwirionedd yn crwydro ar lwybrau bywyd ac mewn hiraeth dwys am 'gyrraedd pen y daith'. Emyn yn nhraddodiad William Williams, Pantycelyn, ydyw. Ceir adleisiau o emynau'r Pêr Ganiedydd yn emynau Pedrog. Astudiodd, fel y dywedodd ef ei hun, gryn lawer ar waith ein hemynydd athrylithgar. Yn Lerpwl y dwthwn hwnnw ceid nifer o weinidogion oedd wedi arbenigo ar Williams Pantycelyn, fel y Parchedig Robert Davies, Heathfield Road, a'r ddau bennaf ohonynt oedd Dr J G Hughes a'r Parchedig Llywelyn Jones, gweinidog Capel Bethlehem, Douglas Road, Anfield. Yr oedd ef wedi ennill gradd B.Litt. Prifysgol Rhydychen ar emynyddiaeth y Pêr Ganiedydd. Ond y mae Pererin Pedrog mewn mwy o strach nag y bu'r un o bererinion Pantycelyn. Clywch gwynfan gweinidog Kensington:

Llenni'r nos sydd yn ymgasglu,
Duo mae pob awr,
Ac mae'r wybren ddig yn tywallt
Storom fawr.

Y mae'r pererin dros ei ben a'i glustiau mewn trybini. Mae'r nos dymhestlog ar y gorwel. Pob awr yn mynd yn dduach. Yn fuan fe ddaw'r "storom fawr" i'n blino a'n parlysu. Gofyn y bardd-bregethwr nifer o gwestiynau:

A oes llygad all fy nghanfod?
A oes glust a'm clyw?
A oes braich a all fy nghodi
I fyny'n fyw?

Ac yna fe bwysleisia gydag angerdd arnom i wrando ar y llef ddistaw fain, fel Eleias y proffwyd gynt:

Ust! Pa beth yw'r sain a glywaf?
Byddaf gyda chi!
Felys sain fe ddaw â Nefoedd gyda hi.

Beth a glywaf? Clywodd yr emynydd addewid yr Iesu, "A minnau a fyddaf gyda chwi bob amser hyd ddiwedd y byd." Un o addewidion godidocaf y Crist. Mae'n nodyn hyfryd cadarnhaol, caredig, a daw â holl hyfrydwch y nefoedd i'n bywydau.

Gyda thi! O! Dyna ddigon,
Yn y dŵr a'r tân,
Nes im gyrraedd i ogoniant
Salem lân.

Gwelwn y cysur yn amlwg, sef cael bod yng nghwmni Iesu, cyfaill pechaduriaid o bob gradd a lliw a llun. Dyna addewid yr efengyl. Nid oes angen ofni'r dyfroedd na'r tân. Cawn ein croesawu i fyd Duw, y Salem lân fel y dywed emynwyr y ffydd. Ffitia'r cyfan fel maneg yn nwylo'r emynydd crefftus o Lerpwl.

Ei emyn mawr a phoblogaidd yw'r unig emyn a gafodd fynediad gan y panel o olygyddion y casgliad enfawr

Caneuon Ffydd a gyhoeddwyd yn 2001. 'Y Pur o Galon' yw'r testun a'r emyn wedi'i selio ar eiriau'r Iesu yn y Gwynfydau. Efengyl Mathew 5:8 yw'r sylfaen ac ers i'r emyn ymddangos am y tro cyntaf yng nghasgliad *Y Caniedydd Cynulleidfaol Newydd* a gyhoeddwyd ym 1921, bu canu mawr ar yr emyn, a hynny i raddau helaeth oherwydd camp John Edwards, Penrhiwceibr, cyfansoddwr y dôn hyfryd 'Maes-gwyn'. Trwy ymchwil ddyfal Eurfryn Davies, Llandegfan, Môn, fe wyddom gryn lawer am fywyd a gwaith a dawn John Edwards fel cyfansoddwr cyn iddo fudo dros y moroedd i Ganada. Ond ni flinwn ar ganu

O fendigaid Geidwad,
Clyw f'egwan gri...

Fel yn yr emynau eraill, pechadur sy'n pledio am drugaredd yw'r pererin yn niwinyddiaeth Pedrog. Y mae gobaith ein bywydau wedi ei sylfaenu ar feddu ar galonnau didwyll, gonest a diddichell. Pan ganwn emyn Pedrog a'i bwyslais ar y galon lân, fe wyddom ei fod ef yn dweud calon y gwir. Y mae holl emosiwn ein cred yn y fan hon. Y mae'r neges yn ganolog i'n diwylliant crefyddol. Ac y mae'r ail bennill yn yr un cywair. Galwad Evan Roberts y Diwygiwr yw'r alwad. Y mae yna anrhydedd yn ôl yr Efengylau wedi'r cyfan o gael cario'r Groes a'i chyfrif yn goron. Canwn am y daioni a'r trugareddau a ddaw ar ein llwybrau, hyd yn oed yng ngwres y tân nefol, a digon yn y diwedd i bob pererin fydd cael "calon lân". Y mae'r pennill olaf yn crynhoi'r bererindod yr ydym yn rhan ohoni yn rymus:

O fendigaid Arglwydd
ar fy nhaith trwy'r byd –
gwynned dy sancteiddrwydd
ddyddiau f'oes i gyd;
angau dry'n dangnefedd,
troir y glyn yn gân;

nefoedd wen ddiddiwedd
fydd i'r Galon Lân.

Y mae diwinyddiaeth ysblennydd John Calfin yn absennol bron yn llwyr, gwaetha'r modd, o'r emynau, ond eto ni allwn ond diolch am allu Pedrog i gyfleu hanfod fawr yr Efengyl i bobl sydd yn ansicr, anwadal, ac yn llawn o wendidau sydd yn galw am faddeuant llwyr. Ac eto, heb y Galon Lân mae hi'n dywyll dros ben arnom. Haedda Pedrog ein diolch felly am ei emynau a ninnau yn Lerpwl wedi cynnal gŵyl i'w gydnabod rai blynyddoeded yn ôl, a gwelir ei gadair eisteddfodol yn Neuadd y Ddinas. Deil i gael ei anrhydeddu.

Moelwyn yr Emynydd, bardd a llenor (1866-1944)

Credaf fod sôn am Moelwyn a fu yn Weinidog hynod o bwerus ar lannau'r Mersi fel emynydd i ddechrau yn hynod briodol, gan ei fod yn ffenomenon ym myd yr emyn Cymraeg am reswm amlwg. Lluniodd ei ddau emyn gorau pan oedd yn ŵr ifanc iawn, ac y mae'r ddau emyn yn dal yn fytholwyrdd.

Yr emyn mawr cyntaf yw'r emyn dan y teitl 'Fy Nhad o'r nef, O gwrando 'nghri'. Y mae Cymry capelgar yn gyfarwydd â'r pedwar pennill:

Fy Nhad o'r nef, O gwrando 'nghri:
Un o'th eiddilaf blant wyf fi;
O clyw fy llef a thrugarha,
A dod i mi dy bethau da.

Nid ceisio 'rwyf anrhydedd byd,
Nid gofyn wnaf am gyfoeth drud;
O llwydda f'enaid, trugarha
A dod i mi dy bethau da.

Fe all mai'r storom fawr ei grym
A ddaw â'r pethau gorau im;
Fe all mai drygau'r byd a wna
I'm henaid geisio'r pethau da.

Ac yna'r dyhead am gael dod yn agosach at y Cynhaliwr:

Fy Nhad o'r nef, O gwrando 'nghri
A dwg fi'n agos atat ti;
Rho imi galon a barha
O hyd i garu'r pethau da.

Rwyf am i chwi gadw mewn cof fod chwe phennill yn y gwreiddiol. Gadawyd allan benillion 2 a 5 o'r emyn gwreiddiol, yr emyn a gyhoeddwyd yn *Caniadau Moelwyn* ym 1893. Dyna'r ddau bennill a adawyd allan:

Bûm mewn anwybod lawer gwaith
Yn rhoi o'th flaen, do restr faith;
Ond bellach, dy ewyllys gwna,
A dod i mi dy bethau da.

Pennill sydd yn ffres ac yn dderbyniol ac yn amlygu gwendid parhaus y gweddïwr gerbron Duw o roddi rhestr faith o ddyheadau yn hytrach na phlygu i ewyllys y Duw Anfeidrol. Y pumed pennill yw hwn:

Yng nghyngor dy ewyllys Di
Y trefnwyd beth sydd oreu i mi,
Nis gwn beth, Arglwydd, a'm boddha;
O dod i mi dy bethau da.

A dyna enghraifft wych o Galfiniaeth, yn arbennig y cwpled cyntaf:

Yng nghyngor dy ewyllys Di
Y trefnwyd beth sydd oreu i mi.

Bu newid ar yr emyn hefyd, pan aeth i lyfrau emynau'r enwadau, fel y gwelwn wrth gymharu'r gwreiddiol â'r fersiwn diwygiedig. Cymerwch y pedwerydd pennill o'r *Caniadau*. Yn y gwreiddiol defnyddiodd Moelwyn y gair 'dymestl':

Fe all mai'r dymestl fawr ei grym
A ddug y pethau gorau im;
Hwyrach mai drygau'r byd a wna
I f'enaid 'mofyn pethau da.

Ac mae'r pennill olaf wedi ei newid yn fawr, fel y sylwch:

Ffynhonnell pob daioni sy,
Ga'i fod yn agos atat Ti?
A gaf i galon i barha
I garu dim ond pethau da?

Nid oes dwywaith nad yw ailddefnyddio llinell agoriadol yr emyn fel llinell gyntaf y pennill olaf, wedi ei atgyfnerthu. Gwell cael "Fy Nhad o'r nef, O gwrando 'nghri" na'r llinell ryddieithol braidd, "Ffynnhonell pob daioni sy."

Ond i ddod yn awr at gefndir yr emyn. Lluniodd Moelwyn (a gyda llaw galwai ei hun yr adeg hon yn Ioan Moelwyn) yr emyn ar ddydd ei ben-blwydd yn ddeunaw oed a hynny ar 30 Mai 1884. Yr oedd hi'n brynhawn heulog, ac yntau yng nghastell Cricieth yn edrych allan ar yr olygfa wych sydd yno tuag at Ddyffryn Ardudwy a Harlech. Ond yr oedd geiriau un o ddiwygwyr pennaf y cyfnod yn ei gof, sef y Parchedig Richard Owen (1839-87), y diwygiwr o Fôn. Dywedodd y Parchedig Richard Thomas, Bontnewydd amdano:

Nid aeth i bulpud erioed ŵr mwy disyml a diymhongar na hwn. Nid oedd iddo na huodledd na bywiogrwydd ystum, ac eto pan ddeuai'r angerdd, a'r pregethwr yn edrych i wyneb y gynulleidfa, deuai allan feddyliau disglair a disgrifiadau a fyddai'n llorio pawb. Ac ymysg y rhai a loriwyd oedd gŵr ifanc

> dwys a chrefyddol. A'r tro hwnnw gweddi Richard Owen oedd wedi gafael ynddo. Yn ei weddi gyda'r angerdd mawr, dyfynnodd y Diwygiwr eiriau Iesu o Efengyl Mathew 7:11, 'Pa faint mwy y rhydd eich Tad yr hwn sydd yn y nefoedd bethau da i'r rhai a ofynnant iddo?' Ailadroddodd Richard Owen y deisyfiad hwn yn ei weddi: "Ein Tad, rho dy bethau da inni, beth bynnag fyddan' nhw – Ti sy'n gwybod hynny."

Ac yn nhawelwch Castell Cricieth a gweddi Richard Owen yn ei gof, cafodd Moelwyn ysbrydoliaeth na fu ei well i greu emyn godidog.

Daeth yn emyn canadwy. Tôn Gutyn Arfon, 'Llef' oedd ym meddwl Moelwyn pan luniodd yr emyn, ond heddiw cenir yr emyn ar dôn Tom Carrington, Coed-poeth, sef 'Y Ddôl'. Ymddangosodd yr emyn 4 pennill yn y *Caniedydd Cynulleidfaol* ym 1895 ond erbyn y dauddegau pan aeth ei enwad ei hun a'r Wesleaid ati i baratoi llyfr emynau newydd, bu dadlau brwd ar y cyntaf am y geiriau 'y pethau da' a welir ar ddiwedd pob pennill. Cofier mai 'Dy bethau da' oedd gan yr emynydd ifanc, yn wreiddiol. Newidiwyd y ffurf o 'Dy bethau da' i 'y doniau da' gan olygyddion *Llyfr Emynau'r Methodistiaid Calfinaidd a Wesleaidd* (1927), a hynny am fod aelodau o'r pwyllgor, yn arbennig pobl o Fôn fel Syr John Morris-Jones yn dadlau fod 'pethau da' yn cael eu cysylltu gyda melysion ar yr ynys honno. Moelwyn ei hun a gynigiodd y cymal y 'doniau da', cymal yr wyf i yn dra hoff ohono, ond yn fuan iawn teimlodd Moelwyn iddo wneud camgymeriad dybryd. Nid oedd yn hapus o gwbl â'r newid o 'pethau' i 'doniau'. Pan roddodd y cefndir mewn erthygl yn *Trysorfa'r Plant* (Medi 1938) dywedodd yn ddigon clir:

> Fel yr oedd o ar y dechrau sydd orau, a 'phethau da' sydd yn yr adnod. Os yw'r emyn i fod mewn rhyw gasgliad eto, fel y lluniwyd ef gyntaf yr hoffwn iddo ymddangos.

Cafodd ei ddymuniad yn *Caneuon Ffydd* (2001).

Ym 1940, ac yntau newydd golli ei briod hoff, Mya, a'i fab Gwyndaf, dywedodd wrth ei nith, Mrs Elinor Parry, y byddai yn newid llinell gyntaf y trydydd pennill, pe bai yn cael cyfle i ail lunio'r emyn:

Mi wn mai'r storom fawr ei grym
A ddaw â'r peth gorau im.

Ceir yr un argyhoeddiad ganddo yn ei gerdd *Cofio Cyfaill*:

O ddioddefiadau yr Iesu, derbyniaist
Dy gyfran yn helaeth, er byrred dy oes,
Ond ti ogoneddaist dy Geidwad trwy hynny
Nes sugnwyd dy enaid ohonynt i fyny,
I fyw mwy ar haeddiant dioddefaint y Groes.

Dau fis cyn ei farwolaeth ym 1944 anfonodd ysgrif ar gyfer y *Drysorfa* i'r golygydd, y Parchedig William Morris, Caernarfon. Ac yn ei lythyr dywedodd wrth William Morris:

Cefais brofiad helaeth o wermod a gwin, a dyma fy nhystiolaeth: drwy'r wermod y daeth y pethau gorau i'm bywyd, am fod y profiad o chwerwder bywyd yn fy ngwasgu at Dduw a'r melyster yn peri imi ymbellhau oddi wrtho.

Credai fel Calfinydd clasurol fod stormydd bywyd wedi eu hordeinio ar ein cyfer. Ceir hyn mewn llythyr cariad o'i eiddo i Miss Mya Lewis (a ddaeth yn wraig iddo) tua 1895: "I believe that tribulation, as you say, was like everything else ordained and I do not complain."

Ei ail emyn mawr yw 'Pwy a'm dwg i'r ddinas gadarn'. Lluniodd Moelwyn yr emyn hwn ar ddydd ei ben-blwydd yn 19 oed, sef 30 Mai 1885, blwyddyn yn union ar ôl ei emyn cyntaf, 'Fy Nhad o'r Nef'. Yn ôl yr hanes, daeth Evan

Morgan (1846-1920), saer dodrefn ym Mhorthmadog i weld Moelwyn yn swyddfa William a David George gyda'r dôn 'Tyddyn Llwyn' gan ofyn iddo lunio emyn ar gyfer y dôn. Llew Madog oedd enw barddol Evan Morgan, ac addawodd Ioan Moelwyn ystyried hyn. Ac ar Sul 30 Mai 1885 y lluniwyd yr emyn, gan ei fod wedi methu mynd i'r oedfa yn Cedron, Pentrefelin, lle y lletyai, oherwydd ei fod yn dioddef o'r ddannodd. Yn ei lety agorodd ei Feibl a darllen y geiriau 'Pwy a'm dwg i'r Ddinas Gadarn' sydd i'w gweld yn Llyfr y Salmau, Salm 60: 10 a Salm 108. A dyma a luniodd – 8 pennill – a dyma nhw:

Pwy a'm dwg i'r ddinas gadarn –
Man na syflwyd mo'no 'rioed?
Yma dymchwel pob cadarnwaith,
Cryna'r ddaear dan fy nhrad.
O am ddinas
Nad ysgogo'i muriau byth.

A gwelwch fod y pennill agoriadol wedi ei lwyr adael allan, gan ei fod yn ddigon gwantan. Ond nid oedd angen newid yr ail bennill.

Pwy a'm dwg i'r ddinas gadarn –
Lle mae Duw'n arlwyo gwledd,
Lle mae'r awel yn sancteiddrwydd,
Lle mae'r llwybrau oll yn hedd?
Hyfryd fore
Y caf rodio'i phalmant aur.

Gadawyd allan y trydydd pennill:

Pwy a'm dwg i'r ddinas gadarn –
Uwch gelynion o bob rhyw,
I fwynhau rhwng caerau cariad
Einioes deg ym monwes Duw,
Ymddifyrru
A chartrefu'n nhŷ fy nhad.

Y mae'r pennill nesaf wedi ei gynnwys ond wedi ei ddiwygio yn fawr:

Pwy a'm dwg i'r ddinas gadarn –
    Lle mae pawb yn llon eu cân,
Neb yn flin ar fin afonydd,
    Yr anheddle, lonydd lân?

Yn y fersiwn sydd gennym cawn yn lle 'yr anheddle, lonydd lân' y llinell 'y breswylfa, lonydd lân'. A diflannodd

    Ar un wyneb
Ni ddaw cysgod trallod trist

A cheir y cwpled ar ôl hynny:

    Gwaith a gorffwys
Bellach wedi mynd yn un.

Y mae'r pennill nesaf bron yr un fath â'r gwreiddiol:

Pwy a'm dwg i'r ddinas gadarn
    I gael nerthol fythol fyw
Yng nghartrefle'r pererinion,
    Hen dreftadaeth teulu Duw?
            O! na welwn
    Dyrau gwych y Ddinas bell.

Yr ail linell yn unig sydd wedi ei chryfhau o 'i gael nerthol fythol fyw' i 'lle caf nerth i fythol fyw'. Gadawyd y pumed pennill allan yn gyfan gwbl, a gellir deall pam fod hynny wedi digwydd. Dyma'r ymgais:

Pwy a'm dwg i'r ddinas gadarn?
    Y mae'r niwl yn amgáu,
Minnau wedi colli'r llwybyr
    Hithau'r nos yn agoshau.
            Oes arweinydd
    Gyfarwydda f'enaid gwan?

Y mae'r pererin mewn niwl go iawn! Mae'n deg cydnabod bod y penillion cynt yn gofyn am arweiniad i'r ddinas gadarn, ond yn y chweched pennill, y mae ef wedi colli'r llwybr, a'r cwestiwn syml 'Oes arweinydd' ar gael. Haedda'r pennill ddianc i ebargofiant!

Gadawyd allan y seithfed pennill am ei fod yn ateb y chweched pennill, ond y mae ynddo gysur yr efengyl heb amheuaeth:

Oes medd Rhywun yn fy ymyl,
Rhywun â hyfrydlais cu;
Nerthol eiriau, dyner eiriau,
Clyw fy enaid, - 'Dilyn fi'?
Iesu annwyl,
I bererin moes dy law.

Ac yna diweddglo gwych yr wythfed pennill, er i hwn gael ei ddiwygio:

Iesu a'm dwg i'r ddinas gadarn,
Derfydd crwydro'r anial maith,
Diolch wnaf i dragwyddoldeb
Am fy nwyn i ben fy nhaith;
Minnau'n aros
Yn fy ninas foreu a nawn.

Newidiwyd y drydedd linell, o 'diolch wnaf i dragwyddoldeb' i'r frawddeg 'canu wnaf y gainc anorffen', ac y mae'r cwpled olaf wedi ildio i gwpled gwell:

Iechydwriaeth
Ydyw ei magwyrydd hi.

Dyma gampwaith Moelwyn. Ac i'w werthfawrogi yn llawn trown i Salm 108, adnod 1. 'Pwy a'm dwg i'r ddinas gaerog?' sydd yn y cyfieithiad newydd. Yna trown i lyfr

Eseia, pennod 65 adnodau 17 i 25 o dan y pennawd 'Nefoedd Newydd a Daear Newydd'. Jerwsalem y ddinas nefol sydd ger ein bron. Ac yna darllener pennod 21 o Lyfr y Datguddiad, eto datganiad am y Nef Newydd a'r Ddaear Newydd. 'Wele, y mae preswylfa Duw gyda dynion; bydd ef yn preswylio gyda hwy, byddant hwy yn bobloedd iddo ef, a bydd Duw ei hun gyda hwy, yn Dduw iddynt.'

Pan ddaeth gwraig y tŷ a'r mab a'r lletywr arall oedd ym Mhentrefelin adref o'r oedfa, yr oedd yr emyn newydd yn barod iddynt. Ac arferiad y cartref gwerinol, Cymraeg hwnnw oedd canu emynau ar ôl swper. Diweddu Dydd yr Arglwydd i foli'r Arglwydd. Ac meddai Moelwyn, "A chaed arddeliad rhyfedd ar ganu emyn newydd." Gallwn ddeall hynny. Cant tri deg naw o flynyddoedd yn ddiweddarach cawn ninnau ar dro hyfrydwch o ganu am y wledd a'r hyfryd fore, gwaith a gorffwys wedi mynd yn un, gyda nerth i fythol fyw a'r pennill olaf gorfoleddus, 'Iesu a'm dwg i'r ddinas gadarn'. Darfu yr ofnau a'r amheuon i gyd yng nghwmni Moelwyn.

Yn y cyfnod cynnar hwn y galwodd O M Edwards Moelwyn yn fardd y Seiat, a gwelwn hynny yn amlwg ynddo yn llanc ifanc deunaw a phedair ar bymtheg oed. Ond gellir gofyn y cwestiwn, pam fod gŵr mor ifanc wedi dewis testunau sy'n perthyn i Adran Angau, Nefoedd a Thragwyddoldeb? Mae'r atebion clasurol i'w cael o fewn Anghydffurfiaeth Gymreig y dwthwn hwnnw. Yn gyntaf un o'i arwyr fel bardd oedd William Thomas (1832-78), y bardd-bregethwr Islwyn. A phan soniwn am Islwyn, y gweinidog Methodistaidd o Sir Fynwy, fe gofiwn yn syth ei emyn clodwiw:

Gwêl uwchlaw cymylau amser,
O fy enaid gwêl y tir
Lle mae'r awel byth yn dyner,
Lle mae'r wybren fyth yn glir.
Hapus dyrfa
Sydd yn nofio yn ei hedd.

Bardd y bedd, angau a thragwyddoldeb ac yn arbennig y nefoedd oedd Islwyn yn enwedig ar ôl iddo golli ei gariad Ann Bowen a drigai ar gyrion Abertawe. Cofier hefyd fod Islwyn, yn fwy felly na Moelwyn, yn bregethwr sensitif, croendenau a oedd yn ei chael hi'n anodd dygymod â chroesau bywyd. Methodd Islwyn dderbyn cyfrifoldeb eglwys, byddai yn torri cyhoeddiadau byth a beunydd, ac yn ôl ei chwaer, byddai fel gŵr ifanc gofidus ei fyd ac isel ei ysbryd, yn mynd at ei gŵr, y Parchedig Daniel Jenkins ac yn 'wylo'n hidl' yn ei gwmni. A bu marwolaeth ddisymwth ei ddarpar wraig, Ann Bowen, ar nos Sul ym mis Hydref 1853 yn ardal Abertawe yn ofid affwysol na lwyddodd byth i'w hanghofio. Bu'r brofedigaeth lem yn ei lywio a'i symbylu ef fel bardd weddill ei oes. Ni lwyddodd amser i leddfu ei ddioddefaint na hyd yn oed ei adael i ystyried na mentro priodi merch arall.

Yr oedd Moelwyn hefyd yn brofiadol o'r hiraeth a phoen meddwl a wybu Islwyn. Meddyliwch am ei deulu ei hun. O'i dri brawd, bu dau farw yn blant: Hugh yn bedair oed, Griffith yn wyth mlwydd oed a William yn ddwy ar hugain, ac Ellen ei chwaer yn ddeuddeg ar hugain. Allan o saith o blant dim ond tri a gafodd eu harbed i fod yn oedolion.

A dyna'r ail beth; yr oedd Angau yn realiti bob dydd yn y cymunedau lle y treuliodd y bardd ifanc ei lencyndod yn Sir Feirionnydd. Buasai Islwyn, er enghraifft, yn asiant i'r *Liverpool and London Fire and Life Insurance Company.* Ac enw pobl Cwm Tawe am gasglwr yswiriant oedd 'clerc-yr-angau'. Pan anwyd Moelwyn ym 1866 cyfrifid nad oedd dim llai na 70,000 o blant a phobl ieuainc yn marw o'r diciâu yn flynyddol ym Mhrydain. Yn y Gymru Gymraeg rhwng 1850 a 1880 byddai hanner y marwolaethau yn digwydd i bobl cyn eu bod nhw yn ddeugain oed ac y mae'r mynwentydd yn Llangwm a Llan Ffestiniog a Llanddewi Brefi yn tystio'n glir i hynny, fel y mae'r hen bennill telyn:

Mae cyn amlad yn y farchnad
Groen yr oen â chroen y ddafad,
A chyn amlad yn y Llan
Gladdu'r ferch a chladdu'r fam.

A bu colli ei frawd talentog William Gruffydd Hughes yn brofedigaeth aruthrol iddo. Gwelir llun ei frawd yn nechrau ei gyfrol *Caniadau Moelwyn, y Drydedd Gyfres* (Dolgellau, 1899) a chyflwynodd y gyfrol i'w goffadwriaeth, gan ychwanegu 'yr hwn a garwn yn fwy nag y gall geiriau fynegi'.

Y trydydd emyn cyfarwydd sydd wedi goroesi i'n dyddiau ni o eiddo Moelwyn yw'r emyn 'Ti Arglwydd nef a daear'. Emyn a luniwyd ym Mhenbedw ydyw'r emyn hwn, ac fe'i canwyd am y tro cyntaf yng nghapel y Methodistiaid Calfinaidd Parkfield, Penbedw, yng ngwasanaeth dadorchuddio cofeb i ugain o wŷr ifanc o'r eglwys a laddwyd yn y Rhyfel Byd Cyntaf. Cyhoeddwyd yr emyn am y tro cyntaf yn *Y Cymro* (20 Ebrill 1921). Ond mae'n amlwg fod y pennill cyntaf sy'n cyfeirio at fechgyn Penbedw a gollodd eu bywydau wedi ei hepgor. Dyma'r pennill a adawyd allan yn *Llyfr Emynau* (1927) a *Caneuon Ffydd* (2001):

Cof am y bechgyn annwyl,
    I'w henw rhown fawrhad
Am sefyll yn y frwydr,
    A marw dros eu gwlad.
Cof am Dywysog harddach,
    Enillodd frwydrau mwy,
A'r fythol fuddugoliaeth
    A gaed drwy farwol glwy.

Wrth adael y pennill cyntaf allan, cawn emyn cymdeithasol hynod o werthfawr:

Ti Arglwydd nef a daear,
    Bywha'n calonnau gwyw,
Dysg in gyfrinach marw,
    Dysg in gyfrinach byw.
Rho glust i glywed neges
    Dy fywyd di dy hun;
Rho lygad wêl ei gyfle
    I wasanaethu dyn.

Gogoniant gwaith a dioddef,
    A hunanaberth drud,
Lewyrcho ar ein llwybrau
    Tra byddom yn y byd.
Boed hunan balch ein calon
    Yn gwywo'n d'ymyl di,
A'n bywyd yn egluro
    Marwolaeth Calfari.

Fel bardd y mae yna le pwysig i Dr J G Moelwyn Hughes, er mai ychydig o feirniaid llenyddol sydd yn barod i gydnabod hynny. Cafodd Moelwyn siom fod yr Athro W J Gruffydd wedi anwybyddu'n llwyr ei delynegion yn ei ddetholiad, *Y Flodeugerdd Gymraeg*. Gwnaeth Alan Llwyd a Gwynn ap Gwilym yn union yr un fath yn y gyfrol, *Blodeugerdd Barddoniaeth Gymraeg yr Ugeinfed Ganrif*. Ac yn y detholiad o eiddo Syr Thomas Parry, *The Oxford Book of Welsh Verse*, emyn y Ddinas Gadarn yn unig a gaiff le ganddo yntau. Ceisiodd y Dr Meredydd Evans ei orau glas i ddangos i ni werth nifer o'i delynegion, a chyflwynodd Syr T H Parry Williams a'r Parchedig David Jones, Blaenplwyf, ddetholiad hylaw ohonynt yn y gyfrol, *Caneuon Olaf Moelwyn* (Caernarfon, 1955).

Yn wir dylid ar bob cyfrif dynnu sylw at ei bwysigrwydd fel telynegwr. Ceisiaf adfer iddo le pwysig fel arloesydd y telynegion Cymraeg. Fel telynegwr bu yn enw coll i'n cenhedlaeth ni. Yn wir y mae barddoniaeth Moelwyn yn ddieithr iddi. Cymerer y delyneg 'Croesaw Eira Glân' am ei bod yn enghraifft o'i hoffter o fyd natur, ac anaml y byddai ef yn llunio cerddi ar y greadigaeth.

O! Croesaw iti eira glân,
Disgynna ar dy aden wen
Fel cennad pur o wlad y gân,
I sibrwd iaith y llu uwchben.

Beth yw dy iaith? Ai dweyd 'rwyt ti
Mai gwyn a ddylai popeth fod?
Mai gwyn yw popeth y wlad fry?
Ai er dweyd hyn yr wyt yn dod?

Ai dyfod yma'r ydwyt ti
I guddio'r byd o ŵydd y nef –
Y byd sy'n aflan ac yn ddu, –
I daflu'th aden drosto ef?

Arhosi ar fwthyn tlota'r wlad
'Run fath ag ar y palas llawn,
Di-dderbyn-wyneb fel dy Dad,
A phur a gostyngedig iawn.

O paid â digio wrth aflan ddyn
Am ddweyd y byddaf finnau'n wyn, –
Yn wynnach na thydi dy hun,
Os caf fi wisg Calfaria fryn.

Ac yr ydych yn medru gweld yn syth mai bardd-bregethwr sydd yn gyfrifol am y gerdd. Ni all ddisgyblu ei hun rhag dweud y drefn: 'Mai gwyn a ddylai popeth fod?' Ac eto: 'Y byd sy'n aflan ac yn ddu.'

Ni all ond dwyn gydag ef i'w delyneg gefndir a gwirioneddau crefydd. Fel cennad y Gair y gwêl ef yr eira, fel negesydd oddi wrth Dduw at fyd yn ei wae a'i euogrwydd. Nid yw'n ddigon i ddisgrifio'r eira yn ei harddwch, y mae'n rhaid troi'r plu eira yn symbolau o ostyngeiddrwydd a phurdeb, yn wir yn adlewyrchiad o Dduw ei hun: 'Di-dderbyn-wyneb fel dy Dad' ac yna'r clo olaf:

Yn wynnach na thydi dy hun,
Os caf fi wisg Calfaria fryn.

Y mae nodweddion hyfryd hefyd yn y delyneg hon er gwaethaf y gwendidau amlwg.

Telyneg arall sy'n cyffwrdd â rhai ohonom yw 'Y Bachgen Dall a Duw'. Y mae'r bardd yn gosod ei hun yn esgidiau'r bachgen dall.

Os dunos ddiwawr yw fy nhynged
    Heb weled na daear na ne',
Diolchaf fod 'mam a Thydi yn ddi-ball
    Yn edrych a gweld yn fy lle.

Ac yn yr ail bennill cawn gyfaddefiad digon anodd, ac nid wyf yn siŵr a yw'r bardd wedi mynegi profiad y bachgen dall:

Pe gwiw fyddai gennyt roi cynnig
    Im weled am funud neu ddau –
Dewiswn gael peidio â gweled dros dro
    A'r nos arnaf wedyn yn cau.

Ac yna yn y pennill clo cawn rwystredigaeth sefyllfa'r bachgen dall a nodyn syfrdanol yn y llinell olaf. Dyma'r pennill:

Ti, Dad y goleuni, O maddau
    Os yw fy ngofyniad yn ffôl –
Paham y symudwyd fy nghannwyll i ffwrdd
    A gadael fy nagrau ar ôl?

Yn awr y mae'r delyneg nesaf yn nhraddodiad y delyneg

Gymraeg, yn gryno a theimladwy, fel rhai o delynegion Crwys, Wil Ifan a nifer o weinidogion y Gair oedd yn prydyddu yn nyddiau Moelwyn. Byddwn i yn cynnwys y delyneg hon mewn unrhyw flodeugerdd. Y testun yw 'Tridiau' ac y mae Moelwn yn disgrifio'r gwynt yn chwythu ac yna haul wedi'r storm ar y diwrnod cyntaf. Ar yr ail ddiwrnod, popeth yn wych. Mae'n hindda wedi'r storm. Y wawr wen wedi torri. A bywyd dynamig yng ngwythiennau'r gŵr a brofodd y llanw. Ond fe ddaw yfory. Ni wyddom ddim amdano. Mi all fod yn garedig, ond beth bynnag a ddaw, nid rhaid ofni gan fod Duw wrth law. Dyma'r delyneg:

Ddoe'r gwynt a ysgytiai
  Fy Nhŷ o glai,
A'r haul wedi machlud
  Ar ddistyll trai.

Ond heddiw daeth hindda,
  Gosteg a gaed!
Mae'r wawr yn fy llygaid
  A'r llanw yn fy ngwaed.

Yfory, dirgelwch
  Caredig yw,
Cans gwn, er f'anwybod
  Mai da yw Duw.

Arhosodd llawer o'r plentyn ym Moelwyn ar hyd ei oes a gwelir hynny yn ei gerddi a gyhoeddwyd. Mewn ysgrif o'i eiddo fe ddywed ei fod yn dyheu am gael aros yn blentyn yn hwy. Dywed, 'Collwyd y plentyn, ni chafwyd mo'r dyn!' Adlewyrchir hyn yn ei gerdd 'Athrylith Gras':

Ond ni heneiddia plentyn athrylith:
  Mae yn hoyw ei gam dan bob croes;
Ni all bod undyn ddwywaith yn blentyn
  A fu'n blentyn ar hyd ei oes.

Gras yw athrylith Tad tragwyddoldeb
    A myn gadw ei blant i gyd
Yng nghanol ffresni eu bore cynnar
    Heb grychni i ddifwyno'u pryd.

A'r un yw neges yn y delyneg 'Y Cliced'.

Cyfyng yw'r porth i Dŷ ein Tad –
    Y drws mor fychan yw,
Rhai bach yn unig âi i mewn
    I'r lle mae'r plant yn byw.

Adlewyrchir yn y pennill hwn eiriau'r Iesu: 'Oddieithr eich gwneuthur fel plant bychain ni ewch i mewn i Deyrnas Nefoedd.' Yn yr ail bennill dywed:

Mae cliced gloyw'r ddôr wrth law,
    Yn isel ger y llawr;
Yr ochr i mewn i ddrws y Tŷ
    Mae'r plant yn tyfu'n fawr.

Fel llenor lluniodd Moelwyn ysgrifau gwerthfawr iawn, yn arbennig ar Morgan Rhys yr emynydd, ac y mae ei ddwy gyfrol ar Bantycelyn yn gaffaeliad i'n llenyddiaeth. Erbyn hyn gwyddom mai dehongliad Moelwyn o Bantycelyn fel Calfinydd sy'n taro deuddeg ac nid yr hyn a gafwyd yng nghyfrol fythgofiadwy Saunders Lewis arno. Yr oedd Moelwyn yn edmygydd mawr o'r Pêr Ganiedydd. Cyfrifai ef Williams fel y 'bardd mwyaf a'r diwinydd mwyaf a gynhyrchodd Cymru'. Dyma wrogaeth Moelwyn iddo:

> Heb gyrraedd hyd ato ef y mae Cymru eto yn ei phrofiad ysbrydol, ac nid wedi myned y tu hwnt iddo; a diau gennyf y cymer oesoedd lawer cyn y bydd yr eglwys a'i dirnadaeth cyn gliried â'i eiddo ef.

Dywedodd y Parchedig Gwilym Williams, gweinidog

Capel Twrgwyn, Bangor am flynyddoedd lawer y buasai ef yn cerdded ugain milltir y noson honno i glywed Moelwyn yn darllen emyn, yn arbennig un o emynau mawr Pantycelyn. Clywais yr un deyrnged gan rai a'i cofiai ar lannau Mersi. Fel emynydd y cofir am Moelwyn heddiw, ond nac anghofiwn ei gyfraniad fel telynegwr ac ysgrifwr eithaf amlwg. Fel bardd cychwynnodd o dan gyfaredd Mudiad y Bardd Newydd, ond yn fuan daeth yn arloeswr y delyneg. Ef ac Elfed a John Morris-Jones yw'r cynharaf o'n telynegwyr, pobl a ddaeth o dan gyfaredd Ceiriog a Talhaearn. Ond yn wahanol i Elfed, trodd ei gefn ar y sefydliad eisteddfodol a'i feirniadu'n fawr. Dywed,

> Credaf innau na wawria oes yr awen Gymraeg hyd nes rhyddhao ei hunan yn llwyr oddi wrth ddylanwad yr eisteddfod.

Nid rhyfedd felly mai unwaith yn unig y gwahoddwyd ef i feirniadu yn yr Eisteddfod Genedlaethol a hynny ym 1931 ar gystadleuaeth y Goron pan gynhaliwyd yr Eisteddfod ym Mangor. Y tri beirniad oedd yr Athro W J Gruffydd, J Dyfnallt Owen a Moelwyn. Ymgeisiodd 24 o feirdd. Daeth W J Gruffydd a Dyfnallt i'r casgliad y dylid coroni Mordan, sef Cynan, a fyddai'n ennill ei drydedd coron. Ond anghytunai Moelwyn. Yr oedd yn feirniadol iawn o'r holl gystadleuaeth a pharatôdd feirniadaeth o 25 tudalen yn mynegi ei farn onest a diflewyn ar dafod. Dywed,

> Waeth pa mor nifer fo rhagoriaethau ymgeisydd ni ddylid mo'i wobrwyo onid yw bur, dyrchafol, urddasol.

Yr oedd yn llawdrwm iawn ar bryddest Mordan, am ei bod yn annhestunol – a bod y bardd wedi puteinio'r awen farddol. Gresyn fod gŵr o athrylith ddiamheuol heb sylweddoli'i gyfrifoldeb a'i gyfle.

Bardd crefyddol oedd yn beirniadu. Dyna oedd ef o'r cychwyniad yn ddeunaw oed, a bardd dioddefaint.

Dioddefodd lawer ei hun am ei fod yn un mor sensitif. Ni fu hi'n hawdd arno yn yr un o'i eglwysi i gydweithio gyda'r arweinwyr eraill, a dioddefodd brofedigaethau, amhariad ar ei olwg, a damwain fawr a gafodd yn yr Amwythig ar 1 Hydref 1907, pan aeth y trên oddi ar y cledrau. Lladdwyd dau ar hugain a chyfeiria at hyn yn ei gyfrol o ysgrifau, *Llewyrch y Cwmwl.*

Dywedir amdano ei fod yn farddonllyd, bregethwrol, yn ailadrodd ac yn niwlog. Er ei fod yn Galfinydd, eto ymddiddorodd yn fawr mewn Cyfriniaeth. Ac weithiau cynhyrchodd ambell i delyneg sâl ar y naw, fel yr un ar y seraff bregethwr o Gastellnewydd Emlyn a fu'n ddylanwad ar y diwygiwr Evan Roberts. Darlun o Evan Phillips a gawn:

Llestr gadarn oludog
  O aur a thus a myrr,
Fordwya ddyfroedd dieithr,
  Ymhell, mewn amser byr.

Lledu wna'r hwyliau gwynion
  A'r awel lond eu côl;
Brysiwch! Mae'r llong yn cychwyn!
  Gwelwch, dyma'r llong yn ei hôl!

Ond yn ei delyneg 'Diogel Ynddo Ef' y mae Moelwyn yn mynegi yn ddidwyll ei brofiad. Dyfynnaf un pennill a'r gytgan:

Mi orffwysaf yn dawel yn Iesu'n awr,
  Heb ofni un storm yn hwy;
Yr holl wyntoedd croes, fu yn ystod fy oes,
  Rwyf yn awr wedi'u cefnu byth mwy.

A'r gytgan:

Y mae f'angor yn sicr, tu fewn i'r llen!
    Yn hafan hyfrydaf y nef;
Un dymestl ni ddaw, i fy llaw â braw,
    Ond diogel byth mwy "ynddo Ef".

A gwir yr englynodd Gwilym R Tilsley mewn coffadwriaeth i Dr Moelwyn Hughes:

Nobl o fab i Walia fu, – a mwynaf
    Emynydd i'r Iesu;
  Bu wir goeth ei bregethu
  A golau ei lyfrau lu.

Ni ellir dweud amgenach.

Gweneth Lilly (1920-2004)

Merch a anwyd ym 1920 yn Lerpwl ydoedd y llenor Gweneth Lilly, ac un oedd yn falch o'i chefndir a dinas ei mebyd a'i magwraeth. Yr oedd hi'n falch hefyd o hanes Cymry Lerpwl gan ei bod hi'n enghraifft dda o'r cynnyrch hwnnw. Yr oedd ei rhieni yn enedigol o Dwrcelyn, Môn, gyda'i thad, Charles Lilly (1874-1928) yn fab i gapten llong ac wedi'i fagu yn Lerpwl er pan oedd yn dair blwydd oed. Yr oedd ef yn ŵr dawnus a diwylliedig, a heb amheuaeth, byddai wedi gwneud athro da, ond fe fu'n rhaid iddo adael yr ysgol, sef y *Liverpool Institute* cyn iddo gael unrhyw gyfle i'w addasu ei hun ar gyfer swydd broffesiynol. Derbyniodd gyfle yn y byd adeiladu tai, a daeth yn glerc i gwmni o adeiladwyr mewn stad fawr o dai yn perthyn i Gymro, Edward Roberts, Meols, yn ardal Everton.

Yr oedd y fam, Margaret (née Parry) yn wreiddiol o Benymorfa, Dulas, Môn, yn ddarllengar ac yn ferch hynaf o deulu mawr. Fe'i haddysgwyd hi yn Ysgol Gynradd Llanallgo, Môn. Diwylliant y capel a'r werin ddiwylliedig Gymraeg oedd gwaddol ei mam, a bu hi yn ofalus iawn o gyflwyno i'w merch rin a blas ei chefndir.

Yr oedd y cartref yn gysurus a deniadol, ond yr oedd

Gweneth yn blentyn gwannaidd ei hiechyd, ac yn eithaf unig yn ei blynyddoedd cynnar. Dylanwadau Saesneg oedd arni heb amheuaeth fel llawer plentyn arall o deulu Cymraeg ac mae'n sicr mai'r capeli Anghydffurfiol gyda'u Hysgolion Sul a'r Gobeithlu a gadwod y rhan fwyaf o'r plant talentog hyn rhag mynd yn Saeson bach neu yn Gymry nad oedd yn ymwybodol o'r cefndir cyfoethog sydd yng ngorffennol y genedl Gymraeg. Yr oedd darllen yn bwysig ond darllen llyfrau Saesneg a wnâi. Yr oedd ei thad (a fu farw ym 1928 yn fuan ar ôl ei phen-blwydd yn wyth mlwydd oed) wedi casglu llyfrgell safonol, chwaethus o glasuron Groeg a Lladin ac o'r iaith Saesneg. Roedd y llyfyrgell hon at ei gwasanaeth. Darllenodd gasgliadau o chwedlau Groeg a Lladin flynyddoedd cyn rhoddi ei dwylo ar gyfrol Charles Kingsley, *The Heroes* yn yr Ysgol Uwchradd, a dyna sylfaen yr ychydig addysg glasurol a dderbyniodd. Yn y cyfnod pwysig hwn, rhwng saith a deuddeng mlwydd oed, darllenodd chwedlau'r Brenin Arthur mewn argraffiad hardd, a hwnnw wedi ei ddylunio mewn lliwiau llachar.

Y cam nesaf oedd darganfod cynnyrch Alfred Tennyson (1809-1892), bardd a oedd yn feistr ar ei gyfrwng. Gwirionodd yn lân ar ei farddoniaeth, pan oedd hi oddeutu deuddeg oed, yn arbennig ei gerddi ar chwedlau'r Brenin Arthur, *The Idylls of the King* (1859-89). Mae'n debyg mai'r gerdd *In Memoriam* (1850) oedd yr unig gerdd iddi anwybyddu ei dehongli na'i dysgu ar dafod leferydd. Yr oedd ei thad yn hoff o Alfred Tennyson, a chofiai'n dda, pan oedd hi tua chwech oed, gael ei chyfareddu ganddo yn ei afiaith yn gorffwys ar ddiwrnod heulog braf wrth Garreg March Arthur ger y Loggerheads yn Sir y Fflint, ac yntau wedi ei lwyr ysbrydoli gan un o feirdd pwysig llenyddiaeth Saesneg. Adroddodd hanes y fraich, 'clothed in white samite, mystic, wonderful' yn codi o'r llyn a chipio'r cleddyf Caledfwlch a'i dynnu i'r dŵr. Nid rhyfedd felly i'r hen chwedloniaeth yma ddylanwadu cymaint ar ei gwaith llenyddol, ac iddi ymhyfrydu fel llenor mewn iaith liwgar a gwead soniarus geiriau a chystrawen. Daeth yn gyfarwydd â byd anghyffredin y Brenin Arthur heb arweiniad ysgol na staen inc na llais y beirniaid. Daeth o hyd i gasgliad o ddarnau o farddoniaeth boblogaidd i'w llefaru, deunydd digon dramatig gan ferch o Lerpwl a syrthiodd mewn cariad â Chymru, sef Felicia Hemans a gwaith y bardd Americanaidd Henry Wadsworth Longfellow a'i faledi, *Excelsior, The Village Blacksmith* a *The Wreck of the Hesperus*.

Ar ôl marwolaeth ei thad, symudodd ei mam a hithau o Everton i Anfield. Yn Everton yr oedd y cymdogion caredig a pharchus yn Gymry ac yn Saeson, ond ar ôl symud i Anfield, cafodd fyw ymhlith Cymry, a dau deulu ohonynt yn berthnasau iddynt.

Darluniodd Gweneth Lilly gryn dipyn ar y gymdogaeth hon yn y 'stori hir fer' a luniodd, 'Cymdogion' yn y gyfrol *Masgiau*. Yn y stryd nesaf iddynt, ym 1931 ychydig flynyddoedd cyn iddynt symud i fyw i Richmond Park, llofruddiwyd Julia Wallace, gwraig y casglwr insiwrans, William Herbert Wallace. Cafodd ef ei gyhuddo o'i lladd, ac aeth achos y weithred ofnadwy i fod gyda'r enwocaf. Yr oedd y dystiolaeth mor benagored, a deil yr haneswyr i ddadlau o hyd am yr hanes. Ond yn y cyfnod hwnnw, fe drodd y farn gyhoeddus yn y ddinas yn erbyn y gŵr tawel, diwylliedig W H Wallace a hoffai chwarae gwyddbwyll gyda'i ffrindiau bob wythnos yn Dale Street. Nid oedd Gweneth na'i mam yn ei 'nabod. Un ar ddeg oedd hi adeg yr achos yn y llys. Ond dilynodd yr hanes yn y *Liverpool Echo* (y papur nos) a blynyddoedd yn ddiweddarach yn ystod yr Ail Ryfel Byd, a hithau'n cysgodi rhag bomiau Hitler, clywodd aml i berl pan ddechreuodd un o'i chymdogion sgwrsio'n gartrefol, braf am ei hatgofion o'r achos. Aeth sawl ffaith o'r manylion lliwgar yn ei hanes i mewn i'r stori 'Cymdogion'. Diweddglo honno yw'r datguddiad gan un o gymdogion agos Herbert a Julia a Wallace o'r hyn a glywsai gan ei merch fach ar noson y llofruddiaeth: "Mother, I've just seen Mr Wallace without his glasses on!"

Dim ond geiriau diniwed heb ddim arwyddocâd sinister o gwbl i'r ferch fach ond i'r oedolyn a wyddai'r stori a'r amgylchiadau yr oedd yn ddigon i droi'r fantol yn erbyn Herbert Wallace. Penderfynodd y fam gadw'r wybodaeth iddi ei hun rhag i'w merch gael ei holi gan blismyn a thwrneiod a dioddef y cyhoeddusrwydd o dystiolaethu gerbron y byd mewn Llys Barn. Yr oedd y geiriau yn ddigon i argyhoeddi Gweneth Lilly yr awdures. Nid oedd hi chwaith yn amau cywirdeb y diniwed berson ac aeth ati i ddyfynnu hyn, air am air, yn y stori. Mae'n amlwg i ni sy'n gwybod am y stori 'Cymdogion' fod ardal Anfield, ei naws a'i thrigolion o fwy nag un cenedl – rhai yn uchel eu lleisiau. eraill yn ddistaw a di-nod – wedi rhoddi iddi gefndir anghyffredin i lenor Cymraeg. Mae'n bosibl dweud y cawn ddarlun cywir a ffyddlon o Richmond Park a'i gyffiniau yn y tridegau. Mae hyn yn naturiol, gan mai yn Lerpwl y treuliodd Gweneth Lilly ei blynyddoedd fel plentyn, merch ifanc, a myfyrwraig. Cafodd ei haddysg i gyd yn Lerpwl, gan ddechrau yn ysgol fach breifat Miss Lowry yn Watford Road, Anfield ac yna yn Neuadd Eglwys St Simon a St Jude, Anfield Road – ysgol gartrefol, hen-ffasiwn, a dedwydd. Yr oedd Miss Lowry, a ofalai am y sefydliad mewn tipyn o oedran ond yn wraig garedig a diwylliedig. Yr oedd y Gymraes wrth ei bodd yn yr ysgol hon. Yn ddeg oed, treuliodd bedwar tymor caled yn Ysgol Eglwys Anglicanaidd St Margaret, Anfield, gyferbyn â pharc enwog Newsham. Yr oedd yr amodau yn amhosibl. Diwrnod o ysgol o naw y bore hyd hanner awr wedi pedwar, a hithau wedi cyfarwyddo yn Ysgol Miss Lowry gydag amserlen o naw y bore hyd un o'r gloch y pnawn. Yr oedd yr ysgol yn adeilad tywyll, digon digysur ond yr oedd athrawon ymroddedig yn yr ysgol honno a manteisiodd hithau ar eu cyfarwyddyd, gan lwyddo yn yr arholiad am fynediad i Ysgol Liverpool Girls' College a leolid yn Grove

Street, yn ymyl campws Prifysgol Lerpwl. Bu am chwe blynedd yn yr ysgol hon (lle bu fy mhriod, Meinwen Rees, yn fawr ei pharch am flynyddoedd fel Athrawes Saesneg). Derbyniodd Gweneth gryn lawer o gymdeithas garedig yn yr ysgol ac yn arbennig o'r ddarpariaeth a oedd wrth law i blentyn synhwyrol, sensitif. Yr oedd y theatrau, Neuadd y Philharmonig, yr Amgueddfa a'r Walker Art Gallery, tai pictiwrs, heb sôn am y Pier Head, y fferi a'r tripiau ar draws y Mersi i New Brighton yn rhoddi deimensiwn newydd iawn iddi hi a'i ffrindiau.

Yr oedd gan yr Ysgol Uwchradd dair rhinwedd o safbwynt disgybl o allu Gweneth Lilly. Yr oedd y sylabws Saesneg yn rhoi lle amlwg iawn i waith y dramodydd, William Shakespeare, sef dwy o'i ddramâu ym mhob un o'r tair blynedd cyntaf. Mewn dinas fel Lerpwl yr oedd ganddi hi a'i ffrindiau gyfle gwych i weld aml i ddrama yn cael ei llwyfannu'n broffesiynol. Gwelodd yr actor, Michael Redgrave yn chwarae Malvolio. Dro arall, teithiodd gyda'i chyd-ddisgyblion i Stratford on Avon i weld *Much Ado About Nothing,* a gellir dyfalu ai ar y pryd hwnnw yr eginodd yr hedyn a ddaeth yn stori afaelgar yn y gyfrol o'i gwaith, *On a Scaffold High.* Yn ail, yr oedd yn y Liverpool Girls' College lyfrgell dosbarth oedd yn cynnwys nofelau newydd gan awduron fel Naomi Mitchison a Rose Macaulay. Bu darllen *The Conquered* o waith Naomi Mitchison yn gryn agoriad llygad iddi, yn arbennig yn ei syniadaeth am gyfraniad y Rhufeiniaid i wareiddiad Ewrop. Fe dynnodd ei sylw at y Celtiaid, a bu'n ddatguddiad iddi am ormes y Saeson yng ngwlad Iwerddon. Dyma'r llyfr ymhen blynyddoedd a fu'n ddylanwad pwysig iawn ar y nofel *Orpheus,* a gyhoeddwyd ym 1984. Hwn oedd y gwaith cyntaf o'i heiddo i oedolion.

Yn drydydd, yr oedd yn yr ysgol set radio. Ond yn gyson iawn, gwelid honno yn torri i lawr, ac i lenwi'r bwlch, byddai'r athrawes Saesneg, Miss Joan Cox, yn darllen gweithiau cyfoes i'r merched. Yr oedd Gweneth yn ddarllenwraig dda, a chadwodd gyfrol Virginia Wolf hi a'r merched eraill yn ddiddig am wythnosau. Gan fod cryn dipyn o'r defnydd hwn yn hanesyddol, tyfodd ei diddordeb yn y nofel yn y tridegau, ac fel y gwyddom erbyn hyn, lluniodd nifer o lyfrau fel *Rwy'n Cofio dy Dad* (1982) a *Tachwedd Tân Gwyllt* (1990) yn ymwneud â phynicau hanesyddol.

Teimlai Gweneth Lilly iddi fod yn arbennig o ffodus yn ei chyfnod. Yr oedd amrywiaeth fawr o lenyddiaeth ysgafn ar gael, a honno o safon uchel. Dorothy Sayers oedd y seren yn ffurfafen y merched llengar, dawnus a feddiannodd y nofel dditectif Saesneg a P G Wodehouse oedd y prif lenor digrif. Meddwodd y ferch o Anfield ar y ddau yn ei harddegau. Bu'n pori'n gyson hefyd yn y cylchgrawn *Punch,* a oedd yn ystod ei harddegau yn wirioneddol ddoniol ac yn llawn o sgrifennu Saesneg graenus.

O bedair ar ddeg oed ymlaen, dechreuodd ymddiddori o ddifrif yn y ddrama fel ffurf lenyddol. Daeth George Bernard Shaw yn fferfyn mawr ganddi, a *Saint Joan* oedd y ddrama gyntaf iddi ei darllen o'i waith. O hynny ymlaen, aeth ati i ddarllen pob gair o'i eiddo oedd ar gof a chadw, a bu effaith ei waith yn atgyfnerthiad iddi. Mae Shaw yn unigryw, a fedr neb ei ddynwared, ond fedr neb aros yn ei gwmni yn hir heb ddysgu cyfrinach llenydda oddi wrtho. Mae hyn yn wir am lenor arall o gewri llenyddiaeth Saesneg y bu hi yn ei ddarllen, sef Thomas Hardy. Yn ei hugeiniau cynnar, darllenodd lawer iawn o'i waith. Fedrai hi ddim derbyn ei syniadaeth i gyd, ond unwaith y caiff awdur gipolwg ar ei weledigaeth, nid yw'r byd fyth yn edrych yn union fel yr oedd ef ddoe neu echdoe. Yng ngeiriau Gweneth Lilly,

> Mae ysbrydion yr Eironïau a'r Tosturiaethau'n cydgerdded â chi'n dragwyddol, a'u cysgod nhw'n syrthio hyd yn oed ar lyfrau plant.

Fel Saunders Lewis a gafodd ei holl addysg yn Wallasey a Lerpwl, yr oedd Gweneth Lilly wedi drachtio'n helaeth o lenyddiaeth Saesneg. Ychydig iawn o Gymraeg a ddarllenai fel merch ysgol. Yr oedd wedi dysgu'r broses o ddarllen Cymraeg pan oedd hi tuag wyth oed yn Ysgol Sul Capel y Bedyddwyr Cymraeg, Everton Village. Atgyfnerthwyd hyn pan ddechreuodd sgrifennu llythyron Cymraeg at ei mam pan oedd hi ar ei gwyliau ar Ynys Môn. Yr oedd hi tua deg i un ar ddeg oed yr adeg hynny, a bu'r penderfyniad hwnnw yn gryn syndod a rhyfeddod yn wir i'w theulu, gan iddi wneud y dewis hwnnw o'i gwirfodd a heb help neb ychwaith. Chafodd hi erioed drafferth i lunio llythyr ac ysgrif yn iaith gyffredin aelwyd a sgwrs. Ond am ddarllen llenyddiaeth Gymraeg, yr oedd hynny'n dra gwahanol. Ond bu llosgi'r Ysgol Fomio ym Mhenyberth gan y tri Chymro amlwg, y Parchedig Lewis Valentine, a ddeuai'n gyson i bregethu i gapeli'r Bedyddwyr yn Lerpwl, J Saunders Lewis, un o ddeallusion y Glannau, a'r llenor D J Williams, Abergwaun, yn ysgogiad mawr iddi fel merch ddeallus bymtheg mlwydd oed. Daeth yr achos yn destun siarad Cymry Lerpwl ac yn destun tudalennau'r *Liverpool Echo*. Bu'n ffodus hefyd o gael cwmni Cymraes yn ei dosbarth. Daeth y ddwy yn bennaf ffrindiau (ac aros felly ar hyd y blynyddoedd) yn Ysgol Grove Street. Enw'r ferch oedd Elinor Namora Williams. Galwyd hi yn Elinor yn yr ysgol eglwys snobyddlyd yr adeg honno. Merch ddeallus iawn oedd Elinor Namora Williams, ac y mae ei chyfrol ar Carneddog yn hynod o werthfawr. Cyhoeddwyd *Carneddog a'i Deulu* gyntaf yn Rhagfyr 1985, ac o fewn mis, bu'n rhaid i Wasg Gee ailargraffu'r gyfrol. Yr oedd tad Namora, fel y galwai pobl Edge Lane hi, yn enedigol o'r Groeslon yn Arfon (ac yn frawd i dad yr ysgolhaig mwyn a charedig, yr Athro J E Caerwyn Williams) a'i mam o Nantmor ac yn ferch i chwaer Carneddog. Yr oedd Elinor Namora Williams wedi bod yn fwy ffodus na Gweneth yn strwythur yr enwad y perthynai iddo. Yr oedd gan Eglwys Bresbyteraidd Cymru nifer o gyfryngau i ddiwyllio eu plant yn yr iaith a'r traddodiadau. Er enghraifft, trefnai'r Presbyteriaid gwrs ar yr iaith Gymraeg a threfnid arholiadau yn yr Ysgrythur trwy gyfrwng yr iaith a arddelid yn addoliad y capeli. Nid nad oedd gan y Bedyddwyr Cymraeg rai trefniadau o'r fath yn Lerpwl, ond yr oedd Gweneth Lilly yn ddigon blin am y diffyg. Mynychai ei ffrind gapel bywiog yr Hen Gorff yn Edge Lane, lle yr oedd pwyslais ar yr iaith. Dyma eglwys a fagodd lu o Gymry da fel Emrys Roberts, Gwen ac Idris Owen, Ann Roberts a Gareth Griffiths ac ugeiniau eraill. Gan Elinor Namora Williams y cafodd Gweneth, pan oedd hi'n ddwy ar bymtheg oed, rodd amhrisiadwy iawn, sef cyfrol o farddoniaeth a olygwyd gan yr Athro W J Gruffydd o dan y teitl *Y Flodeugerdd Gymraeg* a gyhoeddwyd gan Wasg y Brifysgol ym 1931, gyda rhagymadrodd gwerthfawr gan y golygydd. Bu'r gyfrol honno yn hwb i lawer ohonom ugain mlynedd yn ddiweddarach, gan mai trwy'r gyfrol honno y cawsom flasu telynegion Cymraeg y medrem eu deall ar gyfer arholiadau lefel O.

Gwirionodd Gweneth Lilly ar lenyddiaeth ei rheini, ac fe ddaeth W J Gruffydd yn seren yn ei ffurfafen, gan ei fod, ar sail ei *Hen Atgofion* (1936) a *Chofiant O. M. Edwards* (1937), ymysg y llenorion pennaf a welodd y Gymraeg yn yr ugeinfed ganrif. Daliodd i'w edmygu ar hyd y blynyddoedd hyd ei marwolaeth. Gan fod dylanwad Wordsworth, Keats a Thomas Hardy mor drwm ar ei farddoniaeth, yr oedd ei ddarnau gorau'n weddol hawdd i'r ferch o Anfield i'w hamgyffred. Ond y caneuon i'r werin ym mhentrefi chwarelyddol Caernarfon a'r cyffiniau efo'u hing a'u bywyd caled a'r trasiedïau mynych, y galar diddiwedd aeth fel saeth i galon y ferch o Anfield, a ffolodd ar W J Gruffydd fel bardd. Arweiniodd ef hi i ganol profiadau'r werin bobl yn Sir Gaernarfon a dylanwadu, ymhen blynyddoedd, ar stori afaelgar *Estron ar y Mynydd*.

Ni pheidiodd Gweneth Lilly â chanmol cyfraniad Capel Everton Village i'w chefndir fel llenor. Fel y dywedodd mewn darlith gynhwysfawr yn Ysgoldy Fawr Eglwys

Bethel, Heathfield Road ar Nos Sadwrn, 11 Hydref, 2000, yr oedd "cyfraniad y capel yn wirioneddol lenyddol."[2] Yr oedd y gweinidogion a'r pregethwyr yn llefaru Cymraeg safonol. Nid Cymraeg cymysgryw a bratiaith oedd yn ennill y dydd ym mhulpud Capel Everton Village, ond Cymraeg pur. Clywai safon ragorol pan godai un o'r diaconiaid ar ei draed, a gwledd oedd clywed Cymraeg William Morgan yn cael ei ddarllen yng nghanol dinas fawr gosmopolitan. Cenid emynau clasurol Pantycelyn a Morgan Rhys, Cernyw a Gwili ac yr oedd y pregethau yn medru bod yn wirioneddol wych, a hynny pan oedd oes pregethu Cymraeg yn ei disgleirdeb yn araf gilio o bulpudau Cymru. Serch hynny, yr oedd hi'n dal yn oes aur yn y tridegau ymhlith y Bedyddwyr, pan oedd Wyre Lewis, Dr E K Jones, Jubilee Young a Lewis Valentine yn gwneud ymdrech i gyrraedd Lerpwl o Lanelli a Rhosllannerchrugog i gynnal uchel ŵyl yng Nghapel Everton Village. Yn ei harddegau daeth ei mam â hi i ganol bwrlwm traddodiad eisteddfodol Siop Lewis yng nghanol dinas Lerpwl. Ŵyr y mwyafrif o bobl Cymru heddiw ddim byd am y bennod lachar honno o ddechrau'r tridegau i ddechrau'r pumdegau.

Iddewon oedd teulu'r siop, ond yr oeddent yn gwerthfawrogi'r cannoedd o Gymry a ddeuai bob dydd Iau i Lerpwl, a chroesawid y *clientele* Cymraeg yn wresog. Credai'r Cymry fod eu perchnogion yn gydwladwyr ac y mae llawer yng ngogledd Cymru yn dal i gredu hynny. Yr oedd hon yn eisteddfod dau ddiwrnod a beirniaid o fri fel Caradog Roberts, Dan Jones, Pontypridd, gyda'r canu a Cynan a William Morris yn feirniaid adrodd a llenyddiaeth

2 Y gweinidog oedd yn dod yn gyson i'r sgwrs oedd yr annwyl Barchedig T P Williams. Ef a'i bedyddiodd yng Nghapel Cymraeg Everton Village, ac yr oedd yn cymryd diddordeb mawr yn ei haddysg. Ergyd i'r holl aelodau ac i'r enwad oedd ei farwolaeth gynamserol ar fin yr Ail Ryfel Byd. Bu'r eglwys yn amddifad am gyfnod cyn cael hyd i olynydd iddo.

a'r arweinydd, un o gyn-drigolion y ddinas, Caerwyn Roberts o Langefni. Gwilym Bethel oedd y trefnydd diguro. Bu'r profiad hwn yn sbardun i'r awdures roddi cefnogaeth i'r Eisteddfod Genedlaethol, ac mae'r Eisteddfod yn gefndir i ambell ddigwyddiad yn y storïau o'i heiddo.

Cyfnod pwysig yn ei hanes oedd gadael Ysgol y Merched, Liverpool Girls' College, Grove Street am Brifysgol Lerpwl. Yr oedd campws y Brifysgol ar y ffin ag Ysgol Grove Street, felly hefyd gapeli Cymraeg Chatham Street y Presbyteriaid a Chapel yr Annibynwyr Cymraeg, Grove Street. Yr oedd Chatham Street a Grove Street yn ganolfannau Cymraeg go iawn hyd 1950. Treuliodd Gweneth Lilly naw mlynedd ym Mhrifysgol Lerpwl yn darparu am raddau B.A. ac M.A. mewn Llenyddiaeth Saesneg a Thystysgrif mewn Addysg a gweithio am bum mlynedd o'r cyfnod hwn fel tiwtor yn yr Adran Llenyddiaeth Saesneg o dan yr Athro L C Martin. Cyfnod cyffrous a phleserus dros ben ydoedd, er i'r Rhyfel a'r ergydio cyson ar Lerpwl ym Mai 1941 bwyso'n drwm arni. Fe gawn syniad o rychwant ei diddordebau academaidd pan gofiwn am deitlau ei thraethodau, *Welsh and Anglo-Saxon Influences in the Poetry of Gerard Manley Hopkins* – maes newydd a ffasiynol iawn ym 1941, a hefyd *The Prose Style of John Donne in his Sermons* a bu'r ddisgyblaeth o wrando pregethau yng Nghapel Everton Village yn brofiad da iddi i ddadansoddi'r pregethau hyn! Yn ystod y blynyddoedd hynny, lluniodd draethawd Ph.D. Prifysgol Cymru ar *Robert Browning's Poetic Craftmanship*. Bu'r gwaith caled o ddarllen, dadansoddi a llunio traethodau ar y tri hyn yn fendithiol. Roedd y tri yn llenorion gwreiddiol, yn seicolegwyr, yn rhai oedd yn hoffi dulliau dramatig o gyflwyno'u meddyliau, yn ymwybodol iawn o arddull ac yn medru llunio iaith i'w dibenion eu hunain. Nid oes modd i unrhyw berson dreulio blynyddoedd yng nghwmni Gerard Manley Hopkins (dylanwad mawr gyda llaw ar y bardd o Abertawe, Dylan Thomas), John Donne a Robert Browning heb iddynt ddylanwadu ar y person hwnnw, nid o angenrheidrwydd yn uniongyrchol ond trwy ddangos rhagoriaethau sy'n fodd i greu safon i'ch gwaith a'ch llenydda. Yr oedd astudio manion iaith yn ddisgyblaeth heb ei bath i ddarpar nofelydd, ond nid oedd cyfnod y creu wedi ei chyrraedd tra oedd hi yn byw yn Lerpwl.

Er hynny, fe ddaeth o hyd i fwrlwm Cymreictod Cymry ifainc a oedd, fel hithau, wedi cyrraedd y Brifysgol. Daeth i gyffyrddiad â'r ysgolhaig, Idris Foster, Pennaeth yr Adran Geltaidd. Cafodd ef y gwaith o oruchwylio ochr Gymraeg ei thraethawd ar yr offeiriad o Babydd, Gerard Manley Hopkins, ac yn naturiol, sylweddolai fod y Gymraeg yn haeddu pob ymroddiad. Aeth ati i feistroli cyfrolau ac erthyglau ar ei gyngor, gan gynnwys Beibl y Beirdd, *Cerdd Dafod* Syr John Morris-Jones.

Erbyn 1947, yr oedd hi'n barod i adael Lerpwl am wlad ei rheini, a chafodd swydd darlithydd yng Ngholeg y Santes Fair ym Mangor. Yno yr oedd angen cynefino â byd y llenor; daeth y stori fer fel *genre* yn gyfrwng pwysig iddi, a llyfrau i blant a phobl ifainc yn gyfeillion beunyddiol. Yn ffodus i lenyddiaeth Saesneg, yr oedd y cyfnod hwn yn un arbennig iawn, a rhai o feddylwyr grymus yn troi i'r maes, fel Henry Treece, Leon Garfield, Alan Garner, William Mayne, ac enwi ond pedwar o'r pwysicaf. Yr oedd y Celtiaid a'u mytholeg yn ennill tir ymhlith y llenorion hyn fel yr oedd profiadau hunllefus yr Ail Ryfel Byd. Mae'r gyfrol *Owl Service* o waith Alan Garner a'r gyfrol *Earthfasts* a luniwyd gan William Mayne yn enghreifftiau gorchestol iawn o'u math a'r elfennau, y tir, y chwedl a'r teimladau cryfion sy'n plesio plant yn ymdoddi i'w gilydd fel gwaed coch. Daw'r awduron hyn o hyd i hanfodion chwedloniaeth Geltaidd, i'r hyn a eilw Matthew Arnold yn 'great primary human emotions'. Meddyliai gryn lawer o Henry Treece (1911-66) athro ysgol am ei fod mor amryddawn. Roedd yn awdur toreithog (o leiaf 80 o gyfrolau) yn cynnwys barddoniaeth, nofelau i blant ac oedolion, beirniadaeth lenyddol fel yr hyn a luniodd ar y bardd Eingl-Gymreig Dylan Thomas, *The Dog among the Fairies* a ddaeth allan ym 1949. Ond i Gweneth Lilly, William Mayne oedd y llenor mwyaf llwyddiannus am ei fod yn adnabod ei werin bobl o Swydd Efrog (rhan o'r Hen Ogledd yn nhreftadaeth y Cymro) ac er i Alan Garner ddysgu'r iaith Gymraeg ar gyfer y dasg, nid yw ei gymeriadau gwerinol yn argyhoeddi gant y cant. Eleni y mae Garner yn dathlu ei ben-blwydd yn 90 oed. Un o blant Congleton yn Swydd Gaer ydyw a dylanwadodd y Mabinogion yn fawr ar ei nofel *The Owl Service* ac yn arbennig y gainc 'Math fab Mathonwy'. Enillodd y nofel hon Fedal Carnegie iddo a derbyniodd anrhydeddau eraill. Dotiodd Gweneth Lilly at ei nofelau ffantasi a apeliai at blant ac oedolion fel ei gilydd. Yr oedd gwead y nofelau hyn yn ffres i Lilly, a oedd yn barod am y cynnyrch y soniais amdano ac yn dysgu cymaint oddi wrth ymateb y plant, yn enwedig y bechgyn, am fod triniaeth Mayne yn osgoi bob amser feddalwch a sentimentaliaeth. Bu dylanwad yr awduron hyn yn uniongyrchol arni. Fe welir hyn yn glir yn y nofel *Gaeaf y Cerrig* a gyhoeddwyd ym 1981. Wrth ymdopi gydag ymateb dyn neu fachgen i sefyllfa eu byd, yr oedd yr awdures yn gofyn iddi ei hun, 'Sut fyddai Treece a Mayne a Garfield a Garner, y pedwar hyn, yn trin y cyfan yn eu llyfrau hwy?' Trwy lafur a dehongliadau meistrolgar arwr mawr arall iddi, yr Athro W J Gruffydd ac eraill hefyd, daeth i wybod llawer iawn am y Celtiaid go iawn a daeth eu byd hudolus a'u mytholeg yn fyw iddi. Dechreuodd astudio *Y Mabinogi* ac yn arbennig hanes Branwen (oedd yn neilltuol o berthnasol i bawb ohonom yng nghyfnod gwastraffus y Rhyfel Oer) a dyma'r chwedl a'i denodd i sgrifennu ei chlasur. Bu'n arbrofi am ugain mlynedd cyn iddi weld golau dydd fel nofel o dan y teitl *Y Drudwy Dewr* (1980) yn seiliedig ar ail gainc *Pedair Cainc y Mabinogi*.

Bu'r ugain mlynedd hyn (1960 i 1980) yn gyfnod hynod o bleserus am ei bod yn cael cyfle parhaus i sgrifennu, a hynny heb ddioddef beirniadaeth yr adolygydd, a fedr fod yn blentynnaidd, yn druenus o ddi-glem, neu yn broffesiynol ac yn raenus. Ar ôl bywyd academaidd, yr oedd ffenestri newydd yn agor ar feysydd newydd. Yr oedd manteision o fod ar staff Coleg Addysg. Un o'r manteision oedd cyfle i ymdaflu i'r bywyd diwylliannol cymdeithasol, ac yn arbennig byd y ddrama. Cynhyrchodd nifer o ddramâu yng nghyfnod Bangor – tair o ddramâu Shakespeare, dwy o glasuron llenyddiaeth Groeg, cadwyn o ddramâu canoloesol yn y Gadeirlan, dwy ddrama o eiddo Christopher Fry a chryn nifer o ddramâu modern llai uchelgeisiol. Yr oedd y cyfan yn ei phlesio'n fawr ac yn hyfrydwch i'r myfyrwyr a gymerai ran. Yr oedd galw cyson arni i gyflawni at ofynion cymdeithas y capel a'r coleg ac ati i lunio sgetsys ysgafn ac aml i basiant hanesyddol oedd yn seiliedig, ran amlaf, ar hanes lleol a dathliadau arbennig. Lluniodd basiant am yr Annibynwyr cynnar i gofio'r torri allan ym 1662, ac ymhen rhai blynyddoedd, sgrifennodd *Six Priests of Aber* – cadwyn o ddramâu dwyieithog i ddathlu chwe chanrif o'r offeiriadaeth yn eglwys Bodfan. Tynnodd ar ddoniau un o'i hoff awduron o ddyddiau plentyndod yn Lerpwl, yn ei sgript a alwodd *Alice through the Hourglass,* sef ffantasi oedd yn trin hanes Coleg Mair, Bangor yn null Lewis Carroll. Yr oedd hi'n cydnabod ei bod ar yr un donfedd ag ef. Yr unig beth oedd ei eisiau oedd pwyso'r botwm Carroll, ac fe ddeuai o hyd i hiwmor cuddiedig yn ei hisymwybod a ffantasi gwyllt nad oedd yn perthyn iddi yn ei bywyd bob dydd fel arfer. Yr oedd hyn yn wych, ynghyd â nifer o jôcs myfyrwyr y blynyddoedd. Dyna sioe werth ei gweld! Gan fod cymaint o gefnogwyr y Coleg yn hoffi *Alice,* fe weithiodd hyn yn dda gyda chymorth grŵp dawnus a hwyliog o fyfyrwyr. Dyna'r unig dro iddi bwyso ar un awdur fel canllaw i'w chreadigaeth lenyddol. Tynnu ar adnoddau lleol a bywyd pentref fel Llanfairfechan a wnâi'r sgetsys. Dysgodd yn helaeth oddi wrth y Gwyddelod, yn enwedig Grŵp yr Abbey Theatre yn Nulyn, yn arbennig sut oedd llwyfannu'r dramâu hwyliog hyn. Un o'r cynyrchiadau mwyaf llwyddiannus oedd yn enw Cymdeithas Annibynwyr Llanfairfechan, sef addasiad Cymraeg cyfoes o *Dr O'Toole* o waith J B Fagan. Drama gyda digon o hiwmor cynhyrfus oedd hon, wedi ei gwreiddio ym mywyd y pentref.

Bu Gweneth Lilly yn ffodus dros ben ar ôl iddi fentro i fyd cyhoeddi llyfrau Cymraeg. Daeth llenor arall yn dywysydd iddi yn y byd newydd o lyfrau plant. Irma Chilton oedd hon, awdures ddawnus iawn ac un a chanddi brofiad helaeth. Yr oedd ei phersonoliaeth hynaws yn harddu pob stori a luniodd, a mynnai gael y gorau. Irma Chilton gyda'i chraffter a'i sicrwydd barn a ddenodd Gweneth Lilly i sgrifennu storïau byrion – ffurf oedd yn gofyn llawer ond a oedd gyda photensial mawr ar gyfer plant fel yr oedolion. Mentrodd i dir newydd a chwbl ddieithr yn ei chwmni, yn arbennig gwyddonias. Yr oedd Irma Chilton yn argyhoeddiadol wrth sgwennu am y byd gwyddonol, ond nid oedd Gweneth Lilly yn hyderus o gwbl yn y maes, a rhaid oedd gosod ffiniau cul i hyn, fel y gwelir yn y ddwy nofel, *Dial y Môr* (1992) a'r stori fer *Teimlyddion*, wedi'u hamgylchu â rhywfaint o ffantasi a chwedloniaeth ar un llaw, a chymeriadau cig a gwaed, credadwy a diddorol ar y llall. Ofn llywodraeth dotalitaraidd sy'n cyflyru *Brave New World* Aldous Huxley a *1984* George Orwell – nofelau cyfarwydd iawn i'r awdures, ac y mae'r ofn hwnnw i'w deimlo'n amlwg iawn ym myd melys, meddal *Byd yr Esgyll* – stori gyffrous lle y mae'r plant sy'n gyndyn o blygu i'r drefn yn cael eu tawelyddu â chyffuriau.

Yn yr wythdegau, a hithau bellach wedi ymddeol, dechreuodd clwyf hanes lleol afael ynddi (oherwydd dyna ydyw i lawer ohonom) a mynd â'i bryd, yn enwedig ar ôl sefydlu Cymdeithas Hanes Lleol yn Llanfairfechan. Bellach, nid llenorion oedd yn ei denu, ond adeiladau, ardaloedd, llyfrgelloedd ac archifau lleol Gwynedd ac Ynys Môn. Mae hen gofrestrau plwyf yn gwbl unigryw, y lleisiau i'w clywed ac ambell i gymal yn deffro dychymyg pob llenor go iawn.

O gofrestr Llanfairfechan (cyn 1700, ond y mae dyddiad y stori'n ddiweddarach) daeth y cymal 'a stranger on the mountain' sy'n deitl i stori fer hir *Estron ar y Mynydd* a gyhoeddwyd yn y gyfrol *Masgiau* ym 1987.

Yr oedd wedi dyheu ers blynyddoedd am stori ynghylch yr actorion Cymraeg yn theatr William Shakespeare, gan fod y bardd a'r dramodydd wedi defnyddio dau Gymro Cymraeg yn y ddrama *Henry IV Part 1* fel Owain Glyndŵr a'i ferch, ac mewn dramâu eraill. Yr oedd Gweneth Lilly wedi credu mai o'r de neu ganolbarth Cymru y deuai'r ddau, ac yr oedd yn ymwybodol nad oedd ganddi mo'r wybodaeth o'r cefndir na'r dafodiaith i'w portreadu'n gredadwy gywir. Ond wrth ymchwilio'n ddyfal i hanes Arllechwedd, dyma ddarganfod tystiolaeth fod pobl o'r rhan honno o Wynedd wedi ymsefydlu'n llwyddiannus yn ninas Llundain yn oes y Tuduriaid ac Iago'r Cyntaf. O'r diwedd, gallai wireddu'r freuddwyd yn weddol lwyddiannus. Ac nid oedd diffyg ffynonellau llenyddol o gwbl i ail-greu'r ddinas enwog, gyffrous, sef Llundain oes Shakespeare.

Wrth lunio amgylchfyd pobl Gwynedd yn *Tachwedd Tân Gwyllt* (1990) ynghyd â'r fersiwn Saesneg *Treason at Trefriw* (1990) ac *On a Scaffold High* (1993) yr oedd yn ddiolchgar am ei phrofiad ei hun o Ynys Môn, lle yr oedd ffarmio yn grefft galed, a chyfleusterau modern fel dŵr rhedegog, nwy a thrydan yr un mor ddiffygiol ag yn yr holl ganrifoedd i fyny at y blynyddoedd ar ôl yr Ail Rhyfel Byd. Fel merch fechan o Lerpwl, nid oedd hi yn croesawu'r tywyllwch mawr, dudew a thrymder lôn dywyll Dulas oedd yn codi tipyn o ofn ar y to hŷn, y pwll a'r gors. Trwy'r profiadau hyn, ac nid trwy lyfrau hanes, yr oedd hi yn medru dychmygu byd yr hen bobol am genedlaethau maith. Yr oedd yn teimlo tristwch Ynys Môn pan oedd hi'n ddeg oed – blynyddoedd cyn iddi weld harddwch cefn gwlad Môn, Mam Cymru. Dim ond yn y blynyddoedd diwethaf hyn y cafodd ddarllen digon o hanes i ryfeddu at y cadernid, yr urddas a'r ymateb gorfoleddus i alluoedd ysbrydol a nodweddai'r werin ddiwylliedig a oroesodd y treialon. *The land remembers* oedd cri Gwyn Alf Williams, ac fe ddeallodd Gweneth Lilly hynny i'r dim. Ac mae'r plant dynol fel gwerin Llanddeiniolen a Llanuwchllyn yng nghyfrolau ysblennydd W J Gruffydd yn nyfnderoedd eu profiadau yn cofio'r cyfan.

Credai fod yn rhaid gwneud y gwaith cartref cyn llunio'r cynnyrch. Cyn adrodd stori am ddinas Llundain cyfnod Shakespeare *(On a Scaffold High)* neu am Gaernarfon adeg y Sentars cynnar *(Ysbïwr yn yr Ysgol)* rhaid oedd bod yn ddigon cyfarwydd â'r dref i allu cerdded ei strydoedd yn hyderus, fel pe bai wedi ei chipio'n ôl yno dros y canrifoedd diflanedig. Cerddodd aml i ffordd ar draws Mynydd Penmaenmawr at y Meini Hirion ar gyfer y gyfrol *Gaeaf y Cerrig.*

Ymddiddorodd hefyd mewn seicoleg a dirgelion arbennig i'w harchwilio. Dyna'r modd yr aeth hi ati i ystyried deunydd nifer o'i llyfrau. Credai fod stori ysbryd yn gyfrwng da i archwilio'r dyfnderoedd hyn, fel y gwyddai Shakespeare yn dda. *Hamlet* yw'r enghraifft orau, lle y mae euogrwydd cudd a llygredd grŵp o bobl yn ymosod yn ddiarwybod fel haint arno a'i wneud yn fwch dihangol i'w gymdeithas. Yng ngeiriau'r ddrama:

> Something is rotten in the state of Denmark.

Rhywbeth tebyg i hynny sy'n digwydd yn *Gaeaf y Cerrig,* ac fe welir yr elfennau goruwchnaturiol yn amlwg yn *Hwyl a Helynt Calan Gaeaf* (1981), *Gêm o Guddio* (1980), *Hogan y Plas* (1983) a *Gwên yn y Garreg* (1987). Mae yna batrymau symlach i'w gweld yn y chwedlau gwerin am ysbrydion, ac fe welwch hyn yn y gyfrol *Dynes Mewn Du* a gyhoeddwyd ym 1987. Y peth hanfodol iddi hi, fel awdures oedd fod yna gysylltiad cryf rhwng seicoleg y prif gymeriad neu'r cymeriadau â'r ysbryd, a bod y darllenydd yn teimlo tyfiant yn y fan yma hefyd, mewn deall a chydymdeimlad.

Cydnabyddai Gweneth Lilly fod angen dau sbardun o leiaf i gynhyrchu nofel. Tu cefn i'r nofel *Gêm o Guddio* y mae cyffroadau o'i bywyd personol, un o siom a dadrith a'r llall o lawenydd. Mae'r rhain yn sbarduno'r ddawn i greu. Weithiau y daw ar draws amgylchiad neu brofiad neu ddigwyddiad sy'n clymu mwy nag un thema wrth ei gilydd: amgueddfa odidog Circencester a brithwaith Orpheus yn sbardun ar gyfer y nofel *Orpheus* (1984), nofel wedi ei lleoli ym Mhrydain yng nghyfnod y Rhufeiniaid. Dangosodd y teithio i weld amgueddfa Cirencester a brithwaith Orpheus iddi y gwrthdaro rhwng dau gyfnod a dau ddiwylliant.

Cydnabu wrthyf fod angen disgyblaeth barhaus i lenydda – llenydda a ddaeth â gwobrau iddi am ei dawn. Enillodd Wobr Tir na N-Og ddwy flynedd yn olynol ym 1981 a 1982. Yr oedd hi'n barod iawn i dalu teyrnged i waith rhagorol y Cyngor Llyfrau Cymraeg a'u parodrwydd i roddi awduron ar ben y ffordd, ac yr oedd ganddi ddiolchgarwch neilltuol i Menna Lloyd Williams am ei chymorth parod dros y blynyddoedd. Ei hoff awduron yn Gymraeg oedd Irma Chilton, Marian Eames a Mair Wyn Hughes, Dr Thomas Parry ac yn arbennig J Saunders Lewis oedd yn profocio'r meddwl, meddai; ac ymhlith y beirdd, Alan Llwyd, Myrddin ap Dafydd, Ieuan Wyn a W J Gruffydd. Ei hoff ddarn o farddoniaeth oedd *Y Tlawd Hwn* gan W J Gruffydd. Swynwyd hi gan ei grefftwaith a'i ddirgelwch yn ei harddegau wrth glywed Idris Foster yn ei ddarllen ym Mhrifysgol Lerpwl. Edmygai hefyd waith y llenor-bregethwr, y Parchedig Harri Parri a'i gyfrol *Hufen a Moch Bach,* gan gredu bod ei hiwmor yn werthfawr dros ben a chytunwn â hi. Meddyliai gryn dipyn o Sonia Edwards.[3] Diddorol oedd ei chlywed yn dweud na fyddai hi'n dechrau sgrifennu nes bod cynllun y gwaith yn eglur, a bod llinell olaf y stori yn barod cyn llunio'r frawddeg gyntaf. Nid yw hyn yn digwydd i bob llenor o bell ffordd. Ond y peth mawr amdani oedd ei hymroddiad i gael y cefndir yn ddilys. Pan ofynwyd iddi sgrifennu nofel am flynyddoedd olaf Llywelyn ap Gruffudd (Y Llyw Olaf) i goffáu saith canmlwyddiant ei farw, fe aeth ati o ddifrif. Ni wyddai lawer am y cefndir, ond fe wyddai am ambell i safle yng nghyffiniau Llanfairfechan oedd yn dwyn cysylltiad â hanes Llywelyn ap Gruffudd. Dringodd i fyny i'r clochdy yng Nghadeirlan Bangor i gael gwell syniad o'r fan lle y cynlluniwyd y brad yn erbyn y tywysog gan ei bobl ef ei hun; nid yr un clochdy oedd hwn ond yr oedd gweithred gorfforol felly yn hwb i'r dychymyg. Teithiodd i Gilmeri ger Llanfair-ym-Muallt a hyd yn oed i Sempringham, a chael bendith annisgwyl yn y lle hwnnw a'u galluogodd i orffen y nofel *Rwy'n Cofio dy Dad* a gyhoeddwyd ym 1982.

Cyhoeddodd hefyd nofel ag iddi thema cadwraeth, sef *Dial y Môr* a chafodd dderbyniad da pan ymddangosodd ym 1992. I mi yn bersonol, y mae ei chasgliad o storïau byrrion, *Masgiau* a gyhoeddwyd ym 1987 yn hynod o afaelgar. Ac yn y gyfrol honno, dewsiaf fel y stori fwyaf gafaelgar 'Y Weddw Alarus,' lle y mae'r prif gymeriad, Dafydd Vaughan Evans yn fy atgoffa o Richard Burton, a Deirdre â'i gwallt du a'i gwefusau plastig, pinc yn fy atgoffa o Elizabeth Taylor. Mewn cyfnod cymharol fyr o ganol y saithdegau hyd ganol y nawdegau, cyfoethogodd lenyddiaeth Gymraeg fel awdures llyfrau plant, llyfrau ar gyfer pobl ieuainc a nofelau a storïau byrion i oedolion.

3 Gweler ei hadolygiad ar nofel Sonia Edwards, *Llen dros yr Haul* (Caernarfon, 1997) yn *Codi Angor yn Lerpwl a Penbedw a Manceinion* (Golygydd D. Ben Rees) (Lerpwl, 2019) t. 43. Ymddangosodd am y tro cyntaf ym mhapur bro Sir Gaerhifryn a Sir Gaer, *Yr Angor*.

Capeli Cymraeg yr Annibynwyr

Park Road

Yr Hen Dabernacl

Great Mersey Street

Grove Street

Kensington

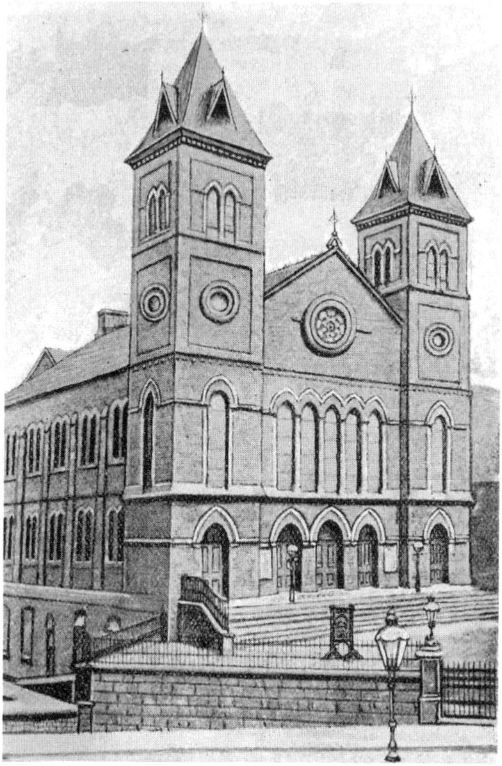

Tabernacl

Martin's Lane, Liscard

Marsh Lane, Bootle

Trinity Road, Bootle

Clifton Road, Birkenhead

ADRAN CH

Cofiannau Byr

Y Parchedig John Davies (1766-1829)

Pregethwr cynnar i'r Methodistiaid Calfinaidd yn ninas Lerpwl o 1795 i 1829. Ef oedd gweinidog cyntaf Capel Bedford Street. Un o Dremeirchion oedd John Davies; yno y ganwyd ef mewn bwthyn llwm heb fanteision na chysur, a hynny ym 1766. Ni chafodd addysg a bu'n gweithio ar ffermydd fel gwas bach o saith mlwydd oed ymlaen. Dioddefodd aml i fonclust gan ei feistr a byddai'r diwrnod yn hir, o leiaf saith y bore hyd saith y nos. Byddai'n cysgu yn llofft stablau'r tair fferm y bu'n llafurio ynddynt. Priododd ym 1790 a phenderfynodd y ddau ohonynt bum mlynedd yn ddiweddarach i ymfudo i Lerpwl.

Gwelodd ei fyd yn gyfan gwbl newid, a chafodd fodd i fyw yng nghymdeithas Capel Cymraeg Pall Mall. Yr oedd yn un o brif gefnogwyr y symudiad i sefydlu achos Methodistaidd Calfinaidd yn Jamaica Street, ac oddi yno i Gapel Bedford Street, lle y daeth i adnabod John Roberts (Minimus).

Yr oedd John Davies yn berson hynod o ymarferol, yn llwyddiannus yn ei fasnach, ac yn gwbl ymroddedig a ffyddlon i'r achosion Methodistaidd Calfinaidd. Daeth yn fugail ar y ddiadell yn Bedford Street, a byddai'n ymweld â phob person oedd yn dioddef afiechyd.

Medrai sgwrsio gan roddi gobaith i'r claf a defnyddio adnodau ac emynau i glensio'r ddadl. Gweinidogaeth Iacháu oedd ei weinidogaeth ef. Byddai'n cynrychioli Lerpwl yn Sasiynau'r gogledd gan ei fod yn adnabod cymaint o'r cenhadon a ddeuai yn gyson o Gymru.

Hanner addolai John Elias. Ef oedd y brenin yn ei olwg, o ran areithyddiaeth y pulpud. Y sasiwn olaf a fynychodd oedd ym mlwyddyn ei farwolaeth pan aeth i ogledd Maldwyn, i ardal Ann Griffiths, yn Llanfyllin. Bu farw ar 19 Hydref 1829 a'i osod i orwedd ym mynwent Sant Michael.

Ffynonellau:
John Roberts (Minimus), 'Cofiant John Davies o Liverpool', *Y Drysorfa*, Cyfrol II, tt. 40-2 a 69-7; 'John Davies (1766-1829) yn D. Ben Rees, *Hanes Rhyfeddol Cymry Lerpwl* (Talybont, 2019), t. 273.

Y Parchedig William Williams (1781-1840) Lerpwl

Adnabyddid y William Williams hwn yng nghylchoedd crefyddol Cymru'r bedwaredd ganrif ar bymtheg fel 'Williams o'r Wern'. Un o Lanfachreth ydoedd, a ganwyd ef yn y flwyddym 1781 yng Nghwm Hyswn Ganol. Yr oedd ei fam yn gefnogol i'r Methodistiaid Calfinaidd, ac yr oedd ei dad, William Probert Williams, yn aelod eglwysig ond yn ddim mwy na hynny. Y pregethwr gwreiddiol hwnnw a elwid yn Rhys Dafis y Glun Bren a'i dwysbigodd i gyfeiriad Annibyniaeth ar ôl i William, fel bachgen tair ar ddeg oed, ei glywed mewn oedfa ar fferm Bedd y Coediwr, a chyfeiriodd ei hunan i waith yr Efengyl. Daeth allan o Athrofa Wrecsam bron yn Gymro uniaith, a dewisodd ef weinidogaethu ar ddwy eglwys digon di-fywyd. sef Y Wern a Harwood ger Rhosllannerchrugog. Yno yr aeth ym 1808 ac aros yno hyd 1836 pan symudodd i'r Tabernacl, Crosshall Street, Lerpwl. Yr oedd hi'n anodd deall y cymhelliad, gan ei fod yn cael ei adnabod ym mhob man erbyn hynny fel 'Williams o'r Wern', un o utgyrn arian yr Annibynwyr, ond yr oedd Cymry Lerpwl yn gwella eu byd yn y ddinas a oedd yn tyfu, a phregethwyr yn sylweddoli bod cynulleidfaoedd cryfion yn mynychu capeli canol y ddinas.

Symudodd i fyw i 128 Islington Street, Lerpwl, lle y cafodd bob cefnogaeth a pharch ac edmygedd. Ond daeth bywyd Lerpwl ar ei waethaf i gynhyrfu un o gewri'r

pulpud, a hynny ar ryw fore Sul neilltuol. Torrodd lladron i fewn i'w gartref pan oedd ef a'r teulu oll yn addoli yn Great Crosshall Street. Dygasant o'i gartref goblet arian o werth ugain punt, ynghyd â'r tlysau a gasglwyd ganddo ef a'i briod. Mae'n amlwg fod gan y lladron syniad go dda pwy oedd perchen y trysorau, gan iddynt sgriblan y geiriau ar fwrdd y gegin, *Watch and Pray*.

Fe effeithiodd yr amgylchiad dyrys hwn arno ef a'i deulu, ac yn wir, ar gyfran dda o Gymry capelgar Lerpwl. Dywedodd y Parchedig Ddr John Thomas (un arall o gewri pulpud Lerpwl) i lawer o aelodau capeli Lerpwl ddefnyddio yr amgylchiad hwn fel rheswm dros adael i rywun o'r teulu – y wraig neu'r forwyn – aros adref o'r addoliad ar fore a nos Sul a hyd yn oed yn y pnawn i ofalu am y cartref. Y gri a glywid ymysg yr Annibynwyr yn bennaf oedd hon: "Os y torrodd lladron i dŷ Mr Williams o'r Wern yma, beth am ein tai ni?" Dyma newid sylfaenol yng nghefnogaeth pobl i'r capeli. Cyn y digwyddiad hwn, byddai'r teulu cyfan yn bresennol ym mhob un o'r tri chyfarfod ar y Sul – yr oedfaon bore a nos, ac yn y pnawn yr Ysgol Sul. Dyma ddechreuad ar ddirywiad ym mhresenoldeb y Cymry yn eu capeli mewn dinas fel Lerpwl.

Dylanwadodd y digwyddiad anffodus ar y pregethwr enwog, fel y daeth elfen o ddadfeilio yn ei iechyd, a fu yn gyfrifol, mae'n amlwg, am ei farwolaeth gynamserol. Profodd Ddiwygiad yn Lerpwl cyn ymadael am ei baradwys, Capel y Wern. Cyrhaeddodd y Wern ar 20 Hydref 1839 ac yno y bu farw ar yr 17 Mawrth 1840, a chladdwyd ef ym mynwent y Wern. Yr oedd Lerpwl yn medru denu'r cewri i'w gwasanaethu. Olynydd Williams o'r Wern oedd Gwilym Hiraethog. Er mai byr fu dyddiau Williams yn Lerpwl, dylanwadodd yn fawr ar y lle, gan ei fod yn meddu ar bersonoliaeth swynol, a phregethu a feddai ffresni ynghyd ag eglurder yn ei gymariaethau a'i eglurebau. Rhoddodd Lerpwl ar y map o 1836 hyd 1839.

Ffynhonnell:
D S Jones (Chwilog), *Cofiant Darluniadol y Parchedig William Williams o'r Wern* (Dolgellau, 1894). Dyma gyfrol swmpus o 608 o dudalennau gan ŵr a fyddai'n dod yn aml i Lerpwl i brynu llyfrau a gwrando ar gewri'r enwadau.

David Davies (1797-1861), Mount Gardens, Lerpwl

Un o Gymry amlwg oes fictoria oedd David Davies. Roedd wrth ei fodd yn cefnogi a gwasanaethu y Methodistiaid Calfinaidd Cymreig yn ninas Lerpwl ac ni fu pall ar ei haelioni i gymaint o achosion teilwng. Ganwyd ef yng Nghlocaenog, Dyffryn Clwyd ym 1797, a phrin ryfeddol oedd ei addysg ar wahân i'r Ysgol Sul. Treuliodd flynyddoedd fel gwas fferm yn y llofft stabal, ond meddai ar ewythr go arbennig yn y Bala o'r enw Gabriel Davies ac ef a'i prentisiodd i'w fusnes a leolid yn Nolgellau. Ef a'i cymhellodd wrth weld ei allu gydag arian i ystyried symud i Lerpwl. Dyna a wnaeth. Gwnaeth gyfrif da ohono'i hun ym myd arian ar ôl symud i Lerpwl a chefnogodd yr achos crefyddol hyd eithaf ei allu. Gwnaed ef yn fuan iawn yn flaenor Capel y Methodistiaid Calfinaidd Mulberry Street a dod yn ŵr y gellid dibynnu arno. Gwyddai myfyrwyr am y weinidogaeth fod yna groeso mawr iddynt yn ei gartref hardd ym Mount Gardens. Pan fu Owen Thomas fel myfyriwr (yn ddiweddarach gweinidog Princes Road) a John Parry (a ddaeth yn Athro Coleg y Bala) yn teithio yn ôl o'r Coleg yng Nghaeredin yn yr Alban i Lerpwl ar long ar ddiwedd y tymor, byddent yn galw arno gan eu bod wedi gwario'r cyfan, a heb ddimai goch yn eu pocedi.

Ond gwyddai'r ddau y ceid haelioni yng nghartref David Davies, y Mownt. Un tro gadawodd John Parry ei oriawr ar y llong, a threfnodd y lletywr caredig gerbyd iddynt i fynd lawr i'r doc i chwilio amdani rhag colli y trysor. Nid rhyfedd bod David Davies yn dweud yn chwareus y dylai'r ddau fynd â'u mamau i'r Alban gyda hwynt!

Nodweddion David Davies oedd ei drefnusrwydd gyda phopeth, yn ofalus gyda'i gyfoeth ac yn ei gymwynasgarwch, ac yn amyneddgar gyda'r rhai a weithiai iddo a'r rhai a ddeuai fel Owen Thomas a John Parry ar ei ofyn. Cyfrifid ef fel un o wŷr bonheddig Cymry Lerpwl. Cafodd ddigon o swyddi fel trysorydd. Etholwyd ef yn ymddiriedolwr y Gymdeithas Genhadol Dramor a bu yn haelionus wrth y cenhadwr cyntaf, Thomas Jones (1810-49). Bu yn drysorydd Cangen Gymraeg Lerpwl o'r Beibl Gymdeithas. Ef hefyd oedd trysorydd y Capelau yn Lerpwl, a bu colled fawr yn sêt fawr Capel Chatham Street pan fu farw ym 1861, a hwythau newydd symud can llath o Gapel Mulberry.

Ffynonellau:

David Davies, *Y Drysorfa*, Llyfr XV, Rhif CLXXIII; Mai 1845, t. 176; D. Ben Rees, *Pregethwr y Bobl: Bywyd a Gwaith Owen Thomas* (Lerpwl a Phontypridd, 1979), tt. 62-3., David Davies (1797-1861) yn D. Ben Rees, *Hanes Rhyfeddol Cymry Lerpwl* (Talybont, 2019) t. 174.

Walter Morris (1803-39) Lerpwl

Daeth Walter Morris i Lerpwl ym 1830 yr holl ffordd o Ganolbarth Cymru, bum mlynedd ar ôl marwolaeth ei dad, y Parchedig Ebenezer Morris (1769-1825), gweinidog grymus a thanbaid gyda'r Methodistiaid Calfinaidd yn Nhwrgwyn, Rhydlewis yng ngodre Ceredigion. Yr oedd yntau yn fab hynaf i'r enwog David Morris (1744-91), a oedd yn bregethwr a drigai yn Lledrod, ger Llanilar, nid nepell o dref Aberystwyth. Dechreuodd ei dad bregethu ym 1765 gyda'r Methodistiaid Calfinaidd a daeth i amlygrwydd anhygoel fel pregethwr nerthol, a symudodd i Dwrgwyn ym 1774 i fugeilio'r praidd yno ac i lunio emynau. Mab y wraig gyntaf oedd yr enwog Ebenezer Morris, ac ar farwolaeth ei dad ym 1791, fe aeth i fugeilio praidd y Methodistiaid Calfinaidd yn Rhydlewis a'r cyffiniau. Priododd ym 1792 gyda Mary Jones o Ddinas, Betws Ifan, ac o'i chyfalaf hi y cododd gartref newydd ym Mlaen-y-Wern, lle y magwyd teulu niferus oedd yn cynnwys Walter, a hynny ar aelwyd Fethodistaidd Galfinaidd nodedig. Addysgwyd ef mewn ysgol breifat yn Hwlffordd, a dechrau ei yrfa yn fasnachwr yn nhref Machynlleth. Clywodd am y posibiliadau i wella'i fyd ymhlith Cymry Manceinion, ac yno yr aeth i agor siop oedd yn gwerthu dillad. Symudodd i Lerpwl ym 1830 ac ymsefydlu yno ar raddfa fawr fel masnachwr. Erbyn hyn, yr oedd ei frawd, Thomas Rees Morris, yn y fusnes yn ogystal.

Wrth edrych ar goeden deulu Ebenezer a Mary Morris, gwelir y trallod ingol a ddaeth i'w hanes. Cyn marw y tad ym 1825, bu farw Anne ar 15 Hydref 1805, a hithau yn ddim ond saith mlwydd oed. Yna, fe fu farw David Morris trwy foddi wrth ymdrochi yn Afon Ddyfi ar y 18 Awst 1819, ac yntau yn wyth ar hugain mlwydd oed. Yna, ar 10 Mehefin,1823, fe fu farw Ann (y tro hwn, heb yr 'e' yn ei henw bedydd) a hithau yn un ar bymtheg mlwydd oed. Ar ôl 1825, fe gollodd Thomas Morris, Lerpwl, dri brawd arall, sef Eleazar a fu farw o'r dwymyn boeth yng Nghasnewydd ar 14 Tachwedd 1826, ac yntau yn un ar hugain mlwydd oed; Ebenezer (yr ail) a fu farw mewn chwarel ar 19 Tachwedd 1828 yn wyth ar hugain mlwydd oed a Walter, marsiandïwr yn Lerpwl, yntau ym 1839. Nid yn Lerpwl y bu farw Walter ond yn nhref Falmouth yng Nghernyw ar ôl bod ar Ynys Madeira dros y gaeaf oherwydd ei fod yn clafychu o'r ddarfodedigaeth. Ar ei ffordd yn ôl i Lerpwl ar y 10 Mehefin 1839 yn 36 mlwydd oed, bu farw yn gynamserol. Gadawyd Thomas Rees Morris i gadw'r fusnes ar agor yn ninas Lerpwl.

Ffynhonnell:
Jenkyn Davies, 'Cofiant Walter Morris', *Y Drysorfa,* llyfr X, rhif CIX (Ionawr, 1840), tt. 1-3.

John Edwards (1819-96) Lerpwl

Ymunodd ym 1840, fel John Ambrose Lloyd, gyda Chymdeithas Philharmomig Lerpwl, a byddai wrth ei fodd yn y rihyrsals wythnosol yn cyfarfod â nifer o Gymry a berthynai i'r gymdeithas honno. Rhwydwyd ef gan John Ambrose Lloyd yn ddiweddarach i fod yn rhan o Undeb Gorawl Cymry Lerpwl, a gwnaeth ei orau ar ran y gymdeithas honno.

Yng Nghapel Bedford Street, llafuriodd yn ddiarbed gyda'r plant yn y Gobeithlu, yr Ysgol Sul a'r Dosbarth Canu. Hyfforddodd do ar ôl to o blant i ganu yn soniarus. Daeth ef i berthynas gyda'r Cymro gwlatgar, Eleazar Roberts a hefyd ym 1860-61, daeth i gysylltiad â John Curwen a'i ddull tonic Sol-Ffa, a phenderfynodd y ddau ohonynt, ynghyd â John Lewis i fraenaru'r tir ymhlith y Cymry. Teithiodd Roberts ac Edwards, y ddau, ar hyd a lled gogledd, canolbarth a gorllewin Cymru i gyflwyno'r Tonic Sol-Ffa a galw ynghyd godwyr canu y capeli i weithredu'r system. Trefnwyd tysteb iddo am ei waith aruthrol gyda'r ifanc, a chyflwynwyd iddo ym 1873 y swm o £160. Yr oedd yn dad i dri ar ddeg o blant (ac erbyn diwedd ei oes, yr oedd ganddo bedwar ar ddeg o wyrion ac wyresau). Ymddeolodd ym 1886 fel Arweinydd y Gân yng Nghapel Princes Road, a hynny ar ôl hanner can mlynedd o wasanaeth rhwng Bedford Street a Princes Road. Dilynwyd ef yn y swydd gan ei fab, William Edwards, a'i ddirprwy ef oedd mab arall, sef Henry Rees Edwards a oedd yntau'n gerddor gwych. Bu meibion John Lewis a John Edwards yn dysgu dosbarthiadau o aelodau Princes Road am flynyddoedd.

Dyn tal, golygus oedd John Edwards, a safai mor syth â brwynen, gan daro y dôn heb gymorth yr organ, a hynny mewn llais tenor tyner a chlir. Byddai'r dorf o bymtheg cant yn ei ddilyn heb drafferth. Roedd y canu yn gwbl soniarus. Daeth piano i'w cynorthwyo ar ôl i John Edwards ymddeol ac ym 1894 daeth organ am y tro cyntaf. Cyflawnodd John Edwards ddiwrnod da o waith yn ninas Lerpwl fel 'gŵr y gân'.

Ffynhonnell:
Eleazar Roberts, 'Hen Ddechreuwyr Canu: John Edwards, Lerpwl' yn *Y Cerddor,* Chwefror y 1af, 1896, tt. 11-12.

Thomas Lloyd (1822-99)

Thomas Lloyd, cyhoeddwr llyfrau Cymraeg ac un o flaenoriaid hynotaf y Methodistiaid Calfinaidd yn Lerpwl. Ganwyd ym 1822 yn Aberystwyth, Ceredigion, a dechreuodd ei yrfa fel gwneuthurwr dodrefn, yna athro, ond yn ddiweddarach daeth yn argraffydd, llyfrwerthwr a chyhoeddwr. Symudodd i Lerpwl ym 1845 a phriododd Anne Jones, merch y cyhoeddwr John Jones, Castle Street. Bu'r ddau yn rhedeg y gwaith argraffu yn Tithebarn Street, ac yn ymwneud hefyd â chyhoeddi'r papur, *Yr Amserau*.

Cyfrifid ef yn ŵr peniog a deallus. Mynnodd astudio a meistroli'r iaith Roeg er mwyn deall yn well y Testament Newydd. Rhoddodd sylw helaeth i seryddiaeth yn ogystal. Etholwyd ef yn flaenor yng nghapel y Methodistiaid Calfinaidd Rose Place ym 1857, a bu'n arwain yno ac yna yng Nghapel Fitzclarence Street hyd ei farwolaeth.

Roedd ef yn nhraddodiad y Calfiniaid cadarn, ac yn feirniadol iawn ar bregethwyr anwadal a hefyd arferion byd y ddrama a chwaraeon a ddeuai i'r amlwg yn oes Fictoria. Piwritan y bedwaredd ganrif ar bymtheg ydoedd, ac nid oedd wiw sôn am brynu organ i gapeli Rose Place na Fitzclarence Street tra oedd ef yn llywio gweithrediadau'r

Sêt Fawr. Meddai ar berthynas dda â'i weinidog, y Parchedig Ddr John Hughes ac eto gwrthodai roddi'r teitl Doethor iddo. Cyhoeddai ef yn syml, "fe bregethir Sul nesaf, gan 'Mr' Hughes", a dyna fyddai'r drefn gyda'r diwinyddion eraill yn y ddinas fel y Dr Owen Thomas a'r Dr Hugh Jones: "pregethir gan Mr Owen Thomas a Mr Hugh Jones". Er ei holl odrwydd a'i gulni a'i gasbethau edmygid ef gan aelodau'r eglwysi ar sail ei ddidwylledd a'i farn ddi-ofn, ac ar achlysur Jiwbili ei gysylltiad â'r ddwy eglwys, sef ym mis Mai 1895, cyflwynwyd iddo dysteb o £112/17/0.

Bu farw ar 15 Gorffennaf 1899 ar ôl bywyd defnyddiol i'r gymuned ac i fyd cyhoeddi.

Ffynhonnell:
J. Hughes Morris, *Hanes Methodistiaeth Liverpool, Cyfrol 1* (Liverpool, 1929), tt. 341-43.

Y Parchedig Ddr Owen Evans (1829-1920)

Treuliodd Dr Owen Evans ddeunaw mlynedd o'i ymddeoliad yn Lerpwl, hynny yw o 1900 hyd 1918, ond yr oedd yn nabod y Glannau'n dda cyn hynny. Ordeiniwyd ef yn Berea, Ynys Môn ym 1853 a'r flwyddyn ddilynol cafodd ei wahodd i draethu yng Nghymanfa Annibynwyr y Glannau. Bu mewn cymanfaoedd eraill, a soniai amdano yn aros ar un achlysur yn Devon Street ar aelwyd Gwilym Hiraethog. Cofiai wrando yn Lerpwl ar y cenhadwr enwog o'r India, y Parchedig William Jones (1833-1870) a wasanaethodd yn y ddinas sanctaidd, Benares a hefyd yn Singrowli lle y bu farw.

Nid oedd Owen Evans ei hun yn bregethwr hwyliog ond yr oedd yn llenor ymroddedig. Cefais flas mawr ar rai o'i lyfrau fel *Gwyrthiau Crist* (1868), *Damhegion yr Arglwydd* (1878) ac *Oriau gyda'r Iesu* (1882). Cyhoeddodd bedair cyfrol arall rhwng 1886 a 1899 ond dim un gyfrol ar ôl iddo roddi'r gorau i'w fugeiliaeth. Meddai ar ddawn i gyfleu'r Ysgrythur mewn ffordd ddefosiynol, yn debyg iawn i'r Parchedigion

T Glyn Thomas, Wrecsam a Robin Williams, Rhos-lan ger Cricieth. Gadawodd Lerpwl ar ddiwedd y Rhyfel Byd Cyntaf am Lundain gan mai yno y gweinidogaethodd hwyaf o bob man. Bu yno ar ddau dro: yn Fetter Lane o 1856 hyd 1863 ac eilwaith yno yng nghapel King's Cross, 1881-1900, cyfnod o 27 mlynedd. Cymerodd gyfrifoldeb am gynulleidfaoedd ym Maentwrog 1854-6, yna Brymbo a Wrecsam 1863-7 a'r Hen Gapel yn Llanbryn-mair yn 1867-81. Gellir gweld, er iddo gael ei eni ar 19 Tachwedd 1829 ym Mhenybontfawr, cefn gwlad Sir Drefalwyn, mai dyn trefol ydoedd yn ei hanfod. Derbyniodd gysur mawr yn ei weinidogaeth yn Llundain a'i ymddeoliad yn Lerpwl ond treuliodd ddwy flynedd olaf ei oes yn ôl eto yn Llundain. Bu farw ar 1 Mehefin 1920 yn Llundain. Elfed oedd ei olynydd yng nghapel King's Cross. Aeth dau frawd iddo yn weinidogion, sef David Evans (1842-1914) a Thomas Evans (1844-1922).

Ffynhonnell

J Dyfnallt Owen, 'Owen Evans (1829–1920)' yn *Y Bywgraffiadur Cymreig hyd 1940* (Llundain, 1963), tt. 234-5.

William Jones (1830-1919) Lerpwl a Llangefni

Gŵr tawel, duwiol a da, a chafodd gyfle i weld Capel Princes Road yn ei ogoniant yn ystod gweinidogaeth y Parchedig Owen Thomas, y seraff bregethwr. Bu William Jones, genedigol o Ynys Môn, a'i briod yn cadw'r Tŷ Capel a berthynai i Gapel Princes Road am bedair blynedd ar ddeg. Ystyrid Tŷ Capel Princes Road y pryd hynny fel cartref y Cymry oddi cartref. Deuai Cymry ifainc yno am arweiniad a chyngor, ac weithiau am gyfarwyddyd lle y gellid cael lletygarwch gyda theuluoedd o Gymry. Cyn y cyfarfodydd gyda'r nos, byddai'r gweinidog a'r blaenoriaid yn ddi-feth yn galw yn y Tŷ Capel cyn neu ar ôl am baned a sgwrs. Meddyliai ei weinidog Owen Thomas yn fawr ohono, gan gyfeirio ato fel 'gŵr duwiol'. Roedd yn hynod o boblogaidd gan bob dosbarth a berthynai i'r capel a chafodd yntau ei ddewis yn Athro Ysgol Sul. Cyflawnai ei waith yn eiddgar, darllenai'r esboniadau, gofynnai am gyfarwyddyd ei weinidog dysgedig, a dotiai ei ddisgyblion at ei fedr a'i baratoad manwl at y wers ar bnawn Sul. Ar ei farwolaeth, lluniodd Hywel Cefni, Tal-y-sarn, englyn iddo:

Hunodd ef yn hwyrddydd oes – yn Iesu,
Ei drysor drwy'i einioes;
Â'i delyn câi wynfyd ei loes,
Hyfryd i'w ran ei farw droes.

Bu farw yn nechrau Chwefror 1919 yn ei gartref yn Church Street, Llangefni ac yntau yn 89 mlwydd oed.

Ffynhonnell
'Basgedaid o'r Wlad', *Y Brython*, 13 Chwefror 1919, t. 2. Ymchwil bersonol.

Y Parchedig David Miles Jenkins (1837-98)

Gŵr a anwyd yn Nhrecelyn, Sir Fynwy, ar 27 Chwefror 1837 oedd y Parchedig David Miles Jenkins. Cymhellwyd ef i'r weinidogaeth, a bu ar aml gwrs addysg yng Nghastellnewydd Emlyn a Choleg yr Annibynwyr yn y Bala. Bu'n weinidog yn Aberhosan a'r Drenewydd ac yno y priododd yr ail dro â Miss Griffiths, wyres i'r Parchedig John Roberts, Llanbrynmair. Ganwyd iddynt bump o blant – tri mab a dwy ferch. Priododd yr ail ferch gyda Mr E M Davies o'r North and South Wales Bank, Lerpwl, a chofiaf yn dda eu merch hwy, Miss Mair Davies, Wavertree. Cyflawnodd waith mawr yng Nghyngor Eglwysi Rhyddion Lerpwl ac fel ysgrifennydd capel yr Annibynwyr, Tabernacl, Woolton Road, Wavertree. Bu dau o'r meibion yn weinidogion, y Parchedig S R Jenkins, Gravesend a'r Parchedig W G Jenkins, Huddersfield.

Ym 1876 symudodd y Parchedig D M Jenkins a'i deulu i Lerpwl ar dderbyn ohono alwad i Eglwys yr Annibynwyr

Cymraeg, Park Road, Lerpwl a bu'n weinidog yno hyd 1898, cyfnod o 23 mlynedd. Bu farw yng nghartref ei ferch (mam Miss Mair Davies) yng Nghaernarfon 21 Ionawr 1901 a chladdwyd ef ym mynwent Smithdown Road. Yr oedd yn ŵr o argyhoeddiadau diffuant, yn fyfyriwr diwyd, bugail doeth ac un o arloeswyr Undeb yr Annibynwyr Cymraeg. Derbyniodd dysteb o £300 ar derfyn 21 mlynedd, swm gyfartal â £6,800 yn ein dyddiau ni.

Ffynhonnell
Sgwrs gyda Miss Mair Davies, Wavertree ac ysgrifennydd Capel yr Annibynwyr Cymraeg Woolton Road, Lerpwl yn mis Medi 1985.

Y Prifathro Thomas Charles Edwards (1837-1900) Windsor Street a Catharine Street, Lerpwl

Ganed Thomas Charles Edwards ym 1837 yn Llanycil yn fab i'r Parchedig Lewis Edwards a Jane (née Charles), merch ieuengaf Thomas Rice Charles ac wyres i Thomas Charles o'r Bala. Roedd y rhieni wedi priodi ym 1836 yn Eglwys Llanycil a chan fod Jane am aros yn nhref ei genedigaeth, penderfynodd ei phriod agor ysgol i hyfforddi bechgyn ar gyfer y Weinidogaeth gyda'r Methodistiaid Calfinaidd. Roedd Lewis Edwards yn athro delfrydol a chafodd gymorth ei frawd yng nghyfraith, David Charles (1812-78) i greu Coleg o safon. Bu'r mab, Thomas Charles Edwards, yn fyfyriwr yno cyn mynd i Lundain a Rhydychen i gwblhau ei addysg am y weinidogaeth. Yn niwedd 1866, derbyniodd y gŵr ifanc athrylithgar alwad i fugeilio capel Saesneg y Methodistiaid Calfinaidd yn Windsor Street, Lerpwl. Arweiniodd ei braidd cyn gadael Lerpwl am y Coleg ger y Lli cyn ymgartrefu wedyn mewn adeilad newydd sbon, a hynny yn Catharine Street. Roedd dau reswm pam y dewisodd ef ddinas Lerpwl i ddechrau ar waith mawr ei fywyd. Y rheswm cyntaf oedd ei fod yn dymuno cyfle i fanteisio ar brofiad a chyfeillgarwch arweinwyr amlycaf y Cyfundeb a weinidogaethai yn y ddinas, yn arbennig Henry Rees a John Hughes, Y Mount ac Owen Thomas, Netherfield Road. Yr ail reswm pam y dewisodd Thomas Charles Edwards ddod i Windsor Street ac yna Catharine Street oedd ei fod yn argyhoeddedig y dylai Methodistiaid Calfinaidd Cymru gofleidio'r achosion Saesneg mewn trefi fel Llundain, Lerpwl, Caerdydd, Abertawe, Bangor a Chaergybi. Mewn cyfarfod cyhoeddus a gynhaliwyd ynglŷn â'r achos yn Arkwright Street, cangen o eglwys Windsor Street, rhoddodd Thomas Charles Edwards ddatganiad clir o'i safbwynt:

> ei fod yn credu, os na wneid rhywbeth gan y Methodistiaid a hynny'n fuan, gyda'r achosion Saesneg, y byddai dyfodol y Cyfundeb mewn perigl. Ni wyddai faint o lwyddiant fyddai ar yr achos Saesneg yn Lerpwl, ond yr oedd yn werth gwneud ymdrech egnïol gydag ef. Yr oedd yr 'idea' fodd bynnag yn un werthfawr iawn, ac yr oedd rhai pobl yn mynd i ryfel er mwyn 'idea'. Yr oedd yntau yn barod i fynd i ryfel yn erbyn ein cyfeillion Cymreig er mwyn yr 'idea' yma.... Yr oedd wedi croesi Rubicon fechan ac wedi penderfynu tra yn Lerpwl wneud bob peth a allai dros yr achos Saesneg.

Llwyddodd i osod pabell yn Arkwright Street, yr hedyn a dyfodd yn Eglwys Saesneg y Cyfundeb yn Everton Brow. Bu'n ffodus fod Owen Elias, adeiladydd o Gymro yn Everton, wedi bodloni ar ei gost ei hunan i adeiladu Ysgoldy Fawr yn Arkwright Street fel achos Saesneg i blesio T C Edwards. Deil yr achos yn ein plith yn Lerpwl o hyd. Symudwyd o Arkwright Street i Everton Brow a heddiw fe'i gwelir fel Eglwys Bresbyteraidd Clubmoor yn Tuebrook.

Nid oes dim dwywaith na wrthododd Thomas Charles Edwards wahoddiad o Eglwys gyfoethog Princes Road am ei fod, fel ei dad yn cefnogi'n gryf y symudiad o blaid achosion Saesneg. Aeth adref i'r Bala i drafod y gwahoddiad gan gapel Princes Road gyda'i dad galluog, ond nid oedd un o flaenoriaid mwyaf adnabyddus ei ddydd, David Roberts (1806-80), Hope Street, Lerpwl, yn barod i dderbyn ateb negyddol. Rhoddodd fwy o amser i T C Edwards ystyried yr alwad, ac ar brynhawn Llun, aeth blaenor cyfoethog arall, Peter Williams ac yntau gyda'r trên i Wrecsam i gyfarfod â'r gŵr ifanc. Roedd llawer i'w ddweud dros Gapel Princes Road, yn nhyb y Dr Lewis Edwards. Roedd yno, wedi 'r cyfan, ddigon o arian ac yr oedd yr eglwys a fu yn Bedford Street mewn safle da, ac yr oedd y gwahoddiad iddo yn unfrydol. Ond roedd rhesymau dros wrthod. Byddai'n hawdd i Princes Road gael hyd i rywun arall, ond nid mor hawdd i Windsor Street. A pheth arall, a dyma'r rheswm pennaf, credai Lewis Edwards fod y dyfodol, a hyd yn oed barhad y Cyfundeb, yn nwylo eglwysi Saesneg eu haddoliad. Ni wrandawai David Roberts (brodor o Lanrwst) na Peter Williams (brodor o'r Brymbo) ar hyn, fel y dywedodd Dr Edwards wrth Owen Thomas, "Their sympathy with the English is very scant indeed."

Ac i Windsor Street yr aeth Thomas Charles Edwards ym 1866 hyd 1872 pan gafodd ei benodi yn Brifathro cyntaf Coleg Prifysgol Cymru yn Aberystwyth ac yn Athro cyntaf yr Adran Athroniaeth. Yno y bu am ddeunaw mlynedd. Coleg nid Prifysgol a agorwyd yn Aberystwyth, gyda'i fyfyrwyr yn astudio ar gyfer graddau Prifysgol Llundain. Blinid y coleg newydd gan drafferthion ariannol, gan fethiant David Davies, Llandinam i gadw ei sedd yn San Steffan, ac ef yn haelionus i'r anghenion, ac ym 1885 gan dân. Brwydrodd T C Edwards i ddiogelu ei barhad ac i sicrhau bod Coleg Aberystwyth yn plesio plant Rhyddfrydwyr amlwg y Blaid Ryddfrydol. Daeth yn grud mudiad Cymru Fydd. Sefydlwyd Colegau Prifysgol yng Nghaerdydd ym 1883 a Bangor ym 1884. Bu galw mawr arno fel pregethwr i gyfarfodydd pregethu, a chyfrifid ef yn athro ac esboniwr Beiblaidd nodedig. Doedd hyn ddim yn help i ffyniant Coleg y Brifysgol. Ym 1891 olynodd ei dad yn

Brifathro Coleg y Bala ar yr amod y byddai'n troi'r sefydliad yn goleg diwinyddol penodol a fyddai'n agor ei ddrysau i bob enwad.

Bu marwolaeth y Dr Owen Thomas yn gryn ergyd iddo ym 1891, ac yn ei angladd ar bnawn Gwener, 7 Awst traddododd bregeth angladdol ar y testun o'r Epistol at yr Hebreaid, Pennod 13, Adnod 7. Ysgrifennodd ef ei hun esboniad yn Saesneg ar yr Epistol at yr Hebreaid a'r Corinthiaid a pharatôdd ddarlith Davies ar y *God Man* ar gyfer y Gymanfa Gyffredinol ym 1895. Oherwydd ei afiechyd diflas, traddodwyd y ddarlith gan Is-Brifathro Coleg y Bala, Ellis Edwards a chyhoeddodd Gwasg Hodder a Stoughton y ddarlith fel cyfrol ym 1895. Dioddefodd gryn dipyn o afiechyd yn ei gyfnod yn y Bala, ond daliodd ati hyd ei farwolaeth ar 23 Mawrth 1900.

Ffynhonnell

D D Williams, *Thomas Charles Edwards,* cyhoeddedig gan Gymdeithas yr Eisteddfod Genedlaethol, (Lerpwl, 1921).

William Williams (1839-1915), Toxteth

Un o gymeriadau lliwgar Cymry Lerpwl oedd yr adeiladydd hwn. Ganwyd ef ym Mhentraeth, Ynys Mon ar 5 Ionawr 1839 a'i fagu ym Mhenparc, gan dderbyn ei addysg gynradd yn y fan honno. Gadawodd yr ysgol yn ddeuddeg oed, a mentro i fyd y môr. Bu i ffwrdd o Fôn a'i deulu am bymtheng mlynedd fel morwr ac anturiaethwr. Glaniodd ym 1856 yn Awstralia, a chlywodd am y cloddio a ddigwyddai yn y mwyngloddiau aur. Ni fu'n llwyddiannus iawn yn yr antur hon, ond nid oedd atal ar ei egni, gan iddo wedyn groesi'r môr i Seland Newydd, lle y bu'n ennill bywoliaeth cyn troi ei olygon am fro ei eni. Daeth yn ôl yn ddyn naw ar hugain oed, a bu'n ffodus o gael cymar bywyd ym Mary Lewis, Rhydydelyn, Pentraeth. Penderfynodd y ddau geisio byd newydd gyda'i gilydd yn ninas Lerpwl ym myd yr adeiladwyr. Buan y dysgodd y grefft o adeiladu a chael cefnogaeth Cymry eraill oedd wedi cyraedd Lerpwl yr un adeg ag ef

Adeiladodd ar y darn tir a elwid *Parliament Fields* ac ef oedd yn gyfrifol am adeiladu stryd Eversley Street, lle yr aeth ef a'i briod i fyw. Ganwyd mab a phedair merch iddynt. Daeth y mab, T J Williams, yn feddyg, a phriododd un o'r merched gyda'r Parchedig R W Roberts. Yr oedd wrth ei fodd yn ardal Toxteth, gan fod ei gartref yn ddigon agos iddynt allu cerdded i gapel hardd Princes Road. Bedyddiwyd y plant gan y Parchedig Ddr Owen Thomas, a bu o dan weinidogaeth y Parchedigion John Williams a Howell Harris Hughes. Fe'i hetholwyd ef yn flaenor ym 1911. Chwaraeodd ran amlwg dros y dystiolaeth ddirwestol, a bu ef ynghyd ag adeiladydd arall, Hugh Jones, Mulgrave Street yn aelodau o Fwrdd Gwarcheidwaid Toxteth. Yr oedd mwyafrif mawr o aelodau'r Bwrdd yn Gymry Cymraeg ac yn ffyddlon i ofynion y Blaid Ryddfrydol. Gweithiodd yn egnïol am flynyddoedd lawer dros y Blaid Ryddfrydol. Ef oedd un o sylfaenwyr Cymdeithas Cymru Fydd Upper Parliament Street, a bu yn hynod o gefnogol i'r achos hwnnw. Optimist mawr oedd William Williams, a bu farw yn niwedd Mehefin 1915.

Ffynonellau

J R Jones, *The Welsh Builder on Merseyside* (Liverpool, 1946), t. 148.

'Y Diweddar Mr William Williams', *Y Brython,* 1 Gorffennaf 1915, t. 5.

Mary Ann Eirios Jones (1840-94)

Telynores yn Lerpwl

Ganwyd Mary Anne Brewer yn Lerpwl i rieni Seisnig eu cefndir a'u hiaith, ond oherwydd ei bod yn byw yn ymyl Cymry Cymraeg, llwyddodd fel plentyn i fedru llefaru brawddegau yn Gymraeg. Priododd gyda John Jones, oedd yn Gymro Cymraeg a daeth hithau ar yr aelwyd yn Gymraes frwdfrydig. Yn wir mynnodd alw ei hun yn Mair Ann Eirios.

Dysgodd y grefft yn blentyn ifanc o fedru canu'r delyn a chystadlu yn yr eisteddfodau niferus a geid ar Lannau Mersi. Ymddangosodd ar lwyfan Eisteddfod Aberffraw, Môn ym 1849 a hithau ond yn naw mlwydd oed. Yn yr Eisteddfod honno, cipiodd amryw o wobrau. Rhoddwyd iddi delyn werthfawr gan y gwleidydd, Syr Watkin Williams Wynn yn Neuadd y Dref, Lerpwl, ar 25 Hydref 1851. Daeth yn hyddysg iawn fel telynores y delyn deires a'r delyn bedol.

Bu galw cyson am ei gwasanaeth, a chwaraeodd o flaen y Frenhines Victoria a'r diweddar Dywysog Cydweddog, a hynny mewn cyngerdd pryd y bu Jenny Lind, y gantores o Sweden ar yr un llwyfan. Yn ei thridegau, gwelwyd bod ei golwg yn dirywio yn enbyd, ac yn y diwedd, fe gollodd ei golwg yn llwyr, ond daliodd i ganu'r delyn er gwerthfawrogiad mawr gan Gymry Lerpwl.

Bu farw yn 44 mlwydd oed 9 Chwefror 1894 a bu'r cynhebrwng ym mynwent Toxteth, Smithdown Road ar 12 Chwefror 1894. Daeth tyrfa gref ynghyd i dalu cymwynas i un o delynorion pwysig Lerpwl rhwng 1851 a 1894.

Ffynhonnell

Di-enw, 'Hanesion', *Y Cerddor,* 2 Ebrill 1894, t. 47.

Evan Evans (Eta Môn, 1841-1887) Penbedw a Lerpwl

Ganwyd Evan Evans yng Nghoedana, Ynys Môn ar 15 Medi 1841 yn fab i deiliwr. Ar ôl ychydig o addysg, aeth ati i ddilyn crefft ei dad, a symud i gyflawni'r gwaith hwnnw ym Methesda, Arfon. Arhosodd ym Methesda o 1860 hyd 1865 gan symud i Lannau Mersi y flwyddyn honno. Erbyn 1865, yr oedd nifer dda o Gymry wedi ymfudo i Benbedw a chafodd yntau gyfle da yn ei grefft ac ym mywyd y diwylliant Cymraeg. Ym Mhenbedw y sefydlodd gyda nifer o gyfeillion llengar y Gymdeithas Gymreig ym 1867, y gymdeithas sydd wedi parhau hyd heddiw, er y bu bylchau yn ei hanes, ac angen ailgychwyn. Symudodd Evan Evans mewn amser i Lerpwl ac o'i ymdrechion ef y cryfhaodd Cymdeithas y Cordofigion. Daeth yn un o arweinwyr amlycaf y Gymdeithas, ac yn hyrwyddwr Eisteddfod y Cordofigion a ddenai gystadleuwyr o bob rhan o ogledd a chanolbarth Cymru.

Yn ŵr cymharol ifanc bu farw Eta Môn ar 24 Ebrill 1887 a chynhaliwyd yr angladd ym mynwent Anfield. Cofir amdano fel un o feirdd a hyrwyddwyr diwylliant eisteddfodol Glannau Mersi.

Y Parchedig William Nicholson (1844-85)

Un o Gaergybi oedd William Nicholson ac yno y ganwyd ef ym mis Ebrill 1844. Aeth ef a'i frawd, y Parchedig T Nicholson, yn weinidogion ond treuliodd Thomas ei yrfa yn gofalu am gapeli Saesneg yn Llundain. Bu William, ar ôl cyfnod yn dysgu yn Llwydcoed, ger Aberdâr, yn weinidog yr eglwysi unedig yn Rhoslan a Llanystumdwy gyda'r Annibynwyr cyn symud ym 1870 i ardal Bethesda, Arfon, ac oddi yno ddwy flynedd yn ddiweddarach i gapel enwog Y Groeswen ger Caerffili. Gelwid arno yn ddi-baid fel pregethwr swynol, ac nid rhyfedd fod arweinwyr yn Lerpwl yn awyddus am ei wasanaeth.

Derbyniodd alwad yn niwedd 1876 i olynu Gwilym Hiraethog yng nghapel Grove Street, Lerpwl. Cynhaliwyd cyfarfod sefydlu ar 2 Ionawr 1877, a gwelid Owen Thomas, Owen Jones, Chatham Street, Dr John Thomas a D M Jenkins ac eraill o weinidogion y dref yn bresennol. Ac am y naw mlynedd nesaf bu'n gweinidogaethu yn y capel hwnnw, yn weithgar fel llenor, bardd, darlithydd ac yn arbennig fel pregethwr poblogaidd. Ym 1884 cychwynnodd gyhoeddiad misol o'r enw *Y Cennad Hedd*, ac ysgrifennai rannau helaeth ohono. Bu bron ag ennill ar y cywydd yn Eisteddfod Genedlaethol Lerpwl ym 1884 ac yn ôl y bardd Richard Davies (Tafolog) o Ddinas Mawddwy, un o'r beirniaid, yr oedd yn haeddu'r wobr. Roedd yn feistr ar ei bwnc bob amser.

Ymddiddorai mewn gwleidyddiaeth a bu'n siarad yn gyson ar lwyfannau'r Blaid Ryddfrydol. Nid oedd yn gryf ei iechyd a rhoddodd yr eglwys gyfle iddo deithio am adferiad iechyd i Awstralia yn niwedd 1883. Bu i ffwrdd am ddeng mis ond ni chryfhaodd ryw lawer er iddo ddal ati gyda'i oruchwylion hyd y diwedd. Bu farw 20 Gorffennaf 1885 yn 41 mlwydd oed a gosodwyd ef i orwedd ym mynwent Smithdown Road, Lerpwl. Y mae ei garreg fedd yn gyrchfan pererinion o Gymru bob haf gan ei fod yn sefyll yn agos iawn i fedd ei ragflaenydd, y Parchedig William Rees.

Ffynhonnell

O L Roberts (gol.) 'Y Parch William Nicholson', *Lloffion Grawnwin* (Liverpool, 1907), tt. 35-61.

Y Parchedig David Adams (Hawen) (1845-1923)

Yn hanes diwinyddiaeth Gymraeg rhaid rhoddi lle pwysig i David Adams (1845-1923). Ganwyd ef yn Nhalybont, Ceredigion ar 28 Awst 1845 i John a Margaret Adams. Crydd oedd ei dad a bu'n rhaid iddo adael Ysgol Ramadeg Llanfihangel ar ôl bod yn astudio'r clasuron yn llencyn ifanc. Gweithiai mewn gwaith llafurus yn y gwaith mwyn, ond aeth ati i ddysgu yr iaith Ffrangeg a gloywi ei Gymraeg a'i Saesneg a'i Ladin. Nid oedd dal yn ôl arno – llwyddodd i gael ei alw yn ddisgybl athro yn Nhalybont, ei dderbyn i Goleg y Normal, Bangor ym 1863, a chael cyfle i ddysgu ym 1867 yn Ysgol y Bryn, Llanelli. Yna cyfnod yn ennill gwybodaeth yng Ngholeg Normal Abertawe ym 1869 ac yn dysgu yn Ystradgynlais am ddwy flynedd, cyn mynd am ragor o addysg ar sail ei orchest yn ennill ysgoloriaeth i Brifysgol Cymru, Aberystwyth. Enillodd ei BA (Prifysgol Llundain) ym 1877 gan elwa o ysgolheictod y Prifathro,

y Parchedig Thomas Charles Edwards.

Roedd wedi dechrau pregethu ym 1874. Ym mis Mai 1878 derbyniodd wahoddiad gan Eglwysi Hawen a Bryngwenith, Rhydlewis, Ceredigion yn fugail. Tra bu yn Hawen lluniodd draethawd ar Hegel, prif athronydd yr Almaen a ddylanwadodd ar Karl Marcs, ar gyfer cystadleuaeth yn Eisteddfod Genedlaethol Lerpwl ym 1884. Ef oedd y buddugol. Bu yng ngodre Sir Aberteifi hyd 1888 pan symudodd i dref y chwareli, Bethesda, Arfon. Yna yn Hydref 1895 symudodd i Lerpwl i ofalu am gapel yr Annibynwyr, Grove Street. Yno y bu hyd ei farw, 10 Gorffennaf 1923, ac yn Lerpwl y gwnaeth ei gyfraniad pwysig fel bardd, emynydd a diwinydd a lladmerydd diwinyddiaeth yr Almaen. Cyhoeddwyd ei gyfrol *Paul yng Ngoleuni'r Iesu* (1897) ac *Yr Eglwys a Gwareiddiad Diweddar* (1914). Bu ci ddylanwad yn fawr iawn yn y ddinas yn y bywyd eisteddfodol adeg Eisteddfod Genedlaethol Lerpwl ym 1900 ac yn Mhenbedw ym mis Medi 1917. Anrhydeddwyd ef ym 1913 pan gafodd gyfle i fod yn gadeirydd Undeb yr Annibynwyr. Bu yn Lerpwl yn gweinidogaethu am 28 mlynedd. Bu farw ar 10 Gorffennaf 1923 a dygwyd ef yn ôl i fro ei febyd. Felly yn Nhalybont y bu yr arwyl.

Ffynhonnell

W Keri Evans a W Pari Huws, *Cofiant y Parch. David Adams* (Lerpwl, 1904).

Syr Alfred Lewis Jones (1845-1909) Lerpwl

Dyma un o Gymry pwysicaf Lerpwl yn ei ddydd. Ganwyd ef yng Nghaerfyrddin, ond daeth ei rieni i Lerpwl pan oedd ef yn dair blwydd oed, ac yn y ddinas y cyflawnodd waith mawr ei fywyd, gan esgyn o fyd y *cabin boy* i fod yn berchennog cwmni llongau yr Elder Dempster. Ceir ei hanes yn gryno yn *Hanes Rhyfeddol Cymry Lerpwl* (Lolfa, 2019), tudalennau 161-6, ond mae un elfen o'i weithgarwch yn haeddu cofnod pellach, a hynny yn ei gefnogaeth i ddiwylliant masnachu bananas. Gwnaeth gymwynas fawr ag Ynysoedd y Canaries a Jamaica fel cefnogwr y banana. Y broblem anodd oedd cael bananas i Brydain heb eu bod yn aeddfedu yn ormodol yn y llongau ar y daith i borthladdoedd Lloegr. Ym 1878, llwyddodd cwmni Fyffe, Hudson a'i Gwmni i gyflawni'r gamp o'u cadw heb bydru ar hyd y ffordd drwy osod digon o wlân cotwm o fewn y bocsiau lle y ceid y ffrwyth. O fewn chwe blynedd, cynyddodd y fusnes, ac yn naturiol, fel gŵr busnes craff, cymerai Alfred Lewis Jones ddiddordeb trwy lygaid cwmni Elder Dempster. Daeth yn fasnach broffidiol.

Ond y drafferth yn awr oedd perswadio trigolion Lerpwl a Sir Gaerhirfyn i brynu'r ffrwyth ar gyfer eu prydau bwyd. Yr oedd ganddo gertiau a whilberi i gario'r ffrwythau. Gwelid y certiau yn cael eu tynnu gan geffylau o amgylch strydoedd Lerpwl, Penbedw, Bootle a Wallasey. Wedi methu gwerthu'r ffrwythau yn dilyn ymdrech lew a gweld y ffrwythau'n pydru, dyma Alfred Lewis Jones yn mynd ati i'w dosbarthu i'r bobl ar y strydoedd heb godi tâl. Llwyddodd yn rhyfeddol erbyn y tro nesaf, gan fod pobl yn mwynhau y ffrwyth ac yn galw yn daer amdano. Trefnodd strwythur addas fel dyn busnes gan osod dau o bobl fusnes uchelgeisiol o'r enwau A H Stockley ac A R Ackerley i redeg y fusnes ar ei ran. Lleolid Stockley yn Las Palmas a byddai ef a'r rheolwr, Ackerley yn derbyn trydedd ran yr elw oddi wrth Alfred Lewis Jones. Yr oedd cyfranddaliad A H Stockley ym 1898 yn dair mil o bunnoedd y flwyddyn. Daeth hi'n fusnes broffidiol o dan ei arweiniad. Wedi'r cyfan, ei longau ef oedd yn cario'r llwythi o ffrwythau i'r ynysoedd hyn. Teithiai tair llong bob pythefnos i ynys Jamaica, gan gario ugain mil o fananas ar bob taith. Sefydlodd Alfred Lewis Jones gwmni cyfyngedig o dan y teitl, *Direct West India Service Company Limited* ac ar y daith gyntaf, Mawrth 1901 daeth y llong *Port Morant* yn ôl i borthladd Avonmouth gyda 23 mil o glystyrau o fananas. Erbyn hyn, yr oedd Llywodraeth Prydain yn gwrando ar y cawr o Gymro am gyngor a chyfarwyddyd. Yr oedd ganddo feddwl uchel iawn o Joseph Chamberlain. Gwnaeth gymwynas fawr gydag ynys Jamaica. Chamberlain oedd y gŵr a awgrymodd y dylid ei urddo yn farchog oherwydd ei gymwynas haelionus ag ynys Jamaica.

Cadwai bowlen o fananas ar ei ddesg yn swyddfa Elder Dempster yn Lerpwl, a byddai'n estyn banana i bobl a ddeuai am sgwrs ac i drafod busnes wrth iddynt ymadael ag ef fel symbol o'i gyfeillgarwch a'i ddiolchgarwch o gyd-weithio â hwy. Gwelodd bosibiliadau y banana pan ymwelodd yn fachgen ysgol ag Ynysoedd y Cŵn (Canary Islands) ac wedyn prynodd ffermydd a thir gan dalu amdanynt ar ei union. Gwariodd filiwn o bunnoedd erbyn y flwyddym 1898, a byddai pobl Ynysoedd y Cŵn yn meddwl y byd ohono fel gŵr busnes a ddaeth â gwell byd iddynt.

Bu Alfred Lewis Jones yn ffodus yn ei gartref yn Cressington ac Aigburth, gan mai hen lanc ydoedd, a gofalwyd amdano yn dyner gan ei chwaer a'i merch. Un arall a roddodd o'i orau iddo oedd Arthur Henry Stockley. Ar ddymuniad Alfred Jones, cychwynnodd Stockley gwmni o'r enw Elder and Fyffes, a hynny ym 1901, a datblygodd hwnnw yn fusnes hynod o lewyrchus. Ar fater y banana, ym mis Rhagfyr 1906 aeth â dirprwyaeth ar daith i Jamaica. Ar 14 Ionawr 1907 cafwyd daeargryn a ddinistriodd dref Kingston. Cafodd miloedd o bobl eu lladd. Llwyddodd Syr Alfred i ddianc o'r gwesty yn ddianaf, ond yr oedd hi'n amlwg i'w deulu pan ddaeth adref ei fod yn heneiddio o flaen ei amser, fel y gwnaeth y Cymro Syr O M Edwards yntau. Ddwy flynedd yn ddiweddarach, ar 13 Rhagfyr 1909 bu farw, gan adael ar ei ôl y swm enfawr o chwe chan mil o bunnoedd. Gosodwyd cofgolofn sylweddol iddo ar Pier Head, a bu yn garedig i Adran Feddygaeth Prifysgol Lerpwl yn sefydlu Adran ar gyfer afiechydon y Trofannau. Cafwyd haelioni lawer o ddwylo yr Anglican dewr, a gynigiodd seibiant ar un o'i longau i'r diwygiwr, Evan Roberts, pan oedd ef yn isel ei ysbryd ym 1905. Dyn da oedd Alfred Lewis Jones a gofir bob tro y bwytawn fanana gyda'n brecwast!

Edward M Evans (Morfryn, 1848-1915) Lerpwl

Mab Ty'n yr Ardd, Penrhyndeudraeth oedd Edward M Evans, a symudodd i Lerpwl ym 1875 gan dreulio deugain mlynedd yn y ddinas. Chwarelwr ydoedd ym Meirionnydd a bu'n gweithio i'r un cwmni yn Lerpwl am 36 o flynyddoedd. Roedd ei briod yn chwaer i Alaw Manod ac yn fam i Mrs R J Ellis. Am chwarter canrif bu Morfryn a'i briod yn cadw Tŷ Capel Crosshall Street, yn nyddiau y Parchedig David Williams, y Calfinydd eiddgar. Roedd hwnnw pan oedd yn weinidog yn Llanwnda yn ffefryn gyda Dr Kate Roberts am ei bregethu gwreiddiol. Cymerodd Morfryn ran amlwg ym mywyd eisteddfodol dinas Lerpwl, gan ei fod yn amryddawn iawn fel englynwr, llenor a cherddor. Nodweddid ef gan ysbryd heddychol, a hoffai ddarllen cylchgronau a llyfrau. Gwelid llythyr o'i eiddo nawr ac yn y man yn yr wythnosolyn *Y Brython* a meddyliai'r beirdd lleol fel Trisant a Gwilym Mathafarn gryn dipyn ohono. Yr oedd yn gerddor da a llenor diwyd, ac fel englynwr enillodd aml i wobr.

Ei englyn ef oedd yr englyn gorau ar y testun 'Cynffonnwr' yn Eisteddfod Scotland Road yn y flwyddyn yr ymfudodd i Lerpwl. Ioan Arfon oedd y beirniad, a dyma'r englyn:

Cenaw yr hun amcanion – yw y gŵr
A garia y gynffon,
Ddaerai egwyddorion
Os ceid tâl am ysgwyd hon.

Bu farw ym mis Mawrth 1915 yn nhŷ ei ferch a'i fab yng nghyfraith, R J Ellis, 62 Holt Road, Edge Lane, a bu'r angladd ym mynwent Anfield o dan ofal y Parchedig John Hughes Morris a'r Parchedig J O Williams (Pedrog).

Byddai'r ddau, Morfryn a Pedrog, a oedd yn byw yn weddol agos i'w gilydd, yn cael aml i seiat ar gyfrinion barddoniaeth Gymraeg ac yn cyfnewid englynion.

Ffynonellau

Edward M Evans (Morfryn 1848-1915) yn D Ben Rees, *Hanes Rhyfeddol Cymry Lerpwl* (Talybont, 2019), t. 278.

Hugh Edwards (1848-1906)

Un o Ynys Môn ydoedd Hugh Edwards a ganwyd ef ym 1848 yn Rhos-y-bol. Gadawodd ei gartref a'r ynys ym 1866 ac yntau yn ddeunaw mlwydd oed am Lerpwl. Gwelwyd yn syth ei fod yn fachgen eithriadol o alluog a derbyniwyd ef i weithio i Gorfforaeth Lerpwl. Manteisiodd ar bob cyfle i berffeithio ei ddoniau o fewn Neuadd y Ddinas ac fel clerc yn y gwahanol adrannau. Pen draw hyn oedd iddo gael ei benodi yn Brif Glerc Pwyllgor y Ddinas o dan lywyddiaeth y Maer. Gwahoddwyd ef yn olygydd *The Liverpool Corporation Year Book*, gwaith manwl, ac eto roedd yn bwysig fod y manylion oddi fewn iddo yn gywir. Meddai ar ddawn Môn fel siaradwr a hynny yn y ddwy iaith.

Y tu allan i fyd y Gorfforaeth, bu'n weithgar ymhlith y Methodistiaid Calfinaidd, ac yn arbennig ar ôl 1885 pan etholwyd ef yn flaenor. Mynnai'r un safonau o fewn yr Henaduriaeth â sefydliadau eraill o fewn y Methodistiaid Calfinaidd Cymreig. Y mae Hugh Edwards yn un o'r Cymry amlwg yr anghofiwyd amdano, ac ni cheir sôn o gwbl yn yr un o'm cyfrolau am ei gyfraniad. Bellach y mae ei gyfraniad ar gof a chadw. Collwyd ef ac yntau ond yn 58 mlwydd oed, a daeth llu o Gymry ac arweinwyr y ddinas i fynwent Anfield i'w angladd i dalu teyrnged am ei holl waith i'r ddinas ac i enwad a ymhyfrydai mewn Cymreictod.

Robert Owen Roberts (1848-1935), Bootle

Brodor o Lithfaen, Sir Gaernarfon oedd R O Roberts. Yno y'i ganwyd ym 1848. Ychydig o fanteision addysg a gafodd, ond ymfudodd i Lerpwl ym 1863 i ddilyn ei ddiléit fel saer coed. Cafodd ddigon o gyfle gan yr adeiladwyr Cymreig i ennill ei fywoliaeth a phriodi. Ganwyd merch i'w wraig ac yntau.

Ei gyfraniad pennaf oedd gwarchod pobl ieuainc, yn arbennig ar ôl iddo ymaelodi yng Nghapel y Methodistiaid Calfinaidd yn Crosshall Street yng nghanol y dref. Dangosodd sêl arbennig dros yr Ysgol Sul, gan iddo ef ei hun elwa yn fawr o'r sefydliad hwnnw fel llanc ac oedolyn. Llwyddodd i sefydlu Undeb Ysgolion Sul ar gyfer y Presbyteriaid Cymraeg yn Lerpwl ym 1882. Gofalai hefyd am Ddosbarth o ferched Cymraeg a weithiai yn y siopau neu a ddilynai y swydd o weini yng nghartrefi'r boneddigion. Dywedodd y bardd Robert Wyn amdano: "Bob Sul, gwelid gosgordd ohonynt yn mynd efo'u hathro i Old Hall Street am de." Ef oedd yn talu am y bwyd ac yn bugeilio'r merched hyn rhag iddynt grwydro o'r llwybr cul pan oeddent yn bell o'u cartrefi.

Etholwyd Robert Owen Roberts yn flaenor yn Crosshall Street, a chyfrifid ef yn gryn dipyn o deyrn yn y sêt fawr. Yr oedd yr agwedd hon ynddo a hynny mor wahanol i'w haelioni a'i gymwysterau di-ri i fechgyn a genethod oedd yn 'byw i mewn' yn siopau mawr Lerpwl, ac angen tipyn o ryddid arnynt ar y Suliau.

Cafodd fyw i oedran teg, a bu farw yn 87 mlwydd oed ym 1935. Roedd Dr Tom Richards, yr hanesydd adnabyddus ar y Piwitaniaid yn nai iddo, a bu ef am rai blynyddoedd yn athro yn Bootle. Nai arall iddo oedd yr adeiladydd, O C Roberts, Llundain a Lerpwl. Trigai ef yn Menlove Avenue, Allerton, a bu yn Uchel Siryf Arfon. Cynhaliwyd angladd R O Roberts ar Ddydd Llun, 4 Tachwedd 1935 ac yn ôl yr adroddiad, gwelwyd y bardd Gwilym Deudraeth yn bresennol yn yr arwyl.

Ffynhonnell

Rolant Wyn, 'Cofio R. O. sef y Diweddar Mr R O Roberts, Bootle', *Y Brython,* 7 Tachwedd 1935, t. 7.

Y Parchedig John Hughes (1850-1932)

Deheuwr ydoedd ac un a gysylltir gyda chapel Fitzclarence Street, Lerpwl. Ganwyd ef ym mis Mai 1850 i Dafydd ac Elizabeth Hughes. Symudodd y teulu i Gwmafan ger Port Talbot, ac yno yng nghapel y Tabernacl y cafodd ei addysg grefyddol a mynychu'r Gobeithlu o dan ofal yr Undebwr Llafur ewog, William Abraham (1842-1922) a adnabyddid dan yr enw barddol Mabon. Ef hefyd oedd ei athro Ysgol Sul. Yng Nghwmafan y magwyd ef a'i frodyr, tri ohonynt a wasanaethodd fel offeiriaid yn yr Eglwys Anglicanaidd, sef y Parchedigion Lewis Hughes, Rhosili, Gŵyr, William Hughes, Colton, Esgobaeth Salisbury a James J Hughes, Minetown, Esgobaeth Henffordd.

Cafodd John Hughes radd MA o Brifysgol Glasgow a'i ordeinio yn sasiwn Llangeitho ym 1877. Ceir ei hanes yn Nowlais yng nghyfnod D Cunllo Davies yn y gyfrol *Hanes Hermon*. Yna aeth i Fachynlleth yn weinidog cyn dod i Fitzclarence Street, Lerpwl, lle y cyflawnodd waith mawr ei fywyd fel awdur, bugail, bardd a phregethwr. Yr oedd yn bregethwr grymus ac yn hynod o dderbyniol yng nghapeli Cymraeg y Methodistiaid Calfinaidd yn Lerpwl a'r cyffiniau. Yr oedd hefyd yn awdur toreithiog yn Gymraeg a Saesneg. Ymysg ei gynnyrch ceir *Rhagluniaeth Duw Mewn Anian ac mewn Hanesyddiaeth* (1886) a *Gwanwyn Bywyd a'i Ddeffroad* (1886), heb anghofio *Ysgol Jacob* (1897). Bu yn gyfrifol am gyfrol goffa i un o'i flaenoriaid yn Lerpwl, sef Dr Hugh Williams. Teitl y gyfrol yw *Marwolaeth y Saint* a gyhoeddwyd ym 1905. Gwahoddwyd ef i draddodi Darlith Davies yr enwad ym 1902 a chyhoeddodd hi o dan y teitl *The Christian Consciousness* yn yr un flwyddyn.

Yr oedd yn fardd cydnabyddedig a gwelir ei gerddi Cymraeg a Saesneg yn y cyfrolau *Songs in the Night* (1885), *Tristora* (1896) a *Dan y Gwlith* (1911). Medrai lunio emynau ond ni cheir un ohonynt yn *Caneuon Ffydd*.

Yn niwedd ei weinidogaeth symudodd i Forgannwg, ac ym Mhen-y-bont ar Ogwr y bu farw ar 24 Gorffennaf 1932. Y mae ei fedd ym mynwent Machynlleth.

Ffynonellau
Blwyddiadur Methodistiaid Calfinaidd 1934, t. 186.

Hugh Lloyd (1858-1929), Everton

Cyflwynwn Hugh Lloyd, y llenor, arweinydd y Cymry yn Everton, masnachwr a chynheiliad y Genhadaeth Gristnogol, a anwyd 14 Medi 1858 yn Nhrefnant, Dyffryn Clwyd, yn un o bump o blant Thomas ac Elizabeth Lloyd. Derbyniodd addysg dda a bu'n ddisgybl yn Ysgol Ramadeg Llanelwy, cyn ymfudo i Lerpwl yn un ar bymtheg oed. Denwyd ef i gymdeithas Fethodistaidd Galfinaidd Chatham Street ac yn ddiweddarach i gymuned Capel y Methodistiaid Calfinaidd, Fitzclarence Street yn Everton. Priododd ym 1887 un o ferched ifanc y capel, merch y ffotograffydd John Thomas, Cambrian Gallery, ac yr oedd hi yn chwaer i'r meddyg Dr Thelwall Thomas.

Etholwyd ef yn flaenor yn Fitzclarence Street ym 1894 a gwasanaethodd am 35 mlynedd, ac eithrio tair blynedd (1911-14) pryd y bu ef a'r teulu'n byw ym Manceinion. Dychwelodd ym 1914 a gosodwyd ef eto ymhlith arweinwyr Fitzclarence Street.

Yn ei waith beunyddiol bu'n llwyddiannus o fewn cwmni'r Anglo American Oil Company, a bu'n ddylanwadol. Trwyddo ef cafodd ugeiniau lawer o Gymry ifainc waith gyda'r cwmni.

Meddai ar ddawn y llenor. Roedd yn ddarllenwr mawr, a medrai siarad ar unrhyw amgylchiad yn afaelgar. Rhoddodd lawer o'i amser i Gymry Everton. Ymwelai â'r cleifion a'r difater, a gofalai hefyd am y Ganolfan Genhadol yn Earle Street. Bu'n Gadeirydd Rheolwyr Ysgolion Cynradd Everton ac yn hynod o haelionus i'r milwyr Cymraeg yn ystod y Rhyfel Byd Cyntaf. Daeth tristwch mawr i'w aelwyd pan laddwyd y mab ieuengaf, Yale, ar faes y gad.

Meddyliai Cymry ifainc y byd ohono. Cynhaliodd ddosbarth yr iaith Gymraeg am flynyddoedd. Bu'n amlwg yn yr ysgol Sul, y Gymdeithas Lenyddol, yn y Mudiad Dirwest ac ar bwyllgorau'r Henaduriaeth a'r Cyfundeb. Rhoddodd gefnogaeth ddi-ildio i waith y Genhadaeth Dramor a bu'n Gadeirydd y Pwyllgor Gwaith yn 1927-8.

Bu farw yn sydyn ar 22 Rhagfyr 1929, ar ôl cyrraedd adref i Richmond Terrace o gapel Fitzclarence Street, a gadawodd i alaru ei briod, y mab Major Glyn Lloyd, Pwnjab, India, a dwy ferch, Mrs Luned Thomas a Mrs Davies, Cerrigydrudion.

Syr John Herbert Lewis (1858-1933),

Gwleidydd yn y Blaid Ryddfrydol

Ganed J Herbert Lewis ym Mostyn ac roedd yn or-nai i'r diwinydd a'r gweinidog athrylithgar, Thomas Jones (1756-1820) o Ddinbych. Dechreuodd weithio fel cyfreithiwr yn ninas Lerpwl ym 1885, yn bartner gyda Chymro arall o'r ddinas,

Alfred T Davies, a ddaeth wedi hynny yn Ysgrifennydd Cymreig y Bwrdd Addysg. Arhosodd y flwyddyn gyntaf gyda'i ewythr, Edward Lewis, yn Lerpwl. Roedd ef wedi ymfudo i'r ddinas tua 1836 a sefydlu busnes yn gwerthu dillad yng nghanol Lerpwl. Cymerai Edward Lewis ddiddordeb ymarferol yn y plant carpiog a heidiai yn ddi-gefn yn strydoedd Lerpwl a hynny cyn pasio Deddf Addysg Foster ym 1870. Am gyfnod o ddeugain mlynedd, gofalodd Edward Lewis yn ariannol am anghenion un o Ysgolion y Ragged Schools a sefydlwyd ganddo yn Lerpwl, bron y gyntaf un.

Blwyddyn ar ôl cyrraedd Lerpwl, priododd Herbert ag Adelaide, merch Charles Hughes o Gwmni Cyhoeddi Hughes a'i Fab, Wrecsam. Gwnaeth y ddau eu cartref yn y ddinas. Roedd Herbert Lewis yn weithgar yn y Blaid Ryddfrydol ac ym mis Chwefror 1886 cynhaliwyd cyfarfod dewis ymgeisydd i'r Blaid Ryddfrydol yn Sir y Fflint. Roedd yna bedwar ymgeisydd, sef yr Albanwr o farsiandwr o Lerpwl, Samuel Smith, J Scott Bankes, Capten William Jones, Y Rhyl a J Herbert Lewis. Ar y cyfrif cyntaf, trwch blewyn oedd hi rhwng Samuel Smith, gyda 46 pleidlais, a J Herbert Lewis gyda 45. Cafodd J Scott Bankes 11 a'r Capten W Jones 3 pleidlais. Ar yr ail gyfrif, derbyniodd Samuel Smith 57 pleidlais a J Herbert Lewis 50, a Samuel Smith gan hynny a orfu. Gwnaeth Herbert Lewis argraff ffafriol iawn ar y Gynhadledd. Meddai'r Parchedig Roger Edwards, Yr Wyddgrug:

> Yn awr y mae pawb a'i clywodd yn dweyd mai efe yw'r 'coming man' ac y bydd ymhen ychydig iawn o flynyddoedd, ac mewn bywyd, yn cynrychioli ei Sir enedigol.

Ac felly'n union y bu. Bu John Herbert Lewis yn Aelod Seneddol dros Fwrdeistrefi Fflint o 1892 i 1906, a thros y sir o 1906 i 1918, a thros sedd newydd Prifysgol Cymru o 1918 i 1922. Roedd ei bresenoldeb o 1885 i 1892 yn Lerpwl yn bwysig ar gyfer mudiad Cymru Fydd oherwydd ei gyfeillgarwch mawr gyda rhyddfrydwyr y ddinas, ac yn Nhachwedd 1887, cymerodd y gadair mewn cyfarfod mawr o Gymry'r ddinas lle y gwnaeth T E Ellis, Cynlas, Y Bala, araith yn awgrymu'r angen am gynghrair genedlaethol wedi'i hethol gan bobl Cymru. Oherwydd i hinsawdd laith y ddinas beri magu asthma ynddo, penderfynodd ef a'i briod symud i fyw i Benuchaf, Caerwys, cartref Thomas Jones. Gweithiodd yn galed dros greu a chynnal y Llyfrgell Genedlaethol yn Aberystwyth ac Amgueddfa Genedlaethol Cymru yng Nghaerdydd. Tra enynnai David Lloyd George edmygedd a chasineb fel ei gilydd, safodd Herbert Lewis o'i blaid drwy'r storm a'r heulwen. Gwasanaethodd Gymry Lerpwl, Cymry Sir y Fflint a Chymru a'r Deyrnas Unedig a'i enwad, y Presbyteriaid Cymreig, yn dawel ac effeithiol. Fe'i hurddwyd yn farchog ym 1922. Ymwelodd ef a'i ail wraig, Ruth Lewis (merch i W S Caine, A.S. o Lerpwl) am yr ail dro ym 1923-24 â'r maes cenhadol yn yr India gan fod ei ferch, Kitty Lewis â'i bryd ar Fryniau Lwshai fel cenhades. Ysgrifennodd yntau hanes yr ymweliad. Gwahoddwyd ef a'i briod i ymuno â Chyfeisteddfod Weithredol y Genhadaeth, ond ni chafodd gyfle gan iddo gael damwain fawr yn Aberystwyth ym 1925 a bu'n orweddiog yn ei gartref, Penucha, Caerwys, hyd ei farw ar 10 Tachwedd 1933. Oherwydd y ddamwain hon, bu'n rhaid i'w ferch Kitty ddychwelyd o'r maes, ac ef a'i cynhaliodd hi yn ariannol tra bu hi yn genhades yng ngogledd-ddwyrain yr India. Priododd Kitty Lewis gyda'r addysgwr, Idwal Jones, a daethpwyd i'w hadnabod yn Kitty Idwal Jones. Yr oedd y mab, Mostyn Lewis, Gresford, yn awdurdod ar ffenestri gwydr lliw gogledd Cymru ac yn llythyrwr cyson i'r *Daily Post*.

Ffynonellau

Idwal Jones, 'Syr John Herbert Lewis, 1858-1933', *Y Bywgraffiadur Cymreig hyd 1940* (Llundain, 1953), t. 521.

Idwal Jones (gol.), *Syr Herbert Lewis 1858-1933* (Caerdydd,

1955), yn arbennig ysgrif ei ferch K Idwal Jones, 'Bore Oes', (tt. 1-18). Ceir holl hanes y daith gyntaf i Fryniau Casia yn *A World Tour, Being a Year's Diary, written 1884-85* gan J Herbert Roberts, 1886.

Y Parchedig Edmund Griffiths (1848-1929)

Edmund Griffiths, masnachydd glo yn Lerpwl ond un a fu'n fawr ei wasanaeth fel pregethwr gyda'r Methodistiaid Calfinaidd. Brodor o Drawsfynydd ydoedd, a ganwyd ef yn Nhyddyn y Felin yn y flwyddym 1848, a daeth i Lerpwl yn ŵr ieuanc a lletya gyda Mr a Mrs Daniel Rees, Newlands Street. Priododd ag Elizabeth, merch y tŷ. Roedd hi yn un o ddwy chwaer.

Bu'n weithgar yng nghapel Fitzclarence Street, Everton, lle y cafodd ei ethol yn flaenor ym 1887. Pan symudodd i fyw i Grove Street ger Prifysgol Lerpwl ymaelododd ef a'i briod yng nghapel Chatham Street ym 1892 yn ystod gweinidogaeth y Parchedig W O Jones. Roedd wedi dechrau pregethu'r flwyddyn cynt – ac erbyn 1900 ordeiniwyd ef gan ei enwad yn weinidog, ond daliodd yn ffyddlon i gyflawni ei oruchwyliaeth fel masnachydd glo.

Bu'n hynod gefnogol i waith yr Ysgol Sul a hefyd i'r dystiolaeth ddirwestol. Roedd yn flaenllaw iawn yng Nghyfrinfa Caradog y Temlwyr Da. Derbyniodd gyfrifoldeb am gapel Cymraeg MC Carmel yn Bolton Road, Ashton-in-Makerfield a theithiai o leiaf unwaith yr wythnos, o'i fusnes, i fugeilio'r claf a chadw Seiat. Cyfrifid ef yn ŵr o ddifrif a bu'n fugail yng nghanol trafferthion Chatham Street. Pen draw hyn oedd ymddiswyddiad W O Jones. Roedd hyn yn dân ar ei groen.

Meddai ar ddiddordeb mewn llenyddiaeth, a bu'n olygydd papur byrhoedlog yn Lerpwl, sef *Y Dinesydd*, o Fedi 1889 i 1890 a gyhoeddid gan W Wallis Lloyd, 65 Lower Street, a chyd-aelod ag ef am gyfnod yn Fitzclarence Street. Bu ef a'i briod, Mrs E Griffiths yn ddedwydd gyda'i gilydd. Pan oedd y ddau yn heneiddio ac mewn gwth o oedran gadawsant Grove Street a symud i 59 Beaconsfield Road, cartref Mr a Mrs John Evans. Roedd John Evans fel Edmund Griffiths yn ymwelydd gwych gyda'r Cymry a ddeuai i ysbytai Lerpwl. Meddyliai'r Parchedig W Llewellyn Lloyd, gweinidog Chatham Street, y byd ohono gan ei gyfrif yn gyfaill ac yn gydweithiwr delfrydol. Bu farw'r Parchedig Edmund Griffiths yn nechrau Medi 1929 yn 59 Beaconsfield Road, ardal Granby, Toxteth yn 81 mlwydd oed.

Ffynhonnell
Coffâd, *Y Brython*, 5 Medi 1929, t. 7.

M Owen Roberts (1853-1938), West Kirby

Brodor o Fethel ger Caernarfon oedd M Owen Roberts a anwyd ym 1853. Ar ôl cyfnod o ysgol, aeth i'r chwarel ond gwelodd fod gwell posibiliadau yn Lerpwl. Daeth i'r ddinas yn ŵr ifanc, gan gymhwyso ei hun mewn ysgol penseiri. Arbenigodd fel pensaer a thirfesurydd a bu wrth y gwaith hwnnw am gyfnod o hanner can mlynedd. Cynnyrch yr Ysgol Sul ydoedd a meddyliai'r byd o'r sefydliad ar ôl symud ei aelodaeth o Gapel Bethel yn Arfon i Gapel yr Annibynwyr yn Marsh Lane yn Bootle, ac ar ôl hynny yng Nghapel Annibynwyr Martins Lane yn Wallasey. Deuai i'r Ysgol Sul wedi paratoi yn drwyadl.

Diddordeb mawr o'i eiddo oedd cerddoriaeth. Cyfansoddodd lawer iawn o donau, anthemau ac unawdau. Gwelid ei dôn 'Edom', yn Llyfr Emynau'r ddau enwad, y Methodistiaid a'r Wesleaid ym 1927.

Bu yn bensaer rhai o addoldai Cymreig Glannau Mersi, ac yn arbennig Capel y Presbyteriaid Cymraeg, West Kirby. Erys yr addoldy yn West Kirby yn gofgolofn i'w allu fel pensaer, ac mae'n hyfryd gweld yr addoldy yn cael ei ddefnyddio heddiw. Pregethais droeon yno dros y blynyddoedd. Hyfrydwch mawr i M O Roberts oedd cael cyfle i groesawu ei gyfeillion i'w gartref yn Marlowe Road, Wallasey, ac yn arbennig ei weinidog, y Parchedig T Price Davies.

Dathlodd ef a'i briod briodas ddiemwnt, a ganwyd iddynt un plentyn, sef T S Roberts. Bu farw M O Roberts ar 30 Ebrill 1938 a chynhaliwyd yr arwyl yng Nghapel Grange Road a gwasanaethwyd gan y Parchedigion Griffith Hughes, Caer a J Oldfield Davies.

Ffynonellau

'Marw Mr Owen Roberts', *Y Brython*, 5 Mai 1938, t. 8.

E. H. J., 'Y Diweddar Owen Roberts, West Kirby', *Y Brython*, 12 Mai 1938, t. 8.

Y Parchedig D D Williams (1862-1938), Belvidere Road, Lerpwl

Gŵr o Groesor yn Sir Feirionnydd ydoedd D D Williams a bu'n weinidog ymroddgar ymhlith Cymry alltud Manceinion a Lerpwl. Symudodd i Lerpwl o Fanceinion i ofalu am gapel David Street a symudodd i Belvidere Road. Ymdaflodd ei hun i'r weinidogaeth a gweithrediadau ei enwad, a daeth yn aelod blaenllaw o Gymdeithas Sir Feirionnydd yn Lerpwl. Byddai'r Gymdeithas yn cyfarfod yn y Neuadd yn Hackins Hey. Sonnir mai ef a ddiolchodd ar 6 Chwefror 1919 i'r Parchedig D Tecwyn Evans ar ei ddarlith ar Evan Jones (Ieuan Gwynedd). Yn y cyfarfod hwn, gwelwyd un o hil teulu Ieuan Gwynedd, sef Henry Francis, un o gapel Cymraeg y Wesleaid yn Spellow Lane, sef y gŵr a gafodd yn rhodd y Beibl Coch hyglod oddi wrth Mrs Rachel Jones, ail wraig Ieuan Gwynedd. Yn y blynyddoedd hyn, bu galw mawr ar D D Williams i ddarlithio yng nghymdeithasau Cymraeg Glannau Mersi. Sonnir iddo draddodi'r ddarlith ar Owain Glyndŵr yn feistrolgar. Mae'n debyg mai ei gyfraniad pennaf oedd fel cofiannydd y Prifathro Thomas Charles Edwards (1837-1900). Ef oedd Prifathro cyntaf Coleg Aberystwyth, a lluniodd D D Williams y llyfr *Thomas Charles Edwards*, cyhoeddedig gan Gymdeithas yr Eisteddfod Genedlaethol yn Lerpwl ym 1921.

Roedd D D Williams yn hanesydd cydwybodol, ac yn y dauddegau sefydlodd ei enwad Gomisiwn Ad-drefnu. Cadeirydd y Pwyllgor i ystyried yr hanes oedd D D Williams a'r ysgrifennydd oedd ei gymydog, H Harris Hughes, Gweinidog Capel Princes Road.

Gwahoddwyd D D Williams i lenwi'r bwlch, a dyna sut y cyhoeddwyd *Llawlyfr Hanes Cyfundeb y Methodistiaid Calfinaidd* ym 1926. "Gwaith y sydd o fewn ei ofod yn glasur" meddai'r Parchedig Griffith Rees, olynydd H Harris Hughes yn Princes Road, amdano. Gosododd drefn ar yr amrywiol ddefnyddiau. Cafodd y gyfrol groeso mawr. Awgrymodd Dr M H Jones fod cylchoedd darllen yn mynd ati i astudio tair o gyfrolau. Y ddwy gyntaf oedd *Hanes Cymru yn y Ddeunawfed Ganrif* gan R T Jenkins, a *Blynyddoedd Cyntaf y Methodistiaid* gan Richard Bennett ac yna yn drydedd y gyfrol hon gan D D Williams.

Ysgrifennodd D D Williams gofiant i'r Parchedig T J Wheldon a'i gyhoeddi yng Nghaernarfon ym 1925. Beirniadwyd hwn yn hallt gan yr Athro W J Gruffydd yn *Y Llenor* ym 1926. Geilw Gruffydd T J Wheldon: "yr olaf o farwniaid y Weinidogaeth" a dywed ei fod yn haeddu "cofiant ag ychydig mwy o sbonc ynddo, ac ychydig mwy o dreiddgarwch i hanes y cyfnod ac i ystyr ei fywyd yntau."

Ond yn y *Llawlyfr Hanes* fe gafwyd yr union anghenion a oedd, yn ôl W J Gruffydd, ar goll yn y Cofiant, sef sbonc a threiddgarwch. Yn wir, daeth D D Williams yn olygydd *Cylchgrawn Hanes y Methodistiaid Calfinaidd* a chyflawnodd y dasg honno gyda graen arbennig. Ymserchodd yn ei braidd yn y Dingle a Toxteth a rhoddodd flynyddoedd ei aeddfedrwydd i Gymry Lerpwl. Bu farw ym 1938 yng nghanol ei saithdegau.

Ffynonellau

Griffith Rees, 'D. D. Williams (1862-1938)', *Cylchgrawn Cymdeithas Hanes y Methodistiaid Calfinaidd*, XXIII, tt. 51-3.

D. Ben Rees, *Haneswyr yr Hen Gorff* (Lerpwl a Llanddewi Brefi, 1981), 34, 63, 73-4.

John Hughes, Allerton (1863-1936)

Adeiladydd adnabyddus a hynod o lwyddiannus. Yn Llanrhuddlad ym Môn y ganed ef ym 1863, ac fel eraill o'i gyfoedion, daeth i Lerpwl i wella'i fyd. Saer coed ydoedd o ran crefft a chydag ychydig o addysg, fe lwyddodd ar raddfa eang. Priododd gyda Mary Ann Williams, yn enedigol o Lanystumdwy, a chynlluniodd y cartref yn Green Lane, Allerton. Ef ei hun a'i gwmni a'i hadeiladodd, a ganwyd iddynt dair merch a mab. Aeth y mab, T J Hughes, yn gyfreithiwr a weithredai yn Llundain a Lerpwl. Priododd y ferch ieuengaf gyda'r bancer, W Penry Williams, a fu yn gofalu am Fanc y Midland yng Nghaernarfon, a'r ddwy ferch arall gyda'r ddau frawd, J R Jones ac W H Jones, meibion yr adeiladydd, John Jones, Dudley Drive.

Adeiladodd gyda'i frawd, Thomas Hughes, lawer o strydoedd yn Bootle, ac yna aeth ef ar ei liwt ei hun i fentro, gan brynu tir, nid yn unig yn Lerpwl ond ym Mhenbedw, Wallasey, Birmingham, Newton-le-Willows a Llundain. Yn Lerpwl, ef oedd yn gyfrifol am Stad Polo (Polo Estate) yn Childwall, y Kenton Estate yng ngogledd Llundain a'r Shirley Estate yn Birmingham, a phob un yn tystio i'w fedr fel adeiladydd.

Roedd yn amlwg yn wir o flaen ei oes, ac adeiladai amrywiaeth o dai: tai ar eu pennau eu hunain, eraill mewn stryd, fflatiau a siopau. Ond yn ôl arbenigwyr ym myd yr adeiladu, roedd y Kenton Estate yn agoriad llygad, gyda'i siopau, fflatiau, strydoedd, lleoedd i blant i chwarae, eglwys, ysgolion, canolfan fysiau a gorsaf rheilffordd. Fel y soniodd ei fab yng nghyfraith, J R Jones:

> In short, one of the satellite towns of London has been brought into existence through the enterprise and determination of a Welsh builder born of humble circumstances in Anglesey.

Yn y cyfnod prysur hwn, ac yng nghanol ei waith yn Kenton y tarawyd ef yn wael, a bu farw yno ym mis Ionawr, 1936. Trwy gydol ei fywyd prysur, bu'n ffyddlon i'w fagwraeth grefyddol, gan gyfrannu yn haelionus i gapel y Presbyteriaid Cymraeg yn Webster Road lle yr etholwyd ef yn flaenor ym 1900. Bu'n gymorth amhrisiadwy wrth adeiladu capel newydd Heathfield Road ger Penny Lane, lle y bu yn arweinydd doeth.

Roedd ganddo lawer iawn o ddiddordebau, yn cynnwys llenyddiaeth, golff a biliards, ac roedd yn chwaraewr *croquet* o'r radd flaenaf. Perthynai i glybiau Hurlingham, Roehampton a Buxton ac enillodd lu o gwpanau mewn cystadlaethau. Gwahoddwyd ef i fod yn aelod o dim *croquet* Lloegr i chwarae yn erbyn Awstralia, ond bu'n rhaid iddo wrthod y gwahoddiad. Teithiodd ef a'i briod yn helaeth drwy wledydd Ewrop, Palesteina a'r Aifft. Bu'n haelionus i gymdeithasau Cymraeg Lerpwl. Gwahoddid ef yn gyson i lywyddu mewn cyngherddau. Gwnaeth hynny i helpu achosion crefyddol, fel Eglwys Anglicanaidd Deiniol Sant yn y Jubilee Hall, Smithdown Lane. Lluniodd yr adeiladydd, Gwilym Mathafarn, englyn iddo ym 1915:

Mae nwyfiant Hughes Moneifion, - a'i dalent,
Yn deilwng o Frython,
Ni ddoniwyd i ni ddynion
Na chawr mwy na chewri Môn.

Ffynonellau

J R Jones, *The Welsh Builder on Merseyside,* tt. 48-50;
'O Big y Lleifiad', *Y Brython,* Ebrill 22, 1915, 7.

Cyfraniad pwysig John William Jones (1865-1945) i ddinas Lerpwl

Adeiladydd hynod o lwyddiannus yn ninas Lerpwl yn yr ugeinfed ganrif a chymwynaswr i'r Cymry ac i'r dystiolaeth genhadol yng ngogledd ddwyrain yr India oedd J W Jones. Ganwyd ef ym 1865 yng Nghae'r Hafod, Cyffylliog, Dyffryn Clwyd yn fab i William ac Elinor Jones. Roedd ei dad yn hannu o Ysbyty Ifan a'i fam o Gyffylliog. Ychydig o addysg a gafodd, a phenderfynodd ymfudo i Lerpwl ym mis Ionawr 1887 a mentro ar waith saer coed gyda chwmni Cymraeg enwog o fasnachwyr coed ac adeiladwyr, David Roberts a'i feibion yn Fox Street.

Gan ei fod yn uchelgeisiol, fe'i diwylliodd ei hun, gan ddysgu'n gyflym mewn dosbarthiadau nos ac yn yr Ysgol Sul, ac erbyn 1895, gallai sefydlu cwmni o adeiladwyr. Dyna'r flwyddyn y priododd Sarah Catherine Owens o Lanrhaeadr-ym-Mochnant a hynny yng Nghapel Fitzclarence Street. Ganwyd iddynt bump o blant, a bu'r meibion i gyd (pedwar mab) yn gyfarwyddwyr cwmni adeiladu J W Jones. Bu'n weithgar iawn ym mywyd crefyddol y ddinas, ac fe'i hetholwyd ef yn flaenor yng Nghapel y Presbyteriaid Cymraeg, Webster Road ym 1911. Bu o fudd mawr pan adeiladwyd y capel newydd Cymraeg yn Heathfield Road ym 1925-26 a bu'n hynod o haelionus. Cyfrannodd swm o £4,300 tuag at godi capel Heathfield Road a £500 i'r Gronfa Gweinidogion Hen a Methedig.

Roedd wrth ei fodd fel aelod o bwyllgorau ei Henaduriaeth a'i enwad. Apwyntiwyd ef yn aelod o Bwyllgor Gwaith y Genhadaeth Dramor, ar Bwyllgor y Gronfa Ganolog Fenthyciol a Phwyllgor y Symudiad Ymosodol. Bu yn Gadeirydd Pwyllgor Adeiladau'r Henaduriaeth, a oedd yr adeg honno yn cynnwys capeli fel Dalton-in-Furness, Whitehaven, Spennymoor, Middlesborough, Sunderland a Witton ac eraill lawer. Gwahoddwyd ef i fod yn Gadeirydd Pwyllgor Cymdeithas Feiblau Cymry Lerpwl, Trysorydd Casgliad y Jiwbilî a Chronfa Cenhadon Methedig, ac yn Eglwys Heathfield Road bu'n Drysorydd ac yn arweinydd medrus. Ym 1933, etholwyd ef yn Llywydd yr Henaduriaeth.

Ym 1938, addasodd i'r Gymraeg basiant Saesneg o eiddo cwmni James Broadbent a'i Feibion, Leeds, yn dwyn y teitl, *Adeiladu yr Eglwys*. Amcan y pasiant oedd cyfleu i'r ifanc ac i'r oedolion anghenion pennaf yr eglwys gartref fel yn yr India, sef gobaith, gwroldeb, gwasanaeth a gofal. Darparodd J W Jones ddwy set o feini at wasanaeth yr eglwysi, ac anfonai'r blociau mewn cist i'r eglwysi a ddymunai lwyfannu'r pasiant a oedd yn para tuag awr a hanner.

Cymerodd ran yn y tri degau fel aelod o Gyngor Dinas Lerpwl yn enw y Blaid Geidwadol. Safodd dros Allerton yn etholiad 1935, gan ennill y sedd.

J W Jones (Ceidwadwr)	1,968
C E Hargreaves (Llafur)	795
Mwyafrif	1,173

Safodd cyd-flaenor iddo dros Much Woolton, sef J R Jones, a hynny yn lliwiau'r Rhyddfrydwyr ym 1935, ond ni enillodd y sedd. Roedd J W Jones yn ŵr adnabyddus.

Safai ei bencadlys yng nghanol stryd brysur Allerton Road, a bu yn adeiladydd ar raddfa fawr ym maestrefi Allerton, Childwall, Woolton, Springwood a Speke. Deuai bechgyn ifanc nobl a chefnogol o gefn gwlad Cymru, o Sir Drefaldwyn yn y canolbarth a holl sioredd gogledd Cymru yn brenstisiaid iddo. Byddai'r seiri coed a'r seiri maen hyn yn aros am oes yng ngwasanaeth y cwmni. Yn wir, ceid aml un yn gwasanaethu am hanner can mlynedd. Defnyddiodd Corfforaeth Lerpwl yn y dauddegau ei gwmni i adeiladu tai cyfforddus yn lle'r slymiau, a gellid dibynnu ar ei onestrwydd ac ar safon y gwaith.

Tra bu yn Gynghorwr Dinesig fe wasanaethodd ar y Pwyllgor Tai a Dŵr, a chyfrifid ef yn siaradwr effeithiol yn y ddwy iaith, a hynny yn y siambr ac ymhlith y Cymry.

Bu J W Jones yn byw yn Garth Drive, Allerton. Yn wir, ef a adeiladodd y stryd honno, gan symud i'r tŷ mwyaf ei faint a'i alw yn Hiraethog. Gofalai gael morwynion Cymraeg eu hiaith i wasanaethu yn y cartref a rhoddodd yr enw Tanat Drive ar stryd gyfagos er parch i'w briod. Bu farw ar 24 Awst 1945 a gosodwyd ef i orffwys ym mynwent Allerton. Ceir llun o'i fedd yn y gyfrol *Cymry Lerpwl a'r Cyffiniau* (1947) a llun o'i swyddfa yn *Hanes Rhyfeddol Cymry Lerpwl* (Talybont, 2019).

Y Parchedig John Hughes Morris (1870-1953)

Ganwyd ef ar 11 Gorffennaf 1870 ym Mhenrhosllugwy, Môn, yn fab i John a Mary Morris, ond ymfudodd y teulu i Lerpwl pan oedd y mab yn blentyn bach. Ni chafodd addysg coleg, dim ond ysgol gynradd Chatsworth Street yn ardal Upper Parliament Street. Ond fe'i denwyd yn ŵr ifanc i weithio fel clerc yn Swyddfa Cenhadaeth Dramor y Methodistiaid Calfinaidd yn Falkner Street a gwasanaethodd yno o 1892 hyd 1949, cyfnod o 57 o flynyddoedd. Anwylodd ei hun i genedlaethau o genhadon ar y maes cenhadol yn yr India. Dywedodd un o'r galluocaf ohonynt, Dr Helen Rowlands amdano, "Yr oedd map y byd (ac nid yn unig yr India) o flaen ei lygad yn barhaus."

Bu'n olygydd *Y Cenhadwr*, cylchgrawn misol, o'i ddechreuad ym 1922, a'r cyhoeddiad Saesneg, *Glad Tidings*, yn ogystal, hyd at ei ymddeoliad ddiwedd 1949. Gwelir graen arbennig ar y ddau gylchgrawn. Ordeiniwyd ef gan ei enwad a phregethai yn rheolaidd yng nghapeli enwad Henaduriaeth Lerpwl. Dywedodd y llenor, J R Morris, a addolai yng Nghapel Princes Road, Toxteth, y geiriau hyn amdano, "O ran maint ac eiddilwch corff, nid wyf yn cofio i mi glywed neb huotlach mewn pulpud." A chofier ei fod ef yn gwrando ar bregethwyr o safon, fel H Harris Hughes, a'i ffefryn, Griffith Rees. Daeth J H Morris yn awdurdod ar Fethodistiaeth Henaduriaeth Lerpwl. Gweler *Hanes Methodistiaeth Liverpool* Cyfrol 1 (Lerpwl, 1929) a Chyfrol 2 (1932). Ond ei nodwedd bennaf oedd ei gamp yn croniclo hynt a helynt Cenhadaeth Dramor ei enwad. Y mae *Hanes Cenhadaeth Dramor y Methodistiaid Calfinaidd Cymreig hyd 1907* (Caernarfon, 1907) yn fwynglawdd. Felly hefyd y fersiwn Saesneg a gyhoeddwyd ym 1910. Lluniodd lyfrynnau ar genhadon fel William Lewis, U Larsing, a T Jerman Jones, a rhoddwyd hwy i'r plant drwy'r enwad am eu gwaith yn llenwi'r blychau cenhadol. Bu ef a'i chwaer yn rhannu cartref ac yn aelodau o Eglwys (M.C.) yn Edge Lane, Lerpwl. Bu i'w chwaer ei flaenori yn yr angau, a daeth yr alwad iddo yntau ar 5 Tachwedd 1953 a'i gladdu ym mynwent Allerton, Lerpwl ar 9 Tachwedd ar ôl oes o wasanaeth rhyfeddol.

Ffynhonnell
Ymchwil bersonol.

Robert Owen Jones (1871-1923)

Un o Sir Feirionnydd oedd R O Jones, fel y'i gelwid. Ganwyd ef yn Nolrhyd, Dolgellau, un o bump o blant, i John a Maria Jones. Ymfudodd y mab i Lerpwl ym 1899, a bu yn gweithio i gwmni gwerthu te, sef Chaloner and Ridgeway am chwarter canrif. Ym 1921, penderfynodd ddechrau busnes ar ei liwt ei hun fel gwerthwr haearn mewn siop *chandler.* Ond yn anffodus, torrodd ei iechyd i lawr a threuliodd rai wythnosau yn Ysbyty Brenhinol Lerpwl. Yno y bu farw ar 17 Mai 1923. Bu'r arwyl ar ddydd Llun y Sulgwyn ym mynwent Anfield o dan ofal ei weinidog, y Parchedig O G Roberts, Tabernacl, Belmont Road. Gadawodd i alaru ei briod a dau fab.

Roedd ef yn siaradwr o'r radd flaenaf ac fel cynnyrch Capel yr Annibynwyr, Dolgellau, ymaelododd yng Nghapel Tabernacl, Belmont Road, Anfield. Bu yn un o leygwyr amlycaf ei enwad ar Lannau Mersi ac fe amlygodd ei ddoniau a'i ddiwydrwydd yn y meysydd canlynol.

Yn gyntaf, y mudiad Dirwest. Roedd pob un o'r enwadau Cymraeg oddi fewn i Anghydffurfiaeth yn meddu ar dystiolaeth o blaid Dirwest. Gwasanaethodd R O Jones fel Ysgrifennydd Undeb Dirwestol Cymreig Lerpwl a'r Cyffiniau.

Yn ail, yr Ysgol Sul. Rhoddodd gryn gymorth i'r mudiad hwn, a bu yn amlwg fel athro Ysgol Sul yng Nghapel y Tabernacl ac yn ysgwyddo cyfrifoldebau fel y byddai'r galw.

Yn drydydd, fel pregethwr cynorthwyol dawnus. Penderfynodd gynorthwyo hyd y medrai y capeli Cymraeg a leolid ym maes glo Sir Gaerhirfryn, mewn trefi fel Wigan ac Ashton-in-Makerfield. Gwnaeth lawer o waith da yn ystod y chwarter canrif y bu ar y Glannau.

Annie Williams (1874-97), Anfield, Lerpwl

Ganwyd y genhades ddewr hon yn Lerpwl ar 21 Medi 1874, yn ferch i David ac Anne Williams, aelodau ffyddlon yng Nghapel Anfield Road. Treuliodd rai blynyddoedd ym Mhwllheli pan oedd hi'n blentyn, ond yna dychwelodd i Lerpwl. Fel plentyn, bu'n mynychu Ysgol Gynradd Daisy Street, Anfield, ac yn ddiweddarach fel disgybl athrawes yno. Oddi yno cafodd addysg yng Ngholeg Hyfforddi Edge Hill, a oedd yr adeg honno yn ardal Edge Lane, Lerpwl, ac nid fel heddiw yn Brifysgol ar gyrion Ormskirk. Cafodd ragor o hyfforddiant mewn sefydliad meddygol yn Glasgow ar ôl penderfynu derbyn yr alwad i genhadu yng ngogledd-ddwyrain yr India.

Hwyliodd i'r India o borthladd Lerpwl ar 10 Hydref 1896 a chafodd fordaith anghyffredin o beryglus, gyda'r stormydd garw yn amgylchynu'r llong. Bu'n ffodus i gyrraedd Kolcata yn fyw, ac yna ar ôl taith bell arall i Shillong, bu'n rhaid i Annie Williams wynebu ar un o'r profiadau chwerwaf posibl, sef daeargryn colledus 1897, pryd y collodd Cenhadaeth Gymreig y Methodistiaid Calfinaidd ei holl adeiladau ar Fryniau Casia. Bu ei hun mewn enbydrwydd dirdynnol. Yr oedd Annie Williams wedi gadael Lerpwl er mwyn gofalu am adran y merched o'r Ysgol Athrofaol yn Shillong yn lle Bessie Williams a oedd yn priodi ei chyd-genhadwr, y Parchedig T J Jones. Enillodd y ferch o Anfield ei lle a ffafr ei chyd-athrawon a chenadesau. Ond byr fu ei rhawd a'i chyfle, gan iddi, wrth weini ar dri o blant bach a oedd wedi dal clefyd y geri (*cholera*) dderbyn yr haint ei hun. Gorchfygwyd hi a bu farw ar 21 Awst 1897 ar ôl ychydig oriau o waeledd. Dim ond cyfnod o ddeng mis y bu hi yn Shillong fel cenhades i Grist, ac yn ystod y cyfnod hwnnw, ni fu yn rhydd o helbulon poenus. Mae'n sicr bod y pryder beunyddiol a'r profiadau llethol wedi lleihau ei nerth i wrthsefyll yr afiechyd blin. Fel y dywedodd J Hughes Morris o'r swyddfa yn Lerpwl:

> Yn ei marwolaeth, collodd y Genhadaeth un o'r cymeriadau puraf ac un o'r cenhadon mwyaf awyddus i waith a fu yn ei gwasanaeth erioed.

Ffynhonnell

Er mwyn cael rhagor am y teulu, gweler D. Ben Rees, *The Welsh of Merseyside in the Twentieth Century*, Volume 2 (Liverpool, 2001), t. 14.

John Richard Morris (1879-1970)

Gŵr llengar a bywiog oedd J R Morris a anwyd ar 13 Awst 1879 yn fab i chwaelwr yn Llanddeiniolen. Treulodd flynyddoedd yn y chwarel cyn ymfudo i Ashton-in-Makerfield i weithio yn y lofa ym 1899. Bu'n weithgar fel alltud yng nghapel y Methodistiaid Calfinaidd Cymraeg yn Ashton-in-Makerfield. Priododd ag Elizabeth ym 1905 a ganwyd iddynt ddau o blant. Arhosodd yno hyd 1910 a symudodd y teulu i Lerpwl. Dywedodd am ei fywyd dros Glawdd Offa: "Ni theimlais i ddim diddordeb yn y bywyd y tu allan i'r cylch Cymreig."

Nid oedd angen iddo. Ceid tri chapel Cymraeg yn Ashton, sef Capel y Presbyteriaid Cymraeg, Capel yr Eglwys Fethodistaidd a Chapel yr Annibynwyr Cymraeg. Symudodd i Lerpwl, a bu yn gweithio i gwmni Morris and Jones, cwmni Cymreig, a hefyd fel ceidwad Cymdeithas Cymru Fydd yn Upper Parliament Street. Newidiodd fyd a bu ar staff Cwmni Insiwrans *The Sea Insurance Co.*

Ond ei awydd mawr oedd hybu y fasnach lyfrau Cymraeg. Bu ganddo ystafell yn Ashton i werthu llyfrau i'r glowyr o Gymry a ymfudodd o ogledd Cymru i'r pyllau glo. Yn Lerpwl yr oedd yr hen frawd, Thomas Jones, Brownlow Hill, wedi mynd yn rhy hen a musgrell i fedru edrych ar ôl ei siop lyfrau Cymraeg. Ymunodd y bardd o Benbedw, Rolant Wyn Edwards, perthynas i Hedd Wyn ar ochr ei fam, yn y fenter gyda J R Morris, a phrynu ei holl stoc. Cafwyd cytundeb gyda'r Llyfrfa yng Nghaernarfon eu bod i werthu a dosbarthu newyddiadur yr enwad, sef *Y Goleuad* a chylchgronau megis *Y Drysorfa*, *Trysorfa'r Plant*, *Y Cylchgrawn Hanes* ac *Y Cenhadwr*. I gapeli niferus yr enwad ar y Glannau, J R Morris fyddai yn casglu arian am y cylchgronau hyn ar ran y Cyfundeb, ac yn derbyn disgownt am ei ymdrech.

Ychwanegwyd at y siop yn Renshaw Street. Daeth Cymro twymgalon arall, sef E T Roberts (ap Heli) o Seaforth ger Bootle i fod yn bartner arall yn y siop. Prynwyd peiriant argraffu a mynd ati i ddiwallu yr angen mawr am ddramâu ar gyfer yr holl gwmnïau drama a berthynai i gapeli Cymraeg Glannau Mersi. Gwnaeth Gwasg y Brython gymwynas yr adeg honno trwy baratoi dramâu, fel y gwnaeth siop J R o dan yr enw Wyn Edwards a Morris. Trosodd ddramâu y dramodydd o Norwy, Ibsen, i'r Gymraeg. Lluniodd gomedi *Luned* a gyhoeddwyd ym 1928.

Ymaflodd J R Morris ym mudiad Undeb y Ddraig Goch a gychwynnwyd gan Meuryn, Cledwyn Hughes, ac eraill o'r Cymry gwlatgar. Yn y dauddegau cynnar, teimlai llawer iawn o'r Cymry fod y Gymdeithas Genedlaethol Gymraeg a sefydlwyd ar ôl ymweliad Eisteddfod Genedlaethol Cymru ym 1884 yn llawer rhy Seisnigaidd. Gwrthwynebai y rhain y Seisnigrwydd a'r snobyddiaeth a berthynai i arweinwyr y gymdeithas fel yr Arglwydd Mostyn. Sefydlodd Undeb y Ddraig Goch ddosbarthiadau nos a hefyd eisteddfodau yn y dauddegau. Tad y Parchedig Easter Ellis, Blaenau Ffestiniog, a fu'n weinidog Capel Walton Park, oedd yn gyfrifol am argraffu'r tocynnau. Ond yn anffodus, ni chafwyd y gefnogaeth i'r siop lyfrau gan Gymry Lerpwl a'r cyffiniau fel y disgwylid. Bu'n rhaid iddynt roddi'r gorau iddi, neu i'w fynegi mewn iaith lafar, "fe aeth yr hwch drwy'r siop." Gorfu iddynt osod y siop ar werth ym 1933. Perswadiodd y bardd a'r newyddiadurwr, Meuryn (oedd ei hun wedi symud i Gaernarfon) i J R Morris ystyried gwneud yr un peth. Dyna a wnaeth yn y flwyddym 1933 ac ymgartrefu ym mhentref Bethel. A gwneud tref Caernarfon yn ganolbwynt newydd yn lle Lerpwl.

Tra bu'n byw yn Lerpwl, perthynai J R Morris i Gapel enwog Princes Road, Toxteth, ac mae ganddo atgofion diddorol am ei aelodaeth yn y gadeirlan honno. Ei hoff weinidog oedd y Parchedig Griffith Rees (genedigol o Geredigion) a chyfathrebwr di-ail a gwahanol. Cyfunai Griffith Rees y ddwy agwedd o'i waith yn berffaith, fel pregethwr o'r radd flaenaf a hefyd fel bugail ar ei braidd. Yn ôl J R Morris, yr oedd yn llawer mwy o fugail na'i ragflaenydd, Howell Harris Hughes.

Ymhyfrydai J R Morris yn yr holl weithgarwch a geid yn Lerpwl. Byddai yn mynychu, adeg y Sulgwyn, yr Ŵyl Bregethu a gynhelid yn y Sun Hall yn Kensington. Soniodd mai'r gwrandawr salaf o bawb a welodd ar lwyfan y Sun Hall oedd y Doctor Cynddylan Jones, Caerdydd. Gan ei fod yn hoff o gerddoriaeth yr oedd Lerpwl yn ddelfrydol iddo, gan fod Undeb Gorawl Cymry Lerpwl yn yr oes aur o dan law y Dr T Hopkin Evans, a daeth yr Eisteddfod Genedlaethol i Barc Sefton ym 1929.

Daeth J R Morris yn gryn feistr ar y gynghanedd, a lluniodd aml i englyn crefftus. Cofiaf ef yn dda pan fyddwn yn galw fel myfyriwr coleg yn ei siop yng Nghaernarfon, a chefais flas anghyffredin ar ei gyfrol hunangofiannol, *Atgofion Llyfrwerthwr* a gyhoeddwyd gan Lyfrfa'r Methodistiaid Calfinaidd ym 1963, a honno yn cynnwys 160 o dudalennau difyr. Os methodd â gwerthu llyfrau Cymraeg yn Lerpwl fe wnaeth hynny yng Nghaernarfon, gan werthu'r siop yn y diwedd pan oedd ef yn bedwar ugain mlwydd oed, i lyfrbryf arall, Eric Jones o Lanllyfni. Bu farw ei briod ar 21 Medi 1950 ond bu ef fyw hyd 26 Ebrill 1970 a'i gladdu yn mynwent Llanrug.

John Evan Roberts (1883-1959) a'i briod Margaret (Née Roberts) (1885-1984), Bootle

Ganwyd John Evan Roberts ar 25 Medi 1883 yn y Groeslon, plwyf Llanwnda, Sir Gaernarfon, ond cysylltir ef gyda phentref Rhosgadfan, ryw bedair milltir i'r de-ddwyrain o dref Caernarfon. Ar lechwedd bryniau Moel Tryfan a Moel Smytho y gorwedd yr ardal, ac at ei gilydd, chwareli a roes fod i'r ardal honno, hynny yw chwareli bychain o'u cymharu â rhai Bethesda, Llanberis a Ffestiniog. Disgrifiodd ei hanner chwaer, y nofelwraig Kate Roberts, gefndir bywyd y teulu yn ei darn o hunangofiant, *Y Lôn Wen* (Dinbych, 1960).

Soniodd mai yn y tai y ceid y gymdeithas, ac nid yn y capel. Nid oedd festri yng Nghapel Rhosgadfan hyd 1901 na dim modd cynhesu'r capel. Mynd adref ar eu hunion a wnâi pawb ar ôl yr oedfaon gan fod y capel mor anghysurus heb wres, a phobl ieuainc yn unig a fynychai'r cymdeithasau llenyddol, y cyfarfodydd darllen a'r cyfarfodydd plant. I'r cyfarfod gweddi a'r seiat yr âi'r bobl mewn oed.

Soniodd Dr Kate Roberts am yr ymwelwyr diddorol a ddeuai i Gae'r Gors, fel Wmffra Jones, Bryn Golau, un o bartneriaid eu tad yn y chwarel. Daethai i fyw i Rosgadfan o Sir Drefaldwyn, o ymyl cartref Ann Griffiths, a byddai ef yn dod yn aml. Yr oedd y ddau fel dau frawd. Galwyd partner arall i'w thad wrth y llythrennau XY gan nad oedd mor hoffus ei gymeriad na'i sgwrs ag Wmffra Siôn.

Rywdro ar ôl Diwygiad 1904-05, symudodd John Evan Roberts i Lerpwl, a chyfarfu yno â Margaret Roberts, merch o Ddolgellau. Ganwyd hi ar 1 Chwefror 1885 a symudodd i Lerpwl ym 1898 yn bedair ar ddeg oed i weini yng nghartrefi byddigions. Byddai yn dweud yn aml ei bod wedi bod yn hynod o ffodus i gael cartrefi da a phobl garedig yn byw ynddynt. Yr oedd ganddi berthynas yn byw yn Lodge Lane, ac yno y byddai'n mynd pan ddeuai seibiant, y *day off* chwedl hithau. Gyda'r teulu hwn yr aeth i gapel y Methodistiaid Calfinaidd Cymraeg yn Webster Road a dod yn aelod yno. Ymhen dwy flynedd, symudodd i gartref y cynghorydd, Kendrick Jones, Beach Lawn, mab i'r adeiladwr enwog, William Jones a elwid yn 'Klondyke Jones'. Symudodd ei thocyn o Webster Road i gapel Cymraeg o'r un enwad yn Waterloo ac yn yr adeg honno y cyfarfu â'r llanc o Rosgadfan. Priodwyd y ddau yng Nghapel Waterloo, gyda'r Parchedig William Henry yn gwasanaethu. Cawsant dŷ yn Bootle ac yna ymaelodi yng nghapel enwog Stanley Road ar ddiwedd gweinidogaeth y Parchedig Griffith Ellis. Erbyn heddiw, mae hi'n anodd credu, ond bu'n rhaid iddynt aros am naw mis i gael sedd.

Yn ystod Rhyfel 1914-18, caewyd y rhan fwyaf o chwareli bychain Dyffryn Nantlle, ac aeth y rhan fwyaf o'r dynion i weithio i Lerpwl, a thad John a Kate Roberts yn eu plith. Arhosai ef gyda'i fab, John a'i ferch yng nghyfraith yn Bootle. Câi'r gweithwyr docyn rhad i fynd adref dros y Sul bob tair wythnos, ac oherwydd hynny, nid aeth neb â'i docyn

Ei briod Margaret Roberts

aelodaeth gydag ef i eglwysi Cymraeg Lerpwl.

Ganwyd iddynt ddwy ferch, Eirian ym 1919 a Margaret Bryn Jones (née Roberts) a adnabyddid fel Peggy ym 1927, a bu'r ddwy yn addurn i'r cartre. Bu Eirian yn ddi-briod, yn athrawes wych; yn wir adeg yr Ail Ryfel Byd aeth â phlant ei hysgol yn Bootle i Frycheiniog, i bentref Biwla ger Llanwrtyd a chadwodd gysylltiad gyda'r ardal ar hyd y blynyddoedd. Gweithiai ei thad John Evan Roberts mewn warws cotwm yn ymyl Canada Dock, ac yr oedd pob un oedd yno yn Gymry Cymraeg ac eithrio un person, sef Sgotyn o'r enw James Maxwell. Ond o fewn amser byr, fe ddysgodd ef Gymraeg yn rhugl, gyda'r canlyniad mai Cymraeg oedd iaith y warws. Yr oeddent hefyd, bob un ohonynt, yn aelodau yn eglwysi Cymraeg Bootle. Yn y gwaith, daeth J E Roberts i gysylltiad â beirdd Cymraeg Lerpwl fel William Morgan (Collwyn) a Gwilym Deudraeth. Byddai Gwilym Deudraeth yn ymweld yn gyson â'r teulu yn Bootle a gwelir englyn o'i waith ar garreg fedd John a Margaret Roberts ym mynwent Bootle.

Ymhyfrydai John E Roberts yn ei gyd-weithwyr yn y warws. Yr oedd un ar ddeg ohonynt yno, heblaw y Sgotyn. Dyma enwau y Cymry a weithiai gyda'i gilydd, gyda phump ohonynt yn cefnogi Capel yr Annibynwyr ym Marsh Lane, sef Morris Jones, William Roberts, T B Williams, Ifor Williams ac Owen Owen. Perthynai Owen T Owen i gapel Cymraeg y Presbyteriaid yn Peel Road, Seaforth. Yn aelodau a berthynai i Gapel Cymraeg Stanley Road, y Presbyteriaid, oedd David Jones, Edward Williams, William Roberts, Griffith V Williams a John Evan Roberts ei hun. Coffa da amdanynt, a hwythau'n cynrychioli y werin Gymraeg ar ei gorau yn y ddinas fawr.

Buont yn Bootle fel teulu hyd Fawrth 1941, pan fu'n rhaid ymadael oherwydd y bomio trwm ar Bootle a'r dinistr a ddigwyddodd i'w cartref. Disgrifiodd Margaret Roberts y trybini mewn llythyr at Dr Kate Roberts. Cynigiodd Kate Roberts gartref dros dro iddynt yn Ninbych, ond dyhead John oedd mynd i aros i gartref ei fam yn Rhosgadfan, gan fod ei fyd dros dro wedi darfod yn Lerpwl – y warws fawr wedi ei bomio a difrod wedi digwydd i'w cartref cysurus, yn ogystal â'u cartref ysbrydol yn Stanley Road. Treuliwyd y blynyddoedd 1941-45 yn Rhosgafan cyn dod yn ôl i Bootle yn haf y flwyddyn y bu terfyn ar y Rhyfel. Yr oedd Capel Stanley Road wedi ei ddifrodi yn ddrwg ond bwriedid ei ailadeiladu, ond yr oedd y merched wrth law, ac Eirian yn ddi-briod ac yn byw gyda hwy ar ôl dychwelyd o Biwla ger Llanwrtyd lle y bu hi a phlant eu hysgol. Bu farw John Roberts ar 1 Awst

Eirian Roberts, Elin Bryn Boyd a'u mam Peggy

1959, ond cafodd ei weddw chwarter canrif arall. Gadawodd hi y fuchedd hon a hithau bron yn gant oed, ar 19 Ebrill 1984. Fe'm gwahoddwyd i wasanaethu yn yr arwyl, ac yr oedd yn fraint fawr, gan fy mod bob amser wrth fy modd yn ei chwmni yn Radnor Drive.

Ffynhonnell
Atofion personol, a gwybodaeth gan ei ddiweddar ferch, Eirian Roberts, 10 Hydref, 1995.

Y Parchedig W Llewelyn Evans, Edge Lane, Lerpwl

Ganwyd a magwyd ef yn nhref Y Bala, yn fab i argraffydd yn un o'r gweisg yno, a chafodd ei fagwrfa yng Nghapel Tegid, Ysgol y Berwyn, Coleg y Brifysgol ym Mangor a Choleg yr Iesu yn Rhydychen. Ordeiniwyd ef ym 1928 a chafodd alwad o Gapel Seilo, Caernarfon, lle y bu am naw mlynedd. Symudodd ym 1937 i ofalu am gapel y Presbyteriaid Cymraeg yn Edge Lane, Lerpwl, fel olynydd y Parchedig David Jones. Arhosodd yn Lerpwl am dair blynedd ar ddeg a gwelodd y ddinas o dan warchae'r gelyn a'r bomio trwm a fu ym Mai 1941. Roedd ei weinidogaeth yn dderbyniol dros ben. Meddai ar lais ardderchog ac roedd yn bregethwr dan gamp. Dywedwyd amdano, "Ni fu erioed bregethwr haws gwrando arno nac un haws ei ddilyn."

Cryfder arall ynddo oedd ei ddiddordeb a'i gyfeillgarwch gyda'r plant a'r ifainc. Rhoddai bwys mawr ar y Gymraeg a'r diwylliant, a cheid llewyrch mawr ar y gweithrediadau. Ceid pobl o ddoniau amlwg yn y gynulleidfa, fel y cyfansoddwr a'r organydd, Eddie Evans, cyfansoddwr y dôn 'Pantyfedwen', y bardd Monallt, a phrifathrawon diwylliedig ac athrawon o galibr Mrs Ceridwen Williams, Tŷ Coch ac Elsie Parry, chwaer y Parchedig Meic Parry. Ni allai ddioddef aelodau nad oedd yn barod i ystyried 'eu dyletswyddau eglwysig'. Dilëwyd 25 o enwau o lyfrau'r eglwys ar ddiwedd ei gyfnod yn Lerpwl, gyda'r canlyniad y disgynnodd yr aelodaeth o 504 ym 1949 i 463 ym 1950 yn Edge Lane, ac yntau wedi derbyn galwad i fugeilio eglwysi yn Nyffryn Clwyd gydag Abergele yn gartref iddo ef a'i deulu. Yn niwedd ei oes, cafodd salwch mawr a llesgedd corff a bu farw ym 1958. Galarwyd ar ôl y cymeriad rhadlon, bonheddig, ac fel y dywedodd Miss Ann Roberts, Childwall, wrthyf, un o gynnyrch Edge Lane, "nid anghofir ei bregethu na'i anerchiadau i'r plant".

Ronw Moelwyn Hughes (1897-1955)

Mab ydoedd i'r Parchedig Ddr J G Moelwyn Hughes (1866-1944) a Mya (née Lewis) a fu'n fawr eu dylanwad ymhlith Cymry Penbedw. Ganwyd Ronw yn nhref Aberteifi a chafodd yrfa nodedig fel myfyriwr, gan ennill Anrhydedd Dosbarth Cyntaf yn y Gyfraith ym Mhrifysgol Caergrawnt.

Yr oedd y Gyfraith a Gwleidyddiaeth yn nwyd yn ei fywyd o ddyddiau coleg. Bu'n gynghorydd ar Gyngor Tref Penbedw a safodd fel Ymgeisydd Seneddol dros y Blaid Ryddfrydol yng Ngorllewin y Rhondda ym 1929 ac yn Southport ym 1931. Gadawodd y Rhyddfrydwyr am y Blaid Lafur. Safodd yn Sir Aberteifi dros y sosialwyr ym 1935 ac etholwyd ef yn Aelod Seneddol Llafur Sir Gaerfyrddin ym 1941 cyn colli'r sedd i Rhys Hopkin Morris ym 1945.

Meddylid y byd ohono ym Mhenbedw fel yng Ngorllewin Cymru, gan ei fod yn apelio'n fawr at y werin bobl. Yr oedd ei dad, Moelwyn, yn edmygydd mawr ohono a newidiodd yntau ei liw gwleidyddol fel gweithred o barch i'w fab athrylithgar, o blith y Rhyddfrydwyr i gorlan y Blaid Lafur. Bu farw Ronw Moelwyn Hughes yn y flwyddym 1955. Gadawodd wraig, Louise Mary (merch hynaf Baron Fairfield), a dau fab a merch. Bu un o'r meibion hyn, Ifan Moelwyn Hughes yn fawr ei gyfraniad ym Mhrifysgol Cymru, Aberystwyth ac fel blaenor yng nghapel y Morfa, Portland Street, Aberystwyth, hyd ei farwolaeth. Daeth i lywyddu Gŵyl Moelwyn yn Mhenbedw a Lerpwl.

Richard James Jones (1899-1923) Allerton, Lerpwl

Meddyg, bardd a chrefyddwr ac un o feirdd addawol Cymry Lerpwl a gollwyd ym mlodau ei ddyddiau. Rhoddais sylw byr iddo yn y gyfrol *Hanes Rhyfeddol Cymry Lerpwl*, ond haedda fwy na hynny. Ganwyd ef yn fab y Mans. Ei dad, y Parchedig James Jones a'i briod yn gofalu am y Methodistiaid Calfinaidd, Croes-y-waun, Arfon. Yno y ganwyd ef, y mab hynaf, ym 1899, a'i frawd oedd y meddyg enwog Dr Emyr Wyn Jones, Lerpwl. O Ysgol Gynradd Waunfawr, aeth i'r Ysgol Sir yng Nghaernarfon ac yna dod i Adran Meddygaeth Prifysgol Lerpwl ym 1916. Llwyddodd i ennill y graddau MB, CHB a'r LRCP, a'i benodi i Gymrodoriaeth Holt. Gwnaeth gyfrannu yn helaeth i fywyd Cymraeg y Brifysgol, a hynny mewn cyfnod lle ceid fel myfyrwyr lu o Gymry dawnus fel Saunders Lewis, Peredur Jones a Jennie Thomas. Carodd yr iaith Gymraeg a gallai adrodd cannoedd o linellau cynganeddol o waith Ben Bowen, Dyfed, Eben Fardd ac R Williams Parry.

Yn wahanol i lawer o fyfyrwyr, aeth yn rhan o'r gymuned Fethodistaidd Galfinaidd yng Nghapel Webster Road yn ystod gweinidogaeth y Parchedig William Owen. Er mor ifanc ydoedd, ymdaflodd i fywyd addysgol ac ysbrydol yr eglwys. Daeth yn un o weddïwyr eneiniedig y capel, yn athro Ysgol Sul ac yn athro ar Ddosbarth Cymraeg yr Oedolion ar noson waith. Yn y gymdeithas hon cyfarfu gyda Miss Gwladys Jones, merch Mr a Mrs J W Jones, adeiladydd adnabyddus a blaenor yn y capel. Roedd eu cartref yn Hiraethog, Garth Drive (stryd a adeiladwyd ganddo) yn Allerton. Yn Ionawr 1922, priododd y ddau a symud i fyw i Allerton Drive, y stryd nesaf i'w rhieni a ganwyd iddynt ferch. Roedd ganddo gryn fedr fel bardd, yn englynwr, telynegwr a chyfieithydd emynau. Ef yw awdur yr englyn hwn i'r 'Gorthrymwr':

Ceidw'r tlawd, fel teyrn cadarn – mewn angen,
Mewn ingoedd dan ragfarn;
Gnaf diras wna bawb yn wasarn
Adde' byd, y mae'n haeddu barn.

Bu farw ym 1923, ac yn ei fisoedd olaf, lluniodd y gerdd 'Dymuniad' sydd yn dweud y cyfan a deimlai yn ei lesgedd wrth ei briod ifanc:

Fy Ngwladys, deued haul neu wlaw,
Byth law yn llaw cydgerddwn;
Ac yn y diwedd, pan ddaw bedd,
Yn hwn fe gydorweddwn.

Yn dawel yno yn y llwch
Mewn heddwch, fe cydgysgwn
Nes seinio'r utgorn fore'r farn
Pan gadarn gydgyfodwn.

Cyhoeddwyd cyfrol o'i gynnyrch ar ôl ei farwolaeth a chafodd groeso teilwng.

Ffynonellau

'Richard James Jones: Meddyg, Llenor a Sant', *Y Drysorfa*, 1923, t. 444.
D. Ben Rees, *Hanes Rhyfeddol Cymry Lerpwl* (Talybont, 2019), tt. 203-4.

Dr Robert Arthur Hughes (1910-96)

Meddyg cenhadol yn Shillong, India ac arweinydd yn Eglwys Bresbyteraidd Cymru. Ganwyd ef a'i efaill, John Harris Hughes, yng Nghroesoswallt ar 3 Rhagfyr 1910 yn feibion i'r Parch. Howell Harris Hughes a'i briod Mrs Annie Myfanwy Hughes (gynt Davies) o Garth, Llangollen, a fu'n brifathrawes yn Rhosllannerchrugog. Symudodd y teulu'n fuan i Fangor ac yn Ysgol y Garth y cafodd y meibion y rhan fwyaf o'u haddysg elfennol. O'r Tabernacl, Bangor, symudodd ei dad i ofalu am gapel Cymraeg y Presbyteriaid yn Waterloo, gogledd Lerpwl, a derbyniodd y meibion addysg yn Ysgol Christchurch ac Ysgol Ramadeg Waterloo ger Seaforth (1921-25) cyn symud i Landudno ac i Ysgol John Bright.

Cafodd yrfa nodedig fel myfyriwr meddygol ym Mhrifysgol Lerpwl o 1928 hyd 1933, ac roedd yn un o fyfyrwyr mwyaf abl ei genhedlaeth. Derbyniodd fedal aur am lawfeddygaeth a gwobrau eraill. Apwyntiwyd ef yn llawfeddyg i Mr (yr Athro yn ddiweddarach) O Herbert Williams, a chynorthwyydd i'r Dr (yr Athro wedi hynny) Norman Capon yn Ysbyty Frenhinol Southern. Gwahoddwyd ef i fod yn Gymrawd John Rankin mewn Anatomeg Ddynol ym Mhrifysgol Lerpwl cyn treulio dwy flynedd yn y David Lewis Northern Hospital fel cofrestrydd llawfeddygol a thiwtor, cyn ei gyflwyno ei hun yn feddyg cenhadol ar Fryniau Casia. Derbyniwyd ef yn ddiolchgar a llwyddodd i gael hyfforddiant ychwanegol yn Llundain, gan ennill Diploma mewn Meddygaeth Drofannol a hyfforddiant yn y Radium Institute ac Ysbyty Mount Vernon.

Yn Ysbyty David Lewis, Lerpwl, cyfarfu â'r chwaer Nancy (Ann Beatrice) Wright o Heswall, ac ar ôl priodi ar 7 Ionawr 1939, hwyliodd y ddau o Benbedw ar 28 Ionawr 1939. Dechreuodd ar ei waith ar Ddydd Gŵyl Ddewi 1939 yn yr Ysbyty Cenhadol Cymreig yn Shillong i gynorthwyo'r Dr H Gordon Roberts. Cymerodd ofal o'r holl wardiau, gyda Dr H G Roberts yn gyfrifol am y gweinyddu, ac ar ei ymddeoliad ef ym 1942, daeth Dr R A Hughes yn Swyddog Meddygol Hŷn yr Ysbyty, yn weinyddwr ac yn swyddog ariannol. Rhoddodd gyfraniad enfawr ar y ffordd o Kohima i Diampur – yr enwog Burma Road – yn ymgeleddu'r ffoaduriaid oedd ar ddarfod amdanynt wrth ddianc rhag y Siapaneaid. Rhwng 1942 a 1945 deliodd â miloedd o filwyr a'u swyddogion o bob rhan o'r byd, gan gynnwys nifer dda o Gymry oedd yn y lluoedd arfog ac yn yr ysbytai. Ef oedd y swyddog meddygol cyswllt rhwng Byddin Prydain ac awdurdodau lleol talaith Assam.

O dan ei ofal daeth Ysbyty Cenhadol Cymreig Shillong yn un o ysbytai pwysicaf is-gyfandir India, gyda chleifion yn tyrru yno o bob rhan o'r wlad. Ymhlith y cleifion yr oedd gweision sifil o'r llywodraeth, perchenogion y planhigfeydd te a'u teuluoedd o wastadeddau Assam a Cachar, yn ogystal â phobl y dosbarth canol mor bell i ffwrdd â Kolkata. Y cleifion hyn oedd prif ffynhonnell ariannol yr ysbyty gan ganiatáu iddo ef a'i staff gyflwyno safon uchel o lawfeddygaeth, a gofal am y tlawd, llawer ohonynt wedi teithio ar eu traed gan milltir un ffordd er mwyn derbyn triniaeth.

Yr oedd ei amserlen ddyddiol yn feichus, deuddeg awr y dydd am bum niwrnod, ac ar fore Sadwrn trefnid clinig i'r cleifion allanol. Ar ddydd Mawrth a dydd Iau byddai wrthi o 7.30 y bore hyd 10.30 y nos. Prin oedd ei gydweithwyr llawfeddygol, ac ni chafodd gymorth unrhyw feddyg o'i enwad tra bu ar y maes cenhadol, er aml i apêl. Sylweddolodd mai'r unig ateb oedd hyfforddi bechgyn a merched ifanc o blith y Casiaid i gyflawni'r gwaith. Dyna gyfraniad pwysig o'i eiddo.

Arloeswr oedd Dr R Arthur Hughes, a'i gyflawniadau'n aruthrol. Bu'n fentrus a llwyddiannus, lluniodd bamffledi ar iechyd y cyhoedd ac ar glefydau fel malaria a'r teiffws. Dechreuodd ymchwil i gyflwr meddygol pentrefi anghysbell ar y ffyrdd troed i wlad y Bhoi a pherswadiodd yr awdurdodau yn Delhi i ymgyrchu i ddileu *malaria*. Sefydlodd wasanaeth fferyllfa symudol gyda jîp a oedd yn ymweld â threfi marchnad yng nghyffiniau Shillong.

Rhoddodd wasanaeth cymeradwy i'r Presbyteriaid yn Shillong ac ar y Sul gofalai ef a'i briod am lawer o ddyletswyddau. Etholwyd ef yn flaenor ym 1944. Bu'n ofalus iawn o anghenion ei gyd-genhadon a chenhadon o genhedloedd eraill. Daeth y mab John â llawer o hyfrydwch iddynt ar yr aelwyd, a dilynodd yntau lwybrau'r teulu fel meddyg a bellach yn offeiriad Anglicanaidd yn esgobaeth Caer.

Cynhaliwyd gwasanaeth ffarwel iddo ef a'i briod ar 16 Mai 1969 pan ddaeth pobl y Bryniau i roi teyrnged i un a gyfrifid fel 'Schweitzer Assam'. Bu yn ôl yn Shillong ym 1984, ac ym 1991 ar ben-blwydd yr eglwys yn 150 oed, a chafodd gyfle i annerch tyrfa fawr o bron i 300,000.

Cartrefodd Dr R Arthur Hughes o 1969 ymlaen yn Lerpwl, dinas lle y ganwyd ei dad, a lle y bu ei daid a'r teulu yn byw yn y Dingle. Cafodd swydd fel Is-Ddeon Gweinyddol Cyfadran Feddygaeth Prifysgol Lerpwl. Ymddeolodd ym 1976. Bu'n hynod o deyrngar i Eglwys Bresbyteraidd Cymru. Etholwyd ef yn flaenor yn Eglwys Heathfield Road, Lerpwl 15 ym 1971, bu'n Llywydd yr Henaduriaeth ym 1980, yn Llywydd Cyfarfod Blaenoriaid Cymdeithasfa'r Gogledd 1982-3 ac yn Llywydd y Gymanfa Gyffredinol ym 1992-3. Er gwaethaf dolur y galon, ni chollodd un cyfarfod na phwyllgor ar hyd y tymor, er y bu hi'n anodd lawer tro. Er bod ei lais yn wan, ac fel y cyfaddefai, yr oedd yn fwy rhugl yn yr iaith Casi nag yr ydoedd yn Saesneg a Chymraeg. Fel ei dad o'i flaen yr oedd yn heddychwr o argyhoeddiad ac yn cymryd diddordeb mawr yn y Mudiad Heddwch. Bu'n ymddiriedolwr Ymddiriedolaeth Gogledd-Ddwyrain India-Cymru, a'i gyfraniad yn un cwbl allweddol.

Bu farw ar fore Sadwrn 1 Mehefin 1996 yn Ysbyty Cardiotharaseg Broadgreen, a bu'r arwyl yn Eglwys Bethel, Heathfield Road, Lerpwl ar 10 Mehefin 1996 ac yna yn Amlosgfa Springwood. Gwasgarwyd ei weddillion wrth ymyl Eglwys Sant Tudno ar Ben y Gogarth yn Llandudno. Trefnwyd Darlith Goffa Dr R Arthur Hughes yn Lerpwl o 1997 hyd 2007 a thraddodwyd chwech ohonynt.

Cyhoeddwyd fersiynau llawnach o'r tair darlith gyntaf mewn cyfrol o dan y teitl *The Call and Contribution of Dr Robert Arthur Hughes, OBE, RFCS 1910-1996 and some of his predecessors in North East India* (Lerpwl, 2004).

Ffynonellau
D Andrew Jones, 'The Mission Understanding of Dr Arthur Hughes' [yn] *The Call and Contribution of Dr Robert Arthur Hughes, OBE, RFCS 1910-1996 and some of his predecessors in North East India* (Lerpwl, 2004), tt. 42-72; Ednyfed Thomas, *Bryniau'r Glaw: Cenhadaeth Casia* (Caernarfon, 1988), tt. 192, 215, 222, 242, 265-67, 300-06, 325; D Ben Rees, 'The Doctor with a Mission', *The Guardian* (14 Mehefin 1996); D Ben Rees, 'The Life and Work of Dr Arthur Hughes, OBE, FRCS' [yn] *The Call and Contribution of Dr Robert Arthur Hughes (1910-1996)* [yn] *Llestri Gras a Gobaith:Cymry a'r Cenhadon yn India* (Golygydd: D Ben Rees (Lerpwl, 2001), tt. 85-87); D Ben Rees, 'Robert Arthur Hughes, OBE, FRCS' 75th Anniversary, 1922-1997), *Their Vision, Our Legacy. The KJP Synod Hospital, Shillong, formerly known as the Khasi Hills Welsh Mission Hosptial* (Shillong, 1997), tt. 51-55.

Y Parchedig Alun Williams (1916-1980) Mossley Hill, Lerpwl

Ganwyd ef ym 1916 ym Mhenrhosfeilw, ger Caergybi, Ynys Môn. Cafodd ei fagu yng Nghapel Penrhosfeilw lle daeth maes o law yn arweinydd. Etholwyd ef am ei fod yn ŵr selog a defnyddiol, yn flaenor ac arweinydd y gân ac ar ôl dechrau pregethu derbyniodd hyfforddiant yn y Coleg Diwinyddol Unedig yn Aberystwyth yn nyddiau y Prifathro W R Williams. Ordeiniwyd ef gydag Eglwys Bresbyteraidd Cymru ym 1959 a bu'n gofalu am Gapel Rhosddu, Wrecsam cyn symud i Lerpwl fel Ysgrifennydd Cartref y Genhadaeth Dramor yn y Swyddfa yn Falkner Street. Symudodd ef a'i briod i fyw i Coopers Avenue, Mossley Hill ac ymaelodi yng Nghapel Heathfield Road yn ystod gweinidogaeth y Parchedigion E Watkin Jones a D Ben Rees. Bu yn y swydd o 1965 i 1970 ac yn cydweithio gydag Ysgrifennydd arall y Genhadaeth Dramor, sef y Parchedig H Jones Griffith. Teithiodd Alun Williams gryn lawer i Henaduriaethau De a Gogledd Cymru i ddeffro diddordeb, a bu hefyd yn golygu'r *Cenhadwr* a *Glad Tidings*.

Meddai ar gryn ddiddordeb mewn cyfansoddi tonau. Gwelid y rhain yn gyson yn y *Detholiad* o flwyddyn i flwyddyn, ac enillodd y dôn *Tŷ Mawr* ei lle yn yr *Atodiad i Lyfr Emynau a Thonau y Methodistiaid Calfinaidd a Wesleaidd* a gyhoeddwyd gan Wasg Pantycelyn ym 1985. Derbyniai wahoddiadau cyson i arwain y cymanfaoedd canu a theimlai yn freintiedig i gael ei alw i'r dasg.

Gŵr annwyl a bonheddig ydoedd, yn bwyllog ei eiriau a threfnus yn ei holl weithgareddau. Pregethai yn holl gapeli Lerpwl a'r cyffiniau a byddai ef yn ffyddlon i seiadau a chyfarfodydd gweddi Capel Heathfield Road. Galwyd arno yn ei dro i agor y mater, a gwnâi hynny gydag urddas. Ar ôl symud y Swyddfa yn Falkner Street i Gaerdydd, derbyniodd alwad i weinidogaethu yng ngofalaeth y Berthen, Licswm yn Henaduriaeth Sir y Fflint. Ac yno y bu, gan iddo dderbyn cefnogaeth dda gan flaenoriaid deallus a charedig. Bu farw yn Ysbyty Treffynnon gan adael priod hoff, Mrs Dilys Williams, i alaru. Symudodd hi i fyw yn Ynys Môn. Gosodwyd ei weddillion i orffwys ym mynwent Bodedern, Ynys Môn.

Ffynhonnell

Cledwyn Griffith, 'Y Parchedig Alun Williams, LTSC, Licswm', *Y Blwyddiadur am y flwyddym 1981* (Caernarfon, 1980), t. 140.
Adnabyddiaeth bersonol.

Y Parchedig David Glanville Rees, MA, BD, Southport, 1920-2016

Ar 2 Awst yn Ysbyty Southport a Formby bu farw y Parchedig David Glanville Rees yn 96 mlwydd oed gan beri i'r Cyfundeb golli un o'i hynafgwyr duwiol, daionus a defnyddiol. Traddododd ei bregeth olaf yn Gymraeg yng nghapel Bethania, Waterloo, gogledd Lerpwl ar 10 Ebrill 2016 a gofidiai yn fawr na fedrai ymlwybro mwy i bregethu'r

Gair oherwydd ei fod yn gorfod ildio i gyngor y meddygon. Ef oedd gweinidog hynaf Eglwys Bresbyteraidd Cymru a bu yn pregethu am 78 mlynedd ac yn Weinidog ordeiniedig am 68 mlynedd. Ordeiniwyd ef ar 7 Tachwedd 1948 yn Sasiwn y De a gynhelid yn Llundain. Yr oedd honno yn flwyddyn fawr iddo gan ei fod yn cwblhau deng mlynedd o baratoi ar gyfer galwad y Weinidogaeth. Yr oedd wedi cyflawni camp aruthrol. Crwt y glo ydoedd yn Rhydaman a ddilynodd ei dad, Ben Rees, i weithio yn y lofa cyn mynd i Goleg Trefeca am gefndir addysgol ar gyfer Prifysgol. Llwyddodd ym 1940 i gael mynediad i Brifysgol Cymru yng Nghaerdydd. Arbenigodd mewn Hebraeg, Groeg ac Athroniaeth ac ym 1943 ennill gradd BA Dosbarth Cyntaf. Yna i fyny i Goleg Diwinyddol Aberystwyth, a phrofi ei hun yn stiwdent gorau flwyddyn ar ôl blwyddyn gan gipio Ysgoloriaeth Pierce, a phenderfynu, gan ei fod mor alluog, i dreulio blwyddyn ychwanegol i astudio Hebraeg o dan gyfarwyddyd y Parchedig Athro Bleddyn Jones Roberts. Ennill ei BD gyda chymeradwyaeth. Penderfynu cael rhagor o addysg ym Mhrifysgol Rhydychen yn neilltuol gyda chymwysterau Coleg Mansfield a chwblhau ei MA o Goleg Sant Catherine ym 1948. Yr haf hwnnw priododd yng nghapel Coleg Mansfield gyda'r Prifathro Nathaniel Micklem wrth y llyw. Y briodferch oedd Miss Nansi Margaret Davies, merch Annie a John Davies, gweinidog Salem, Aberystwyth am 30 mlynedd. Priododd ei chwaer Miriam yr Athro Bleddyn Jones Roberts a bu'r pedwar ohonynt yn deulu clos ar hyd y blynyddoedd. Onid y Parchedig John Davies oedd Llywydd y Sasiwn a ordeiniodd y mab yng nghyfraith yn Llundain? Dechreuodd ar ei union ar waith mawr ei fywyd yng Nghapel London Road, Castell-nedd ac ar ôl pedair blynedd symudodd i gapel Saesneg yr enwad yn Llandudno, lle y bu am ddeng mlynedd. Derbyniodd alwad ym 1962 i gapel enwog Sefton Park, Lerpwl, cynulleidfa yn perthyn i Eglwys Bresbyteraidd Lloegr, a chafodd gyfnod da fel cennad ac ymchwilydd ym Mhrifysgol Lerpwl ym maes seicoleg cymdeithasol. Enillodd radd MA arall ac ar sail ei draethawd, apwyntiwyd ef ym 1969 yn Brif Ddarlithydd Coleg Hyfforddi Edge Hill, Ormskirk. Bu ynghanol y gwaith addysgol am 13 mlynedd ond nid anghofiodd anghenion ei enwad gwreiddiol a bu'n gefn i weithgareddau a datblygiadau cymuned Gristnogol Parkfields, yr Wyddgrug. Cefnogodd hefyd Gapel URC Norris Green, Lerpwl. Derbyniodd alwad ar ei ymddeoliad cynnar i Eglwys Ddiwygiedig Unedig St George's, Southport a bodlonodd yn hawdd ar fy awgrym o fugeilio'r praidd bychan yng nghapel Cymraeg Peniel, Southport. Saith mlynedd bendithiol. Symudodd ef a'i briod i Gilgwri ym 1989 a chyn iddo bron â chael y tŷ mewn trefn yr oedd wedi ymrwymo i ofalu ar ôl achos URC Tranmere a Chapel Saesneg ein henwad yng Nghaer. Bu yng nghapel City Road am ddeng mlynedd!

Yr oedd mor barod ac awyddus i gyhoeddi'r Gair. Gwasanaethodd fel Caplan, yn arbennig i arweinwyr dinesig a'r Lleng Brydeinig yn Rock Ferry. Teithiai yn helaeth. Yn ei nawdegau gwelid ef yn gyrru ei fodur i Aberporth, Castell-nedd, y Bala, Manceinion, siroedd Fflint a Dinbych ac ar hyd a lled Glannau Mersi a chael derbyniad calonogol ym mhob man. Ymddiddorodd yn fawr yn ei ddau fab John a Gareth. Bu John Rees yn athro yn ysgol enwog Bluecoat ac yn chwarae hoci dros Gymru. Deintydd oedd Gareth a glywodd yr alwad fel ei dad, ei ewythr, y Parchedig Bromley Rees, Coedpoeth a'i dad-cu, y Parch John Davies. Tair cenhedlaeth o weinidogion yn mywyd yr Ymneilltuaeth Gymraeg.

Sefydlwyd y Parchedig D Gareth Rees yng nghapel Moreton yn 2002 ac nid oedd neb yn fwy balch na'i dad gan i'w annwyl briod ein gadael yn yr angau ym mis Ionawr 2000. Daliodd i grwydro dros Grist a chysuro pobl Dduw a mwynhau y cyfleon a ddeuai i'w ran. Yr oedd yn efengylaidd o gefndir, yn gynnyrch Capel Bethany, Rhydaman, ac yn un o bymtheg o fechgyn a aeth i'r weinidogaeth Gristnogol o dan gyfarwyddyd y diwygiwr a'r emynydd, y Parchedig W Nantlais Williams. Meddai ar holl ofynion cennad da, sef llais swynol, gwybodaeth helaeth o'r Beibl a hynny yn yr ieithoedd yr ysgrifenwyd hwy ynddynt, y gallu i baratoi pregeth a neges, a phersonoliaeth hynod o dderbyniol. Bu'r arwyl yn Amlosgfa Southport ac yna yn Eglwys Ddiwygiedig Unedig Port Sunlight lle y cefais y fraint o lywio'r gwasanaeth coffa a thalu teyrnged ddiffuant iddo a chydymdeimlo â'i anwyliaid, John a Jayne, Gareth a Susan a'r ŵyr a'r wyres, Nicholas a Jemma.

Harry Evans (1873-1914)

Arweinydd Côr Undeb Gorawl Cymry Lerpwl 1904-14

Ni roddais y sylw a deilyngai Harry Evans yn y cyfrolau niferus a ysgrifennais ar Gymry Lerpwl a dyma'r cyfle bellach i ychwanegu ychydig wrth gyflwyno un o'r cewri cerddorol a fu yn ein plith. Cedwais fy addewid. Nid fi yn unig sydd wedi bod ar fai. Y pechaduriaid pennaf yw Pwyll ap Siôn ac Wyn Thomas, golygyddion *Cydymaith i Gerddoriaeth Cymru* (Talybont, 2018). Yn y gyfrol swmpus, werthfawr honno, ni cheir cofnod amdano, er y ceir un i'w olynydd yn Lerpwl, sef y Dr T Hopkins Evans (1879-1940). Rhaid cydnabod fod yr Athro Huw Rees a wasanaethodd yr Undeb Gorawl ers cyfnod hir fel Llywydd wedi rhoddi darlun da ohono sydd i'w weld ar wefan Cymry Lerpwl a gyfieithwyd o'r Gymraeg gwreiddiol i'r Saesneg gan Dr Arthur Thomas. Dywed T H Lewis (Llanelli) a ysgrifennodd yn ddifyr

amdano ei fod yn un o "feirniaid cerddorol enwocaf y deyrnas ym mlynyddoedd cynnar yr ugeinfed ganrif". Ond roedd yn fwy na hynny; yr oedd yn gerddor, yn arweinydd corau ac yn feistr ar bron bob cyfrwng cerddorol yn ei ddydd.

Un o Ddowlais ydoedd, pentref diwydiannol a roddodd i Gymru lu o bobl athrylithgar fel yr haneswyr Glanmor Williams a Gwyn Alf Williams a cherddorion fel Eos Morlais. Ganwyd Harry Evans yn un o ddeg o blant ar ddydd Calan Mai 1873 yn Russell Street, Dowlais yn fab i John Evans (Eos Myrddin) a Sarah Evans. Hanai'r ddau ohonynt fel rhieni y bardd Gwenallt o Sir Gaerfyrddin a symudodd y ddau i Ferthyr a Dowlais ym mlynyddoedd canol y bedwaredd ganrif ar bymtheg. Roedd hi'n aelwyd gerddorol dros ben. Wedi'r cyfan, daeth Eos Myrddin yn arweinydd corawl adnabyddus yn eisteddfodau Sir Forgannwg, ac yn un o gantorion Côr Mawr Griffith Rhys Jones ('Caradog', 1834-97) o Aberdâr. Ym 1872, penderfynwyd ffurfio côr i gystadlu yn y Palas Crisial yn Llundain a dewiswyd Caradog yn arweinydd. Aeth ati i greu côr mawr, y mwyaf o'i faint, a gwahodd pobl fel Eos Myrddin, o wahanol gymunedau yn y cymoedd, i berthyn iddo. Pan orffennwyd y dasg, ceid 456 o aelodau o dan ofal Caradog a oedd wedi symud i fyw o Aberdâr i Dreorci. Rhoddwyd ar ddeall i'r cantorion fod wyth o ddarnau i'w dysgu a bu'r gystadleuaeth ar 10 Gorffennaf 1872. Teithiodd Eos Myrddin a'i gyd-gantorion i gystadlu yn erbyn Côr Mawr Llundain o dan ofal Joseph Proudman. Ar ôl cystadleuaeth wych, dyfarnwyd y wobr i Gôr Caradog. Bûm yn ymyl cofadail Caradog droeon ar Sgwâr Aberdâr ger Capel Bethania. Gwelaf y funud hon y cerflun ohono â'i fatwn yn ei law, wedi'i gerfio gan un a wnaeth aml gymwynas yng Nghymru, Syr William Goscombe John.

Cafodd John Evans, tad Harry Evans, y fraint o ddilyn Robert Rees (Eos Morlais, 1841-92) yn arweinydd. Un a anwyd ar Sul y Pasg yn Nowlais oedd Eos Morlais, yn wir yn ymyl nant Morlais a dyna sy'n esbonio ei enw barddol,

Eos Morlais. Bu'n atyniad mawr fel arweinydd côr dirwestol Capel Libanus, Dowlais ac enillwyd y prif wobrau mewn eisteddfodau ar hyd a lled De Cymru. Rhoddwyd iddo'r teitl 'Tenor Cenedlaethol Cymru' gan un o brif ohebwyr *Y Faner,* John Griffith (Y Gohebydd). Mewn eisteddfod yn Nhywyn, Sir Feirionnydd y clywodd y Gohebydd ef, a lluniodd ysgrif arno ac ymosod arno "am iddo ef, ac yntau yn ddatganwr a cherddor mor alluog, gystadlu mewn eisteddfod leol". Bu'r ysgrif yn fodd i godi dadl a thynnu sylw mawr ato, yn wir diwedd y cyfan fu ei alw yn 'Denor Cenedlaethol y Cymry'. Roedd Eos Morlais yn godwr canu neu'n arweinydd y gân yn Eglwys Bethania, Capel yr Annibynwyr, Dowlais pan benderfynodd ym 1870 symud i Abertawe a dod yn godwr canu yn Soar, Capel yr Annibynwyr yn y dref, ac o fewn rhai blynyddoedd aeth yn gerddor llawn amser. Bu John Evans (Eos Myrddin) yn y swydd ym Methania am ugain mlynedd.

Dyna'r aelwyd gerddorol lle y magwyd Harry Evans. Roedd ei chwaer yn gerddorol iawn a hi a ddysgodd iddo holl hanfodion y tonic sol-ffa a ddaeth yn boblogaidd yng Nghymru trwy ddau gerddor o Lerpwl, Eleazar Roberts a John Edwards. Amlygodd Harry Evans duedd naturiol at brif flaenoriaeth yr aelwyd gerddgar, a gellir ei gyfrif yn 'boy genius', bachgen athrylithgar Dowlais. Meddyliwch amdano yn cyfeilio mewn cyngherddau a chyfarfodydd llenyddol cyn ei fod yn saith mlwydd oed. Ac yntau yn naw a hanner mlwydd oed, penodwyd ef i ddilyn Dan Price, y canwr enwog, fel organydd Capel yr Annibynwyr, Gwernllwyn, Dowlais. Trafferth fawr ei fagwraeth oedd tlodi. Fel llawer aelwyd arall yn Nowlais, nid oedd hi'n hawdd cael y ddau ben llinyn ynghyd pan gofir am yr holl blant oedd ar yr aelwyd, ac ym mlynyddoedd yr ysgol gynradd amddifadwyd ef oherwydd diffyg arian parod o gael gwersi ar yr organ, y piano ac ati. Nid oedd ei rieni yn meddu ar biano iddo ymarfer arno, ond bu capeli Gwernllwyn a Bethania yn help, a hefyd cymydog a ddaeth i sylweddoli pa mor dalentog ydoedd. Trefnodd y teulu caredig hwnnw iddo ddod atynt deirgwaith yr wythnos i ymarfer, a phan oedd yn un ar ddeg oed trefnwyd ei fod ef yn derbyn cyfarwyddyd Edward Lawrence, organydd Eglwys Anglicanaidd Dewi Sant, Merthyr Tudful. Cyfrifid ef yn un o athrawon cerddoriaeth gorau'r dalaith. Blwyddyn i'w chofio oedd 1886 pan aeth nifer o bobl gerddgar Dowlais ati i drefnu cyngerdd i godi arian ar gyfer Harry bach fel y medrent brynu piano iddo. Bu hyn yn symudiad a newidiodd y sefyllfa, ac ym 1887, penodwyd ef yn organydd Capel Bethania, lle yr oedd ei dad yn arweinydd y gân. Y tad a'r mab yn arwain y gynulleidfa gref i glodfori yn y cysegr.

Dymuniad ei rieni oedd iddo fynd yn athro ysgol, a llwyddodd i basio holl arholiadau'r Academi a'r Coleg Cerddorol Brenhinol yn Llundain gydag anrhydedd. Nid oedd yn gryf ei iechyd ac er ei fod ef am roddi ei holl amser i gerddoriaeth, teimlai ei dad a'i fam y dylai gael profiad fel athro ysgol. Aeth yn ddisgybl-athro yn Ysgol y Bechgyn, Abermorlais, ac ar ddiwedd y cyfnod hwn cymerodd yr arholiad am Ysgoloriaeth y Frenhines. Ef oedd ar ben y rhestr, ond oherwydd cyflwr ei iechyd, ni allai fynd i Lundain i berffeithio ei ddawn. Ym 1893, enillodd y radd o ARCO, ac o hynny ymlaen, canolbwyntiodd yn gyfan gwbl ar gerddoriaeth.

Apwyntiwyd ef yn arweinydd côr enwog Dowlais ym 1893, a daeth galw am ei wasanaeth fel cyfeilydd ac organydd. Arbenigodd ar gyfansoddi, ac ym 1898 cyhoeddodd osodiad o emyn mawr Cardinal Newman, 'Lead Kindly Light' i gôr a cherddorfa. Ond ei hoffter pennaf oedd byd y corau, ac anturiaeth fawr oedd cystadlu yn Eisteddfod Genedlaethol Lerpwl ym 1900 gyda Chôr Meibion Dowlais. Enillwyd y brif wobr. Ym 1903, enillodd yn Eisteddfod Genedlaethol Llanelli gyda Chôr Cymysg Dowlais. Daeth ei enw yn hynod o adnabyddus a chafodd ei wahodd yn arweinydd Côr Eisteddfod Genedlaethol Merthyr ym 1901 pryd y rhoddwyd perfformiad o'r safon uchaf o *Israel in Egypt*. Ym 1903, gwahoddwyd ef i fod yn arweinydd Undeb Gorawl Cymry Lerpwl lle y datblygodd yn un o'r meistri pennaf. Roedd wedi gwneud enw iddo'i hun ym Merthyr a Dowlais ac Aberdâr fel arweinydd y cymanfaoedd canu, ond yn Lerpwl aeth ati i godi archwaeth a'r safon wrth ddehongli gweithiau cerddorol Bach, Elgar, Coleridge-Taylor, Vaughan Thomas a Granville Bantock.

Cyfunodd ym myd Côr a Cherddorfa draddodiad Cymreig a oedd ynghlwm wrth enwau fel Moses Davies, Ieuan Ddu, Rosser Beynon, Seindorf Enwog Cyfarthfa ac Undeb Gorawl Ddirwestol Gwent a Morgannwg. Cynnyrch y diwylliant hwn oedd ef. Felly hefyd Joseph Parry, Eos Morlais, Caradog, Megan Watts-Hughes (un o ferched Dowlais), Maggie Davies, Dan Price, Meta Scott a Ralph Livesey. Ef oedd y mwyaf ohonynt i gyd ar wahân i Joseph Parry. Gwnaeth gymwynas â'r Cymry trwy bwysleisio'r angen am safon. Dywed T H Lewis, Llanelli mai ef oedd "y beirniad cerddorol mwyaf a gododd Cymru". Cadarnhawyd hynny mewn teyrnged goffa gan Syr Granville Bantock. Ceisiodd Harry Evans wneud ym myd cerddoriaeth Cymru yr hyn a wnâi John Morris-Jones ym myd llenyddiaeth Gymraeg, ac ef dysgu'r Cymry fod yn rhaid iddynt ymgyrraedd at safon broffesiynol ac nid amaturaidd. Traddododd y ddau ohonynt oddi ar lwyfan yr Eisteddfod y canllawiau a'r blaenoriaethau yn y ddwy grefft. Dyma eiriau T H Lewis:

> Beirniadai hefyd yn llym ein gorymlyniad wrth y gystadleuaeth fel cyfrwng datblygiad caniadaeth y côr a'r gerddorfa, a hynny yn aml ar draul esgeuluso cynefino â cherddoriaeth glasurol y meistri.

Iddo ef, dylai arweinydd bob Côr roddi sylw arbennig i gelfyddyd a diwylliant cerddorol, ac ef oedd un o'r rhai cyntaf yn ein hanes fel cenedl i sylweddoli arwyddocâd y newid aruthrol a oedd yn digwydd yn y canu corawl yn yr eisteddfod a'r cyngerdd yng Nghymru. Dangosodd ei fedr, ac erbyn cyfnod Harry Evans, roedd gan bob pentref â phoblogaeth o bum mil a mwy Gôr Meibion. Dyna oedd balchder y maes glo yn y De a'r Gogledd.

Meddylier am Dreorci yn y De a Rhosllannerchrugog yn y Gogledd. Ymhlith y corau mwyaf enwog oedd un Dowlais o dan arweiniad Harry Evans. "Yr oedd eu sain goeth," meddai'r Athro Gareth Williams "a'u disgyblaeth gerddorol yn eu galluogi i gael y gorau hyd yn oed ar oreuon Lloegr, fel Côr Orpheus Manceinion a drechwyd ganddynt yn Eisteddfod Genedlaethol Lerpwl ym 1900." Ar ol llwyddiant yn Eisteddfod Lerpwl fe fu ef yn dyheu yn dawel bach am gael gwahoddiad yn ôl i'r ddinas fawr, ac ym 1902 gwyddom ei fod ef yn un o'r beirniaid yn Eisteddfod Fawr y Tŵr fel y'i gelwid yn New Brighton. Ac yn fuan ar ôl hynny daeth gwahoddiad iddo ystyried dod yn arweinydd ar Gôr yr Eisteddfod oedd wedi ffurfio ei hunan yn Undeb Gorawl Cymry Lerpwl. Derbyniodd y cynnig gan deithio am flwyddyn neu ddwy bob wythnos o Ddowlais i Lerpwl i rihyrsals y Côr Ac yn Lerpwl, llwyddodd i wneud Undeb Gorawl Cymry Lerpwl yn un o'r corau gorau yng Ngogledd Lloegr. Rhoddodd gyfeiriad newydd i ddiwylliant y côr, a thyrrai pobl o bob rhan o'r Glannau, Sir Gaer a Sir Gaerhirfryn a Gogledd Cymru i'w perfformiadau. Ym 1913, penodwyd ef yn Gyfarwyddwr Cerddoriaeth yng Ngholeg y Brifysgol Bangor, a'r un flwyddyn, ar ymddeoliad y Dr J Lloyd Williams, cafodd fod yn arweinydd lleol a Chofrestrydd Cymdeithas y Philharmonig Lerpwl. Yr un adeg, gwnaed ef yn arweinydd Cymdeithas Gorawl Gogledd Swydd Stafford, y darn hwnnw o'r wlad lle y ceid y maes glo ac yn atgoffa'r arweinydd o Dde Cymru. Awgrymwyd ei enw gan un o gerddorion amlwg y cyfnod, Dr McNaught gan ei fod ef yn ystyried Harry Evans fel "yr arweinydd corawl gorau yn y Deyrnas Unedig", nid yng Nghymru na Lerpwl yn unig ond trwy Brydain i gyd.

Yn y flwyddyn 1914, gwahoddwyd ef i ddinas Birmingham i arwain *Atlanta in Calydon* a chafodd y tro hwnnw'r cyfle i arwain y symffoni gorawl *Vanity of Vanities* o waith Syr Granville Bantock. Cyflwynodd y cyfansoddwr y gwaith iddo ef yn arbennig am fod ganddo gymaint o feddwl ohono.

Roedd galw mawr amdano fel beirniad a gwelid ef yng ngwyliau cerddorol Cymru, yr Alban ac Iwerddon. Cyfansoddodd drefniant o alawon Cymreig, 'Ar hyd y nos' a 'Gwŷr Harlech' sydd i'w clywed o hyd. Ysgrifennodd anthem goffa i'w dad a fu mor ddylanwadol yn ei hanes, 'Yr Arglwydd yw fy Mugail' ym 1906 pan oedd yn Lerpwl yn byw yn 26 Princes Avenue a'i gampwaith 'Dafydd ap Gwilym', chwareugerdd ramantus ar eiriau'r Parchedig David Adams (Hawen), un o'i ffrindiau yn Lerpwl. Canwyd hi am y tro cyntaf yn Eisteddfod Genedlaethol Llangollen ym 1908. Rhoddwyd perfformiad gwych o 'Dafydd ap Gwilym' gan Gôr yr Eisteddfod Genedlaethol pan gynhaliwyd hi yng Nghaerfyrddin ym 1911 o dan arweiniad R C Jenkins.

Cafodd ei benodi ym 1912 yn Arweinydd Corawl Llandudno, ac yn Arweinydd Preswyl Cymdeithas Philharmonig Lerpwl ym 1913 yn olynydd i Syr Frederic Cowen. Daliodd yn Annibynnwr a gwahoddwyd ef yn aelod o Fwrdd Golygyddol y Llyfr Emynau, ac yn wir, yn un o'r tri golygydd. Ond ni ellir gwadu bod ei gyfraniad i Undeb Gorawl Cymry Lerpwl wedi bod yn gwbl unigryw. Ar y dechrau, fel y cyfeiriais, byddai'n teithio unwaith yr wythnos yr holl ffordd o Ddowlais i Lerpwl ar gyfer y rihyrsal. Tua 182 o leisiau a oedd ganddo ar y dechrau. Erbyn 1906, gwelai na allai fyw mor bell o Lerpwl a dyma ef a'i briod, Edith Gwendolen Evans (née Rees) yn symud a chael cartref yn 26 Princes Avenue, Toxteth.

Roedd hi yn ferch i Robert Rees a fu'n Faer Merthyr. Tyfodd y Côr o dan ei arweiniad i dri chant o leisiau a bu galw arnynt i berfformio gweithiau cerddorol na chlywid mohonynt cyn hynny yn Lerpwl. Roedd wedi ennill lle iddo'i hun ymysg prif arweinwyr y cyfnod. Galwodd Syr Edward Elgar ef yn 'Great Conductor', teyrnged hynod, ac i'r *Musical Times* yr oedd yn meddu ar 'magnetic personality' ac 'unsparing labour'. Nid oedd ganddo amynedd gyda phobl nad oedd o ddifrif fel cantorion, heb feistroli'r gwaith, ac yn ddifraw o ran eu hymateb i ofynion y côr. Crwydrodd gyda'r Undeb Gorawl i gyngherddau yn ninasoedd canoldir a gogledd Lloegr, a braint oedd perfformio o flaen cynulleidfa o dros bum mil o bobl yn y Royal Albert Hall yn Llundain. Ei wendid mawr oedd methu â dweud 'Na' i'r gwahoddiadau mynych, mynych a ddeuai iddo. Meddylier am yr holl wahoddiadau a ddaeth iddo ym 1913 a dechrau 1914. Soniai ei edmygwyr fod golwg dyn wedi blino arno, a gwyddai pawb yn Lerpwl am ei frwdfrydedd a'i barodrwydd i annerch, beirniadu, chwarae'r organ (bu am gyfnod yn chwarae organ Capel Mawr yr Annibynwyr Saesneg yn Great George Street), llunio ysgrif, mynychu pwyllgorau ac arwain y côr a'i addolai. Yng ngwanwyn 1914 dirywiodd yn enbyd yn gorfforol a darganfuwyd yn yr Ysbyty fod ganddo dyfiant ar yr ymennydd. Nid oedd gobaith i'r gŵr ifanc a bu farw ac yntau ond yn 41 mlwydd oed ar 23 Gorffennaf 1914 yn ei gartref gyda'i briod a'r ddau fab Horace a Hubert wrth ei wely.

Yr Arglwydd Horace Evans

Cafodd y ddau fab yrfaoedd disglair. Daeth Horace Evans yn feddyg i'r Frenhines Mary, y Brenin Siôr VI ac i'r Frenhines Elizabeth yr Ail, a deuthum i

Bedd Harry Evans

adnabod ei ferch Jean yn y Coleg ger y lli. Daeth Hubert John Evans yn ddiplomat yn ne ddwyrain Asia.

Ar ddiwrnod yr arwyl daeth y miloedd ynghyd gan sefyll ar ochr y strydoedd o'i gartref i gapel Cymraeg yr Annibynwyr yn Grove Street lle y gweinidogaethai ei gyfaill Hawen. Gwelwyd y tyrfaoedd o Grove Street i fynwent Smithdown Road a chafwyd Undeb Gorawl Cymry Lerpwl i ganu ar lan ei fedd.

Yn ddiweddarach, prynodd yr Undeb garreg fedd unigryw ar ei orweddfan a chyfansoddodd y cerddor o Rosllannerchrugog, Caradog Roberts, dôn 'In Memoriam' er cof amdano. Traddodwyd anerchiad ar lan y bedd gan y Parchedig Ddr Owen Evans a chyfansoddodd Pedrog englyn i'w roddi ar ei garreg fedd. Tywysais filoedd o Gymry i ymyl ei fedd dros y blynyddoedd a phob amser cawn gyfle i ganu emyn i'w goffáu gan iddo roddi cymaint mewn cyfnod byr i Gymry Lerpwl. Cymerodd Undeb Gorawl Cymry Lerpwl rai blynyddoedd i gael olynydd iddo, ac ym 1919, cyflwynwyd y gwahoddiad i T Hopkin Evans, cyfansoddwr, arweinydd corawl a beirniad a anwyd yn Resolfen, Cwm-nedd. Ef a ddilynodd yr enwog Harry Evans fel arweinydd Undeb Gorawl Cymry Lerpwl. Olynydd teilwng a enillodd, fel Harry Evans, gydnabyddiaeth gyhoeddus pan ddiolchwyd iddo yn bersonol gan Frederick Delius ar ôl arwain *Mass of Life* y cyfansoddwr hwnnw yn Eisteddfod Genedlaethol Wrecsam ym 1933.

Un uchelgais fawr Harry Evans oedd gweld sefydlu Coleg

Cerdd yng Nghymru, a bu'n rhaid aros yn hir cyn y gwelwyd sefydlu Coleg Brenhinol Cerdd a Drama, wedi ei leoli ger y Castell yng Nghaerdydd, yn y flwyddyn 1949, sefydliad sy'n adlewyrchu bywyd pobl o allu cerddorol Harry Evans a T Hopkin Evans.

Dr David Allan Price Evans (1927-2019)

Cofiaf yn dda y tro cyntaf imi weld y gŵr bach o gorff ond cawr ymenyddol, y Dr Price Evans, noson fy sefydlu yn weinidog yn ei gapel ef yn Lerpwl. Gorffennaf 1968 ydoedd. A'r dyrfa wedi gwasgaru, hyd yn oed y bws o Landdewibrefi, yr oedd un dyn bach yn llechu wrth y drws. Trodd fy mhriod ataf a dweud, "Mae'n rhaid ei fod wedi colli bws Llanddewi!" Buan y sylweddolom ein bod yng nghwmni gwerinwr, ie, ond hefyd meddyg galluocaf ei genhedlaeth. Tyfodd y berthynas rhyngom; daeth i'm gweld i'm rhoddi ar y ffordd i gadw ffeil am y cannoedd o aelodau oedd dan fy ngofal, a gwahoddwyd ni'n dau i ginio gyda'r nos yn ei gwmni ef a'i rieni, Owen ac Ellen Evans yn 28 Montclair Drive, Allerton.

David oedd yn coginio ond ei dad oedd yn cynnal y sgwrs! Dyn awdurdodol ydoedd Owen Evans ac wedi dringo yn uchel fel Postfeistr, a dyna pam y bu'n rhaid i'r mab grwydro gyda hwy. Ganwyd ef ym Mhenbedw ar 6 Mawrth 1927 ond derbyniodd ei addysg elfennol yn Llangefni. Mawr oedd ei edmygedd o athrawon a phobl Llangefni. Erbyn ei addysg uwchradd yr oedd y teulu bach yn byw yn Nhreffynnon ac yntau yn mwynhau breintiau'r Ysgol Ramadeg. Ysbrydolwyd ef, gan benderfynu ym 1945 fynd am radd BSc mewn Ffisoleg a Biocemeg o Brifysgol Lerpwl. Cafodd ym 1948 ei radd gyntaf, a hynny fel pob tro arall yn y dosbarth cyntaf. Trodd i fyd meddygaeth a derbyn gradd M.B. CH.B. ym 1951 ac ennill holl wobrau yr Adran, fel Gwobr John Hill Abram (1950), Syr Robert Kelly mewn Llawfeddygaeth (1951), a Gwobr y Cymro, Owen T Williams am y marciau uchaf yn ei M.B. yn 1951. Derbyniodd bedair gwobr arall o Brifysgolion yr Unol

Daleithiau. Sylweddolodd prif ddyn meddygaeth Lerpwl, yr Arglwydd Cohen o Benbedw, fod athrylith yn ei ymyl a chymerodd ef o dan ei adain, gan roddi iddo gyfleon i ennill chwe gradd ychwanegol o Brifysgolion Llundain, Lerpwl a John Hopkins, Baltimore, lle y mwynhaodd flwyddyn orau ei fywyd ym 1958-9. Enilloedd ei radd MD am waith ymchwil gwreiddiol ym maes etifeddeg. O ganlyniad i'w ddarganfyddiadau, bu'n dysgu a darlithio mewn 32 o wledydd. Cofier iddo dreulio dwy flynedd yn yr RAMC yn gweini yn ysbytai Siapan, Corea adeg y Rhyfel, ac yn Kuala Lumpur yn trin clefydau'r jyngl. Cafodd yrfa nodedig yn ddarlithydd ac yn feddyg ymgynghorol i Ysbytai Lerpwl cyn ei apwyntio ym 1969 yn Athro Meddygaeth, ac yn fuan wedi hynny ef oedd pennaeth yr holl Adran.

Ymhyfrydai ac ymserchai yn mywyd cefn gwlad. Prynodd ym 1963 dyddyn Pen yr Allt, Paradwys, Llangristiolus a dangosodd ddawn amaethwr. Pan dderbyniwyd ef yn Aelod o Orsedd y Beirdd dewisiodd yr enw barddol Dafydd Paradwys. Ar ddechrau'r wythdegau gadawodd ei fyd llewyrchus am fyd mwy llewyrchus fyth, pan dderbyniodd swydd Cyfarwyddwr Meddygol Ysbyty Athrofaol y Lluoedd Arfog yn Riyadh gyda chyfrifoldeb i ofalu am aelodau pwysicaf y teulu brenhinol. Penderfynodd ddefnyddio cyfran o'i enillion am chwarter canrif o wasanaeth i waddoli pedair Cadair Meddygaeth yn ei hen adran yn Mhrifysgol Lerpwl, un yn ei enw ef ei hun, a'r lleill yn enw ei dad a'i fam a'i ewythr, Benjamin Evans, Waterloo. Trist oedd sylweddoli chwe blynedd cyn ei farw ei fod yn colli ei gof a bu'n rhaid iddo maes o law dderbyn gofal Cartref Henoed yn Woolton. Dirywiodd yn y deunaw mis olaf ond daliodd nifer ohonom i alw i'w weld, ac yn arbennig Helen ac Alun V Jones, Childwall. Bu farw 29 Awst 2019. Trefnodd i'r arwyl fod yn y Sir a garai ac ym mynwent eglwys y plwyf Llangristiolus. Mynnai fod yr offeiriad yn dilyn y gwasanaeth Anglicanaidd a hynny trwy gyfrwng y Gymraeg.

Elan Jones (1928-2023)

Un o gymeriadau unigryw Cymry Lerpwl ers degawdau oedd Elan Jones. Roedd hi yn wahanol i bawb arall ohonom ers i Glenys Jones (chwaer R Bryn Williams) symud yn niwedd y saithdegau i Gymru gan iddynt gael eu magu yn y Wladfa. Ac yn ychwanegol i'r ffaith honno yr oedd Elan yn orwyres i un o'r arloeswyr pennaf, sef Edwyn Cynrig Roberts (1837-93). Ganwyd ef yn Sir y Fflint a'i fagu yn Wisconsin a gwyddai'n dda fel y byddai plant y Cymry yn colli defnydd o'r iaith yn rhy hawdd o lawer yn yr Amerig. Ef a argyhoeddodd Bwyllgor Lerpwl o'r Wladfa y gellid gwireddu gweledigaeth y Wladfa Gymreig yn yr Ariannin ac nid yng ngogledd America.

Roedd gan Elan feddwl mawr o'i hen, hen daid gan iddi ofyn imi gynnal oedfa o ddiolch am ei fywyd wrth ymyl ei fedd yn Eglwys y Santes Ann ar odre Mynydd Llandygai ar 17 Medi 1993. Llawenydd mawr arall iddi oedd bod un arall o'i theulu, Elvie MacDonald, wedi ei bortreadu ef yn *Yr Hirdaith* (1999). Ar fferm yn Nhir Halen y ganwyd Elan yn un o wyth o blant. Deil brawd a chwaer o hyd yn y Wladfa. Rhyfedda aml i hanesydd fod yr hen Wladfawyr wedi troi tir halen yn dir porfa. Ardal unig ydyw ond yn nyddiau Elan byddai'r capel Cymraeg yn ail gartref. Yno y trwythwyd hwy fel plant ac ar yr aelwyd lle yr oedd ei mam, Mrs Roberts, yn teyrnasu. Braint oedd ei chyfarfod pan ddaeth am rai misoedd atom i Lerpwl. Treuliwyd oriau yn ei chwmni a

Elan yn mwynhau dysglaid o maté

chlywsom ni hi yn arwain defosiwn mewn modd cwbl ysbrydoledig. Gwraig ddewr a phenderfynol a duwiol fel ei merch.

Gadawodd Elan Dir Halen am hyfforddiant fel nyrs yn yr Ysbyty Brydeinig yn Buenos Aires oedd yn enwog am y garfan uchel o nyrsys o'r Wladfa oedd ar y staff. Sonia R Bryn Williams amdano yn galw yno ym 1959 ac yn dotio at y merched a siaradai Gymraeg gydag acen Sbaeneg, yn staccato a chyflym (eithr rhyfeddwn o gofio na welodd yr un ohonynt Gymru erioed). Syndod arall iddo oedd eu bod yn ymfalchïo yn eu gallu i siarad Cymraeg. Dyna ddarlun perffaith o Elan Roberts.

Derbyniodd ysgoloriaeth i dderbyn rhagor o hyfforddiant ym Mangor. Teithiodd yno ar ei phen ei hun. Gwnaeth ffrind gyda nyrs a'i dygodd adref i Gaerhun lle y cyfarfu â morwr ifanc, R Emrys Jones. O'r cyfarfyddiad hwnnw cafwyd ymrwymiad oes a arweiniodd at briodas ym 1956 gan symud wedyn am waith i Lerpwl fel eraill lawer.

Daeth R Emrys Jones yn llefarydd coeth yn y ddwy iaith, yn cynrychioli ei gyd-weithwyr yn Halewood adeg streiciau Ford, ac yn ŵr gwybodus. Magodd y ddau bedwar o blant sydd wedi troi allan yn Gymry rhugl ac yn gwerthfawrogi eu hetifeddiaeth. Am ugain mlynedd bu'r ddau yn gofalu fel ceidwaid tŷ capel yr Annibynwyr Cymraeg yn y Dingle ac yna capel y Presbyteriaid Cymraeg ar y ffin rhwng Wavertree ac Allerton.

Symudodd y ddau ym 1980 i Mimosa, Templemore Avenue, Mossley Hill, lle y cawsant gyfle i groesawu ei brawd Pennant Roberts a'i briod, y canwr René Griffiths o Esquel, ac aelodau eraill o'r Wladfa. Rhoddodd o'i gorau i fywyd ei chapel a bu yn gydlynydd cynllun ymweld â chleifiion Cymraeg o ogledd Cymru a Chymry Lerpwl yn holl ysbytai niferus y ddinas. Bu ei bywyd fel nyrs yn ddefnyddiol tu hwnt a hefyd wrth ofalu am ei phriod yn ei lesgedd hir. Ar ôl colli ei chymar, teithiai yn gyson i gartrefi ei phlant yn Hwlffordd, Norwich a Llundain. Derbyniodd fwynhad mawr i helpu allan yn Ysgol Glan Cleddau gan adrodd stori'r Wladfa wrth y plantos, a'r fraint o gael siarad Cymraeg. Nid rhyfedd iddi roddi o'i gorau i dystiolaeth Cymdeithas Cymru-Ariannin. Ni chollai bwyllgor gwaith ple bynnag y cynhelid ef a bu yn Llywydd cymwys am gyfnod. Pan ddathlwyd cant a hanner o flynyddoedd o fodolaeth y Wladfa yn 2015, gofalodd rhai ohonom a fu'n trefnu mai hi fyddai'n dadorchuddio y gofeb ac nid llysgennad Ariannin. Ar 30 Mai 2015 y cyflawnodd y weithred; gwraig a fedrai siarad tair iaith yn y sermoni o dan ofal Huw Edwards. Ni bu pall ar ei gwaith da, y gallu anhygoel oedd ganddi i wnïo a gwau, i annerch a chael ei chyfweld.

Daeth llawer ynghyd i'w harwyl ar 17 Chwefror 2023 a chofir am deyrnged hardd y mab hynaf, y Cynghorydd Richard Blacklaw Jones. Derbyniodd eraill yn y Wladfa a Chymru gysur yr oedfa honno ar Zoom. Ganwyd 16 Tachwedd 1928. Bu farw 22 Ionawr 2023.

John Jones (John Drinkwater) (1853-1936)

Adeiladydd pwysig ymhlith Cymry Lepwl, ganwyd ef yng Ngharreglefn, Ynys Môn, yr hynaf o naw o blant, ym 1853. Addysgwyd ef yn yr ysgol leol ac yn Ysgol Sul Capel y Methodistiaid Calfinaidd yno. Ysgogwyd ef gan yr athro i ystyried ymfudo i Lerpwl, ac wrth adael yr ysgol, penderfynodd wneud hynny er mwyn dod yn ŵr bonheddig. Ar ôl gweithio fel gwas fferm, aeth am hyfforddiant at Hugh Griffiths yn Rhos-y-bol. Ar ôl rhai wythnosau, gadawodd Borth Amlwch am Lerpwl lle y cafodd waith gan yr adeiladydd John Jones (1814-1900), gŵr o Fodffordd, Môn, yn Elm Bank, Anfield. Symudodd wedyn i weithio i David Hughes (1820-1904), un o adeiladwyr pennaf y ddinas.

Yr Adeiladydd

Daeth ef a Chymro arall, John Hughes, Green Lane, Allerton, at ei gilydd i greu cwmni Jones a Hughes. Gwelid y swyddfeydd ym 13 Whitechapel. Llwyddwyd i adeiladu ystadau helaeth o dai fel West Dale yn Wavertree, Longmoore yn Fazakerley, Queen's Drive Estate yn Walton, Breeze Hall Estate yn Bootle, Cabbage Hall Estate yn Anfield a Prenton Estate ym Mhenbedw. Ar ôl yr holl adeiladu hyn, aeth y ddau i greu cwmnïau o dan eu gofal a symudodd John Jones i ardal Parc Sefton, Smithdown Road, Earle Road, Princes Park a Penny Lane. Adeiladodd strydoedd niferus yn yr ardaloedd. Bu ef a'i deulu yn byw yn nwy o'r strydoedd. Derbyniodd lysenw gyda'i weithwyr, sef 'John Jones Drinkwater'. Fel dirwestwr pybyr, ni allai ddioddef y ddiod feddwol, ac fel tâl i'r seiri maen am gwblhau'r tŷ cyntaf yn y stryd a gosod fflag yn y simddo, disgwylid yr hyn a elwid yn 'price of a pint'. Pan fyddent yn galw arno i gyflawni'r arferiad o roddi ychydig geiniogau am beint o gwrw, atebai John Jones hwy: "Go and drink water." Dyna sut y cafodd ei lysenw.

Ei Gyfraniad i Eglwys Bresbyteraidd Cymru

Calfinydd ydoedd o'i lencyndod a chyfrannodd yn helaeth yn Lerpwl i enwad y Presbyteriaid Cymraeg. Bu'n gapelwr mawr ar hyd ei oes, i ddechrau yng Nghapel Cymraeg Netherfield Road, St. Domingo. Yna, ymunodd â chapel llewyrchus Princes Road, Toxteth. Ef oedd un o arloeswyr capel newydd David Street, Dingle. Aeth ef a hanner cant arall i sefydlu'r achos. Erbyn 1887, roedd ymhlith y rhai a fu yn cynllunio capel newydd yn Webster Road, Wavertree. Fe'i gwnaed yn flaenor ym 1895 a daeth yn Drysorydd y Capel. Anrhydeddwyd ef ym 1922 trwy'i ethol yn Llywydd Henaduriaeth Lerpwl. Ef oedd un o'r arweinwyr mwyaf haelionus wrth adeiladu capel newydd hardd a agorwyd ym 1927 yn Heathfield Road ger Penny Lane. Cyfrannodd y swm o £3,000. Ar ôl ei farwolaeth, rhoddodd ei feibion, J R Jones a W H Jones, siec arall am £1,200 ar 10 Hydref 1937 er cof am eu hannwyl dad, a thrwy hynny, glirio'r ddyled oedd ar y capel.

Ei Deulu a'i Ddyddiau Olaf

Priododd ym 1880 gyda Catherine Parry o'r Gorslwyd, a hynny yng Nghapel Princes Road o dan ofal y gweinidog, y Parchedig Ddr Owen Thomas. Symudwyd i fyw i 29 Barrington Road (un o'r strydoedd a adeiladodd) a ganwyd iddynt ddau fab, J R Jones a W H Jones, a fu'n gaffaeliad i'r cwmni adeiladu. Byr fu'r bywyd priodasol. Bu Catherine Jones farw ym 1887 ac ni ailbriododd, ond trwy gymorth magodd y bechgyn a symud i fyw i 9 Crawford Street ger Penny Lane. Ym 1906, adeiladodd blasty yn Dudlow Lane a'i alw yn Mayfield, ac yno y bu fyw hyd ei farw ar 26 Hydref 1936. Bu'n haelionus gyda'i gyfoeth. Rhoes £1,000 ym 1932 at waddoli gwely yn Ysbyty Brenhinol y Southern ar gyfer cleifion o Ynys Môn. Teithiodd yn helaeth yn ei fywyd i wledydd Cyfandir Ewrop, i'r Aifft ac i Balestina.

Y Barchedig Catherine Mair Bowen (1927-2019)

Un o Lerpwl oedd Mair a gwyddai yn dda am ei gwreiddiau yn y gymuned Gymraeg. Ganwyd hi yn 16 Winchfield Road, Wavertree yn Lerpwl a symudodd yn ddiweddarach i rif 50 Dovedale Road. Cafodd aelwyd Gristnogol a mwynhau cwmni dwy chwaer, sef Enid Davies a aeth yn feddyg yn Llundain ac Olwen a arbenigodd mewn cerddoriaeth. Arhosodd hi yng Nghymru, a chofiaf ei gweld ym mhentref Talwrn. Ond pan aeth Mair i Ysgol Uwchradd Aigburth Vale, gwn fod yna rai o Gymry y ddinas yn dysgu yno a phlant Cymraeg eraill yn ddisgyblion yn yr un cyfnod. Ond yn ei chartref y cafodd y sylfaen. Hi oedd yr hynaf o dair merch ddawnus a anwyd i Catherine (Kate) Olwen Davies a'i phriod Thomas Davies. Aeth Mair yn genhades, a bu yn ddylanwadol yn ei dydd. Cofiaf yn dda gyfarfod â'i mam; meddai ar egni a phersonoliaeth gynnes, garedig. Cyflawnodd y tad, Thomas Davies, gryn lawer fel cynhyrchydd Cwmni Drama Maesgrug, un o dri deg o gwmnïau drama a fodolai ar Lannau Mersi yn y tri a'r pedwardegau. Yr oedd ef a William Owen, Tŷ Capel, wrth eu bodd fel cynhyrchwyr.

Aelodau oeddent, fel teulu, yng Nghapel Cymraeg y Presbyteriaid, Heathfield Road, Lerpwl ac yno y meithriniwyd Mair yn y ffydd trwy y Gorlan a'r Ysgol Sul lewyrchus a'i cynhaliodd ar hyd y maith flynyddoedd. Capel oedd hwn a roddai gryn lawer o sylw i'r gwaith cenhadol yng ngogledd-ddwyrain yr India, a magwyd dwy genhades o'r capel hwn ac o leiaf chwe gweinidog. Gwasanaethodd y ddwy, Nansi Davies a Mair Davies, yn is-gyfandir India. Yr oedd y tridegau yn llawn gweithgarwch cenhadol o dan yr adeiladwr J W Jones a llu o chwiorydd fel Doris Thomas oedd yn rhoddi sylw i'r cyfarfodydd cenhadol misol. Deuai'r cenhadon am seibiant i annerch a chafodd y ferch alluog hon ei chyfareddu gan anturiaeth ac ymgysegriad y cenhadon a'r cenhadesau hynny, a setlodd D E Jones yn Allerton ar ôl adeiladu eglwys gref ym mryniau Mizo.

Pan dderbyniwyd Mair i Goleg y Brifysgol ym Mangor, cyfarfu â chyn-löwr o Bancffosfelen, Thomas Irfonwy Bowen (1924-95). Yn un ar hugain oed cafodd ef alwad i'r weinidogaeth a chyfle i'w baratoi ei hun yng ngholegau Bangor. Tyfodd y berthynas rhyngddynt a phenderfynodd y ddau ar ddiwedd y cwrs academaidd fentro yr holl ffordd i'r India i genhadu. Gosododd Cymdeithas Genhadol y Bedyddwyr wahoddiad iddynt deithio i fryniau Kond yn nhalaith Orissa. Hwyliodd Irfonwy i'r India ym mis Mehefin 1951, rai misoedd cyn ei ddyweddi oedd yn cwblhau ei chwrs yng Ngholeg Cenhadol Carey, Selly Oak, Birmingham. Cyfarfu'r ddau yn niwedd y flwyddyn a phriodwyd hwy yng nghapel y Bedyddwyr, Cuttack, ar 14 Rhagfyr 1951.

Dechreuodd y ddau ar ddechrau 1952 yn Udayagiri a mynd ati yn ddiymdroi i feistroli yr iaith frodorol, Kui, gan fod ganddynt gymaint o gyfrifolodebau. Yno y bu y ddau, yn magu teulu, a ganwyd pump o'r chwe phlentyn yn yr India. Dychwelodd ym 1964 i Gymru oherwydd iechyd ei phriod, y cenhadwr gweithgar, er siom fawr i'r brodorion. Teimlent ddyled fawr iddynt. Ymaflodd y ddau i weinidogaethu yng Nghefnmawr (1964-71) a chofiaf dreulio penwythnos hyfryd ar eu haelwyd. Symudodd y ddau i Lanfairfechan ym 1971 ac yno y bu hi hyd y diwedd. Collodd ei phriod ym 1995 a dilynodd ei lwybrau fel gweinidog Capel Libanus, Llanfairfechan. Rhoddodd arweiniad i'r Bedyddwyr Cymraeg ac yn arbennig y Gynhadledd Genhadol am dros chwarter canrif. Cyfrifir y Barchedig Mair Bowen yn un o'r cenhadon mwyaf ymroddedig a fu yn yr India. Bu yn weinidog ordeiniedig gyda'r Bedyddwyr Cymraeg am 69 mlynedd, record unigryw. Dioddefodd lu o anhwylderau yn ystod y pymtheng mlynedd diwethaf ond ni ildiodd o'r galwadau. Cadwodd y pregethau yn ofalus, yn arbernnig y rhai a draddododd ym mryniau Kond. Bu farw yn ei chartref yng nghwmni ei phlant. Hiraethwn yn Lerpwl, India a Chymru amdani, un o chwiorydd y bobl yng ngwir ystyr y gair.

Lewis Jones, Hilbre (1868-1932)

Go brin y cafodd Cymry Glannau Mersi ŵr mwy gwybodus ym myd adar na'r Monwysyn Lewis Jones a fu'n gofalu am Ynys Hilbre am 35 mlynedd, sef o 1888 hyd 1923. Gŵr o Laneilian ar Ynys Mon ydoedd a bu ef ynghyd ag Evan Jones ac Eleazar Roberts yn weithgar yn Eglwys Bresbyteraidd

Cymru (Adran Saesneg) Hoylake ac ar ôl hynny yn trefnu fel arloeswr yr Achos Crefyddol yn nhref West Kirby. Er bod yr addoliad a bywyd cymdeithasol y Sul i'r Cymry Cymraeg yn Saesneg yn Hoylake llwyddodd ef i sefydlu yno Ysgol Sul yn Gymraeg o fewn i'r Capel Saesneg. Bu Lewis Jones yn flaenor a thrysorydd Capel Cymraeg y Methodistiaid Calfinaidd yn nhref West Kirby am ddeng mlynedd ar hugain.

Darlithiodd Lewis Jones gryn lawer yn Gymraeg a Saesneg, yn bennaf am Hilbre, yr unig ynys yn Sir Gaer, a'r adar a nythai yn niogelwch yr ynys. Yr oedd yn fedrus gyda'r *magic lantern* a meddai ar saith o wahanol ddarlithiau i gymdeithasau llenyddol Glannau Mersi. Bu'n arwain eisteddfodau ar Lannau Mersi, ac yr oedd yn un o arweinwyr yr Eisteddfod Genedlaethol a gynhelid ym Mhenbedw ym 1917. Lluniodd gannoedd o erthyglau i bapurau Cymraeg y Glannau, sef i bapur *Y Cymro* o dan olygyddiaeth Isaac Foulkes, Paradise Street ac i'r *Brython* pan oedd J H Jones (Je Aitsh) yn olygydd o 1906 i 1931. Ceir blas ar arddull a diddordebau Ynyswyr fel y'i gelwid yn ei gyfrol o ysgrifau *Atgofion Ynyswr* a gyhoeddwyd gan Wasg y Brython, Stanley Road, Bootle ym 1939. Gwyddom fod y Parchedig Glenys Wilkinson o Gilgwri yn aelod o'r teulu fel y cydnebydd yn y *Wirral Globe* ar 18 Mawrth 2015. Bwriadai Hugh Begley, dysgwr ym Mhenbedw, gyfieithu ei hunangofiant o Gymraeg i'r Saesneg ond ni chwplaodd y dasg.

David John Lewis (1893-1982)

Pensaer, Aelod o Gyngor y Ddinas a Chymro Twymgalon

Cardi oedd D J Lewis, wedi'i eni ar 29 Ebrill 1893 pan oedd Penparcau ger Aberystwyth yn bentref bychan. Ei fam, Elizabeth (née Phillips) yn aelod o deulu adnabyddus yn y cylch, a'i dad yn enedigol o Lanwrin, wedi ymfudo i dde Cymru, cyn sefydlu busnes groser a gwerthu yswiriant. Symudodd y teulu i fyw i Aberystwyth ym 1912.

Magwyd D J Lewis mewn cartref cerddorol. Ei ewythr,

Thomas Herbert Phillips, yn ei hyfforddi ar gyfer eisteddfodau a chyngherddau gan ei fod ef yn meddu ar lais tenor. Aeth yn brentis ar ôl gadael yr ysgol i gwmni lleol o seiri, y Brodyr Edwards, Trefechan. Ym 1915, mentrodd i faes y gad gan ymrestru gyda Chatrawd y Peirianwyr Brenhinol oherwydd ei sgiliau ym myd adeiladu. Dyrchafwyd ef yn is-gorporal, ac ar ôl cyfnod yn Ffrainc, aeth i Salonica. Clwyfwyd ef yn ei fraich ym mrwydr gyntaf Dorian, a bu yn dioddef o'r malaria. Rhyddhawyd ef o'r fyddin yn Ionawr 1919, ond dau fis cyn hynny ar 9 Tachwedd 1918, priododd gyda Margaret Elizabeth Stubbs o Blakeney, Swydd Gaerloyw.

Derbyniodd gymhorthdal o'r fyddin gwerth £200 a phenderfynodd ddilyn cwrs pensaernïaeth ym Mhrifysgol Lerpwl. Ac ar derfyn y cwrs, apwyntiwyd ef ar staff cwmni yn Lerpwl – Gray, Evans a Crossley, cwmni oedd yn arbenigo ar gynllunio sinemâu yn nhraddodiad Celf a Chrefft. Un o'i gynlluniau oedd y *Rialto*, adeilad nodedig yn Toxteth, a ddinistriwyd yn nherfysg 1981. Gweithiodd yn ninas Paris a bu yn y tîm a gynlluniodd sinemâu fel y *Majestic*, a'r *Mayfair* yn Lerpwl a'r *Capitol* yn Scarborough. Ni welir yr un ohonynt heddiw, gwaetha'r modd.

Ymdaflodd ei hun i'r bywyd cyhoeddus yn Lerpwl gan ymuno gyda'r Blaid Geidwadol a oedd yn rymus dros ben yng ngwleidyddiaeth y ddinas. Etholwyd ef ym 1936 ar Gyngor y Ddinas dros ward Netherfield, canolfan Protestaniaeth yr Orange Order. Cadwodd y sedd am 38 o flynyddoedd, a gwnaed ef yn Henadur ym 1952. Bu ganddo uchelgais seneddol a safodd dros y Ceidwadwyr yn Etholiadau Cyffredinol 1950 a 1951 ar gyfer sedd Kirkdale gan golli i'r Blaid Lafur, ond gwnaeth gyfrif da ohono'i hun. Saif dau amgylchiad allan yn ei gyfnod fel cynghorydd. Yn gyntaf, achos Cwm Tryweryn. Gwrthwynebodd fwriad Cyngor Lerpwl i foddi pentref Celyn a Chwm Tryweryn ac roedd yn aelod blaenllaw o Bwyllgor lleol, Pwyllgor Lerpwl i amddiffyn Cwm Tryweryn, a siaradodd yn odidog ar y mater yn y cyfarfod a drefnwyd gan Arglwydd Faer Caerdydd. Ef oedd yr unig un i bleidleisio yn erbyn y penderfyniad o foddi'r cwm. Bu yn fawr ei gyfraniad, a bellach trwy gyfrol Wyn Thomas ar Dryweryn, cafodd ei le haeddiannol fel un o brif wrthwynebwyr y bwriad. Magodd barch ymhlith ei gyd-gynghorwyr, a dywedodd Jack Bradock amdano, "ei fod ef yn Gymro i'r carn ac un a gynhaliodd enw da Lerpwl".

Anrhydeddwyd ef yn nechrau'r chwedegau trwy ei ethol yn Gadeirydd Pwyllgor Addysg y ddinas o 1961-62, a gofalodd fod colegau hyfforddi Bangor a Wrecsam yn anfon eu myfyrwyr yn athrawon i ysgolion Lerpwl. Dewiswyd ef ym 1962 yn Arglwydd Faer y Ddinas a bu yn hynod o brysur. Teithiodd 16,000 o filltiroedd a mynychu myrdd o ddigwyddiadau. Gofalodd am y te croeso i gynrychiolwyr Eglwys Bresbyteraidd Cymru i'r Gymanfa Gyffredinol a gynhaliwyd yng Nghapel Heathfield Road. Uchafbwynt arall oedd teithio gyda Maer Dinas Manceinion ar ymweliad â Maer Dinas Berlin, sef Willy Brandt.

Ni ddangosodd unrhyw ddiddordeb yn y Beatles, ond dangosai gefnogaeth amlwg i ganu corawl a chanu clasurol. Bu yn Llywydd Undeb Gorawl Cymry Lerpwl ac yn Gadeirydd y *Liverpool Philharmonic Society* rhwng 1951 a 1955. Bu yn gefnogwr haelionus i'r Gerddorfa a'r Undeb Gorawl.

Mynychai Gapel Heathfield Road yn rheolaidd i oedfa bore Sul, ond am flynyddoedd cadwodd ei aelodaeth yng Nghapel y Tabernacl, Aberystwyth. Bûm yn pwyso arno i symud ei docyn aelodaeth a llwyddais yn gynnar yn y saithdegau. Byddem fel Parti Maesgrug yn mynd i'w aelwyd ef a'i briod i ganu carolau pob Nadolig a hoffai hynny yn fawr iawn. Roedd yn gwmnïwr da. Bu ei briod farw ym 1978 a gofalwyd amdano gan nith ei briod yn y byngalo yn Aigburth pryd y dechreuodd y cof ballu, nid yn gyfan gwbl, ond yr oedd arwyddion dementia yn araf ddod. Bu farw ar 6 Mai 1982 a chynhaliwyd yr arwyl yng Nghapel Heathfield Road ac yna yn Amlosgfa Springwood o dan fy ngofal.

Trefnais wasanaeth i wasgaru ei weddillion ym medd ei rieni ym mynwent Aberystwyth, a olygai gymaint iddo. Un o Gymry mwyaf adnabyddus Lerpwl o 1936 i 1976.

Jones, Emyr Wyn (1909-99)

Cardiolegydd Adnabyddus yn Lerpwl, Eisteddfodwr Amlwg, Awdur yn y Gymraeg a'r Saesneg

Mab y Mans oedd Emyr Wyn Jones. Gweinidogaethai ei dad, y Parchedig James Jones (1858-1926), a oedd yn enedigol o Uwchmynydd, ger Aberdaron, yn Eglwys Bresbyteraidd Cymru, Croes-y-waun, ger y Waunfawr yn Arfon, pan anwyd ef ar 23 Mai 1907. Deuai ei fam, Ellen, o deulu dylanwadol yn nhalgyrch Clynnog Fawr. O'r Ysgol Gynradd yn Waunfawr, derbyniwyd Emyr Wyn Jones i Ysgol Uwchradd Syr Hugh Owen yn nhref Caernarfon. Yn yr ysgol honno bu ei frawd, Dr James Jones, yn ddisgybl cyn ei dderbyn i Brifysgol Lerpwl. Bu Dr James Jones farw yn gynamserol yn Allerton, Lerpwl ym 1923 ac yntau ond yn 24 mlwydd oed. Ymddiddorai mewn barddoniaeth a chyhoeddwyd cyfrol o'i waith ar ôl ei farwolaeth ym 1924 o dan y teitl *Odlau'r Meddyg*.

Er y siom a'r golled, daeth ei frawd Emyr i astudio'r un pwnc yn yr un Brifysgol. Yn ôl Syr Robert Kelly o'r Adran Feddygaeth, Emyr Wyn Jones oedd myfyriwr disgleiriaf ei genhedlaeth. Ymhlith ei gyfoedion o Gymru, yr oedd John Howell Hughes, Goronwy Thomas ac R Arthur Hughes. Bwriodd ei hun i fywyd academaidd a Chymreig Prifysgol Lerpwl. Cynhelid Eisteddfod y Myfyrwyr yn flynyddol a cheid Cymdeithas Gymraeg lewyrchus. Roedd yn alluog dros ben a graddiodd fel meddyg ym 1928 gyda Dosbarth Cyntaf ac anrhydedd mewn Meddygaeth a Llawfeddygaeth. Bwriodd ei brentisiaeth o dan ofal Syr Robert Kelly a'r Athro John Hay. Llwyddodd i ennill sawl ysgoloriaeth. Yr ysgoloriaeth gyntaf oedd Ysgoloriaeth Goffa Samuels mewn meddygaeth ac yna Ysgoloriaeth W Thelwall Thomas mewn Patholeg, a hefyd Ysgoloriaeth Ymchwil y BMA. Ar ôl ennill ei MRCD ym 1933, fe'i hapwyntiwyd ar staff Ysbytai Lerpwl a dechreuodd ar yrfa hir a llwyddiannus Arbenigodd ar hyfforddi myfyrwyr meddygol. Ym 1937, fe'i hetholwyd yn un o sylfaenwyr Sefydliad Prydeinig y Galon. Yna ym 1938, apwyntiwyd ef i'r Ysbyty Brenhinol ac yno y bu'n brif ffisigwr am ugain mlynedd, ac yn gyfrifol am Adran y Galon am dros chwarter canrif. Am gyfnod hir cyn ac ar ôl yr Ail Ryfel Byd bu yn Ffisegwr Ymgynghorol i dair Ysbyty yng Ngogledd Cymru sef Bangor, Rhyl a Wrecsam. Ym 1966, daeth yn gyfarwyddwr Astudiaethau'r Galon ym Mhrifysgol Lerpwl. Roedd ganddo ar hyd y blynyddoedd glinig yn Rodney Street a dylifai Cymry yno am gyngor a chyfarwyddyd. Bu yn Is-gadeirydd Bwrdd Ysbytai Cymru (1968-74) a mynnodd ef a'r Cadeirydd, Gwilym Prys Davies, le dyladwy i'r Gymraeg o fewn y gwasanaeth. Bu'n Gadeirydd y gweithgor ar ddwyieithrwydd a gyhoeddwyd ym Mehefin 1972.

Priododd Enid Llywelyn-Williams, merch Dr David Llewelyn-Williams a Margaret Williams (née Price) ar 9 Medi 1936 yng Nghaerdydd. Ganwyd iddynt ferch Carys (g. 1937) a mab Gareth Wyn (g. 1940) ac ymaflodd Enid Wyn Jones i fywyd cymdeithasol, crefyddol a Chymraeg dinas Lerpwl. Bu yn ffyddlon iawn i bulpudau capeli bychain Cymraeg Sir Gaerhirfryn fel cennad yn y chwedegau. Oherwydd y bomio trwm ar Lerpwl, symudodd y teulu ifanc i gartref rhieni y fam yn Hen Golwyn cyn setlo yn Llety'r Eos ger Llansannan. Trwy flynyddoedd y rhyfel daliodd ef i gyflawni ei waith fel ymgynghorydd yn Lerpwl. Ar ddychweliad ei deulu i Lerpwl ym 1948 ymaflodd y ddau i weithgarwch, ond daeth y cartref yn Llety'r Eos yn gyrchfan i feirdd a llenorion Cymraeg, heddychwyr a meddygon. Roedd y ddau wedi ymserchu erbyn hynny yn hanes a gweithgareddau'r Crynwyr. Bu farw ei wraig ym mis Medi 1967 mewn awyren ar ei ffordd adref o gynhadledd fyd-eang yr YWCA yn Melbourne, Awstralia, uwchben Bangkok, ym mreichiau ei phriod. Lluniodd ei phriod ysgrif deimladwy i'r *Traethodydd* ym 1969 ar Enid Wyn, teyrnged serch a chyhoeddwyd cyfrol o'i hysgrifau o dan ei olygyddiaeth, *In Memoriam* ym 1968 a *Cyfaredd Cof* (Lerpwl, 1971).

Cyfrannodd Emyr Wyn Jones yn helaeth i'r Eisteddfod Genedlaethol. Derbyniwyd ef i Orsedd y Beirdd ym 1952, ac ym mis Ionawr 1967, fe'i hetholwyd fel Derwydd Gweinyddol Gorsedd y Beirdd. Cyflawnodd y swydd hyd 1987 ar ôl gwasanaethu saith Archdderwydd. Bu'n ofalus iawn o Cynan ac R Bryn Williams, dau a ddioddefai o glefyd y galon. Etholwyd ef yn Gadeirydd Cyngor yr Eisteddfod o 1973 hyd 1976, ac fe'i gwnaed yn Llywydd Llys yr Eisteddfod Genedlaethol o 1983 i 1986. Yna, ym 1987 fe'i gwnaed yn Gymrawd yr Eisteddfod Genedlaethol.

Fel awdur llyfrau Cymraeg a Saesneg, bu'n doreithiog. Yr oedd yn ymchwilydd dygn a gwelir ei waith yn *Y Bywgraffiadur Cymreig, Cylchgrawn Llyfrgell Genedlaethol Cymru, Efrydiau Athronyddol, Y Casglwr, Y Genhinen, Barn* a'r *Traethodydd*. Canolbwyntiodd fel llenor ymroddedig ar bum maes. Y maes cyntaf yw Cymry Lerpwl, a cheir ganddo ysgrifau ar y meddyg orthopaedig Syr Robert Jones, arloesydd yn hanes Cymry Penbedw Richard Williams, T Hopkin Evans, John Thomas ac ar ei briod ei hun Enid Wyn Jones (1909-1967). Yr ail faes yw'r Crynwyr, gydag astudiaethau o ddwy gyfrol dau Grynwr (*Y Casglwr*, Rhagfyr 1977 a Mawrth 1978) a'r pwysicaf ohonynt, William Jones o Ddyffryn Clwyd. Fel heddychwr ymddiddorodd yn hanes y Crynwyr Cymreig. Yn drydydd, Maes Bosworth ac ymgyrch Harri'r Seithfed. Gwelir hyn yn *Kinsman King: The Welsh March to Bosworth* (Lerpwl, 1980), a *Bosworth Field* (1984). Yn bedwerydd, paratôdd astudiaethau o'r anturiaethwr John Rowlands, a fabwysiadodd yr enw Henry Morton Stanley (1841-1900). Dangosodd fod Stanley yn gelwyddgi o'r radd flaenaf yn y gyfrol *Henry Stanley: Pentewyn Tân a'i Gymhlethdod Phaetonaidd* (Dinbych, 1992).

Ac yn bumed, yn ei faes ei hun fel meddyg mawr ei boblogrwydd, cawsom y cyfrolau, *Ar Ffiniau Meddygaeth* (1971), *Ysgrifau'r Meddyg* (1973), *Bysedd Cochion ac Ysgrifau Eraill* (1977), *Cyndyn Ddorau* (1978), *Ymgiprys am y Goron* (1991) a *Lloffa yn Llŷn* (1994), a *Bysedd Cochion a'r Wladfa Gyntaf* (1997). Cyhoeddodd ar ei liwt ei hun ym 1985 *Diocesan Discord: A Family Affair: St Asaph 1779-1786*. Priododd Emyr Wyn Jones gyda Megan, gweddw'r Athro T Jones Pierce ym 1973. Symudodd y ddau i ddechrau i ddinas Manceinion lle yr oedd hi yn Warden Neuadd Ellis Llwyd Jones. Byddent yn mwynhau adeg y gwyliau yn ei chartref yng Nghymru a leolid yn y Rhiw, ger Aberdaron. Yna ar ei ymddeoliad symudwyd ym 1985 yn gyfan gwbl i'r Rhiw. Anrhydeddwyd ef trwy ei wahodd yn Llywydd Undeb Gorawl Cymry Lerpwl o 1971 hyd 1987 a derbyniodd OBE y Wladwriaeth ym 1971. Cyflwynwyd gradd er anrhydedd iddo gan Brifysgol Cymru ym 1987. Derbyniwyd ef ym 1997 yn aelod cyflawn o'r Academi Gymreig. Bu'n aelod o Lys Amgueddfa Genedlaethol Cymru, Llys Prifysgol Cymru, Cyngor Coleg Meddygol Caerdydd, Cymdeithas Hanes Dinbych a Chymdeithas y Cymmrodorion. Nid yw hon yn rhestr gyflawn o'r pwyllgorau y bu yn perthyn iddynt. Bu farw yn Ysbyty Gwynedd, Bangor ar 14 Ionawr 1999. Trefnodd Cymdeithas Etifeddiaeth Cymry Glannau Mersi ar 5 a 6 Tachwedd 2022 Ŵyl yn Allerton i gofio Enid ac Emyr Wyn Jones pryd y cyflwynwyd darlithiau gan ei fab y Dr Gareth Wyn Jones, Bangor a'i ŵyr yr Athro Richard Wyn Jones, Caerdydd.

Ysgrifau Coffa am Dr Emyr Wyn Jones

Meic Stephens, 'Obituary: Dr Emyr Wyn Jones', *Independent*, 19 February, 1999; D. Ben Rees, 'Dr Emyr Wyn Jones (1907-1999)', *Y Traethodydd*, Cyfrol CLIV, Rhif 160, Gorffennaf 1999, 138-141, argraffwyd fel pamffled a'i gyhoeddi yn Y Bala yn 2005; D. Ben Rees, 'A Biography of Dr E. Wyn Jones' [yn]

The Welsh of Merseyside in the Twentieth Century, Volume 2, (Liverpool, 2001), tt. 129-131; D. Ben Rees, *Hanes Rhyfeddol Cymry Lerpwl* (Talybont, Ceredigion 2019), tt. 103, 106, 196 a 235; D. Ben Rees, *Doniau Amrywiol Enid ac Emyr Wyn Jones, Lerpwl a Llansannan* (Lerpwl, 2002); Simon Brooks, 'Gŵyl arbennig i gofio am Emyr ac Enid Wyn Jones', *Yr Angor*, Cyf 44, Rhif 9, 9.

Mrs Marged S Jones, Corwen (a gynt o Benbedw)

Y tro cyntaf i mi gyfarfod gyda Marged S Jones oedd mewn priodas yn Llanfihangel Glyn Myfyr. Priododd merch fferm o'r capel gydag un o fechgyn Capel Heathfield Road, a rhannodd y Parchedig Idwal Jones a minnau y gwasanaeth priodasol. Roedd Idwal a Marged wedi byw yn Llanfihangel ers rhai blynyddoedd. Cawsai ef ei ordeinio ym 1950 a threuliwyd y blynyddoedd cynnar yn ardal Croesoswallt. Dymuniad y ddau ar ôl ymddeol oedd symud i'r dref ar Glawdd Offa, ond ni ddaeth y cyfle iddynt. Bu'r ddau yn y Gaerwen, Môn, yna Uwchaled, Llwyngwril a Chilgwri. Newid nid bychan ydoedd o Lannau Mawddach i Lannau Mersi.

Cartrefodd y ddau ym Mhenbedw ym 1981 a chafwyd cyfarfod sefydlu a gofir o hyd, Salem yn llawn, anerchiadau graenus a gwledd i ddilyn. Ddechrau 1982 yr oedd Salem yn gymuned o 126 o aelodau, ond gwelwyd colledion ac ar ddiwedd y flwyddyn, disgynnodd y rhif i 121. Roedd Marged yn cael blas ar y bywyd gwahanol, trefol, ond fe ddaeth storom fawr yn ei hanes ar 22 Tachwedd 1983 pan ymadawodd Idwal â ni ar ôl cystudd byr. Cydymdeimlasom yn ddiymdroi â'i briod a'r meibion a chefais y cyfle i'w cynorthwyo i drefnu ac i dderbyn cymorth ymarferol yr Henaduriaeth gyda'r costau, a threfnu'r gwasanaeth arbennig a gawsom yng Nghapel Salem ar nos Wener, 12 Rhagfyr 1983. Roedd yna dristwch a gorfoledd y noson honno am un a fu'n broffwyd cymeradwy am 33 o flynyddoedd.

Dywedodd y blaenor, Walter Rees Jones, yn dda amdano yn adroddiad y capel, a balch oeddem o ddeall bod Marged am aros ym Mhenbedw. Tyfodd y berthynas rhyngom a chawsom lu o ymweliadau â'n gilydd: Myfanwy a Clifford Owen, Meinwen a minnau a Marged, a threfnais iddi gadw golwg ar un o anwyliaid Capel Bethel yn y rota a drefnwn ar gyfer y chwiorydd a oedd yn barod i dreulio oriau'r nos yn ei chartref yn Allerton. Dangosodd blaenoriaid Salem garedigrwydd mawr yn y cyfnod cynnar, ac amlygwyd dymuniad yr eglwys pan gafodd hi ei hethol yn flaenor ym 1994, cyfrifoldeb a ysgwyddodd hyd y diwedd, er iddi symud o Benbedw, i ddechrau i Ruthun ac yna i gartref henoed yng Nghorwen lle y bu'r Parchedig Robert Parry yn cadw cysylltiad â hi yn enw Seion. Bu'r arwyl yn Amlosgfa Llanelwy o dan arweiniad y Parchedig Megan Williams, Porthaethwy, oedfa breifat yn ôl ei dymuniad. Coffa da amdani.

Williams, William (Gwilym Mathafarn) (1846-1918)

Bardd ac eisteddfodwr adnabyddus, a aned ym Mhont Saer, Llanfair-Mathafarn-Eithaf ar 6 Ionawr 1846, yn fab i David a Sydney Williams. Saer maen ydoedd wrth ei grefft. Aeth yn brentis i Lerpwl tua 1877 a dod at un o'r enw David Hughes, Yr Wyddfa. Yn fuan daeth yn adeiladydd proffesiynol mewn partneriaeth yn Gwendoline Street, ger Parc Toxteth. Ymhen rhai blynyddoedd, dechreuodd weithio ar ei liwt ei hun yn Kirkdale – ef a'i weithwyr a adeiladodd Ffordd Orwell, strydoedd Oswell, Leven, Chirkdale a Roxburgh yn Walton, ger Lerpwl. Ym 1907, ar ei benderfyniad ei hun, adeiladodd lawer yn ardaloedd Mossley Hill, Garston a Wavertree.

Yr oedd Gwilym Mathafarn yn meddu ar bersonoliaeth anghyffredin. Daeth yn amlwg ledled y wlad fel cystadleuydd llwyddiannus ym myd yr awen farddol yn yr eisteddfodau. Ymhoffai yn y cynganeddion, a gallai eu plethu yn gywrain a naturiol. Ymrôdd i astudio'r Gymraeg a chasglodd wybodaeth gyffredinol helaeth. Yr oedd yn gymeriad hynaws, ei air caredig a'i fodlonrwydd hyd yn oed pan fyddai yn anfuddugol mewn cystadleuaeth. Cyfansoddodd englynion campus ac enillodd Gadair y Temlwyr Da am awdl i Martin Luther. Cyhoeddodd lawer yn newyddiaduron a chylchgronau blaenllaw'r iaith Gymraeg. Ef ddaeth yn fuddugol ar gyfres o englynion yn Eisteddfod Neuadd Rotunda, Lerpwl ym 1893 ar y testun: 'A Phan Welodd Efe y Ddinas a Wylodd Drosti'.

Dyma olygfa lem! – yn trywanu
Trwy enaid ar gipdrem;
Iesu Grist, dan y drist drem,
Droes i wylo dros Salem.

Yn Ei dristwch cyfiawn drosti – wylodd
Mewn rhagolwg arni;
Wylodd Ef pan welodd hi
A 'storm dinystr am dani.

O! amlwg gydymdeimlad, – wylai Duw
Wrth wel'd awr dinystriad –
Ei hagos ddiboblogiad –
Diwedd ei bri – dydd ei brad.

Bu farw ym 1918 a daeth cannoedd ynghyd i dalu'r gymwynas olaf iddo.

Griffith Griffiths a Richard Prys Griffiths, Cressington, Lerpwl

Un o Ynys Môn oedd y tad, Griffith Griffiths, a ddaeth i weithio yn Lerpwl i gwmni rheilffordd y *Cheshire Lines*. Magwyd y mab Richard Prys Griffiths yn Lerpwl, ac ar ôl derbyn ei addysg yn y ddinas, cafodd yntau swydd gan gwmni rheilffordd y gweithiai ei dad iddo.

Ymddiddorodd y mab mewn llaw-fer a bu yn olygydd y

cylchgrawn *Phonograffia*. Hwn oedd yr unig gylchgrawn llaw-fer a fu erioed yn yr iaith Gymraeg. Roedd Richard Prys Griffiths yn ei oriau hamdden yn cynnal sesiynau ar law-fer a threfnai bob wythnos yn negawd cyntaf yr ugeinfed ganrif ddosbarth yn Gymraeg yn Garston ar gyfer Cymry a oedd yn awyddus i berffeithio llaw-fer. Gan fod galw mawr am glercod yn y swyddfeydd, manteisiodd nifer dda o fechgyn a merched ar y ddarpariaeth o eiddo Richard Prys Griffiths. Un o'i gampau mawr oedd trefnu i lunio'r Beibl i gyd, o Genesis i'r Datguddiad mewn llaw-fer. Roedd ef a'i dad yn ymddiddori fel nifer o Gymry eraill yn Lerpwl yr adeg honno yn yr iaith Esperanto. Siaradai'r ddau ohonynt yr iaith honno yn rhugl.

Yr Arglwydd Gruffydd Evans (1928-92)

Roedd Gruffydd Evans yn ymgorfforiad gwych o Ryddfrydwr, caredig ei ysbryd, yn gyfeillgar â phawb, Ymneilltuwr o ran crefydd, a chredwr cryf mewn cymryd rhan ym mywyd y gymuned leol. Yr oedd yn un o arloeswyr gwleidyddiaeth y gymuned ac yn un o lefarwyr mwyaf abl y Blaid Ryddfrydol yn Nhŷ'r Arglwyddi.

Gwnaeth beth wmbredd o waith yn ystod ei oes fer. Gwnaeth Ryddfrydiaeth yn dderbyniol ar Lannau Mersi. Ef oedd y cyntaf i ennill sedd ar Gyngor Bwrdeistref Penbedw dros y Blaid Ryddfrydol ers y tridegau. Bu ei daid yn gynghorydd o'i flaen, ac o 1957 hyd yr wythdegau, bu'n arweinydd y Blaid Ryddfrydol ar Gyngor Penbedw (1957-73), Cyngor Cilgwri (1973-77) ac ar Gyngor Glannau Mersi (1977-81). Gwnaeth David Steel a'r Rhyddfrydwyr ef yn Arglwydd ym 1978 oherwydd erbyn hynny yr oedd wedi dod yn Llywydd y Blaid Ryddfrydol ac yn aelod blaenllaw o'r peirianwaith etholiadol. Gwelodd Rhyddfrydwyr Cymru gyfle i'w fachu i'w rhengoedd, a bu'n Is-lywydd y Blaid Ryddfrydol Gymreig ac ym 1986-87 yn Llywydd.

Gwerthfawrogai bob cyfle i hybu Cymreigrwydd. Bu

ei Gadeiryddiaeth o'r orsaf radio Marcher Sound yn un allweddol. Llawenydd mawr iddo oedd gweld yr orsaf radio honno yn gwasanaethu angen dwyieithog Clwyd. A gwnaeth ei orau glas i ofalu bod y dystiolaeth yn y Gymraeg yn un effeithiol.

Yr oedd ef ei hun yn drydedd genhedlaeth o Gymry'r Glannau. Daethai ei daid, David Evans, o Langoed, Môn a dechrau busnes fel adeiladydd. Adeiladodd rannau helaeth o Wallasey a Phenbedw, a gelwid Bidston yn 'dref Dafydd' gan Gymry ei genhedlaeth. Ef oedd un o'r rhai a gododd Gapel Cymraeg y Presbyteriaid yn Laird Street, Penbedw, ef ynghyd ag Owen Jones, Park Road East, Robert Roberts, Aspinall Street, a William Thomas, Treflyn. Yr oedd ymhlith y blaenoriaid i'w dewis yn Nhachwedd 1905, a bu ei fab John Cynlais Evans yn flaenor yno hefyd. Dyna'r unig anrhydedd na chafodd y mab er siom i'w fam, Mrs Euronwy Evans, un o ferched Llangrannog. Ond rhoddodd ei fab ei orau i'r cyfrifoldeb o fod yn Gyfreithiwr Mygedol Henaduriaeth Lerpwl.

Cefais gryn lawer i'w wneud ag ef a'i weld wrth ei waith, yn bwyllog a doeth, yn ofalus ac yn gadeirydd delfrydol. Cafodd brofiad helaeth o fywyd cyhoeddus. Bu ar bob pwyllgor yn perthyn i'r cynghorau a wasanaethodd mor gydwybodol. Nid yn unig hynny, ond ymaflodd mewn mudiadau dyngarol a chymdeithasol. Roedd ar Bwyllgor Gwaith Cymdeithas Gwella Tai Glannau Mersi a sylweddolai fod tai da yn fater i'r gymdeithas gyfan. Nid arbedodd ei hun a gofidiai yn fawr am y cwtogi ar gyfrifoldebau llywodraeth leol.

Ysgrifennodd bamffledau pwysig yn nechrau'r wythdegau: *Local Finance For Local Government* (1981) a *Power and Responsibility to Local Government* (1982).

Nid anghofiodd y graig y naddwyd ef ohoni ac edrychai ymlaen am ymweliadau â Môn a Cheredigion. Cafodd beth o'i Addysg Uwchradd yn Ysgol y Friars, Bangor a graddiodd yn y Gyfraith ym Mhrifysgol Lerpwl, yn nyddiau euraid yr

Adran pan oedd D Seaborne Davies yn un o sêr y Brifysgol. Erbyn hyn, ef oedd y partner hynaf yng nghwmni cyfreithwyr Bell, Lamb a Joynson. Pan ddeuthum i'w adnabod ef gyntaf, yr oedd yn un o brif bartneriaid cwmni Lamb, Goldsmith a Howard yn Lerpwl a'r Howard yn sefyll dros Ieuan Howard, mab un o bregethwyr huawdl ein canrif, y Parchedig J H Howard, Catharine Street, Lerpwl.

Daeth i ben deithio byd ychydig funudau cyn hanner nos, Nos Sul, 22 Mawrth, ac ar yr Iau canlynol yn Eglwys Salem, Laird Street, Penbedw fe dalwyd y deyrnged i un a fu'n brysur a gweithgar, ac a adawodd i wleidyddiaeth ein hoes egwyddorion pwysig. Bydd ei le yn wag mewn llawer cylch a chollodd y genedl a'r cylch Cymreig un o'r anwylaf o'n gwŷr cyhoeddus.

Colli Meddyg

Dr Idris Owen, Lerpwl (1930-93)

Bu marwolaeth sydyn Dr Idris Owen yn Ysbyty Frenhinol Prifysgol Lerpwl ar fore Sul, 21 Mawrth 1993 yn golled i'w deulu ac i gylch eang yn ninas Lerpwl. Roedd wedi ymddeol ers deuddydd pan gymerwyd ef i'r ysbyty ac yntau wedi edrych ymlaen i'r hamdden ar ôl gyrfa brysur. Un o Lerpwl ydoedd ac yr oedd yn ymhyfrydu yn ei gefndir yn ardal Kensington ac Edge Lane. O'r un gymdeithas – y Fairfield – y daeth ei briod, Gwen, a fu'n gymaint o gymorth iddo ar hyd y blynyddoedd. Priodwyd hwy ym 1956. Magwyd Idris a'i frawd iau, Tudor, mewn cartref lle yr oedd bywyd y Capel a'r iaith Gymraeg yn cael y lle dyladwy, a chawsant eu cefnogi i fynychu'r Ysgol Sul, y *Band of Hope*, a'r Gymdeithas Lenyddol yng Nghapel Edge Lane. Ar wahân i flwyddyn a dreuliodd yn Llanaelhaearn yn ystod yr Ail Ryfel Byd yng nghartref ei fodryb (un o'r fro honno oedd ei dad, a'i fam yn un o blant Cymry Lerpwl), fe dreuliodd Idris ei blentyndod a'i ieuenctid yn y ddinas. Yr oedd ei Gymraeg llafar yn gyhyrog ac felly hefyd ei Gymraeg ysgrifenedig fel y gwn o brofiad.

Daeth Dr Idris fel ei dad Richard Owen yn arweinydd yng Nghapel Presbyteraidd Edge Lane – y ddau yn flaenoriaid, ac etholwyd ef i'r un swydd ym Methel, ond oherwydd pwysau gwaith, bu'n rhaid iddo wrthod yr anrhydedd.

Cafodd ei addysg yn y *Liverpool Collegiate* a Phrifysgol Lerpwl a chofia rhai o Gymry Anfield a Kensington y ddau frawd yn beicio o'u cartrefi i'r darlithiau. Graddiodd yn feddyg a threuliodd gyfnod o brentisiaeth yn Ysbyty Walton, cyn gwneud ei Wasanaeth Milwrol gyda'r Llu Awyr a mentro gyda'i briod ifanc Gwen (Thomas) i Ferthyr Tudful ym Morgannwg. Byr fu eu harhosiad. Roedd hiraeth ar y ddau am Lerpwl, a'r adeg honno yr oedd mwy o Gymraeg yn Lerpwl nad ydoedd ym Merthyr.

Daeth Dr Idris Owen yn rhan o'r hyn a elwir yn 'ddinas fewnol' (*inner city*). Yno y bu am 34 mlynedd, yn gweini ar y cleifion yn ardal Upper Parliament Street, Smithdown Road, Chatsworth Street, Durning Road, ardal Edge Lane ac Edge Hill, yn ymyl bro ei febyd. Gwasanaethodd gydag ymroddiad ac ymgysegriad. Y gair a ddefnyddiwn i amdano yw'r gair *cydwybodol*. Roedd e'n hoff o'r gair, gair gwell meddai wrthyf na'r gair Saesneg *conscientious*. Bu'n feddyg teulu arnom am 21 mlynedd, gweithiodd yn galed, a bu'n ofalus. Roedd ganddo ffordd arbennig o drin yr henoed a'r plant, ac nid rhyfedd i'w wyres Glenys roddi cymaint o foddhad iddo.

Cafodd gysur mawr yn ei deulu: ei rieni a chofiwn am ei fam, Mrs A Owen, Cyffordd Llandudno; ei frawd a'r teulu; ei briod a'r teulu yng nghyfraith; ei ferch Shan a'i phriod David. Roedd Shan yn gannwyll ei lygaid. Hoffai ei gartref yn Menlove Avenue, yr ardd, tŷ gwydr, y gwaith coed, y paratoi ar gyfer anerchiad yn Gymraeg i Glwb Pump ar Hugain. Bu'n gartrefol yn Eglwys Bethel, Heathfield Road ar ôl symud o Edge Lane, yn un o arloeswyr Clwb yr Ifanc, yn Gadeirydd effeithiol ac yn wrandäwr o'r Gair. Roedd yn Grediniwr. Gweddïai bob nos cyn mynd i'w wely. Ymddiriedodd yn Nuw a bu byw yr Efengyl yn ei weithredoedd o dosturi. Tystiodd y dyrfa fawr yn Amlosgfa Springwood ar bnawn Iau, 25 Mawrth i'w boblogrwydd a'i ddylanwad a braint oedd cael rhoi teyrnged i un a fu fel ei Waredwr yn 'cerdded o amgylch yn gwneuthur daioni'.

William Arthur Thomas (1937-2022)

Cyfrannodd y Dr Arthur Thomas fel yr adnabyddid ef ar lannau Merswy yn helaeth i'n diwylliant ac i weithgareddau Cymdeithas Etifeddiaeth Hanes Cymry Lerpwl ac i Gangen Lerpwl o Urdd y Graddedigion Prifysgol Cymru. Bu yn Drysorydd y gangen am ugain mlynedd. Gwyddom nad oedd ei iechyd yr hyn ddylai fod y misoedd diwethaf hyn ond er hynny brawychwyd ni i glywed noson ola'r flwyddyn am ei ymadawiad. Un o fechgyn Pontarddulais ydoedd, mab Rees ac Eleanor Anne Thomas o fferm Bolgoed Isaf ger y Goppa, ond symudodd ei rieni i ffermio Tir Bach ger Porth-y-rhyd pan oedd y mab yn saith mlwydd oed. Cafodd brofi wedyn cefn gwlad Sir Gaerfyrddin a deil ei frawd John i ffermio yn yr hen gynefin. Er yn blentyn yn Ysgol Llanddarog gwelid potensial mawr ynddo a galwai aml un ef yn 'brain of Llanddarog'. Llwyddodd i gael mynediad i Ysgol Ramadeg y Bechgyn Caerfyrddin, Er hynny disgwylid iddo odro'r gwartheg cyn dal y bws i'r ysgol bob bore o Landdarog a helpu allan ar y fferm yn ôl y galw ar y penwythnos a gwyliau'r ysgol. Enillodd ysgoloriaeth yn yr Ysgol Ramadeg i astudio Economeg yng Ngholeg Prifysgol Llundain lle y graddiodd yn anrhydeddus, Oherwydd marwolaeth ei dad symudodd yn agosach adref er mwyn gwneud ymchwil am radd MA yng Ngholeg Prifysgol Cymru, Abertawe a chael cyfle hefyd i weithredu fel tiwtor. Yn Lerpwl y cwplhaodd ei ddoethuriaeth yn y saith degau. Derbyniodd swydd yng Ngholeg Uwchradd Technoleg Prifysgol Cymru: UWIST lle y cyfarfu ag Anne, stiwdent yng Nghaerdydd â'i gwreiddiau yn nhref Aberteifi, a ddaeth yn 1966 yn wraig iddo. Bu yn gefn mawr. Ni welid un heb y llall ar hyd y maith flynyddoedd.

Yn 1964 derbyniodd swydd fel darlithydd yn Adran Economeg Prifysgol Lerpwl. Arhosodd yn yr adran yn ddarlithydd cymeradwy a gofalus o'r myfyrwyr hyd ei ymddeoliad yn 2009. Dyna gyfnod o 45 mlynedd o ddarlithio, llunio erthyglau yn Gymraeg a Saesneg i gylchgronau safonol ac i gyfrolau a gyhoeddwyd yn Lerpwl, fel cyfrol ar Alun Owen, ffrind y Beatles, yna ar gyfer cyfrol llong y Mimosa, ac ar Ddiwylliant Maes y Glo Carreg i'r gyfrol Codi Angor yn *Lerpwl, Penbedw a Manceinion*. Pwyswyd arno i aros ymlaen saith mlynedd yn hwy na'i oedran ymddeol gan fod yna newid syfrdanol wedi bod ac yntau yn meddu ar gymaint o brofiad. Lluniwyd un adran fawr newydd a oedd yn cyfuno ei adran ef gyda'r Adran Gweinyddiad Cyhoeddus (Public Administration) a'r Uned Pêl-Droed a Busnes a'i galw yn Liverpool Management School. Cofiaf iddo fy nghroesawu i yno Awst 2002. i Ganolfan Chatham (addaswyd hen adeiladau Capel hardd Chatham Street yn ganolfan) a daeth yn ail gartref imi ar ôl iddo gymryd y swydd o drefnydd ac Ysgrifennydd ein helusen, y Gymdeithas Etifeddiaeth.

Deuthum i'w adnabod yn dda pan awn i ddarlithio i'r Adran Gelteg yn nechrau'r saithdegau a phan y cyfarfyddem â'n gilydd yn ein cyfraniadau cyson o stiwdio Lerpwl i Radio Cymru. Medrai ef drafod pynciau astrus economeg mewn Cymraeg rhugl, ef a Roy Thomas o Brifysgol Caerdydd oedd y goreuon. Anghofiaf i byth ein cyfraniad ar y teledu o ddociau Lerpwl adeg canlyniad diflas Refferendwm Gŵyl Ddewi 1979. Roedd y ddau ohonom wedi cael ein siomi fod y Cymry wedi dilyn y Giang o Chwech gwleidydd i wrthod y cynulliad arfaethedig. Ar ôl sefydlu'r Gymdeithas Etifeddiaeth yn 2000 y cafodd Arthur gyfle i ddefnyddio ei sgiliau gweinyddol yn ein plith ar raddfa helaeth. O'r flwyddyn 2003 hyd 2021 ef ar ein rhan oedd yn ateb y

Comiswn Elusennau (ac yn anfon yr adroddiad blynyddol yn Gymraeg iddynt), cadw cofnodion graenus o'r Pwyllgor Gwaith, trefnu'r placiau i'w gosod ar yr adeiladau, helpu i gynnal gwyliau i anrhydeddu y cewri Cymraeg yn y ddinas, a chyfrannu i wyliau uchelgeisiol fel Dathlu Dinas Diwylliant yn 2008. Gwahoddwyd ugain o Gymry yn ddarlithwyr y flwyddyn honno, a daeth pymtheg o gorau atom, gan gynnwys Corau Meibion Rhos, Trelawnyd, y Brythoniaid, Côr Abertawe, y Porthmyn a Chôr Ieuenctid Môn. Cafwyd cyngherddau unigol gan Llŷr Williams, Robat Arwyn a'r telynor Robin Huw Bowen. Trefnodd ar ein rhan fodel a grewyd yn Poole o'r llong Mimosa yn 2005, gwerth miloedd o bunnau a gyflwynwyd gennym i'r Amgueddfa Forwrol. Yn 2015 cawsom groesawu miloedd o bobl i ddod atom i ddathlu 150 mlynedd o hanes y Wladfa a'r cyfan yn cychwyn yn y ddinas a'r un fath yn 2017 i gofio aberth Hedd Wyn a Chadair Ddu Penbedw. Cynhelid y Pwyllgor hwn ym Mharc Penbedw bob mis ac ef oedd y gyrrwr i Brian Thomas a minnau. Ymddiddorodd yn hanes Ymneilltuaeth Gymraeg yn Lerpwl, a chyhoeddodd yn Saesneg dair cyfrol hylaw ar Gapeli yr Hen Gorff yn Garston, Chatham Street a Princes Road. Rhoddodd o'i amser fel Trysorydd yr Eglwys Ddiwygiedig leol ac ar ôl hynny yr Eglwys Fethodistaidd ym maestref Garston.

Ganwyd ef 14 Rhagfyr 1937. Bu farw 31 Rhagfyr 2022.

Cip ar Bêl-droed yn y Ddinas

Craig Bellamy

Un o Bencampwyr Clwb Lerpwl o 2006 i 2007 a 2011-12

Pan anwyd Bellamy ar 13 Gorffennaf 1979 yng Nghaerdydd, fe'i henwyd fel Craig Douglas Bellamy, ac o fewn ugain mlynedd derbyniodd fedal fel chwaraewr ifanc y flwyddyn yng Nghymru ym 1998. Blwyddyn cyn hynny, fe ddechreuodd ar ei yrfa liwgar, stormus a hunan-hyderus fel chwaraewr yn nhîm dinas Norwich. Bu yn ei lliwiau am 84 gêm gan sgorio 32 gôl a'i anrhydeddu trwy dderbyn naw cap i dîm Cymru. Symudodd bedair gwaith yn ystod y chwe blynedd nesaf, o Norwich i glybiau Cofentri (2000-01), Newcastle United (2001-05), Glasgow Celtic (2005) a Blackburn Rovers (2005-06).

Yn anffodus, cafodd Craig Bellamy ddamwain i'w benglin mewn tacl gyda Kevin Muscatt o dîm Wolverhampton. Bu'n rhaid iddo gael triniaethau niferus ar hyd ei yrfa a bu'r Clybiau yn barod iawn i dalu am y llawfeddygyniaeth. Tra bu'n aelod o dîm Newcastle, tynnodd gryn sylw iddo'i hun yn ei ymddygiad annoeth i'r hyfforddwr Syr Bobby Robson a hefyd Graeme Souness, a fu yn aelod o dîm Lerpwl fel chwaraewr. Roedd yn medru ymddwyn fel sgaliwag, yn arbennig pan fu bron â tharo clwb golff ar ben John Arne Riise a'i neges annifyr at un o sêr y gêm, Alan Shearer, sydd yn sylwebydd goleuedig ar *Match of the Day* yn y blynyddoedd ar ôl iddo ymddeol.

Symudodd i Lerpwl yn nhymor 2006-07 gan chwarae yn y tîm cyntaf yn yr Uwch Gynghrair dau ddeg saith o weithiau. Sgoriodd saith gôl fel blaenwr a llwyddodd i wisgo crys coch Cymru un ar ddeg o weithiau. Ni ellir anghofio ei angerdd pan chwaraeai i Gymru. Teimlai cefnogwyr Lerpwl a Chymru yn falch ohono. Gwelid ar ei fraich datŵ yn dathlu bywyd ac anturiaethau Owain Glyndŵr, ac yr oedd cryn dipyn o ysbryd y gwrthryfelwr hwnnw yng ngwythiennau'r cawr o Sblot. Daeth yn ôl yn 2007 a 2011-12 i Lerpwl yr eildro ar ôl bod yn West Ham United (2007-09), Manchester City (2009-11), Caerdydd (2010-11) ac yna i Lerpwl yn 2011-12 i chwarae 27 gêm a sgorio 6 gôl. Wedyn yn ôl i Gaerdydd i gwblhau ei yrfa ryfeddol; wedi'r cyfan, bu yn aelod o ran o dimau gorau'r Uwch Gynghrair. Mae'n debyg iddo gyrraedd uchafbwynt ei fywyd wrth weld Caerdydd yn dyrchafu eu hunain i Uwch Gynghrair Lloegr yn 2013. Fel un o blant y ddinas, a chefnogydd i'r tîm yn ei flynyddoedd cynnar, yr oedd ef uwchben ei ddigon. Bu ef, yn ôl y Clwb, yn fwy cyfrifol am werthu mwy o grysau'r Clwb nag unrhyw bêl-droediwr arall yn ei holl hanes. Ar ôl ymddeoliad a haeddai, aeth ati i hyfforddi academi'r Clwb. Bu ganddo ran mewn aml i gêm dros Lerpwl a Chaerdydd a oedd yn haeddu canmoliaeth lwyr.

Penllanw ei yrfa oedd yn 2024 pan benodwyd ef yn rheolwr tîm Cymru, breuddwyd o'i eiddo o'i ddyddiau cynnar fel chwaraewr. Daeth ei awr fawr ar nos Wener, 6 Medi yng Nghaerdydd yn y gêm rhwng Twrci a Chymru. Soniai yn optimistaidd am y gêm hon er bod Twrci ymhlith yr wyth olaf yng nghystadleuaeth Cwpan Gwledydd Ewrop yn gynharach yn y flwyddyn. Dechreuodd yn dda a chafwyd gêm gyfartal gyda Thwrci, a'r Mawrth canlynol curo tîm Montenegro o ddwy gôl i un. Dyna ddechrau da i'w yrfa newydd fel hyfforddwr tîm Cymru.

Harry Wilson

Cofiaf yn dda y sôn a fu ymhlith nifer o gefnogwyr Lerpwl am yr addewid fawr a oedd yn Harry Wilson, y bachgen o Gorwen, a chwaraeai i dîm ieuenctid dan 18 oed Lerpwl. Wedi'r cyfan, yn 2013 ef oedd y chwaraewr ieuengaf erioed i gynrychioli Cymru, hyd yn oed yn ieuengach na Gareth Bale. Gwyddom fod rheolwr tîm Lloegr yn awyddus i'w gael i'w dîm gan fod ei fam-gu wedi ei geni yng Nghaer!

Ymunodd Harry gyda thîm Lerpwl pan oedd ef yn wyth oed, a byddai aelodau o'i deulu yn garedig ato ac yn ei hebrwng i Anfield yn wythnosol am ymarfer a hyfforddiant. Gwelodd Adrian Roberts, Corwen (tad Gareth Roberts) ei fod ef yn chwaraewr o'i grud megis; yn wir pan oedd yn dair blwydd oed medrai gicio a pherfformio yn rhyfeddol. Rhoddodd ei daid Peter Edwards fet y byddai ei ŵyr pan oedd ef ond yn ddeunaw mis oed yn chwarae i Gymru un diwrnod. Gwireddwyd hynny ac enillodd Peter Edwards y swm o £125,000 o'i fuddsoddiad o £50.

Er iddo gael cap i Gymru pan oedd ef yn aelod o dîm cyntaf Lerpwl, ni chafodd y cyfle i ymddangos o flaen y miloedd yn Anfield a ninnau'r Cymry yn dyheu am ei weld yn y crys coch. Bu rhaid iddo aros hyd 12 Medi 2015 ac yntau ar fenthyg o Lerpwl i Crewe Alexandia iddo chwarae ei gêm gyntaf yng Nghynghrair Lloegr. Bu yn lliwiau tîm Crewe mewn saith gêm yn 2015.

Joe Allen

Chwarae i Glwb Lerpwl 2012 i 2016

Cymro rhugl ei Gymraeg a ddaeth i dîm Lerpwl ym mis Awst 2012 yw Joe Allen. Dilynodd ei gyn-reolwr, Brendan Rogers, o Glwb Pêl-droed Abertawe i Lerpwl am bymtheg miliwn o bunnoedd. Wrth dalu swm mor fawr iddo, torrwyd dwy record; ef oedd y Cymro drutaf erioed, hyd nes i Gareth Bale symud i Sbaen, a dyma'r siec fwyaf a dderbyniodd cyfarwyddwyr Abertawe erioed. Roedd Joe yn naturiol yn falch gan mai ei gariad cyntaf oedd Clwb Abertawe. Daethai yno yn 2007, yn ddwy ar bymtheg oed o Arberth yn Sir Benfro. Hyfryd yw ei glywed yn llefaru'r iaith Gymraeg, a bu gyda thîm ei flynyddoedd cynnar o 2007 i 2012, ar wahân i gyfnod yn 2008 yng Nghlwb Wrecsam.

Galwodd Brendan Rogers ef yn Xavi Cymreig, cryn gompliment gan fod Xavi yn un o chwaraewr canol y cae a anrhydeddodd Glwb Barcelona a Thîm Sbaen. Blwyddyn cyn cyrraedd Lerpwl cafodd Joe Allen (ei enw bedydd yw Joseph Michael Allen) ei anrhydeddu gan Urdd Gobaith Cymru trwy ei wahodd yn Llywydd y Dydd yn Eisteddfod Genedlaethol yr Urdd Abertawe a'r Fro yn 2011.

Roedd rhai ohonom yn edrych ymlaen at ei gefnogaeth a'i gwmni ym mywyd Cymry Lerpwl, ond ni ddigwyddodd hynny, a bu yn siom. Ond y siom fwyaf oedd i'r cefnogwyr brwdfrydig ar eu traed yn y Kop ddisgwyl i'r Cymro sgorio llawer mwy o goliau er mai yng nghanol y cae oedd ei resymol wasanaeth. Fodd bynnag, yn nhymor 2014, daeth Clwb Lerpwl yn ail yn Uwch Gynghrair Lloegr. Newidiodd y sefyllfa i'r Cymro erbyn Hydref 2015 pan gafodd yr hyfforddwr Brendan Rogers o Ogledd Iwerddon ei gardiau ac fe ddaeth yn ei le Almaenwr hoffus a dawnus, Jürgen Klopp. Bu dyfodiad Klopp yn newid byd i Joe Allen. Wedi'r cyfan, byddai Klopp yn hapus iawn i newid ei dîm a'i chwaraewyr, ac ni ddihangodd y gŵr o Sir Benfro er mai yng Nghaerfyrddin y ganwyd ef ar 14 Mawrth 1990. Yn Ionawr 2016, Allen oedd seithfed Capten Clwb Lerpwl ers i Klopp gyrraedd Anfield. Ef oedd y Capten yng Nghwpan FA Lloegr yn erbyn West Ham.

Fel aml i chwaraewr arall, dioddefodd Joe nifer dda o anafiadau ar ôl cyrraedd Lerpwl. Mewn gwirionedd, collodd hanner gemau rhagbrofol Ewro 2016. Ar ôl dweud hynny, rhaid cofio bod cyfraniad a medr a'r buddugoliaethau y bu Joe Allen yn rhan ohonynt yn cynhesu calonnau'r cefnogwyr, llawer ohonynt yn Gymry, wrth weld y canolwr yn defnyddio'i ddoniau er budd y Cochion. Dywedodd y rheolwr, Chris Coleman, gryn lawer amdano fel un o sêr tîm Cymru. Bu yn aelod o dîm ieuenctid Cymru, cafodd chwarae pum tro yn Nhîm Olympaidd Prydain yn 2012, a daeth yn arwr i gefnogwyr tîm pêl-droed Cymru. Bu'n bwysig yn y fuddugoliaeth fawr yn Israel ym mis Mawrth, a gellir enwi'r frwydr yn erbyn un o bêl-droedwyr gorau Gwlad Belg, Fellaini. Roedd hwnnw yn chwe throedfedd a phedair modfedd tra'r oedd Joe yn ddim ond pum troedfedd a chwe modfedd. Joe a ddaeth allan ohoni orau o ran sgiliau, ac aeth adref gyda'i drwyn yn ei frifo. Gosododd Fellaini ei benelin yng nghanol trwyn Joe a phistylliodd ei waed fel lli'r afon. Er ei fod yn chwarae yn well i Gymru nag i Lerpwl, daeth ei dymor yn Anfield i ben yn 2016 ar ôl 91 gêm. Sgoriodd dair gôl iddynt ac enillodd 23 cap i Gymru tra bu'n chwarae yn Anfield. Symudodd Allen i ardal lle y bu llawer o Gymry yn byw yn eu halltudiaeth, sef Stoke, ac i'r clwb hwnnw yr aeth yn 2016. Ac ar ddydd Llun y Pasg 2016 ysgwyddodd feichiau dros Gymru yn erbyn Wcráin. Roedd Cymru heb Gareth Bale ac Aaron Ramsey (ef yn gynnyrch Ysgol Uwchradd Gymraeg Bargoed). Ar ddiwedd y gêm honno, cyfrifid ef gan yr holl gefnogwyr fel seren y gêm. Roedd ef ar ei uchelfannau, ac felly y bu yn erbyn Ffrainc ac yn erbyn tîm Slofacia yn Bordeaux. Y tro hwn, enwodd UEFA ef fel seren y gêm. Ni allai ddisgwyl mwy. Bu yn gampus ym myd y bêl.

Paul Jones

Chwarewr i Dîm Lerpwl 2004-06

Un o'r Waun ydyw Paul Jones, a bu ei frawd, Mark, yn nhimau Telford a Henffordd. Amaethwr ydoedd yn ei ddyddiau cynnar, ac yn chwarae rhan-amser gyda Kidderminster cyn i dîm enwog Wolverhampton Wanderers ei berswadio i droi'n broffesiynol am y swm o £40,000. Roedd ef yn 24 mlwydd oed, a bu yn nhîm Wolves am 33 gêm yn y cyfnod o 1991 i

1996. Talodd Stockport £60,000 amdano a bu'n amddiffyn y gôl mewn 46 gêm. Pan symudodd y rheolwr Dave Jones i Southampton, aeth Paul Jones gydag ef am y swm o £900,000. Cafodd gyfle i chwarae 193 gêm o 1997 i 2004, ac ennill 36 cap i Gymru, fel olynydd i'r gwron Neville Southall. Ond yn Southampton erbyn 2003, methodd â chadw Antti Niemi ar y fainc. Niemi oedd y dewis cyntaf, er i Paul Jones gael cyfle yn ffeinal Cwpan FA Lloegr yng Nghaerdydd i chwarae'r 25 munud olaf ar ôl anafu Niemi. Ef oedd y Cymro cyntaf i chwarae yn y ffeinal yng Nghymru.

Daeth galwad iddo ym mis Ionawr 2004 pan wahoddwyd ef i ymuno â thîm Lerpwl. Roedd dau o gôl-geidwaid Lerpwl, Jerzy Dudek a Chris Kirkland yn methu â chwarae oherwydd eu doluriau. Ond byr a siomedig fu fel gôl-geidwad Cymru. Ni chwaraeodd ond ddwywaith i Lerpwl mewn dau dymor o 2004 i 2006. Nid oedd dim amdani ond gadael Anfield yn siomedig ar fenthyciad i dîm Watford, ac yna yn 2006-07 i dîm Queen's Park Rangers lle y bu yn fwy prysur nag yn Lerpwl na Watford.

Ray Lambert (1922-2009)

Pel-droediwr yng Nghlwb Lerpwl

Un o sêr byd y bêl-droed a ddeuai o ogledd-ddwyrain Cymru fel Ian Rush a Gary Speed oedd Raymond (Ray) Lambert. Ganwyd ef ar 18 Gorffennaf 1922 ym Magillt a bu farw yn Ewlo yn Sir Fflint ar 22 Hydref 2009 yn 87 mlwydd oed.

Lerpwl oedd ei glwb o'i blentyndod. Ymunodd Ray â Lerpwl ym mis Ionawr 1936 fel chwaraewr ac yntau heb ddathlu ei ben-blwydd yn 14 oed. Yn wahanol i'r holl Gymry eraill ni fu awydd arno i adael Anfield am unrhyw gae arall yn Lloegr na Chymru. Meddyliai'r byd o gefnogwyr Lerpwl sydd yn medru canu a chefnogi hyd eithaf eu gallu.

Bu'n anffodus yn nyfodiad yr Ail Ryfel Byd ac yntau newydd ymuno gyda'r clwb ym 1939, ac erbyn i bêl-droed ailgychwyn o ddifrif ym 1946, roedd ef yn dair blwydd ar hugain oed. Yn ei gêm gyntaf dros Lerpwl, cafodd gwmni dau o chwaraewr a enwogodd eu hunain yn eu cysylltiad ag Anfield, sef Billy Liddell a Bob Paisley. Dyna'i gyfoeswyr y tymor hwnnw, 1946-47, a blwyddyn i'w chofio ydoedd gan mai tîm Lerpwl oedd pencampwyr yr Adran Gyntaf.

Gwasanaethodd Ray Lerpwl am ugain mlynedd a bu'n ddibynadwy ar hyd y cyfnod fel cefnwr. Rhwng 1946 a 1949, bu yn aelod o dîm Cymru mewn pum gêm, collwyd pedair ohonynt ac ennill ond un gêm. Nid oedd modd ei ddewis o flaen Walley Barnes ac Alf Sherwood. Fodd bynnag, cafodd gyfle i fod yn nhîm Lerpwl yn ffeinal Cwpan FA Lloegr ym 1950, a enillwyd gan Arsenal, ond teimlai yn drist a digalon yn haf 1954 o weld ei hoff a'i unig dîm ar ei ffordd i'r Ail Adran.

Ym 1956, rhoddodd Ray y gorau iddi gan ymddeol a phwrcasu siop bapur newydd yn Garden City, Queensferry. Galwodd hi yn *Lambert's Newsagents* a daliai i fod yn llawen fod cymaint o'i gwsmeriaid yn cefnogi Lerpwl ym mhob gêm bosibl. Felly y bu yntau.

Blynyddoedd Cynnar Clwb Pêl-droed Everton 1870-1906

Yr Eglwys Gristnogol oedd yr hyn a ysbrydolodd sefydlu tîm pêl-droed Everton a hefyd Lerpwl. Nid oedd hyn yn anodd ei ddeall gan ei fod yn rhan o'r mudiad hwnnw y gellir ei alw yn 'Muscular Christianity'sef Cristnogaeth Gyhyrog, rhan o'r mudiad mwy a gysylltir gyda'r llenor Charles Kingsley a'r diwinydd Frederick Denison Maurice ac eraill, a elwid yn Sosialaeth Gristnogol. Y gwir yw fod ail hanner y bedwaredd ganrif ar bymtheg wedi gweld y Chwyldro Diwydiannol yn ehangu ei derfynau a dylifai gweithwyr o'r ardaloedd gwledig i'r dinasoedd oedd yn tyfu fel Lerpwl a Manceinion gan greu problemau dyrys o ran tlodi, cyflwr y cartrefi, y ddiod gadarn a thystiolaeth yr Eglwys Esgobol a'r enwadau Cristnogol. Un ffordd allan o'r argyfyngau a'r problemau moesol oedd trefnu gweithgarwch a fyddai yn cadw yn arbennig fechgyn ifanc llawn ynni ac asbri allan o drybini a'u mowldio hwy yn ddinasyddion cyfrifol trwy eu cymell i gymeryd rhan mewn chwareon, yn arbennig pêl-droed yn y gaeaf a chriced yn yr haf. Chwareon oedd yn gofyn am drefn a disgyblaeth. Y mae nifer fawr o glybiau pêl-droed yn ddyledus i weinidogion a chlerigwyr a lleygwyr nid yn unig yn Lerpwl ond mewn dinasoedd fel Birmingham, Barnsley, Southampton, Llundain, yn arbennig Fulham a Spurs, Swindon i enwi y rhai mwyaf amlwg. Yr adeg honno, yn ail hanner y bedwaredd ganrif ar bymtheg, roedd Everton yn datblygu yn faestref hyfryd ac yn meddu ar gyfartaledd uchel o Gymry Cymraeg. Adeiladwyr Cymraeg o Ynys Môn fel David Hughes ac Owen Elias a ddaeth i gael ei alw yn Frenin Everton oedd dau o'r adeiladwyr pennaf, Elias yn arbenig gyda'i frodyr ac yna ei feibion a'i dilynodd i adeiladu maesdrefi Anfield a Walton. Ceid digon o siopau a thafarndai a chapeli ac eglwysi yn y cymunedau i'r Cymry a'r Saeson. Yn bersonol rwyf yn sicr fod ychydig o Gymry wedi bod yn rhan o'r Clwb yn ei ddyddiau cynnar. Sefydlwyd Capel Saesneg yr Eglwys Fethodistaidd a chynhaliwyd y gwasanaeth cyntaf yn yr eglwys honno ym mis Mai 1870, yr un flwyddyn ag yr agorwyd Parc Stanley a ddaeth yn rhan amlwg yng ngenedigaeth clybiau pêl-droed Everton a Lerpwl. Daeth newydd da i'r capel yn 1876 pan estynnwyd yr alwad i'r Parchedig Ben S Chambers. Roedd ef yn un o'r gweinidogion hynny a oedd yn hoff iawn o chwaraeon, yn arbennig criced. Hwn oedd y diddordeb ym misoedd yr haf, ond yn y gaeaf ffurfiodd ef dîm pêl-droed yn y flwyddyn 1878. Gwelid tîm pêl-droed St. Domingo ym Mharc Stanley gan danio dychymyg a diddordeb aml i Sgowser nad oedd yn perthyn o gwbl i'r capel. Cynhaliwyd cyfarfod cyhoeddus ar gyfer pawb yng Ngwesty'r Frenhines, pryd y penderfynwyd mabwysiadu enw maestref Everton ar y clwb pêl-droed newydd-anedig. Yn y penderfyniad hwnnw y ganwyd clwb enwog Everton. Neilltuwyd darn o dir yn y

Parc gyferbyn â Stanley House, cartref y bragwr a'r Tori penderfynol, a ddaethai'n Neuadd y Dref erbyn cyfnod y Cynghorydd John Houlding. Disgwyliai ef i'r pêl-droedwyr baratoi'r cae cyn bob gêm a chan nad oeddynt yn codi tâl ar y cefnogwyr, buan y gwelid oddeutu tri i bedwar cant o bobl yn bresennol ar bnawn Sadwrn yn gwylio yn eiddgar y tîm newydd. Chwaraeodd Clwb Pêl-droed Everton ei gêm swyddogol gyntaf ar 20fed Rhagfyr 1879 a hynny yn erbyn Clwb Pêl-droed Sant Pedr. Hwy a enillodd o chwe gôl i ddim. Gwisgent grysau glas a gwyn a gwahoddwyd y brawd J W Clarke i drefnu'r gemau yn Lerpwl a'r cyffiniau.

Yn 1880, daeth Everton yn aelod o Gynghrair Pêl-droed Sir Gaerhirfryn (*Lancashire Football League*). Cafodd y tîm ei lwyddiant a'i fethiant, ond yn raddol daeth mwy a mwy o bobl i wybod amdanynt. Ceid 35 o bobl oedd yn barod i chwarae ac ym mhlith y rhain nifer o Gymry na wyddon ni ddim byd amdanynt ond eu henwau Cymreig, fel Tom Evans, Robert Morris, John Williams, Tom Williams, William Williams, Robert Morris, William Parry, William Jones a Walter Richards. Dim ond dau o'r saith oedd yn ddigon da i chwarae yn y Lancashire Senior Cup sef Tom Evans a Robert Morris. Byddai'r lleill yn chware yn y gemau cyfeillgar. Bu deuddeg gêm yn nhymor 1880 a 1881 a chwareodd Tom Evans ddeg gwaith, tair gwaith chwareodd William Parry tra y bu William Williams wrthi saith o weithiau gan sgorio pum gôl. Gelwid hwy yr adeg honno yn Black Watch am eu bod yn gwisgo sanau a chrysau du ac un o'r sêr cynharaf oedd Sgotyn o Glasgow, Jack McGill. Medrai ef sgorio yn gyson a gwnaed ef yn hyfforddwr y tîm a hefyd yn gapten. Prif wrthwynebydd Everton ar y maes chwarae oedd Clwb Pêl-droed Bootle a phan fyddai'r ddau dîm yn chwarae ei gilydd, deuai tyrfa dda i wylio'r gemau. Ym mis Mawrth 1882 daeth dwy fil o bobl i Barc Stanley i wylio Everton. Ac yn eu plith llawer iawn o Gymry. Dechreuodd traddodiad a barodd yn hanes

Clwb Everton hyd y dydd heddiw o weld y Cymry Cymraeg a di-Gymraeg yn selog dros y Clwb. Y diwrnod hwnnw, penderfynodd McGill a swyddogion eraill fod yn rhaid codi tâl am wylio'r gêm a mynd ati i greu gwell cyfleusterau. Roedd dyddiau chwarae ym Mharc Stanley yn darfod, ac yn nhymor 1883-84, gwelwyd hwy mewn mangre newydd, ger Priory Road a berthynai i ŵr o'r enw J Cruitt. Erbyn hyn, aed ati i godi ystafelloedd i'r pêl-droedwyr newid eu dillad a stand fechan a *railings* o amgylch y cae pêl-droed. Daeth llwyddiant mawr iddynt o gipio'r gwpan gyntaf yn eu hanes wrth guro tîm pêl-droed Clwb Skelmersdale. Gelwid y gwpan yn Gwpan Lerpwl. Sgoriwyd yr unig gôl a gipiodd y gwpan gan y Cymro W H Parry.

Ni fu Everton yn hir yn Priory Road a chafodd John Houlding, Llywydd newydd y clwb, o hyd i leoliad yn Anfield Road. Dyn pwerus oedd Houlding, a gelwid ef yn 'Brenin John o Everton'. Ef oedd berchen Gwesty Sandon lle byddai'r chwaraewyr yn cyfarfod i wisgo ar gyfer y gemau. Roedd byd pêl-droed yn newid, roedd dyddiau'r amatur yn darfod, a'r syniad o bêl-droedwyr proffesiynol yn dod yn dderbyniol. Prynodd Everton ddau bêl-droediwr i gryfhau'r tîm, ym mhersonau George Dobson o Bolton Wanderers a George Farmer o Groesoswallt.

Bu Everton mewn aml i sgarmes, ac yr oedd hi'n ffrae barhaus rhyngddynt hwy a Bolton Wanderers, a chyhuddwyd hwy o chwarae saith amatur a oedd mewn gwirionedd yn chwaraewyr proffesiynol. Derbyniai'r saith hyn arian parod oddi wrth y clwb. Daeth y ddedfryd o bwyllgor gwaith y Gynghrair nad oeddent i chwarae am fis o amser. Gwrthwynebai'r clwb y ddedfryd hon gan wrthod chwarae yn y Gynghrair y tymor wedyn, sef 1888 ac 1889, a chanolbwyntio ar Gynghrair newydd. Gwahoddwyd hwy i ymuno yng Nghynghrair Pêl-droed Lloegr. Felly daeth Everton yn un o sylfaenwyr y Gynghrair, hwy a chlybiau Preston North End, Bolton Wanderers, Burnley, Accrington

Stanley, Blackburn Rovers yn y gogledd-orllewin, yna yn y canoldir Aston Villa, West Bromwich Albion, Wolverhampton, Stoke City ac yna Notts County a Derby County.

Aeth Everton ati i wadd pêl-droedwyr newydd i chwarae iddynt, fel Edgar Chadwick o Blackburn Rovers, Alf Milward o Great Marlow a Nick Ross o Preston North End. Asgellwr cyflym oedd Chadwick a chwareodd dros dri chant o weithiau i Everton gan sgorio 104 gôl. Dim ond saith chwarewr yn holl hanes y clwb sydd wedi sgorio mwy o goliau nag ef. Ef hefyd oedd y Sais cyntaf i fod yn hyfforddwr ar dimau pêl-droed yn yr Iseldiroedd a'r Almaen. Daeth y Sgotyn Nick Ross yn nodedig am ei allu anhygoel ar y cae a gwnaed ef yn gapten yn 1888. Dim ond blwyddyn yr arhosodd yn Everton ac ef oedd y full back cyntaf erioed i sgorio gôl yn y Gynghrair. Talwyd iddo y swm o ddeg punt y mis, oedd yn swm sylweddol, a gweddill y chwaraewyr yn cael pum punt y mis. Bu farw Ross yn 1894 ac yntau ond yn 31 mlwydd oed o'r diciâu. Cyn diwedd y tymor, croesawyd y canolwr Johnny Holt o Glwb Bootle. Daeth ef yn ddiymdroi yn ffefryn y cefnogwyr, ac fe'i llysenwyd ef 'Diafol Bach Everton ' (*'Little Everton Devil'*). Bu gydag Everton am ddeg tymor, gan chwarae 252 o weithiau cyn ymadael am Reading. Ef oedd un o'r cyntaf o chwaraewyr Everton i gael ei wahodd i chwarae dros ei wlad. Roedd yn nhîm Lloegr yn erbyn Cymru yn Wrecsam. Y gêm gyntaf ar gae Anfield ar 8fed Medi 1885 oedd yn erbyn Accrington Stanley. Cafwyd tyrfa o ddeg mil ac enillodd Everton o ddwy gôl i un. Ond yr wythnos ganlynol dim ond tair mil a ddaeth i wylio Everton yn ennill yn erbyn Notts County. Ar ddiwedd y tymor, enillwyd y bencampwriaeth a Chwpan yr FA. Daeth tîm Everton yn wythfed yn y Gynghrair. Bu Everton yn ffodus yn 1889 i gael y blaenwr Fred Geary o Notts County. Chwaraeodd ei gêm gyntaf ar 7fed Medi 1889 yn erbyn Blackburn Rovers yn nosbarth cyntaf y Gynghrair. Enillwyd o dair gôl i ddwy ac ef yn sgorio dwy gôl i Everton.

Gwnaeth dros gant o ymddangosiadau i Everton gan sgorio 85 gôl cyn ymadael yn 1894 i'w cymydog agosaf, clwb Lerpwl. Ef oedd y *centre forward* campus. Bu yn bennaf gyfrifol am i'r tîm ddod yn ail i bencampwyr y cyfnod hwnnw, Preston North End. Dim ond dau bwynt oedd rhyngddynt, ac yng Nghwpan yr FA cawsant yn y rownd gyntaf sgôr na fu mo'i debyg yn y Gynghrair, 11 gôl i Everton a dwy i Derby County ar gae Anfield, ond colli fu hi yn y gêm nesaf. Dyna stori pêl-droed. Ni all neb gymryd yn ganiataol eu bod yn mynd i ennill un gêm ar ôl y llall. Ond bu tymor 1890-91 yn un hynod o bleserus gan iddynt gael y trechaf ar Preston North End ac ennill y bencampwriaeth am y tro cyntaf. Dyma'r flwyddyn y gwelwyd rhwyd o amgylch y gôl, ffrwyth swyddog o Gorfforaeth Lerpwl, John Alexander Brodie. Dyma'r gŵr a gynlluniodd y ffordd Queen's Drive o amgylch y ddinas, a wnaeth ddatblygu Otterspool fel mangre i drigolion Lerpwl gerdded â'u cŵn ac i fwynhau awelon afon Merswy. Cofir ef heddiw yn y ffordd yn ne Lerpwl o Mossley Hill i Garston, sef Brodie Avenue.

Yr un flwyddyn, penderfynwyd cosbi chwaraewyr am gyffwrdd â'r bêl yn ymyl y gôl neu am fod yn anhydrin, trwy roddi cic gosb i'r tîm arall. Dyma gyflwyno cyfle da i dîm sgorio, ac yn ôl y Cymro Billy Meredith, ni ddylai unrhyw bêl-droediwr fethu â sgorio gôl gosb. Oni bai i Glwb Everton ennill, byddai Preston wedi cipio'r bencampwriaeth am y trydydd tro yn olynol. Allan o 22 o gemau a fu, enillodd Everton 140 o weithiau a gwelwyd sgiliau Geary ar eu gorau. Sgoriodd ef ugain gôl i Everton. Cafodd pedwar o sêr Everton chwarae dros Loegr yn erbyn yr Alban ar gae Blackburn, Ellwood Park, sef Holt, Edgar Chadwick, Milward a Fred Geary. Yn anffodus, y flwyddyn ddilynol 1891-92 anafwyd Geary yn gynnar yn y tymor, a bu'n anabl i gynrychioli ei dîm. Gwelwyd y gwahaniaeth yn syth.

Un o aelodau pwysig pwyllgor gwaith cyfarwyddwyr Clwb Everton oedd y cyfrifydd George Mahon. Roedd ganddo ddiddordeb arall yn ei fywyd y tu allan i'w deulu, ei glwb a'i alwedigaeth, sef Capel y Methodistiaid, St. Domingo. Ef oedd organydd y capel. Ond roedd un broblem anodd yn ei flino, sef ymddygiad unbenaethol Houlding. Llwyddodd i wneud ei hun yn amhoblogaidd i bobl allweddol fel Mahon. Disgwyliai elw da o'i fenthyciad ac aeth ati i godi rhent yn ôl y cynnydd yn yr incwm a ddaethai i'r Clwb. Gwgai'r dirwestwyr, a oedd yn gryf yr adeg honno yn Lerpwl, ei fod ef yn dal i ddisgwyl i'r chwaraewyr ddefnyddio Gwesty Sandon fel eu hystafelloedd newid dillad. Cynhaliwyd Cyfarfod Blynyddol y Clwb yn Ysgol Golegol Shaw Street ar 23ain Ionawr 1892, a daeth dros bum cant o aelodau'r Clwb ynghyd i wrando ar Mahon yn dadansoddi'r sefyllfa, yn gwrthod argymhellion y llywydd ac yn galw am ddewrder i ymadael â chae Anfield. Siaradodd mor effeithiol fel y cafodd pawb o'r 500 o'i blaid ac eithrio deunaw. Roedd y Cynghorydd John Houlding yn benwan ac yn flin gyda George Mahon. Ond ar 1af Mawrth mynegodd Houlding ei fod yn rhoddi'r gorau i'w swydd o Lywydd Clwb Everton.

Ni laesodd ei frwdfrydedd. Ar ôl cael gwared ag Everton, mentrodd ailffurfio clwb arall a'i alw yn *The Everton Football Club and Athletic Ground Company Limited*. Apeliodd Mahon a'i gefnogwyr i gyngor y Gynghrair Pêl-droed am arweiniad. Trafodwyd yr achos a dod i'r casgliad nad oedd hawl gan Houlding i ddyfeisio o'i ben a'i bastwn ei hun enw a oedd eisoes mewn bodolaeth, sef Clwb Everton. Roedd hi'n fuddugoliaeth a blesiodd Mahon a'i gymrodyr. Y cam nesaf a gymerodd Houlding oedd dewis enw newydd, ac felly ym Mai 1892, fe ddaeth clwb pêl-droed arall i fodolaeth yn ninas Lerpwl, sef *The Liverpool Association Football Club*.

Roedd Mahon wrthi yn y cyfamser yn chwilio am gae arall, ac yn Ionawr 1892, daeth o hyd i ddarn o dir yn agos i Goodison Road yn Walton a alwyd yn *Mere Green*. Er yr enw hudol, darn o anialwch diffaith ydoedd. Gwelodd y cyfrifydd ei gyfle, aeth ati i gytuno ar les, a chodi arian er mwyn gweddnewid y tir diffaith yn gae pêl-droed derbyniol. Trowyd y Clwb yn gwmni cyfyngedig, a rhoddodd y meddyg Dr James Baxter, ffrind da i Mahon, fenthyciad sylweddol o fil o bunnoedd o arian. Llwyddwyd i greu cae derbyniol erbyn dechrau tymor 1892-93. Adeiladwyd stadiwm a'i alw yn Goodison Park. Cafwyd seremoni liwgar i agor Parc Goodison yn swyddogol gan yr Arglwydd Kinnaird. Ef oedd y dewis delfrydol, chwaraewr o fri yn ei ddyddiau cynnar, cadeirydd yr FA am gyfnod hir a Christion o argyhoeddiad. Daeth deg mil o dyrfa ynghyd i'r seremoni, ac i'r cyngerdd a'r tân gwyllt a gynhaliwyd. Ar draws Parc Stanley yn Anfield, roedd tîm pêl-droed Lerpwl wedi dechrau yn dda ac er cryn syndod i'r wasg, nid oedd un Sais ymysg aelodau tîm Lerpwl. Roedd pob un o'r chwaraewyr wedi eu geni yn yr Alban. Gwrthodwyd eu cais i ymuno â'r Gynghrair yn Lloegr, gan awgrymu iddynt ddangos eu medr gyntaf yng Nghynghrair Sir Gaerhirfryn.

Roedd hi'n amlwg fod Everton yn destun siarad a cheid tyrfaoedd yn tyrru i Goodison ac yn eu plith cannoedd o Gymry Cymraeg. Wedi'r cyfan, roedd Anfield ac Everton yn faestrefi'r Cymry a'r dosbarth gweithiol a chryn dipyn o'r dosbarth canol yn arweinwyr yn myd chwaraeon a diwylliant yn gyffredinol, fel Mahon a Dr James Baxter. Methodd Everton ag ennill yn 1893 Gwpan y Gymdeithas Bêl-droed a hynny yn erbyn Clwb Wolverhampton ar gae Fallowfield yn ninas Manceinion. Daeth tyrfa o 45 o filoedd i stadiwm a adeiladwyd ar gyfer 15 mil o bobl. Beirniadodd gwasg Lerpwl gwmnïau'r rheilffyrdd am godi crocbris ar y cefnogwyr i deithio o Lime Street i Fanceinion. Enillodd Wolverhampton o un gôl i ddim. Dallwyd gôl-geidwad Everton Richard Williams gan yr haul yn ei lygaid a gadawodd i'r bêl ddawnsio heibio iddo i'r rhwyd o gic Henry Allen. Yn Everton, gwnaeth George Mahon waith pwysig fel Cadeirydd y Clwb o 1892 i 1895. Yn ystod cyfnod ei gadeiryddiaeth, gorffennodd y clwb yn ail bedair gwaith ac enillwyd y gwpan yn 1906 trwy guro

Newcastle United o un gôl i ddim ar gae Clwb Crystal Palace yn Llundain.

Llawenydd mawr i Mahon a'i gyd-gyfranddalwyr oedd gweld tyrfa o 30,000 ar 11eg Chwefror 1893 pan chwaraeodd Everton yn erbyn Preston North End. Adeiladwyd stand arall ar ochr Bullens Road ar gost o £3,407 a rhoddwyd to dros y stand ar ochr Goodison Road. Gwelwyd seren wych ar y cae y tymor hwnnw ym mherson Jack Southworth a brynwyd o Blackburn Rovers yn 1893. Roedd ef wedi ennill dwy fedal Cwpan yr FA ac wedi cael ei ddewis dair gwaith i chwarae dros Loegr. Olynydd ydoedd i Fred Geary. Talwyd £400 punt amdano. Cyflawnodd y gamp o sgorio 27 gôl mewn 32 o gemau a hynny mewn blwyddyn. Sgoriodd un Sadwrn bedair gôl yn erbyn Sheffield Wednesday a'r Sadwrn canlynol sgoriodd chwe gôl pan drechwyd West Bromwich Albion o saith gôl i un. Nid oes neb wedi curo'r record yna yn holl hanes y clwb. Cafodd ddamwain a orffennodd ei yrfa a throdd yn gerddor proffesiynol fel feiolinydd gan chware i Seindorf Halle ym Manceinion.

Ni chafodd Everton unrhyw anrhydeddau yn y blynyddoedd hyn, ond llwyddwyd i ennill mwy a mwy o gefnogwyr. Roedd gweinyddwr medrus o'r enw William Pickford (1861-1938) yn dechrau chwarae rhan amlwg yn natblygiad pêl-droed a hefyd yn ei gyfarwyddiadau i'r dyfarnwyr. Siaradai gymaint o synnwyr cyffredin. Ef yn 1902 oedd yn gyfrifol fod Everton a chlybiau eraill yn gorfod marcio'r cae, gan gynnwys y penalty spot, y penalty area a'r darn o amgylch y gôl. Erbyn hyn, llysenwid y Clwb yn 'Toffees' ac ar ddechrau'r ugeinfed ganrif, mabwysiadodd Everton y lliwiau o grysau glas a thrwseri bychain gwyn. Croesawyd yn ôl John Bell a fu yn chwaraewr medrus cyn gadael yn 1891 am Tottenham. Bu yn chwarae yn ei yrfa i Celtic yn Glasgow a New Brighton Tower. Yn Chwefror 1903, daeth Harry Makepeace yn aelod o'r clwb, a hefyd Tim Davies o Glwb Pêl-droed Lincoln. Talwyd y swm o hanner canpunt i Lincoln amdano. Daeth

Makepeace yn fwy na Davies yn un o'r cewri ac yn 1903 Tom Booth oedd capten y tîm cyntaf tra gofalai Bruce Rankin am yr ail dîm fel y capten. Bu Makepeace gyda Everton am 13 tymor ac yn un o'r pwysicaf yn y tîm yn ffeinal Cwpan FA 1906. Gŵr medrus ar y cae pêl-droed yn y gaeaf ac ar gae criced yn yr haf dros Sir Gaerhirfryn. Bu'n aelod o dîm criced Sir Gaerhifryn o 1906 i 1930 a dywedodd Neville Cardus amdano: 'I count Makepeace amonst the immortals of Lancashire and Yorkshire cricket.' Chwaraeodd i Glwb Everton 336 o weithiau a sgoriodd 23 gôl rhwng 1903 a 1919, a sgoriodd 25 o filoedd o rediadau i'r sir. Yn ystod y Rhyfel Byd Cyntaf bu ar staff yr hyfforddwyr. Aeth ef a Jack Sharp yn eu blaenau i gynrychioli Lloegr yn y ddwy gêm, sef criced a phêl-droed. Symudodd Sharp a'i frawd Bert i Everton o Aston Villa yn 1899. Ymddeolodd Jack Sharp o chwarae pêl-droed yn 1910 i gadw siop chwaraeon yng nghanol Lerpwl. Er hynny bu yn chwarae criced am 26 mlynedd i'r sir. Daeth yn ôl i Everton fel cyfarwyddwr yn 1923. Erbyn 1900, roedd Everton yn cael ei gyfrif yn un o'r timau gorau yn y gynghrair, a llwyddwyd i ddenu chwaraewyr da o'r clybiau amatur a'r clybiau proffesiynol. Mae hi'n werth darllen y cofnodion o drafodaethau'r cyfarwyddwyr. Byddent yn cyfarfod bob nos Fawrth ym Mharc Goodison am chwarter i saith o dan gadeiryddiaeth y Dr James C Baxter. Y lleill oedd yn llofnodi'r cofnodion gydag ef oedd B Kelly, John Davies, George Mahon a William R Clayton. Hwy a dau arall, wyth i gyd, a fyddai'n trafod y cyfan, yr agwedd ariannol, adeiladu stand newydd, prynu a gwerthu chwaraewyr, y dyhead i fynd am daith i gyfandir Ewrop yn weddol fuan, a gofyn i gyfarwyddwyr Clwb Aston Villa a fedrai Bertie Freeman ddod ar brawf atynt. Hysbysebwyd am swydd hyfforddwr, a daeth pedwar enw gerbron am gyfweliad. Roedd un o Lerpwl, sef Fred Joyce o 8 Radnor Place, Tuebrook a'r lleill o Blackburn, Aldershot a Darwen. Aeth y swydd i John Lofthouse o Blackburn ar gyflog o ddwy bunt yr wythnos. Derbyniwyd llythyr gan Glwb Stoke yn egluro pam nad oeddent yn awyddus i werthu y brawd S Ashworth i Everton. Llawenydd mawr i'r cyfarwyddwyr a'r cefnogwyr oedd ennill Cwpan Lerpwl mewn gêm ar Ddydd Calan 1904 o dair gôl i ddwy a hynny ym Mharc Goodison. Curwyd Lerpwl eto ar Ebrill y cyntaf o bum gôl i ddwy. Yn wir yn 1904 enillwyd 23 o gemau allan o 42, 6 yn gyfartal a cholli 13. Gwelir enwau timau bellach nad ydynt yn chwarae o gwbl yn y Gynghrair Uchaf, fel St. Helens, a newidiodd Small Heath ei enw, ac y mae cymaint o'r timau eraill yn 2024 heb fod mor llwyddiannus, fel Queen's Park Rangers a Sunderland. Y mae Aston Villa a Lerpwl ac Everton wedi dal pwys a gwres y dydd yn dda iawn. Un o'r chwarewyr gwych yr adeg honno oedd Harold Payne Hardman (1882-1965), dynamo bach cyflym yn enedigol o ardal Manceinion a sgoriodd yn ei gêm gyntaf ar ôl gadael Blackpool, yn nhymor 1903-04. Arhosodd yn ddiddig gydag Everton o 1903 i 1908 gan chwarae 130 o weithiau a sgorio 25 o goliau. Talwyd can punt amdano a chwareodd yn ffeinal y Gwpan ddwywaith cyn ymuno gyda Manchester United ym 1908. Bu yn nhîm Lloegr un ar ddeg o weithiau, saith gwaith pan oedd yn aelod o Glwb Everton. Roedd y Clwb ar y brig yn y blynyddoedd y perthynai Hardman a Makepeace iddo o 1903 i 1906. Daeth chwarae yn erbyn Lerpwl yn ddigwyddiad mawr yn y ddinas gan fod y ddau dîm bellach yn meddu ar gefnogwyr brwd a oedd yn barod i grwydro o Sadwrn i Sadwrn i'w cefnogi. Credid ar un adeg ym 1905 y gellid ennill pencampwriaeth y Gynghrair a'r Gwpan. Cyrhaeddodd Lerpwl ac Everton y gêm ryng-derfynol a gwelwyd hanner can mil o gefnogwyr yn Villa Park yn eu gwylio. Everton a enillodd gyda Harold Hardman yn sgorio'r ail gôl i glensio'r fuddugoliaeth. Ond Lerpwl a enillodd y Gynghrair ac Everton y Gwpan ar 21ain Ebrill 1906 yn Crystal Palace o flaen tyrfa o 75,609. Disgwylid i Newcastle United ennill er bod Everton yn hynod o hyderus eu hunain. Sgoriodd Alex 'Sandy' Young, Sgotyn o Falkirk yr unig gôl a ddaeth iddo o esgid Jack Sharp. Ond bu Young yn was da i'r clwb am ddeg mlynedd gan wisgo'r lliwiau 314 o weithiau. Dim ond tri a sgoriodd fwy i'r clwb nag ef, sef Dixie Dean, Graeme Sharp a Fred Latchford. Yn drist iawn ymfudodd i Awstralia ym 1916 a chafwyd ef yn euog o ladd ei frawd. Am y tro cyntaf erioed, daeth y Gwpan i Everton ac ar ôl y gêm cafodd Elisha Scott, Balmer, Crelley, Harry Makepeace, Jack Taylor (Capten), Abbott, Jack Sharp, Bolton, Young, Settle a Harold Hardman gyfle i weld Plas Hampton Court. Yna gyda'r hwyr, treuliwyd y noson mewn cinio yng nghwmni chwaraewyr Newcastle. Addurnwyd y trên a'u cludodd hwy adref i Lerpwl gyda fflagiau glas a gwyn, a phan gyrhaeddwyd Lime Street, roedd hi'n orfoledd llwyr. Daeth Arglwydd Faer Lerpwl i'w croesawu a'u llongyfarch ar ran y ddinas. Hwy oedd yr arwyr. Cludwyd hwy trwy'r strydoedd mewn cerbyd yn cael ei dynnu gan geffylau gyda'r capten, Jack Taylor, a ddaethai o Glwb St. Mirren, yn cario'r Gwpan i'w cartref ym Mharc Goodison. Daeth ef yn enw i'w anwylo, y pêl-droediwr cyntaf i chwarae mwy na 400 o gemau dros Everton dros 14 o flynyddoedd Disgrifiodd un newyddiadurwr y cyfan o du dinas Lerpwl fel hyn:

> *The most remarkable, popular demonstration that has ever taken place within the boundary of the city.*

Roedd yn agos ati. Roedd Clwb Everton a Lerpwl ar ben eu digon. Lerpwl oedd enillwyr pencampwriaeth y Gynghrair ac Everton oedd biau'r Gwpan am flwyddyn. Aethpwyd ati i adeiladu stand arall yn Goodison am y pris o £13,000. Roedd y dyfodol yn edrych yn hynod o obeithiol.

Ffarwelio gyda Chae Pêl-droed Parc Goodison: Diolch am yr Hanes

Ym mis Medi 2025 bu i Glwb Pêl-droed Everton ymadael â Pharc Goodison i stadiwm newydd sbon a adeiladwyd ar safle Doc Bramley Moore ar lan yr afon Merswy, a hynny ar ôl canrif a mwy o'r hanes ym Mharc Goodison. Mae cysylltiad Goodison ag Everton a Chymru a Chymry Lerpwl yn un clòs a phwysig. Wedi'r cyfan, yr oedd Everton yn faestref y Cymry pan sefydlwyd Clwb Everton. Adeiladwyr o Fôn, fel Owen Elias (a ddaeth i'w alw yn Frenin Everton) a David Hughes a adeiladodd yr Wylfa fel ail gartref iddo, oedd dau o'r teuluoedd a fu yn fwyaf cyfrifol am y strydoedd niferus a welid ym maestref Everton. O'r cychwyn bu'r Cymry o'r ddinas yn rhan o'r Clwb. Ffrwyth gweledigaeth Capel y Methodistiaid Saesneg yn Everton yng nghyfnod y Parchedig Ben S Chambers ydoedd. Daeth ef i weinidogaethu ym Lerpwl ym 1876, ac o fewn dwy flynedd, llwyddodd i sefydlu tîm pêl-droed. Cynhaliodd gyfarfod cyhoeddus ar ôl sefydlu ei dîm yn St. Domingo i drafod y dyfodol a phenderfynwyd mabwysiadu a gosod enw Everton ar y Clwb newydd-anedig. Yn y cyfarfod hwnnw y ganwyd Clwb Pêl-droed Everton.

Neilltuwyd darn o dir yn y parc gyferbyn â Stanley House, cartref y Tori dylanwadol ar Gyngor y Ddinas, John Houlding. Chwaraeodd Clwb Pêl-droed Everton ei gêm gyntaf ar 20 Rhagfyr 1879, a blwyddyn yn ddiweddarach, daeth y clwb yn aelod o Gynghrair Pêl-droed Sir Gaerhirfryn. Roedd 35 o ieuenctid yn barod i chwarae i'r tîm, ac yn eu plith saith o Gymry sydd bellach yn anghofiedig, fel Tom Evans, Robert Morris, William Jones, William Parry, John Williams, Tom Williams a William Williams. Bu tri ohonynt, Tom Evans, William Parry a Wiliam Evans yn gryn gaffaeliad yn y Gynghrair, tra cafodd y gweddill bleser yn y gemau cyfeillgar. Pan enillwyd y Gwpan wrth guro tîm Skelmdersdale, y Cymro W H Parry oedd y gŵr a sgoriodd yr unig gôl i gipio'r anrhydedd. A phan ffurfiwyd Cynghrair Pêl-droed Lloegr, yr oedd Everton yn un o'r sylfaenwyr, ac ar ddiwedd tymor 1894 enillwyd y bencampwriaeth a Chwpan yr FA. Fodd bynnag, bu hi'n rhyfel cartref rhwng y cyfarwyddwyr a'r cadeirydd, John Houlding. Safodd George Mahon, yr organydd a'r Methodist selog, yn ei erbyn o flaen 500 o'r cefnogwyr. Pleidleisiodd y mwyafrif ohonynt gyda'r organydd o ddirwestwr yn erbyn y bragwr. Aeth Houlding ati i ffurfio clwb arall, *The Liverpool Association Football Club.* Llwyddodd Mahon i ddod o hyd i dir yn agos i Barc Goodison yn Walton a elwid yn Mere Green. Darn o dir digon diffaith a gafodd ei weddnewid. Erbyn dechrau tymor 1892-93, gwelid stadiwm newydd sbon a chae ar gyfer y clwb yn Goodison Park a fu yn gyrchfan i filoedd o Gymry am 133 o flynyddoedd. Cefnogwyr o bob rhan o Lerpwl, ac o Lannau Mersi, Cilgwri, Gogledd a Chanolbarth Cymru, a hynny ym mhob tywydd.

Cafwyd seremoni liwgar i agor Parc Goodison, ac agorwyd y stadiwm yn swyddogol gan yr Arglwydd Kinnard, chwaraewr o fri, Cadeirydd yr FA a Christion. Daeth deng mil o dyrfa ynghyd i'r seremoni, a mwy fyth i wylio'r gemau. Roedd teyrngarwch Everton ar gynnydd.

Un o'r Cymry cynharaf yn broffesiynol a gysylltir â thîm Everton oedd Leigh Richmond Roose. Mab y Mans ydoedd, a bu'n fyfyriwr yng Ngholeg Prifysgol Cymru, Aberystwyth. Yno y daeth i amlygrwydd fel gôl-geidwad, ac ym mis Chwefror 1900, gwahoddwyd ef i chwarae dros Gymru yn erbyn Iwerddon. Chwaraeodd 24 o weithiau dros ei wlad a hynny yn erbyn Lloegr, Iwerddon a'r Alban. Meddyg ydoedd o ran gyrfa a daeth yn ffefryn i'r Cymry fel yr hanesydd Dr Tom Richards, athro yn Bootle. Byddai ef ym Mharc Goddison bob cyfle. Ym 1914 ymunodd Roose â'r Lluoedd Arfog. Bu farw ar faes y gad ac yntau yn 38 mlwydd oed, tua diwedd brwydr y Somme. O'i farw cynnar, collodd Cymru ac Everton un o'r gôl-geidwaid medrusaf yn ei gyfnod.

Cymro arall a wnaeth enw yn hanes Everton oedd Charles Parry o bentref Llansilin. Chwaraeodd ef 86 o weithiau i dîm Everton ac i Gymru dair ar ddeg o weithiau. Roedd elfen wyllt yng nghyfansoddiad Charles, a byddai yn mynd dros ben llestri o dro i dro gyda'r botel. Gwelid ef yn feddw ar y cae o dro i dro. Bu tîm Everton yn garedig wrtho pan oedd ei fyd yn llwm cyn iddo symud i chwarae dros y Drenewydd ac Aberystwyth.

Ond y Cymro sydd yn dal yn fytholwyrdd i haneswyr y clwb ydyw Thomas George Jones, neu T G Jones. Talodd Everton dair mil amdano i Glwb Wrecsam. Chwaraeodd i Everton o 1936 i 1950, 178 o gemau. Daeth yn Gapten y Clwb yn 1949 a gadawodd ei hoff glwb yn 1950 gan symud yn rheolwr-chwaraewr i dîm Pwllheli lle y bu am chwe blynedd. Un o gewri'r byd pêl-droed ydoedd. Ystyrid ef gyda'r mawrion, Stanley Matthews, Tommy Lawton, Joe Mercer (dau o'i ffrindiau pennaf) a hyd yn oed, Dixie Dean. Yn wir, derbyniodd anrhydedd yn 2000 o fod yn un o Gewri'r Mileniwm. Ef oedd y cyntaf o'r un ar ddeg o chwaraewyr Everton i'w ddewis fel Cewri'r Mileniwm.

I lawer ohonom ni fel Cymry Lerpwl a gefnogai Everton, fel Brian Thomas (cyn-Brifathro), bu dyfodiad William David Davies neu Dai Davies yn ddigwyddiad i'w drysori. Cymro Cymraeg o argyhoeddiad a oedd wedi'i drwytho yn ymadroddion a theithi'r iaith. Ac o'r holl Gymry a fu'n chwarae i Everton, ef a wnaeth yr ymdrech orau oll i gyfathrebu gyda ni fel Cymry'r ddinas. Deuai ar nos Sul i oedfa Gymraeg ym Methel, Heathfield Road ac ymuno yn y Cylch Trafod yn dilyn. Gwnaeth Gorsedd y Beirdd strôc i'w wahodd i'w urddo yn Eisteddfod Caerdydd yn 1978, ac ef oedd y chwaraewr pêl-droed proffesiynol cyntaf i'w dderbyn iddi. Adnabyddid ef wrth yr enw Dai o'r Cwm, gan mai cynnyrch Dyffryn Aman ydoedd. Chwaraeodd 82 o weithiau fel gôl-geidwad i Everton a 52 o weithiau dros Gymru. Roedd hiraeth ar ei ôl pan symudodd i Wrecsam ym 1977. Un o'i gyfoedion oedd Kevin Radcliffe, a chwaraeodd 359 o gemau i Everton. Tra'r oedd ef yn gapten enillodd Everton ffeinal Cwpan yr FA ym 1984, Pencampwyr y Gynghrair Pêl-droed ym 1984-85, eto ym 1986-87 ac ennill Cwpan Pencampwyr UEFA ym 1984-85.

Cymro arall a ddaeth yn un o fawrion Everton yn nyddiau Radcliffe oedd Neville Southall. Talodd y Clwb £150,000 amdano i Bury, ac ym 1983 ef oedd y dewis cyntaf o gôl-geidwaid, a dyna'r sefyllfa am y 14 mlynedd nesaf. Daeth yn un o gôl-geidwaid medrusaf Prydain, a dewiswyd ef ym 1985 fel pêl-droediwr y flwyddyn. Anfarwolodd Landudno ac Everton a Chymru (chwaraeodd 92 o weithiau) gan gefnogi hunanlywodraeth i Gymru ar lwyfan ac mewn ralïau.

Gellir rhoddi sylw i Gymry eraill fel Barry Holmes, Gary Speed, Ashley Williams a Simon Davies o Solfach ger Tyddewi. Talodd Everton bedair miliwn amdano. Bu Parc Goodison yn ail gartref i lawer o Gymry dros y blynyddoedd. Ceir cefnogwyr yn ne Cymru fel ag yng ngogledd Cymru. Bu teulu'r adeiladwr, J W Jones a'i Gwmni, yn arbennig Glyn Jones a Howell Vaughan Jones (mab yng nghyfraith Tegla Davies) yn gefnogwyr brwd fel y bûm innau yn y saithdegau.

Gwn y daw'r Cymry i'r Stadiwm hardd newydd sydd yn meddu ar foethusrwydd. Yr hyn sydd ei angen yn 2025-26 ydyw gwell canlyniadau gan fod David Moyle wedi dod yn ôl i'w harbed rhag eu gwthio o'r Gynghrair. Cyflawnodd hynny, ond tybed a fydd symud i Bramley Moore yn rhoddi bywyd newydd mewn clwb sydd yn meddu ar hanes difyr a diddorol, gydag aml i oes aur i'w thrysori.

Cefnogwyr Haelionus y Gyfrol

1. Gwyn Francis Evans a Basa Evans, Llundain.
2. Yr Athro Mari Lloyd-Williams a'r teulu, Waengoleugoed, ger Llanelwy.
3. Mrs Margaret Roberts, Caernarfon, Gwynedd.
4. Eira a Gwilym Williams, Pentyrch, ger Caerdydd.
5. Dr Hywel Williams, Porth, Rhondda.
6. Dr Patricia Williams, Allerton, Lerpwl.
7. Dr Simon Brooks, Borthygest, ger Porthmadog.
8. Cymdeithas Etifeddiaeth Cymry Glannau Mersi.
9. Y Parchedig Ddr D. Ben Rees a Mrs Meinwen Rees, Allerton, Lerpwl.
10. Yr Athro Emeritws Huw Hefin Rees, Boncath, Sir Benfro a Lerpwl.
11. Hefin Ednyfed Rees, KC a Dr Bethan Rees, Harpenden, Swydd Hertford.
12. Dafydd Rees, West Hampstead, Llundain.
13. Di-enw, De Lerpwl.
14. W. Meirion Evans ac Eirlys Evans, Allerton, Lerpwl.
15. Dr Rhys Davies, Ysbyty Aintree, Lerpwl.
16. Parchedig John G. Morris a Rhys G. Morris, Croesoswallt.
17. Ymddiriedolaeth Eglwys Dewi Sant, Lerpwl.
18. Gobaith mewn Gweithrediad, Lerpwl.
19. Cymdeithas Cymry Lerpwl.
20. Eryl Wynne Jones, Woolton, Lerpwl.
21. Tomos Llywelyn Rees, Finsbury, Llundain.

22. Joshua Ednyfed Rees, Finsbury, Llundain.
23. Mike Farnworth, Allerton, Lerpwl.
24. Angela Lansley, Parc Sefton, Lerpwl.
25. John R. Lyons, Rhydwyn, Ynys Môn.
26. Miss Hilda Lloyd, Rainhill ger Prescot.
27. Ymddiriedolaeth Gogledd Ddwyrain India-Cymru.
28. Dr J. Graham Jones, Waunfawr, Aberystwyth, Ceredigion.
29. Betty Lockyer, Betws Bledrws, Ceredigion.

Copïau Cyfarch

30. Dr John G. Williams a Mrs Beryl Williams, Allerton, Lerpwl.
31. Carys Williams a Lowri, Allerton, Lerpwl
32. Brian a Hilda Thomas, Mossley Hill, Lerpwl.
33. Jim ac Elin Bryn Boyd, Aughton, Ormskirk.
34. Alun Jones, Sarn, Pwllheli, Gwynedd.
35. Roderick a Norma Owen, Allerton, Lerpwl.
36. Rhiannon Liddell, Old Swan, Lerpwl (Ysgrifennydd Pwyllgor Gwaith Cymdeithas Etifeddiaeth Cymry Glannau Mersi).
37. Ms Rachel Gooding, Toxteth, Lerpwl.
38. Parchedig Eleri Edwards, Stockport, Manceinion.
39. Parchedig Aled Lewis Evans, Wrecsam.
40. Y Prifardd Alan Llwyd, Treforus, ger Abertawe.
41. Gari Wyn, awdur a chymwynaswr, Bethel, Arfon.
42. Mrs Gwenllian Jones Rowlinson, Llanfairpwllgwyngyll, Ynys Môn.

ATODIAD 2

Yr Awdur yn Anfield

Alan Butler yn croesawu ei gymydog i Anfield lle mae'n gwasanaethu.

Dr Ben Rees ger Cofeb Hillsborough.

Mwynhau y gêm!

ATODIAD 3

Llwyddiant Dafydd Rees, Llundain a Lerpwl gan Pat Williams (2014)

"MAE YNA GYMRY ym mhob man." Dyna ddywedwyd ar Radio Cymru fore Iau, 6 Tachwedd 2014 wrth gyhoeddi penodiad newydd Dafydd Rees, mab hynaf y Parch Ddr D Ben Rees a Mrs Meinwen Rees, Lerpwl ym myd y cyfryngau. Mae wedi cael gwahoddiad i fod yn gynhyrchydd gweithredol i Deledu Bloomberg yn Ewrop, y Dwyrain Canol ac Affrica.

Bydd yn arwain tîm Teledu Bloomberg gan oruchwylio darlledu newyddion, trefnu rhaglenni ac adolygu datblygiad y cwmni. Cafodd wahoddiad i ymuno â Theledu Bloomberg oherwydd ei gyfraniad arbennig yn llywio newyddion busnes Sky a'i allu amlwg fel newyddiadurwr gyda'r BBC cyn hynny. Mae Dafydd yn olynydd i swyddogion hynod o bwerus ym myd newyddiaduriaeth, megis Adam Freeman a fu unwaith yn un o weithredwyr pwysicaf y *Guardian*. Dywedodd Mr Freeman y bydd Dafydd yn gaffaeliad mawr i'r cwmni, gan iddo gael pum mlynedd ar hugain o brofiad yn golygu newyddion brys a rheoli timau sydd wedi ennill gwobrau am eu medrusrwydd dihafal yn torri newyddion busnes ledled y byd. *"As a versatile and dynamic industry figure,"*meddai, *"he's going to be a terrific addition to our* *team. His knowledge of and enthusiasm for business news, financial markets as well as his experience covering the diverse economies and politics of the region will be a great asset to our output."*

Dywedodd Dafydd yntau fod gan gwmni Bloomberg enw digymar fel ffynhonnell gwybodaeth ariannol a datblygiadau busnes. Ychwanegodd fod yr apwyntiad yn rhoi cyfle iddo greu rhaglenni teledu llawn gwybodaeth am y ffordd y mae arian yn newid y byd. Mewn cyfweliad ar Radio Cymru, a hynny mewn Cymraeg rhugl, talodd deyrnged ddyladwy i'w rieni am ei fagwraeth dda. Roeddent yn ei gefnogi ef a'i frawd Hefin, meddai, yn eu holl weithgareddau ac yn eu hannog i fod yn uchelgeisiol. Cymerodd y ddau eu cyngor, anelont yn uchel a chyrraedd y brig yn ddidramgwydd. Hyfrydwch o'r mwyaf gennym ni, Gymry Lerpwl, a hefyd aelodau Capel Bethel lle mae yn parhau fel aelod yw clywed am ei lwyddiant ysgubol.

Hefyd gan yr awdur:

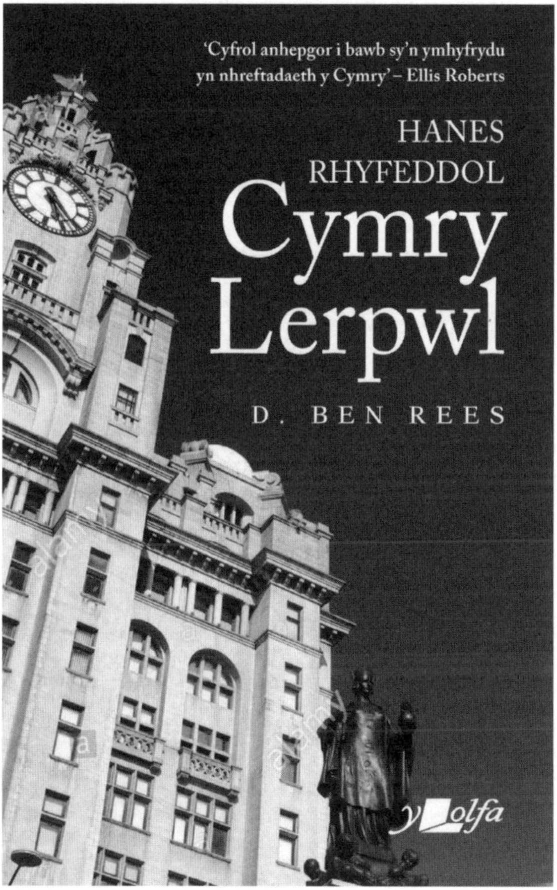

£19.99

£12.99

y lolfa
HANES GŴYL
HEDD WYN
AND THE BLACK CHAIR FESTIVAL
BARDD-FUGAIL Y RHYFEL MAWR
POET-SHEPHERD OF FIRST WORLD WAR
D. BEN REES
GOLYGYDD / EDITOR

£6.99